Michael Bachner, Peter Gerhardt
Betriebsübergang
Basiskommentar zu § 613 a BGB mit den Folgen für die Mitbestimmung

Michael Bachner, Peter Gerhardt

Betriebsübergang

Basiskommentar zu § 613 a BGB
mit den Folgen für die Mitbestimmung

2. Auflage

BUND
VERLAG

Bibliografische Information der Deutschen Nationalbibliothek
Die Deutsche Nationalbibliothek verzeichnet diese Publikation in der Deutschen Nationalbibliografie; detaillierte bibliografische Daten sind im Internet über http://dnb.d-nb.de abrufbar.

2. Auflage 2012

Herstellung: Madlen Richter
Umschlag: Angelika Richter, Heidesheim
Satz: Satzbetrieb Schäper GmbH, Bonn
Druck: Druckerei C.H. Beck, Nördlingen
Printed in Germany 2011
ISBN 978-3-7663-6069-4

www.bund-verlag.de

Vorwort zur 2. Auflage

Auch und gerade in Zeiten der weltweiten Finanzkrise sind die Herausforderungen der Globalisierung und des daraus resultierenden Kostendrucks bei den Unternehmen und Betrieben deutlich gestiegen. Diese müssen sich neuen Herausforderungen und Wettbewerbssituationen stellen. Daraus resultieren verstärkt auch Unternehmensumstrukturierungen und Restrukturierungsprozesse der unterschiedlichsten Art. Für die Arbeitnehmer und ihre Vertretungen gehen diese Prozesse in der Regel mit einschneidenden Veränderungen einher. Im Vordergrund stehen immer wieder Betriebsübergänge, Unternehmensumwandlungen und Betriebsänderungen. Oft enden die unternehmerischen Entscheidungen in Outsourcing-Maßnahmen und in einem Interessenausgleich und Sozialplan.

Die vorliegende Auflage des Basiskommentars behandelt die in diesem Zusammenhang für die Beschäftigten und ihre Vertretungen wesentlichen Fragestellungen. Neben der ausführlichen Darstellung der in § 613 a BGB (Betriebsübergang) enthaltenen Regelungen kommentiert der Kurzkommentar wesentliche Vorschriften des Betriebsverfassungsrechts, insbesondere die §§ 111, 112 BetrVG (Interessenausgleich/Sozialplan), jeweils selbstverständlich unter Berücksichtigung der aktuellen Rechtsprechung.

Dabei berücksichtigt die Neuauflage insbesondere:

- Die Entscheidung »Klarenberg« des Europäischen Gerichtshofs zur Frage der Identitätswahrung beim Betriebsübergang
- Rechtsprechung des Bundesarbeitsgerichts zur Abgrenzung zwischen Funktionsnachfolge und Betriebsübergang
- Inhalt und Umfang der Unterrichtungspflicht des Arbeitgebers bei einem Betriebsübergang
- Geänderte Rechtsprechung des Bundesarbeitsgerichts zur Gleichstellungsabrede und zur sog. Überkreuzablösung in Zusammenhang mit der Frage der Fortgeltung von kollektivrechtlichen Betriebsnormen
- Aktuelle Entscheidungen im Bereich des Insolvenzrechts und der Betriebsverfassung

Wir hoffen, dass auch die vorliegende Auflage des Basiskommentars gerade Betriebsräten Hilfestellung leisten wird bei der Lösung konkreter Aufgabenstellungen im Betrieb und Unternehmen.

Für Anregungen und Verbesserungsvorschläge sind wir dankbar.

September 2011

Dr. Michael Bachner (bachner@schwegler-rae.de),
Peter Gerhardt (gerhardt@schwergler-rae.de)
Fachanwälte für Arbeitsrecht

Inhaltsverzeichnis

Abkürzungsverzeichnis

a. A.	andere Auffassung
a. a. O.	am angegebenen Ort
ABlEG	Amtsblatt der Europäischen Gemeinschaften
AFG	Arbeitsförderungsgesetz
AiB	Arbeitsrecht im Betrieb (Zeitschrift)
AktG	Aktiengesetz
Alt.	Alternative
AN	Arbeitnehmer
Anm.	Anmerkung
AO	Abgabeordnung
AP	Arbeitsrechtliche Praxis (Nachschlagewerk des Bundesarbeitsgerichts)
Arb	Arbeiter
ArbG	Arbeitsgericht
ArbGG	Arbeitsgerichtsgesetz
AR-Blattei	Arbeitsrechts-Blattei (Loseblattsammlung)
Art.	Artikel
AuA	Arbeit und Arbeitsrecht (Zeitschrift)
AuR	Arbeit und Recht (Zeitschrift)
BAG	Bundesarbeitsgericht
BAGE	Entscheidungen des Bundesarbeitsgerichts (Loseblattsammlung)
BB	Betriebs-Berater (Zeitschrift)
BBiG	Berufsbildungsgesetz
BetrAVG	Gesetz zur betrieblichen Altersversorgung
BetrVG	Betriebsverfassungsgesetz
BGB	Bürgerliches Gesetzbuch
BGBl.	Bundesgesetzblatt
BGH	Bundesgerichtshof
BT-Drs.	Bundestagsdrucksache
BUrlG	Bundesurlaubsgesetz
bzgl.	bezüglich
bzw.	beziehungsweise
ca.	circa

DB	Der Betrieb (Zeitschrift)
DB AG	Deutsche Bahn AG
d. h.	das heißt
DKK-Bearbeiter	siehe im Literaturverzeichnis unter Däubler/Kittner/Klebe
EAS	siehe im Literaturverzeichnis unter Oetker/Preis/Balze
EDV	Elektronische Datenverarbeitung
EFZG	Entgeltfortzahlungsgesetz
EGBGB	Einführungsgesetz zum BGB
ErfKo-Bearbeiter	siehe im Literaturverzeichnis unter Müller-Glöge/Preis/Schmidt
EStG	Einkommensteuergesetz
EWG	Europäische Wirtschaftsgemeinschaft
EWR	Europäischer Wirtschaftsraum
EU	Europäische Union
EuGH	Europäischer Gerichtshof
EzA	Entscheidungssammlung zum Arbeitsrecht
FA	Fachanwalt Arbeitsrecht (Zeitschrift)
f./ff.	folgende/fortfolgende
FS	Festschrift
gem.	gemäß
GG	Grundgesetz
GK-Bearbeiter	siehe im Literaturverzeichnis unter Kraft/Wiese/Kreutz/Oetker/Raab/Weber/Franzen
GmbH	Gesellschaft mit beschränkter Haftung
grdst.	grundsätzlich
HAG	Heimarbeitsgesetz
Hess.	Hessisch
HGB	Handelsgesetzbuch
IG Medien	Industriegewerkschaft Medien
InsO	Insolvenzordnung
i. V. m.	in Verbindung mit
KassArbr-Bearbeiter	siehe Literaturverzeichnis unter Leinemann
KG	Kommanditgesellschaft
KSchG	Kündigungsschutzgesetz
LAG	Landesarbeitsgericht
LAGE	Entscheidungen der Landesarbeitsgerichte (Loseblattsammlung)
Ls.	Leitsatz
LSG	Landessozialgericht

MgVG	Gesetz zur Umsetzung der Regelungen über die Mitbestimmung der Arbeitnehmer bei einer Verschmelzung von Kapitalgesellschaften aus verschiedenen Mitgliedstaaten
MTV	Manteltarifvertrag
m. w. N.	mit weiteren Nachweisen
NachwG	Nachweisgesetz
NJW	Neue juristische Wochenschrift (Zeitschrift)
Nr.	Nummer
NZA	Neue Zeitschrift für Arbeitsrecht
NZA-RR	NZA-Rechtsprechungsreport (Zeitschrift)
o. g.	oben genannt
ÖTV	Gewerkschaft öffentliche Dienste, Transport und Verkehr
RdA	Recht der Arbeit (Zeitschrift)
Reg.	Register
RegEntw.	Regierungsentwurf
rkr.	rechtskräftig
RL	Richtlinie
Rn.	Randnummer
Rspr.	Rechtsprechung
S.	Seite
SEBG	Gesetz über die Beteiligung der Arbeitnehmer in einer Europäischen Gesellschaft
SGB III	Sozialgesetzbuch III – Arbeitsförderungsrecht
SGB V	Sozialgesetzbuch V – Krankenversicherung
st.	ständige
TzBfG	Teilzeitbefristungsgesetz
TV	Tarifvertrag
TVG	Tarifvertragsgesetz
u. a.	unter anderem
UmwG	Umwandlungsgesetz
u. U.	unter Umständen
Urt.	Urteil
v.	vom
VAG	Gesetz über die Beaufsichtigung der Versicherungsunternehmer
vgl.	vergleiche

WHSS-Bearbeiter	siehe Literaturverzeichnis unter Willemsen/Hohenstatt/Schweibert/Seibt
z. B.	zum Beispiel
ZIP	Zeitschrift für Wirtschaftsrecht und Insolvenzordnung
ZPO	Zivilprozessordnung
ZversTV	Zusatzversorgungs-Tarifvertrag

Literaturverzeichnis

Bachner/Köstler/Matthießen/Trittin, Arbeitsrecht bei Unternehmensumwandlung und Betriebsübergang, Frankfurt 2011, 4. Auflage

Backmeister/Trittin/Mayer, Kündigungsschutz mit Nebengesetzen, Kommentar, 4. Auflage 2009

Bauer, Unternehmensveräußerung und Arbeitsrecht, 1983

Boecken, Unternehmensumwandlungen und Arbeitsrecht, Köln 2002

Colneric, Festschrift für Ernst Steindorff, Berlin 1990, S. 261–279

Däubler, Tarifvertragsrecht, Baden-Baden 1993, 3. Auflage

Däubler/Kittner/Klebe/Wedde (Hrsg.), Betriebsverfassungsgesetz mit Wahlordnung, Kommentar für die Praxis, Frankfurt 2010, 12. Auflage, zit.: DKKW-Bearbeiter

Däubler/Kittner/Klebe/Wedde (Hrsg.), Arbeitshilfen für den Betriebsrat – Formularbuch zum BetrVG, Frankfurt 2009, zit.: DKKWF-Bearbeiter

Fitting/Engels/Schmidt/Trebinger/Linsenmaier, Betriebsverfassungsgesetz mit Wahlordnung, Handkommentar, 25. Auflage 2010; zit.: Fitting

Gamillscheg, Kollektives Arbeitsrecht: Arbeitsrecht, Bd. 2/1, Kollektives Arbeitsrecht: Bd I, München 2008

Hanau, Arbeitsrecht der Gegenwart, Bd. 34, 1997

Kempen/Zachert (Hrsg.), Tarifvertragsgesetz, Kommentar für die Praxis, Frankfurt 2006, 4. Auflage

Kittner/Däubler/Zwanziger (Hrsg.), Kündigungsschutzrecht, Kommentar für die Praxis, Frankfurt 2011, 8. Auflage

Kraft/Wiese/Kreutz/Oetker/Raab/Weber/Franzen, Gemeinschaftskommentar zum Betriebsverfassungsgesetz, 2 Bde., 10. Auflage 2010, zit.: GK-Bearbeiter

Lerch, Auswirkungen von Betriebsübergängen und unternehmensinternen Umstrukturierungen auf Betriebsvereinbarungen, Frankfurt 2006

Leinemann (Hrsg.), Kasseler Handbuch zum Arbeitsrecht, 2 Bde., 2. Auflage 2000, zit.: KassArbr-Bearbeiter

Müller-Glöge/Preis/Schmidt (Hrsg.), Erfurter Kommentar zum Arbeitsrecht, München 2012, 12. Auflage, zit.: ErfKo-Bearbeiter

Oetker/Preis/Balze (Hrsg.), Europäische Rechtsvorschriften zum Arbeitsrecht. Kurzausgabe aus Europäisches Arbeits- und Sozialrecht (EAS), 1994, zit.: EAS

Palandt (Hrsg.), Bürgerliches Gesetzbuch, Kommentar, München 2011, 70. Auflage

Säcker u. a. (Hrsg.), Münchener Kommentar zum Bürgerlichen Gesetzbuch (BGB), München 2011, 6. Auflage

Schalle, Der Bestandsschutz der Arbeitsverhältnisse bei Unternehmensumwandlungen, 1999

Schoden, Betriebliche Altersversorgung, Kommentar für die Praxis, Frankfurt 2003, 2. Auflage

Willemsen/Hohenstatt/Schweibert/Seibt (Hrsg.), Umstrukturierung und Übertragung von Unternehmen, München 2006, 3. Auflage, zit.: WHSS-Bearbeiter

§ 613 a Rechte und Pflichten bei Betriebsübergang

(1) Geht ein Betrieb oder Betriebsteil durch Rechtsgeschäft auf einen anderen Inhaber über, so tritt dieser in die Rechte und Pflichten aus den im Zeitpunkt des Übergangs bestehenden Arbeitsverhältnissen ein. Sind diese Rechte und Pflichten durch Rechtsnormen eines Tarifvertrags oder durch eine Betriebsvereinbarung geregelt, so werden sie Inhalt des Arbeitsverhältnisses zwischen dem neuen Inhaber und dem Arbeitnehmer und dürfen nicht vor Ablauf eines Jahres nach dem Zeitpunkt des Übergangs zum Nachteil des Arbeitnehmers geändert werden. Satz 2 gilt nicht, wenn die Rechte und Pflichten bei dem neuen Inhaber durch Rechtsnormen eines anderen Tarifvertrags oder durch eine andere Betriebsvereinbarung geregelt werden. Vor Ablauf der Frist nach Satz 2 können die Rechte und Pflichten geändert werden, wenn der Tarifvertrag oder die Betriebsvereinbarung nicht mehr gilt oder bei fehlender beiderseitiger Tarifgebundenheit im Geltungsbereich eines anderen Tarifvertrags dessen Anwendung zwischen dem neuen Inhaber und dem Arbeitnehmer vereinbart wird.

(2) Der bisherige Arbeitgeber haftet neben dem neuen Inhaber für Verpflichtungen nach Absatz 1, soweit sie vor dem Zeitpunkt des Übergangs entstanden sind und vor Ablauf von einem Jahr nach diesem Zeitpunkt fällig werden, als Gesamtschuldner. Werden solche Verpflichtungen nach dem Zeitpunkt des Übergangs fällig, so haftet der bisherige Arbeitgeber für sie jedoch nur in dem Umfang, der dem im Zeitpunkt des Übergangs abgelaufenen Teil ihres Bemessungszeitraums entspricht.

(3) Absatz 2 gilt nicht, wenn eine juristische Person oder eine Personenhandelsgesellschaft durch Umwandlung erlischt.

(4) Die Kündigung des Arbeitsverhältnisses eines Arbeitnehmers durch den bisherigen Arbeitgeber oder durch den neuen Inhaber wegen des Übergangs eines Betriebs oder eines Betriebsteils ist unwirksam. Das Recht zur Kündigung des Arbeitsverhältnisses aus anderen Gründen bleibt unberührt.

(5) Der bisherige Arbeitgeber oder der neue Inhaber hat die von einem Übergang betroffenen Arbeitnehmer vor dem Übergang in Textform zu unterrichten über:

1. den Zeitpunkt oder den geplanten Zeitpunkt des Übergangs,
2. den Grund für den Übergang,
3. die rechtlichen, wirtschaftlichen und sozialen Folgen des Übergangs für die Arbeitnehmer und
4. die hinsichtlich der Arbeitnehmer in Aussicht genommenen Maßnahmen.

(6) Der Arbeitnehmer kann dem Übergang des Arbeitsverhältnisses innerhalb eines Monats nach Zugang der Unterrichtung nach Absatz 5 schriftlich widersprechen. Der Widerspruch kann gegenüber dem bisherigen Arbeitgeber oder dem neuen Inhaber erklärt werden.

A. Betriebsübergang und seine Auswirkungen auf Arbeitsvertrag und Tarifvertrag

I. Entstehungsgeschichte des § 613 a BGB

§ 613 a BGB enthält eine gesetzliche Regelung zum Betriebsübergang und seinen Auswirkungen auf das Arbeitsverhältnis. Mit der Einführung dieser Bestimmung zum 19. 1. 1972 in das BGB verfolgte der Gesetzgeber verschiedene Hauptziele: Schutz des sozialen Besitzstandes der Arbeitnehmer, Kontinuität des amtierenden Betriebsrats und Haftungsverteilung zwischen dem alten und dem neuen Inhaber des Betriebes. Die erste wesentliche Änderung von § 613 a BGB erfolgte im Jahr 1980 und diente der Harmonisierung mit europäischen Rechtsvorschriften (Richtlinie 77/187 EWG des Rates der Europäischen Gemeinschaften vom 14. 2. 1977). Schließlich wurde im Jahr 1994 eine weitere Anpassung von § 613 a BGB erforderlich. Diese stand in Zusammenhang mit einer geänderten Terminologie des Umwandlungsgesetzes (UmwG). Eine materiellrechtliche Änderung von § 613 a BGB war damit nicht verbunden. Die bisher letztmalige Änderung erfolgte mit Wirkung von 1. 4. 2002. Auch diese Änderung beruhte auf der Umsetzung von europarechtlichen Vorgaben und diente der Konkretisierung der Unterrichtungspflichten des alten und des neuen Arbeitgebers sowie der Ausgestaltung des Widerspruchsrechts des Arbeitnehmers. 1

Bereits aus der Entstehungsgeschichte der Regelung wird somit der enge Zusammenhang zwischen § 613 a BGB und europarechtlichen Vorgaben deutlich. Dieser Zusammenhang ist auch bei der Auslegung der Regelung des § 613 a BGB von Bedeutung. Bei Auslegungsschwierigkeiten ist daher im Zweifel der europarechtskonformen Interpretation der Vorzug zu geben.[1] 2

1 ErfK-Preis, § 613 a BGB, Rn. 1.

II. Sachlicher und persönlicher Anwendungsbereich

Gliederung

1. Sachlicher Anwendungsbereich des § 613 a BGB

3 § 613 a BGB gilt im Fall des rechtsgeschäftlichen Übergangs eines Betriebes oder Betriebsteils (vgl. Teil A Rn. 44). Dabei ist die Anwendbarkeit aller bzw. bestimmter Normen des Betriebsverfassungsrechts keine Voraussetzung für die Anwendbarkeit von § 613 a BGB, denn die Regelung ist gerade keine betriebsverfassungsrechtliche Norm. Auch die Geltung und Anwendbarkeit von Regelungen des Kündigungsschutzgesetzes ist keine Voraussetzung für die Anwendbarkeit von § 613 a BGB. Das bedeutet, dass **auch Kleinbetriebe** von § 613 a BGB erfasst werden. Auch Arbeitnehmer, welche die Wartezeit gem. § 1 Abs. 1 KSchG noch nicht erfüllt haben, werden vom Schutzzweck der Bestimmung erfasst.

4 § 613 a BGB gilt dabei in gleicher Weise für **private** wie auch für die **öffentlichen Arbeitgeber**, also für Betriebe bzw. Dienststellen des Bundes, der Länder, Gemeinden, Körperschaften, Anstalten und Stiftungen des öffentlichen Rechts. Dies folgt bereits aus dem Wortlaut der Norm, welcher gerade keine Beschränkung auf Arbeitsverträge mit privatrechtlichen Arbeitgebern zu entnehmen ist. Auch nach dem Sinn und Zweck der Regelung ist eine solche Auslegung und damit Einschränkung nicht geboten. Die Regelung des § 613 a BGB ist nicht betriebsverfassungsrechtlicher sondern bürgerlich-rechtlicher Natur. Dies wird im Übrigen auch durch die gebotene europarechtskonforme Auslegung bestätigt. Denn die Richtlinie 2001/23EG zur Angleichung der Rechtsvorschriften der Mitgliedsstaaten über die Wahrung von Ansprüchen der Arbeitnehmer beim Übergang von Unternehmen, Betrieben oder Unternehmens- oder Betriebsteilen gilt nach der Regelung in Artikel 1 Abs. 1 c auch für öffentliche Betriebe.

5 Schließlich besteht auch keine Einschränkung bzgl. der Anwendbarkeit von § 613 a BGB auf Betriebe in der Trägerschaft von **Religionsgemeinschaften** (wie z. B. kirchliche Krankenhäuser oder Kindergärten). Etwas anderes folgt auch nicht aus § 118 Abs. 2 BetrVG. Auch hier gilt, dass es für die Anwendbarkeit des § 613 a BGB nicht auf die Anwendbarkeit der Vorschriften des BetrVG ankommt.

6 Schließlich bestehen auch gegen die Beschränkung der Vertragsfreiheit durch § 613 a BGB keine verfassungsrechtlichen Bedenken; dies gilt selbst dann, wenn Unternehmen betroffen sind, die einen besonderen

Grundrechtsschutz genießen. So führt die durch Art. 5 Abs. 1 Satz 2 GG besonders geschützte Rundfunkfreiheit nach der Rechtsprechung des *BVerfG* nicht dazu, dass § 613a BGB nicht zur Anwendung käme. Die Bestimmung gilt deshalb auch im Bereich von **Presse und Rundfunk**. Allenfalls in Einzelfällen kann daher ein Verstoß gegen die Rundfunkfreiheit angenommen werden. Ansonsten bleibt es bei der Geltung von § 613a BGB.

2. Persönlicher Anwendungsbereich des § 613a BGB

In den persönlichen Regelungsbereich des § 613a Abs. 1 BGB fallen **Arbeitnehmer** – Arbeiter und Angestellte – und deren Arbeitsverhältnisse. Ebenfalls erfasst die Regelung die **leitenden Angestellten** im Sinne von § 5 Abs. 3 BetrVG[2] sowie Auszubildende gemäß § 3 Abs. 2 BBiG. Schließlich werden auch Mitarbeiter in der **Alterteilzeit** erfasst, auch wenn diese sich bereits in der Freistellungsphase der Alterteilzeit befinden.[3] Die Bestimmung ist darüber hinaus anwendbar auf Personen im Sinne des § 19 BBiG, da dieser Personenkreis Arbeitnehmern gleichgestellt ist.[4] Ob der einzelne Arbeitnehmer Kündigungsschutz genießt, ist für die Anwendung von § 613a Abs. 1 BGB nicht von Bedeutung. Damit findet die Regelung auch auf solche Arbeitnehmer Anwendung, deren Arbeitsverhältnisse außerhalb des Anwendungsbereichs des KSchG stehen. Mangels Arbeitnehmereigenschaft werden **Beamte** nicht erfasst. 7

Fallen durch die Übertragung des Betriebes auf den Arbeitnehmer Arbeitgeber- und Arbeitnehmerstellung zusammen, erlischt das Arbeitsverhältnis. Wird danach der Betrieb wieder auf den ehemaligen Arbeitgeber nach § 613a Abs. 1 Satz 1 BGB zurück übertragen, geht das Arbeitsverhältnis des vormaligen Arbeitnehmers mangels Arbeitsverhältnis nicht auf den Erwerber (ehemaliger Arbeitgeber) über.[5] Auch Leiharbeitnehmer können nach der neueren Rechtsprechung des *EuGH* vom Übergang ihres Arbeitsverhältnisses erfasst sein.[6] 8

Streitig ist, ob **Heimarbeiter, Hausgewerbetreibende** und andere **arbeitnehmerähnliche Personen** unter den Geltungsbereich von § 613a Abs. 1 BGB fallen. Das *BAG* hat diese Frage bisher immer verneint.[7] Hiergegen ist indessen zu Recht eingewandt worden, dass **Heimarbeiter** eine den Arbeitnehmern vergleichbare soziale Schutz- 9

2 Vgl. BAG 22.2.1978, AP BGB § 613a Nr. 11.
3 Vgl. LAG Düsseldorf 22.10.2003, ZIP 2004, 272.
4 Vgl. Heinze, DB 1980, 205; Lepke, BB 1979, 526.
5 Vgl. LAG Hamm 6.11.2003, FA 2004, 123–124.
6 EUGH 13.9.2007, C-458/05 Jouini, NZA 2007, 1151–1153.
7 Vgl. BAG 3.7.1980, 24.3.1998, AP BGB § 613a Nr. 23, 178; zustimmend Lepke, BB 1979, S. 526.

bedürftigkeit aufweisen und vor allem die Gefahr der Umgehung der Schutzvorschriften der §§ 29, 29a HAG besteht.[8] Von besonderer Bedeutung ist aber vor allem, dass die Nichteinbeziehung von Heimarbeitern in den Schutzbereich von § 613a Abs. 1 BGB gegen Art. 2 Abs. 1 Buchstabe d) der Betriebsübergangsrichtlinie verstößt. Danach ist Arbeitnehmer, wer auf Grund des einzelstaatlichen Rechts als solcher geschützt ist. Da auch nach den innerstaatlichen deutschen Gesetzen auf Heimarbeiter fast das gesamte kollektive Arbeitsrecht, §§ 17 Abs. 1 HAG, 6 Abs. 1 Satz 2 und Abs. 2 Satz 2 BetrVG, wie auch wichtige Grundprinzipien des Individualarbeitsrechts §§ 29 HAG, 12 BUrlG, 10 und 11 EFZG, Anwendung finden, liegt ein entsprechender Schutz der Heimarbeiter im Sinne der Betriebsübergangsrichtlinie vor. Sie werden deshalb von der Betriebsübergangsrichtlinie erfasst, und müssen daher im Wege der so genannten »richtlinienkonformen Auslegung« auch von § 613a BGB erfasst werden.[9] Nicht anwendbar ist § 613a BGB dagegen auf **arbeitnehmerähnliche Personen**. Für sie gelten die Bestimmungen des Arbeitsrechts nicht in gleichem Umfang.[10]

10 § 613a Abs. 1 Satz 1 BGB findet keine Anwendung auf **Dienstverhältnisse, die keine Arbeitsverhältnisse sind**.[11] Das gleiche gilt für Rechtsverhältnisse von Organmitgliedern wie Geschäftsführer und Vorstandsmitglieder.[12] Sind **Arbeitsverhältnisse im Zeitpunkt des Betriebsübergangs bereits beendet**, findet § 613a Abs. 1 BGB mangels Vorliegen eines bestehenden Arbeitsverhältnisses ebenfalls keine Anwendung.[13]

III. Voraussetzungen eines Betriebsübergangs

Gliederung Rn.

---

8 Vgl. Heinze, DB 1980, 205 [209]; Herschel, DB 1977, 1185 [1189].

9 Vgl. Kittner/Däubler/Zwanziger, KSchR, § 613a BGB Rn. 14.

10 Vgl. Kittner/Däubler/Zwanziger, KSchR, § 613a BGB Rn. 15.

11 Vgl. BAG 7.11.1975, AP BetrVG 1972 § 99 Nr. 3; 22.2.1978, AP BGB § 613a Nr. 11.

12 Vgl. BAG 13.2.2003, NZA 2003, 552.

13 Vgl. BAG 24.3.1977, 22.6.1978, 11.11.1986, AP BGB § 613a Nr. 6, 12, 61.

1. Einzel- oder Gesamtrechtsnachfolge – Entscheidungsfreiheit des Unternehmers

Unternehmensumstrukturierungen haben in der Regel eine Vielzahl **unterschiedlicher Ursachen**. Diese liegen regelmäßig in den betriebswirtschaftlich motivierten Entscheidungen der Gesellschafter bzw. Anteilsinhaber sowie der Leitungsorgane eines Unternehmens. So kann eine Unternehmensumstrukturierung das Ziel verfolgen, eine bestimmte Holdingstruktur einzuführen. Oder innerhalb eines Konzerns werden bestimmte Geschäftsbereiche zu verschiedenen Spartengesellschaften zusammengeführt. Vielfach geht es natürlich um Auslagerung und Abspaltungen (**Outsourcing**). Dabei geht eine Umstrukturierung regelmäßig mit einem – rechtsgeschäftlichen oder umwandlungsbedingten – Betriebsinhaberwechsel einher. Die **Folgen** solcher **Umstrukturierungsmaßnahmen** für die Mitarbeiter sind dabei regelmäßig schwerwiegend. So führt die Umsetzung solcher Maßnahmen sehr häufig zu Personalabbau, Stilllegung von Betrieben oder Betriebsteilen, Verlegung von Betrieben, Wegfall der Tarifbindung, Erlöschen von Betriebsratsmandaten und vieles mehr. Gerade die Beurteilung der sich aus der Umstrukturierung für die Arbeitnehmer ergebenden Risiken hat deshalb in der Praxis für die Beteiligten die größte Bedeutung. **11**

Im Zentrum der rechtlichen Beurteilung stand bis zum Inkrafttreten des UmwG der rechtsgeschäftliche Betriebsinhaberwechsel und damit die Bestimmung des **§ 613 a BGB**. Dies hat sich mit dem **Inkrafttreten des UmwG** am 1. 1. 1995[14] geändert. So hat der Gesetzgeber neben **12**

14 Gesetz zur Bereinigung des Umwandlungsrechts vom 28. 10. 1994, BGBl. I, S. 3210.

dem rechtsgeschäftlichen Betriebsinhaberwechsel für Unternehmen/Gesellschaften/Rechtsträgern mit Sitz im Inland mit der Verschmelzung, Spaltung, Vermögensübertragung und dem Formwechsel insgesamt vier – abschließende – Grundformen zugelassen, nach denen Rechtsträger auf der Grundlage des UmwG umgewandelt werden können. Die Grundlage dafür bildet **§ 1 Abs. 1**und **2 UmwG**. Der **Begriff des Rechtsträgers** bezeichnet hierbei die gesellschaftsrechtliche Form, innerhalb derer die unternehmerische Tätigkeit verwirklicht wird, und wird im Folgenden synonym mit dem Begriff der Gesellschaft und dem Begriff des Unternehmens benutzt.

13 Wichtig ist zu beachten, dass durch die Regelungen des UmwG die traditionellen Formen der Unternehmensumstrukturierung, wie sie nach allgemeinem Zivil- und Handelsrecht schon bisher möglich waren, nicht beseitigt worden sind. Vielmehr hat der Gesetzgeber mit der Einführung des UmwG den beteiligten Rechtsträgern, Anteilsinhabern und Gesellschaftern nur zusätzliche Gestaltungsmöglichkeiten zur Verfügung gestellt und es ihnen selbst überlassen, zwischen den verschiedenen Formen, die das Recht insgesamt zur Herbeiführung einer Unternehmensumstrukturierung bietet, zu wählen. So sind nach den Regelungen des UmwG innerhalb der vier Grundformen der Unternehmensumwandlung bis zu 119 verschiedene Umwandlungsmöglichkeiten denkbar.[15] Zu beachten ist dabei, dass die Umwandlung nach dem UmwG der **Vereinfachung von Vermögensübertragungen** durch Vermeidung von Einzelrechtsübertragungen dient.[16] Unternehmensseitig besteht damit für alle Fälle von Unternehmensumstrukturierung der **Grundsatz der Wahlfreiheit**.[17] In der Praxis am häufigsten sind Fälle der **Verschmelzung** (auch als Fusion bezeichnet) und der **(Ab-)Spaltung**. Diese haben in der Regel einen Betriebsübergang zur Folge (vgl. Teil A Rn. 65).

14 Darüber hinaus sind aber grundsätzlich auch **Mischformen** denkbar, bei denen die traditionelle Form der Unternehmensumstrukturierung mit der Unternehmensumwandlung nach dem UmwG kombiniert wird. Um eine solche **Kombination von Gesamtrechts- und Einzelrechtsnachfolge** kann es sich z. B. dann handeln, wenn die Verschmelzung zweier Unternehmen durch einen Kooperationsvertrag, der auf der örtlichen Betriebsebene einen Gemeinschaftsbetrieb zweier oder mehrerer Unternehmen vorsieht, vorbereitet wird.[18] Ebenso schließt eine beabsichtigte und in die Wege geleitete Umwandlung nicht aus, dass ein Betrieb oder Betriebsteil schon vor Eintragung der

---

15 Vgl. Bachner, NJW 1995, 288.

16 Vgl. zu den Hintergründen und zur Entstehungsgeschichte des UmwG.

17 So ausdrücklich BAG 18. 9. 1997, NZA 1998, 210 [212], 22; WHSS-Willemsen, Rn. B 55.

18 Vgl. zu Mischformen zwischen Einzel- und Gesamtrechtsnachfolge auch Berscheid, AR-Blattei (SD) 530.6.4 Rn. 154.

Umwandlung durch Rechtsgeschäft – etwa durch Nutzungsüberlassungsabrede – übertragen und durch einen neuen Inhaber fortgeführt wird. Damit kann die eigentumsrechtliche Wirkung der Umwandlung – also die Zuordnung des Eigentums und des Vermögens (vgl. Teil A Rn. 66) – auch noch nach erfolgtem Betriebsübergang eintreten.[19]

Die Entscheidung, auf welcher Grundlage die Maßnahmen umgesetzt werden sollen, trifft der Arbeitgeber. Es handelt sich daher um eine freie unternehmerische Entscheidung. Bei der Umsetzung der Maßnahmen muss berücksichtigt werden, dass es sich zwar regelmäßig um Formen des Betriebsübergangs handelt, der Gesetzgeber aber mit der Unternehmensumwandlung zumindest **teilweise zusätzliche Rechtsfolgen** verknüpft hat (vgl. Teil A Rn. 65), die zu berücksichtigen sind. Die arbeitsrechtlichen Folgen sowohl der Einzel- wie auch der Gesamtrechtsnachfolge als Folge der betriebswirtschaftlich motivierten Umstrukturierungsentscheidung werden weiter unten näher dargestellt (vgl. Teil A Rn. 93). 15

2. Einzelrechtsnachfolge

a. Abgrenzung zwischen Einzelrechtsnachfolge und Gesamtrechtsnachfolge

Die **Einzelrechtsnachfolge** ist die Grundlage der traditionellen Unternehmensumstrukturierung. Darunter versteht man einen Übertragungsvorgang, bei dem sämtliche Einzelteile einer Vermögensmasse jeweils einzeln vom abgebenden auf den aufnehmenden Rechtsträger übertragen werden. Bezogen auf einen Betrieb bzw. einen Betriebsteil hat dieser Übertragungsvorgang daher idealtypisch die Veräußerung sämtlicher den Betrieb ausmachender materieller wie immaterieller Vermögensgegenstände zur Voraussetzung. Der typische Fall des rechtsgeschäftlichen Betriebsinhaberwechsels ist der Betriebsübergang nach § 613a BGB. 16

Im Unterschied hierzu bezeichnet die dem UmwG zugrunde liegende **Gesamtrechtsnachfolge** einen Übertragungsvorgang, der ohne besonderen, auf die einzelnen Vermögensgegenstände gerichteten Übertragungsakt das Vermögen einer natürlichen oder juristischen Person als ganzes unmittelbar kraft Gesetzes übergehen lässt.[20] Das bekannteste Beispiel außerhalb der Umwandlung ist der Eintritt des Erbfalls. 17

b. Maßgeblicher Betriebsbegriff – wirtschaftliche Einheit

Zunächst setzt § 613a BGB voraus, dass ein Betrieb oder ein Betriebsteil durch Rechtsgeschäft auf einen anderen Inhaber übergeht. Dabei ist der individualrechtliche Betriebs(teil)begriff im Sinne des § 613a 18

19 Vgl. BAG 25.5.2000, DB 2000, 1966.

20 Vgl. WHSS-Wllemsen, Rn. B 69.

Abs. 1 S. 1 BGB vom betriebsverfassungsrechtlichen Betriebs(teil)begriff zu trennen. Der *EuGH*[21] und ihm folgend das *BAG*[22] interpretieren den Begriff des Betriebs(teils) im Sinne des § 613 a Abs. 1 S. 1 BGB unter Verweisung auf die zugrunde liegende europäische Richtlinie 2001/23/EG. Nach deren Art. 1 Abs. 1 b gilt als Betrieb die »**wirtschaftliche Einheit im Sinne einer organisatorischen Zusammenfassung von Ressourcen zur Verfolgung einer wirtschaftlichen Haupt- oder Nebentätigkeit**«. Somit kommt es für das Vorliegen eines Betriebsübergangs im Wesentlichen darauf an, dass die für den Übergang in Betracht zu ziehende Einheit nach der Übertragung ihre Identität bewahrt.[23] Hieraus hat der *EuGH* zutreffend den Schluss gezogen, dass für das Vorliegen einer wirtschaftlichen Einheit die bloße Veräußerung von Wirtschaftsgütern nicht ausreichend ist, um einen Betriebsübergang zu begründen. Vielmehr ist neben der Veräußerung von Wirtschaftsgütern die Feststellung erforderlich, dass eine noch bestehende wirtschaftliche Einheit im Sinne einer Organisationseinheit übertragen wird und dass diese Einheit mit derselben oder einer gleichartigen Geschäftstätigkeit tatsächlich vom Erwerber weitergeführt oder wieder aufgenommen wird. Diese Rechtsprechung wurde in der RL 2001/23/EG zwischenzeitlich nachvollzogen: Auch nach Art. 1 Abs. 1 Buchst. b RL 2001/23/EG wird die Identität einer wirtschaftlichen Einheit einerseits über das Merkmal der Organisation der übertragenen Einheit (»organisierte Zusammenfassung von Ressourcen«), andererseits über das Merkmal der (Weiter-)Verfolgung ihrer wirtschaftlichen Tätigkeit definiert.

Dabei vertritt der *EuGH*[24] – und ihm folgend das *BAG*[25] – einen weiten Organisationsbegriff. Deshalb kommt es nicht entscheidend auf Organisationsstrukturen im Sinne von Führungsstrukturen an. Vielmehr reicht es für den Übergang einer organisatorischen Einheit aus, wenn »**die funktionelle Verknüpfung zwischen den übertragenen Produktionsfaktoren** beibehalten wird und sie es dem Erwerber erlaubt, diese Faktoren zu nutzen, um derselben oder einer gleichartigen wirtschaftlichen Tätigkeit nachzugehen« (Rechtssache Klarenberg). Nach der Rechtsprechung des *EuGH* liegt in dieser funktionellen Verknüpfung der Produktionsfaktoren diejenige Einheit, in der die wirtschaftliche Wertschöpfung vor dem Übergang vollzogen wird; sie stellt den (kleinsten) identitätsbildenden Kern der wirtschaftlichen Einheit und damit die Organisationseinheit im Sinne der RL 2001/

---

21 Vgl. EuGH 18.3.1986; 19.5.1992; 12.11.1992; 19.9.1995; 7.3.1996; 11.3.1997, EAS RL 77/187/EWG Art. 1 Nr. 2, 7, 8, 10, 11, 13.

22 Vgl. BAG 13.11.1997 AP BGB § 613 a Nr. 169, 170 = NZA 1998, 249 und 251; BAG 16.5.2002 NZA 2003, 93; BAG 8.8.2002 EzA § 613 a BGB Nr. 209.

23 Vgl. EuGH 11.3.1997, EAS RL 77/187/EWG Art. 1 Nr. 13.

24 EuGH 12.2.2009, NZA 2009, 251 (Klarenberg); LAG Düsseldorf 29.1.2010, ArbuR 2010, 270.

25 Vgl. BAG 22.1.2009, NZA 2009, 905; 17.12.2009, NZA 2010, 499.

23/EG bzw. im Sinne von § 613a BGB dar. Problematisch erscheint dabei allerdings die klare Definition dessen, was konkret die »funktionelle Verknüpfung der Produktionsfaktoren« im Einzelfall genau darstellen soll. Hier besteht jedenfalls erheblicher »Interpretationsspielraum« und damit auch eine entsprechende Rechtsunsicherheit.

Der *EuGH* und das *BAG* stellen mit dieser Rechtsprechung sicher, dass auch dann, wenn sich der Erwerber entschließt, den erworbenen Unternehmens- oder Betriebsteil im Sinne einer durch Leitungsstrukturen gekennzeichneten Einheit aufzulösen und in seine eigene Leitungsstruktur einzugliedern, der Schutzzweck der Richtlinie erreicht werden kann und muss. Ausreichend für die Übertragung der wirtschaftlichen Einheit dürfte damit wohl sein, dass deren operative und funktionelle Ressourcen in der neuen Einheit von dem Erwerber gleichartig weitergenutzt werden. Damit kann ein **Betriebsübergang auch dann** vorliegen, **wenn** der übertragene Unternehmens- oder Betriebsteil seine **organisatorische Selbständigkeit nicht bewahrt**. Folglich handelt es sich bei einer solchen Form der Eingliederung unter Beibehaltung der funktionellen Verknüpfung auch nicht um eine Stilllegung (vgl. Teil A Rn. 72). Auch ein »**abweichendes Erwerberkonzept**« wird künftig nur noch eingeschränkt als Argument gegen das Vorliegen eines Betriebsteilübergangs im Sinne von § 613a BGB angeführt werden können (vgl. Teil A Rn. 187). Deshalb wird die Rechtsprechung bei der Beurteilung des Betriebes bzw. der wirtschaftlichen Einheit künftig das Vorliegen und Fortbestehen funktioneller Verknüpfungen, die einen gegenüber der Organisation des Erwerbers eigenständigen Wert haben, prüfen müssen. Während es vor dieser Rechtsprechung – um es bildlich zu beschreiben – erforderlich war, dass der Erwerber sich »ins gemachte Bett setzte«, wird es nunmehr wohl ausreichen, wenn der Erwerber Matratze oder Bettenrost (oder vielleicht beides?) selbst »beisteuert«. Kritisch bleibt allerdings anzumerken, dass durch ein solches Verständnis des Betriebs(teil)begriffs die Grenzen zur bloßen Funktionsnachfolge, die (jedenfalls bislang) nicht als Betriebsübergang gilt (vgl. Teil A Rn. 29), zunehmend diffuser werden. Hinzu kommt, dass auch der Wortlaut der Richtlinie auf das Vorliegen einer Organisationseinheit und die Beibehaltung der Identität der wirtschaftlichen Einheit abstellt; viel ist hiervon nach der neuen Rechtsprechung des *EuGH* und des *BAG* nicht übrig geblieben.

Um eine Feststellung darüber treffen zu können, ob die Übertragung 19
der wirtschaftlichen Einheit unter Wahrung der Identität erfolgt ist, muss eine **Gesamtabwägung unter Berücksichtigung sämtlicher Umstände des Einzelfalls** vorgenommen werden.[26] Der *EuGH* hat hierzu einen **7-Punkte-Katalog** der in die Abwägung einzubezie-

26 St. Rspr. seit EuGH 18.3.1986 EAS RL 77/187/EWG Art. 1 Nr. 2; zuletzt EuGH 25.1.2001 EAS RL 77/187/EWG Art. 1 Nr. 22; EuGH 24.1.2002 EAS RL 77/187/EWG Art. 1 Nr. 23.

henden Kriterien entwickelt. Allerdings sind die Kriterien des *EuGH* im Einzelfall jeweils unterschiedlich zu gewichten. Zu den Kriterien, die zu berücksichtigen sind, zählen: Art des bisherigen Betriebes oder Unternehmens, Übergang der materiellen Aktiva, Wert der immateriellen Aktiva, Übernahme eines nach Anzahl und Sachkunde maßgeblichen Teils der Belegschaft, Übergang der Kundschaft, Grad der Ähnlichkeit zwischen der Tätigkeit vor und nach der Übernahme sowie die Dauer einer etwaigen Unterbrechung der Geschäftstätigkeit. Bei der Festlegung der Kriterien vollzieht der *EuGH* damit die Entwicklung zur einer modernen »Dienstleistungs- oder Wissensgesellschaft« nach, in der die sächlichen Produktionsmittel gegenüber immateriellen Aktiva und Know-how oftmals eine eher untergeordnete Rolle spielen.

20 Auf der Grundlage der Entscheidungen des *EuGH* sind für die Beurteilung des Betriebsbegriffs zusammenfassend nachfolgende Grundsätze zu berücksichtigen:

21 • Die **Differenzierung** der Anforderungen an den Betriebsbegriff erfolgt **nach der jeweiligen Branche** oder **der jeweiligen Geschäftstätigkeit**. Diese Differenzierung hat zur Folge, dass die o. g. Kriterien des 7-Punkte-Katalogs je nach Lebenssachverhalt von unterschiedlicher Bedeutung bzw. von unterschiedlichem Gewicht sind.[27]

22 • Nicht in jedem Fall erforderlich für einen Betriebsübergang ist entgegen der früheren Rechtsprechung des *EuGH* in jedem Fall das Vorhandensein (beim Veräußerer) und die Beibehaltung (beim Erwerber) **eines Minimums an betrieblicher Organisation** im Sinne der Aufrechterhaltung von Leitungs- bzw. Führungsstrukturen.[28]

23 • Schließlich ist bei der Interpretation des Betriebsbegriffs auch zu berücksichtigen, dass der Normzweck von § 613a BGB und der zugrunde liegenden europäischen Richtlinien vor allem darin liegt, eine **Lücke im Kündigungsschutzsystem zu schließen**. Ohne gesetzlich angeordnete Übertragung des Arbeitsverhältnisses auf den Erwerber wäre der Veräußerer regelmäßig berechtigt, wegen des Wegfalls der Beschäftigungsmöglichkeit eine betriebsbedingte Kündigung auszusprechen. Das Arbeitsverhältnis soll deshalb, wenn auch mit einem anderen Inhaber, fortbestehen, wenn der Betrieb als solcher zum Zeitpunkt der Veräußerung weiter existiert. Daraus folgt, dass der Betriebsbegriff grundsätzlich so ausgelegt werden muss, dass die kündigungsschutzrechtliche Funktion der Bestimmung erfüllt werden kann. Dies führt im Zweifel zu einer arbeitnehmerfreundlichen – weiten – Auslegung des Betriebsbegriffs bzw. des Begriffs der wirtschaftlichen Einheit.

---

27 EuGH 10. 12. 1998 NZA 1999, 189 = EAS RL 77/187/EWG Art. 1 Nr. 18; EuGH 25. 1. 2001 EAS RL 77/187/EWG Art. 1 Nr. 22.

28 EuGH 11. 3. 1997; EAS RL 77/187/EWG Art. 1 Nr. 13; Bachner AiB 1996, 291.

Unter Berücksichtigung dieser Grundsätze können in der Praxis im Wesentlichen die drei folgenden Fallgruppen unterschieden werden: 24

- In einem reinen **Produktionsbetrieb** spielt die Frage, ob der Erwerber die dort eingesetzten Maschinen – die Produktionsmittel – übernimmt, nach wie vor die entscheidende Rolle für die Feststellung des Übergangs der wirtschaftlichen Einheit. Sächliche Betriebsmittel sind wesentlich, wenn bei wertender Betrachtungsweise ihr Einsatz den eigentlichen Kern des erforderlichen Funktionszusammenhangs ausmacht und wenn sie somit zur auftragsgemäßen Verrichtung der Tätigkeiten erforderlich sind[29], weil ohne die Produktionsmittel der Betrieb nicht fortgeführt werden kann. Demgegenüber kommt der Übernahme des Personals dabei in der Regel eine untergeordnete Bedeutung zu. 25
- Dagegen stehen bei einem reinen **Handels- und Dienstleistungsbetrieb** bei der Bewertung, ob ein Betriebsübergang vorliegt, die immateriellen Betriebsmittel im Vordergrund, also Geschäftsbeziehungen zu Dritten, der Kundenstamm und etwaige Kundenlisten, das Know-how und die Einführung des Unternehmens auf dem Markt.[30] Hier sind die Produktionsmittel regelmäßig gerade nicht von entscheidender Bedeutung. 26
- Schließlich kann auch allein in der Übertragung eines wesentlichen Teils der Belegschaft eine wirtschaftliche Einheit liegen. Dies kommt in **Branchen in Betracht, in denen es im Wesentlichen auf die menschliche Arbeitskraft ankommt**. Dort kann eine organisierte Gesamtheit von Arbeitnehmern, die durch ihre gemeinsame Tätigkeit dauerhaft verbunden ist und die nach Zahl und Sachkunde einen erheblichen Teil der Belegschaft darstellt – die so genannte **Hauptbelegschaft** –, allein (also ohne Übertragung von Sachmitteln oder sonstiger immaterieller Mittel) eine wirtschaftliche Einheit darstellen.[31] Deshalb muss in solchen Bereichen entscheidend auf die Übernahme der Hauptbelegschaft abgestellt werden. Dies kann allerdings zu dem – angesichts des Schutzzwecks von § 613 a BGB befremdlich anmutenden – Ergebnis führen, dass es der neue Unternehmer mit der Entscheidung über die Übernahme des Personals auch in der Hand hat, einen Betriebsübergang herbeizuführen oder nicht. Aus diesem Grund wird man in einer solchen Situation eine Korrektur dadurch herbeiführen müssen, dass man den gesamten Sachverhalt gerade unter Berücksichtigung der kündigungsschutzrechtlichen Funktion der Bestimmung besonders würdigt. 27

Ein Betriebsübergang kann auch dann gegeben sein, wenn das **Übernahmeangebot des Erwerbers erst nach Ablauf der Kündigungs-** 28

---

29 BAG 29.3.2007, AP BGB § 613 a Nr. 330.

30 Vgl. BAG 27.10.2005, AP Nr. 292 zu § 613 a BGB.

31 Vgl. EuGH 24.1.2002, NZA 2002, 265; BAG 22.5.1997, AP BGB § 613 a Nr. 154, 171, 172.

frist erfolgt. Für den Betriebsübergang kommt es allein darauf an, ob der Erwerber durch die Übernahme der Hauptbelegschaft in die Lage versetzt wird, den Betrieb im Wesentlichen wie bisher unter Aufrechterhaltung der bisherigen Arbeits- und Betriebsorganisation fortzusetzen. Dabei ist aber gerade auch zu berücksichtigen, dass die Arbeits- und Betriebsorganisation nicht zwangsläufig mit Ablauf der Kündigungsfrist endet. Bis zur tatsächlichen Stilllegung des Betriebes ist ein Betriebsübergang möglich – und zwar auch dann, wenn für einzelne Arbeitnehmer die Kündigungsfrist bereits abgelaufen ist.

29 Eine besondere Bedeutung erlangt dabei regelmäßig auch die Frage, wie der Betriebsübergang von der bloßen **Funktionsnachfolge** (so genanntes **Outtasking**), die mangels Übertragung einer organisatorischen Einheit nicht als Betriebsübergang qualifiziert werden kann, abzugrenzen ist. Zu unterscheiden sind hier die Fälle der Auftragsnachfolge, der Auftragsübernahme, der erstmaligen Fremdvergabe einer arbeitstechnischen Aufgabe und die Auftragsrücknahme.[32] Um eine sachgerechte Abgrenzung vornehmen zu können, muss zunächst davon ausgegangen werden, dass bei der Bewertung des Sachverhalts nicht allein auf die Gleichartigkeit der vor und nach dem Übergang auszuübenden Tätigkeiten abgestellt werden kann[33]; so darf die wirtschaftliche Einheit nicht allein als bloße Tätigkeit verstanden werden. Allein die Übertragung einer Aufgabe und Funktion in Form einer reinen Funktionsnachfolge ist dafür nicht ausreichend. Vielmehr bezieht sich der Begriff der wirtschaftlichen Einheit auf eine organisierte Gesamtheit von Personen und Sachen zur Ausübung einer wirtschaftlichen Tätigkeit mit eigener Zielsetzung. Zum Zwecke der Aufrechterhaltung der Kontinuität des Arbeitsverhältnisses gilt hier allerdings ein weiter Organisationsbegriff, der nicht auf die Arbeits- und Betriebsorganisation bzw. die Führungs- und Leitungsstrukturen abstellt, sondern auf die Aufrechterhaltung der funktionellen Verknüpfung der Produktionsfaktoren. Deshalb sind Maßnahmen der Auftragsnachfolge, der Auftragsübernahme, der erstmaligen Fremdvergabe und der Auftragsrücknahme dann nicht als Betriebsübergang zu qualifizieren, wenn der neue Auftragnehmer weder Personal noch Arbeitsmittel noch Know-how übernimmt. Die Grenze zum Betriebsübergang liegt aber auf der anderen Seite nicht erst dort, wo durch oder mit der Übernahme von Personal und/oder Betriebsmitteln etc. auch die vorhandene Arbeits- und Betriebsorganisation übertragen wird.[34]

30 Bedeutung erlangt in diesem Zusammenhang regelmäßig auch der

32 Vgl. ErfK-Preis, § 613 a BGB Rn. 37.

33 So aber noch EuGH 14. 4. 1994, EAS Rl 77/187/EWG Art. 1 Nr. 9 Rechtsache Christel Schmidt.

34 Vgl. BAG 22. 1. 1998 AP BGB § 613 a Nr. 173 = NZA 1998, 536; BAG 11. 12. 1997 AP BGB § 613 a Nr. 172 = NZA 1998, 534; Hergenröder AR-Blattei SD 500.1 Rn. 169; Schiefer NZA 1998, 1095, 1100 ff.

Begriff des Betriebsteils. Dieser ist gleichfalls im Lichte der Betriebsübergangsrichtlinie 2001/23/EG in Anlehnung an die so genannte »wirtschaftliche Einheit« zu bestimmen. Im Hinblick auf die Regelung in § 613 a können wirtschaftliche Einheiten entweder der Betrieb selbst oder aber der Betriebsteil sein. Betriebsteile sind dabei Teileinheiten im Sinne von Teilorganisationen des Betriebes, in denen sächlich und organisatorisch abgrenzbare arbeitstechnische Teilzwecke des Gesamtbetriebes erfüllt werden.[35] Die Erfüllung bloßer Hilfszwecke bzw. Teilfunktionen ist ausreichend.[36] Nicht entscheidend ist demzufolge, ob der übertragene Funktionsbereich für das übertragende Unternehmen nur von untergeordneter Bedeutung ist und nicht in einem notwendigen Zusammenhang mit dem Unternehmenszweck steht.[37] Zukünftig dürfte die Bedeutung des Betriebsteils für das Vorliegen eines Betriebsübergangs nur noch eine untergeordnete Rolle spielen. Während nach der früheren Rechtsprechung in jedem Fall eine eigenständige Betriebs- bzw. Arbeitsorganisation feststellbar sein musste[38], reicht es nunmehr nach der Rechtsprechung des *EuGH* aus, dass der Funktions- und Zweckzusammenhang zwischen den verschiedenen übertragenen Faktoren beibehalten wird. Um einen selbständigen Betriebsteil annehmen zu können, bedarf es beim früheren Betriebsinhaber nicht in jedem Fall einer gewissen organisatorischen Selbstständigkeit, wohl aber muss eine »funktionelle Verknüpfung« der Arbeitsfaktoren vorhanden sein. Nicht ausreichend ist auch nach wie vor die Übertragung einer bloßen **Sachgesamtheit**.[39] So wird es bei der Übertragung einer Sachgesamtheit – z. B. an Betriebsmitteln – regelmäßig an der eigenständigen abgrenzbaren Betriebs- und Arbeitsorganisation wie auch an der erforderlichen »funktionellen Verknüpfung« fehlen.

Um einen Betriebsteilübergang begründen zu können, ist weiter Voraussetzung, dass die übergehende **wirtschaftliche Teileinheit auf Dauer angelegt** ist. Erfolgt in Zusammenhang mit einem Betriebsteilübergang eine wesentliche Änderung der prägenden Faktoren der Teileinheit, geht deren Identität verloren. Dabei kommt – wie eine Entscheidung des *LAG Hamm*[40] instruktiv zeigt – dem Grad der Ähnlichkeit zwischen den vor und nach dem Übergang verrichteten Tätigkeiten entscheidendes Gewicht zu. 31

Hatte die bisherige Inhaberin als Vertragswerkstatt einen reinen Motoreninstandsetzungsbetrieb für bestimmte Lizenzgeber unterhalten und beschäftigt sich die neue Inhaberin, weil ihr mangels Besitzes des erforderlichen Gütesiegels die Bearbeitung der Motoren untersagt ist,

35 Vgl. BAG 26. 8. 1999 AP BGB § 613 a Nr. 196.

36 Vgl. BAG 9. 2. 1994 AP BGB § 613 a Nr. 105.

37 Vgl. EuGH 12. 11. 1992 AP EWG-Richtlinie Nr. 77/187 Nr. 5.

38 Vgl. BAG 8. 8. 2002 EzA § 613 a BGB Nr. 209; ArbG Celle 4. 12. 2002, NZA-RR 2003, 494; LAG Rheinland-Pfalz 1. 6. 2005, 10 Sa 1003/04 – juris.

39 Vgl. Hergenröder, AR-Blattei (SD) 500.1, Rn. 126 ff.

40 Vgl. LAG Hamm 20. 7. 2000, NZA-RR 2001, 535.

nach dem Erwerb der Lizenzrechte als Vertragshändlerin ausschließlich mit dem Motorenaustausch und dem Ersatzteilgeschäft für die Lizenzgeber, dann liegt kein Betriebsteilübergang vor.

32 Die übernommene Teilorganisation muss daher schon beim früheren Betriebsinhaber die Voraussetzungen eines Betriebsteils erfüllt haben. Wie bereits oben ausgeführt, ist dazu nach der geänderten Rechtsprechung des *EuGH* eine funktionelle Verknüpfung der Arbeitsabläufe ausreichend (vgl. Teil A Rn. 18). Nicht ausreichend für einen Betriebsteilübergang ist es, wenn der Erwerber aus einer übernommenen Gesamtheit von Betriebsmitteln **erstmals einen Betrieb bzw. Betriebsteil organisiert**.[41] Hierdurch wird ein neuer Betriebsteil errichtet, nicht etwa ein bestehender Betriebsteil übernommen.

33 Die Thematik des Betriebs(teils)begriffs soll anhand der folgenden **Beispiele aus der Rechtsprechung** verdeutlicht werden:

34 Bei der Übernahme einer **Arztpraxis** ist von einem Betriebsübergang auszugehen, wenn innerhalb der bisherigen Praxisräume die bestehende fachärztliche Ausrüstung beibehalten wird, die vorhandenen medizinischen und technischen Einrichtungen, wie u.a. Röntgenanlage, EKG-Gerät, Instrumente sowie die Patientenunterlagen weitergenutzt werden und durch organisatorische sowie personelle Vorkehrungen der bisherige Patientenkreis gezielt weiter an die Praxis herangeführt wird.[42]

35 Der **Erwerber eines Gaststättenbetriebs**, in dem vor der Übernahme »gutbürgerliche Küche« serviert wurde, beabsichtigte nach der Übernahme ebenfalls ein Speiserestaurant – allerdings ein arabisches Spezialitätenrestaurant – zu eröffnen. Trotz verschiedener Umbaumaßnahmen sollte ein Teil der bisherigen Einrichtung weitergenutzt werden. Das Servierpersonal wurde jedoch nicht weiterbeschäftigt.

Das *BAG*[43] wertete diesen Vorgang als einen Wechsel der Betriebsmethoden und der Betriebsorganisation mit der Folge des Ausschlusses der identitätswahrenden Übertragung der wirtschaftlichen Einheit. Nach Rechtsprechung des *BAG* liege ein Betriebsübergang nicht schon dann vor, wenn ein einzelner Arbeitnehmer seine dem Veräußerer gegenüber geschuldete Arbeitsleistung auch beim neuen Betriebsinhaber erbringen könnte.

36 Mit der **Neuvergabe eines Cateringauftrags** befasst sich die Entscheidung des *BAG* vom 11.12.1997.[44] Der Caterer hatte den Auftrag übernommen, im Namen und für Rechnung des Auftraggebers in dessen Kantine und mit der von diesem zur Verfügung gestellten Kücheneinrichtung die Mitarbeiter des Auftraggebers zu bewirten. Der Auftrag wurde gekündigt und neu vergeben.

36a Die **Übernahme der Buchhaltung und der Personalverwaltungs-**

---

41 Vgl. BAG 24.4.1997, NZA 1998, 253.

42 Vgl. LAG Düsseldorf 29.2.2000, NZA-RR 2000, 353.

43 Vgl. BAG 11.9.1997; NJW 1998, 1253; 13.11.1997, AP BGB § 613a Nr. 169.

44 Vgl. BAG 11.12.1997, AP BGB § 613a Nr. 171, 172.

aufgaben eines Tochterunternehmens durch die Konzernmutter soll nach Auffassung des *BAG* keinen Betriebsübergang begründen, wenn damit nicht die Übernahme von Betriebsmitteln oder Personal verbunden ist.[45]

Bei dem Betrieb eines **Callcenters** stehen die Kommunikation zwischen den Kunden und den Mitarbeitern des Callcenters sowie die Kenntnisse dieser Kundenbetreuer im Vordergrund. Damit kommt den sächlichen Betriebsmitteln (z.B. Telefonanlage, Büroräume) keine entscheidende Bedeutung für die Identität der wirtschaftlichen Einheit zu. Sie spielen neben der menschlichen Arbeitskraft nur eine untergeordnete Rolle für die wirtschaftliche Wertschöpfung.[46] Übernimmt ein neu gegründetes Unternehmen die Aufgaben eines bisher für einen Konzern tätigen Callcenters, so kann auch dann ein Betriebsübergang vorliegen, wenn das neue Unternehmen das Service-Angebot erweitert und deshalb eine Fortbildung der übernommenen Mitarbeiter nötig wird. Wenn übernommene Mitarbeiter zur Erfüllung ihrer Aufgaben Fortbildungsmaßnahmen durchlaufen müssen, rechtfertigt das für sich allein noch nicht die Annahme, dass ihre alten und neuen Tätigkeiten nicht mehr ähnlich sind.[47]

Zur Vermeidung von Umgehungsgeschäften hat die Rechtsprechung bei der Neuvergabe von Aufträgen von dem Erfordernis unmittelbarer Rechtsbeziehungen zwischen dem früheren und dem neuen Betreiber bzw. Auftragnehmer abgesehen. Es ist ausreichend, wenn der Übergang durch ein oder mehrere Rechtsgeschäfte, auch mit Dritten (dem Auftraggeber) vermittelt wird. Ein Indiz für das Vorliegen eines Betriebsübergangs könne – so das *BAG* – in einer solchen Fallgestaltung auch die Überlassung von Betriebsmitteln an den Auftragnehmer sein, die zwar nicht in dessen Eigentum übergingen, aber die er aufgrund einer mit Dritten getroffenen Nutzungsvereinbarung zur Erfüllung seines Betriebszwecks einsetze. Hierbei kommt es auch nicht darauf an, dass dem Auftragnehmer die Befugnis eingeräumt wird, über Art und Nutzung dieser überlassenen Betriebsmittel im so genannten eigenwirtschaftlichen Interesse zu entscheiden.[48] Der Verlust eines Auftrags an einen Konkurrenten stellt also dann einen Betriebsübergang dar, wenn eine organisatorische Einheit des früheren Dienstleisters an den Konkurrenten übergeht. Dies ist regelmäßig anzunehmen, sobald mit der Neuvergabe von Dienstleistungen wesentliche sachliche Betriebsmittel an den Konkurrenten übertragen werden *oder* dieser den wesentlichen Teil der Belegschaft des früheren Dienstleisters (z.B. im Reinigungs- oder Bewachungsgewerbe) übernimmt.[49]

---

45 BAG 14.8.2007, 8 AZR 803/06, juris.

46 BAG 25.6.2009, ArbuR 2009, 268; NZA 2009, 1412.

47 BAG 25.6.2009, ArbuR 2009, 268; NZA 2009, 1412.

48 Vgl. EuGH 15.12.2005, NZA 2006, 29.

49 Vgl. BAG 5.12.2002, AP KSchG § 1 Nr. 126; EuGH 20.11.2003, NZA 2003, 1385; 15.12.2005, NZA 2006, 29; LAG Hamm 5.9.2003, FA 2004, 61.

37 Der Übergang eines Betriebsteils liegt vor bei **Übernahme der zur Durchführung der Personen- und Gepäckkontrolle an einem Flughafen erforderlichen Beweismittel**.[50]

38 Der **Wechsel der Vertriebsberechtigung** für den Verkauf von Kraftfahrzeugen einer bestimmten Marke führt zur Qualifizierung des Vorgangs als Betriebsübergang.[51]

39 Die bloße **Übergabe einer von den britischen Streitkräften genutzten Liegenschaft** an die Bundeswehr stellt keinen Betriebsübergang dar, wenn nur die Funktion des Schießplatzes und einzelne Betriebsmittel übernommen werden.[52]

40 Bei der **Übernahme eines Dienstleistungsauftrags** mitsamt dem zugehörigen Fachpersonal durch einen anderen Dienstleister (z.B. Einkauf, Service und Logistik) ergibt sich eine ausreichende organisatorische Abgrenzbarkeit des übertragenen Betriebsteils bereits aus der Verbundenheit und Zuordnung der betroffenen Fachkräfte zu dem jeweiligen Dienstleistungsauftrag.[53]

41 Auch ohne die Übernahme des Personals stellt die **Fortführung des Gefahrstofflagers** einer Spedition einen Betriebsübergang dar, wenn die eingelagerte Ware weiterhin vorhanden ist und die Arbeitsorganisation im Wesentlichen fortgeführt wird.[54]

41 a Nach der Rechtsprechung des *BAG* liegt ein Betriebsübergang auch dann vor, wenn ein Kommunalunternehmen, das Krankenhäuser betreibt, eine **Service-GmbH gründet**, alle Reinigungskräfte der Krankenhäuser durch Abschluss neuer Arbeitsverträge mit schlechteren Konditionen und vorhergehendem Abschluss von Aufhebungsverträgen mit den Krankenhäusern übernimmt und sodann die Reinigungskräfte in die jeweiligen früheren Krankenhausbetriebe »zurückentleiht«.[55]

Nach der Rechtsprechung des LAG Berlin-Brandenburg ist ein Betriebsübergang nicht bereits deshalb ausgeschlossen, weil der Betrieb einer behördlichen Genehmigung – z.B. einer **Flugbetriebsgenehmigung** – bedarf, die (noch) nicht auf einen Erwerber übertragen wurde.[56] Dies ist zu begrüßen, da bei einer anderen Bewertung eine Vielzahl von wirtschaftlichen Einheiten von vornherein vom Anwendungsbereich von § 613a BGB ausgeschlossen wäre. Dies widerspricht dem Normzweck der Bestimmung.

---

50 Vgl. LAG Köln 1.6.2005, 8 (5) Sa 25/05, juris; LAG Köln 12.7.2005, LAGE § 613a BGB 2002 Nr. 8.

51 Vgl. LAG Köln 10.7.2003, AiB 2003, 709.

52 Vgl. BAG 25.9.2003, EzA – SD 2004, Nr. 5, 7.

53 Vgl. LAG Sachsen-Anhalt 12.10.2004, 8 Sa 113/04.

54 Vgl. LAG Hamm 16.5.2003, 16 Sa 1371/02.

55 BAG 21.5.2008, 8 AZR 481/07, juris.

56 LAG Berlin-Brandenburg 1.9.2010, 17 Sa 836/10, juris.

42 Dagegen handelte es sich in einem vom *BAG* im September 1998 entschiedenen Fall um die bloße Übertragung einer **Sachgesamtheit** und damit nicht um einen Betriebsübergang:[57]

Der Fahrer eines LKW wendete ein, der vom ihm gefahrene Kleinlaster habe mit ihm als Arbeitnehmer einen Betriebsteil der Möbelfabrik seines Arbeitgebers gebildet, weil er allein den Nahverkehr abgedeckt habe. Die zwölf weiteren LKW-Fahrer waren für den Fernverkehr zuständig.

Das *BAG* lehnte die Voraussetzungen für einen Betriebsteil in diesem Fall ebenso ab wie in seiner Entscheidung vom 26.8.1999, bei der die Veräußerung von drei für den Erwerber bereits ständig eingesetzten Lastkraftwagen zu beurteilen war.[58] Zwar stelle die Abwicklung einer auf Dauer eingerichteten Geschäftsbeziehung mit einem Großkunden einen Teilzweck innerhalb des betrieblichen Gesamtzwecks dar. Erforderlich sei auch nicht, dass es sich um einen andersartigen Zweck als im übrigen Betrieb handele. Hinzukommen müsse jedoch – immer – eine organisierte Gesamtheit von Personen und Sachen im Sinne einer arbeitsorganisatorischen Einheit. Dies könne etwa dann der Fall sein, wenn LKW-Fahrer als Spezialisten, ohne jederzeit austauschbar zu sein, nur auf bestimmten LKW eingesetzt würden.

43 In der Sache **Klarenberg**[59] hat der *EuGH* die Übertragung einer wirtschaftlichen Teileinheit bei der folgenden Fallkonstellation angenommen: Der Kläger (Herr Klarenberg) war Arbeitnehmer der ET Electrotechnology GmbH (ET) und dort als Leiter der Abteilung F E/ET-Systeme/Netzwerk/IBS beschäftigt. Die betreffende Abteilung war in mehrere Unterabteilungen/Gruppen untergliedert. Der Kläger leitete eine dieser Untergliederungen (die Gruppe Gruppe F E/ET-Systeme) und trug zugleich die Gesamtverantwortung für die Abteilung. Der Stellvertreter des Klägers in der Leitung der Gesamtabteilung stand zugleich der Gruppe Produktion/Schaltschränke/Platinen vor. In einem im November 2005 abgeschlossenen Kaufvertrag zwischen ET und der Ferrotron Technologies GmbH (FT), der beklagten Arbeitgeberin, wurde vereinbart, die Entwicklungshardware, das Produktmaterialinventar, eine Lieferanten- und eine Kundenliste auf FT zu übertragen. Darüber hinaus wurde die Übertragung der Eigenproduktsoftware, Patente, Patentanmeldungen und Erfindungen sowie der Produktnamen und des technischen Know-hows auf die amerikanische Muttergesellschaft von FT vereinbart. FT übernahm verschiedene Arbeitnehmer der ET, darunter auch den Stellvertreter des Klägers sowie einige Ingenieure der Gruppe, der der Kläger vorstand. Der Kläger selbst erhielt kein Übernahmeangebot, er wurde von ET weiterbeschäftigt. Die beklagte FT entwickelt, fertigt und vertreibt neben den von

57 Vgl. BAG 3.9.1998, NZA 1999, 147.

58 Vgl. BAG 26.8.1999, DB 2000, 94.

59 EuGH 12.2.2009, NZA 2009, 251.

der ET erworbenen Produkten weitere Produkte im Bereich der metallurgischen Messtechnik. Alle übernommenen Arbeitnehmer sind bei der Beklagten auch für Aufgaben zuständig, die nicht im Zusammenhang mit den von ET erworbenen Produkten stehen.. Nach Vollzug des Kaufvertrages wurde ET im Sommer 2006 insolvent. Daraufhin erhob der Kläger vor dem Arbeitsgericht Klage auf Weiterbeschäftigung als Abteilungsleiter bei der FT mit der Begründung, sein Arbeitsverhältnis sei im Zuge eines Betriebsübergangs auf FT übergegangen. Auf Vorlage des LAG Düsseldorf nahm der *EuGH* in der vorliegenden Konstellation die Übertragung einer wirtschaftlichen Einheit und damit einen Betriebsübergang im Sinne von § 613a BGB an.

c. Übergang durch Rechtsgeschäft

44 Die Regelung des § 613a BGB setzt nach ihrem ausdrücklichen Wortlaut voraus, dass die Inhaberschaft am Betrieb(steil) durch Rechtsgeschäft (so genannter **asset deal**) wechselt. Davon zu unterscheiden ist jedoch der **bloße Wechsel der Gesellschaftsanteile**. Der reine Gesellschafterwechsel (so genannter **share deal**) wird zwar im Regelfall gleichfalls auf ein Rechtsgeschäft zurückzuführen sein, stellt jedoch allein noch keinen Übergang des Betriebes bzw. eines Betriebsteils dar. Ein Betriebsübergang liegt gerade nur dann vor, wenn ein funktionsfähiger Betrieb oder Betriebsteil auf einen anderen Rechtsträger übergeht. Es findet also gerade kein Betriebs(teil)übergang statt, wenn lediglich die Anteile einer Kapital- oder Personenhandelsgesellschaft – und seien es auch alle – veräußert werden oder wenn Gesellschafter in solche Gesellschaften eintreten oder aus solchen Gesellschaften ausscheiden. Denn der Rechtsträger und Arbeitgeber als Partei des Arbeitsverhältnisses bleibt beim Wechsel der Gesellschafter jeweils derselbe.[60] Es findet lediglich ein Wechsel der Eigentümerstellung der Gesellschafter statt.

45 Anders ist die Situation zu beurteilen bei der **Gesellschaft bürgerlichen Rechts**, weil dort der Gesellschafterwechsel stets unmittelbar auch zu einem Wechsel am gesamthänderischen »Gesellschaftsvermögen« – wie also Betrieb oder Betriebsteil – führt. Tritt also ein neuer Gesellschafter in ein Unternehmen ein, das als Gesellschaft bürgerlichen Rechts geführt wird, wird er automatisch auch Arbeitgeber der bei dem Unternehmen beschäftigten Arbeitnehmer.

46 Die frühere Rechtsprechung des *BAG* stellte für das Rechtsgeschäft ab auf die einverständliche Übertragung der Leitungsmacht auf den Betriebserwerber.[61] Diese Rechtsprechung stand im Widerspruch zur Rechtsauffassung des *EuGH*, der an den tatsächlichen Wechsel der für

---

60 Vgl. BAG 12.7.1990, AP BGB § 613a Nr. 87.

61 Vgl. BAG 8.11.1988, AP BetrAVG § 1 Betriebsveräußerung Nr. 6; zustimmend ErfK-Preis, § 613a BGB Rn. 27ff.

den Betrieb verantwortlichen Person anknüpfte.[62] Das *BAG* hat seine Rechtsprechung mit Urteil vom 12. 11. 1998 aufgegeben.[63] Seit dieser Entscheidung tritt daher ein **Betriebsübergang mit dem tatsächlichen Wechsel in der Person des Inhabers des Betriebs(teils)** ein. Der bisherige Inhaber muss seine wirtschaftliche Betätigung in dem Betrieb oder Betriebsteil einstellen. Einer besonderen Übertragung der Leitungsmacht daneben bedarf es nicht mehr. Ausreichend aber auch notwendig ist, dass der Erwerber die Leitungsmacht tatsächlich übernimmt. Ein Wechsel der Inhaberschaft tritt demnach nicht ein, wenn der neue Inhaber den Betrieb gar nicht führt.[64] Die bloße **Möglichkeit der unveränderten Betriebsfortführung** durch Übernahme der wesentlichen Betriebsmittel kann demzufolge das Vorliegen eines Betriebsübergangs nicht begründen.[65]

Damit ist das Rechtsgeschäft, welches den Betriebsübergang bewirkt **47**
(»kraft« nicht dasjenige, welches den Betriebsübergang schuldrechtlich legitimiert und damit den Rechtsgrund für den Inhaberwechsel bildet (also der Kauf-, Miet- oder Pachtvertrag etc.). Die schuldrechtliche Legitimation kann dem Betriebsübergang nachfolgen oder ihm vorausgehen. Das Rechtsgeschäft im Sinne von § 613 a Abs. 1 Satz 1 BGB ist vielmehr **der Eintritt in die tatsächliche Organisationsgewalt**, also der **tatsächliche und einverständliche Eintritt in die Inhaberstellung**.[66] Das Rechtsgeschäft muss sich damit auf den Übergang der tatsächlichen Nutzung- und Verfügungsgewalt über die sächlichen und immateriellen Betriebsmittel bzw. auf den Übergang der Belegschaft im Sinne der Übertragung des Direktionsrechts beziehen. Der Begriff des Rechtsgeschäfts ist weit auszulegen. Die Übernahme der Organisationsgewalt muss auf rechtsgeschäftlicher (vertraglicher) Grundlage erfolgen und nicht kraft Gesetzes – vor allem nicht im Wege der Gesamtrechtsnachfolge (Umwandlung, Erbfall),[67] denn § 613 a BGB ist ein so genannter Auffangtatbestand zur Gesamtrechtsnachfolge, bei der der Eintritt in die Arbeitsverhältnisse ohnehin erfolgt.[68]

Die Art des Rechtsgeschäfts, welches die Übertragung der Verfügungs- **48**
gewalt legitimiert ist gleichgültig. Als **Rechtsgeschäfte, die den Betriebsübergang legitimieren können**, kommen damit etwa Pachtverhältnisse, Mietverträge, Veräußerungsverträge und die Einbringung im Rahmen von Gesellschaftsgründungen zum Eigentum oder zur Nutzung in Betracht. Letzteres ist regelmäßig dann zu beachten, wenn Betriebe oder Betriebsteile in Tochter- oder Schwestergesellschaften

62 Vgl. EuGH 7. 3. 1996, EAS Rl 77/187/EWG Art. 1 Nr. 11.
63 Vgl. BAG 12. 11. 1998, AP BGB § 613 a Nr. 186.
64 Zustimmend Hergenröder, AR-Blattei (SD) 500.1 Rn. 102.
65 Vgl. Müller-Glöge, NZA 1999, 449 [450].
66 BAG 31. 1. 2008, DB 2008, 1384.
67 Vgl. Willemsen, ZIP 1986, 477 [486].
68 Vgl. Hergenröder, AR-Blattei (SD) 500.1, Rn. 207.

ausgegründet werden. Nicht ausreichend ist demgegenüber die bloße Sicherungsübereignung, z. B. sämtlicher Betriebsmittel eines Geschäftsbetriebs, denn die Sicherungsübereignung führt gerade nicht zur Übertragung der betrieblichen Organisationsgewalt.[69]

49 Da an das **Einverständnis zur Begründung der tatsächlichen Inhaberstellung** im Sinne von § 613 a BGB **keine allzu hohen Anforderungen** gestellt werden dürfen, genügt ein Bündel von Rechtsgeschäften, wenn diese in ihrer Gesamtheit die tatsächliche Organisationsgewalt hinsichtlich eines funktionsfähigen Betriebs(teils) begründen.[70] Besondere Bedeutung erlangt dies gerade im Fall von betriebsmittelarmen dienstleistungsorientierten Geschäftstätigkeiten, wie z. B. **im Reinigungs- oder im Bewachungsgewerbe**. Von einem rechtsgeschäftlichen Betriebsübergang ist dort demzufolge auch dann auszugehen, wenn ein Neuauftragnehmer eine im Wesentlichen unveränderte Arbeitsaufgabe auf vertraglicher Grundlage vom Auftraggeber – und eben nicht vom bisherigen Auftragnehmer – übernimmt und die Arbeitnehmer einvernehmlich weiter beschäftigt, weil sie in der Lage sind, den Neuauftrag wie bisher auszuführen. Die tatsächliche betriebliche Organisationsgewalt wird in diesem Fall aufgrund des Einverständnisses der Hauptbelegschaft mit dem Arbeitgeberwechsel vermutet.[71] Damit steht der Einsatz der menschlichen Arbeitskraft, wie z. B. auch bei der Betreuung von Asylbewerbern, gegenüber dem Einsatz materieller Betriebsmittel im Vordergrund. Allerdings kann dort von einem Betriebsübergang auch dann ausgegangen werden, wenn zwar nicht die Hauptbelegschaft, sondern nur ein Teil der Beschäftigten, daneben aber materielle Betriebsmittel in beträchtlichem Umfang übernommen werden.[72]

50 Im Dreiecksverhältnis zwischen Altauftragnehmer, Auftraggeber und Neuauftragnehmer bedarf es eines Vertrages zwischen den beiden Auftragnehmern auch deshalb nicht,[73] weil der Betriebsveräußerer – der frühere Auftragnehmer – eine Inhaberstellung gar nicht übertragen kann. Diese hat er nämlich regelmäßig aufgegeben. Der neue Auftragnehmer kann daher die vorhandene Arbeits- und Betriebsorganisation allein durch **Weiterbeschäftigung der den Betrieb verkörpernden Hauptbelegschaft** weiternutzen, ohne in Verhandlungen mit dem bisherigen Auftragnehmer treten zu müssen.[74] Insoweit kommt es darauf an, dass die Erklärungen und Realakte des Betriebserwerbers auf

---

69 Vgl. BAG 20. 3. 2003, NZA 2003, 1338.

70 Vgl. BAG 11. 12. 1997, AP BGB § 613 a Nr. 171 und 172, allerdings noch zur Übernahme der tatsächlichen betrieblichen Leitungsmacht; Backmeister/Trittin, 40 BGB § 613 a Rn. 45.

71 Vgl. BAG 10. 12. 1998, AP BGB § 613 a Nr. 187.

72 Vgl. LAG Rostock 10. 4. 2003 – 1 Sa 455/02 – juris.

73 EuGH 10. 12. 1998, EAS Rl 77/187/EWG Art. 1 Nr. 17.

74 Vgl. Müller-Glöge, NZA 1999, 450 [451].

die Erlangung der Arbeits- bzw. Betriebsorganisation gerichtet sind und dass er das Einverständnis derjenigen Personen hierzu erhält, die hierüber verfügungsbefugt sind, regelmäßig ist dies das Einverständnis der betroffenen Arbeitnehmer. Entscheidend ist, dass im Wesentlichen dieselben Arbeitnehmer dieselben Aufgaben am selben Ort unter im Wesentlichen gleichen Bedingungen ausführen.[75] Auf der anderen Seite genügt das Einverständnis der Hauptbelegschaft zur Begründung der tatsächlichen Organisationsgewalt nicht, wenn der neue Auftragnehmer die frühere Ablauf- und Arbeitsorganisation nicht aufrechterhält. Dies gilt selbst dann, wenn die Arbeitsplätze keine hohen Anforderungen an die Qualifikation der Arbeitnehmer stellen.[76] Allerdings besteht eine Wechselbeziehung zwischen der Anzahl der Arbeitnehmer und den Qualitätsanforderungen.[77] Haben die Arbeitnehmer einen geringen Qualifikationsgrad, muss eine hohe Anzahl von ihnen weiterbeschäftigt werden, um von einer Übernahme der Hauptbelegschaft reden zu können. Ist ein Betrieb stärker durch Spezialwissen und Qualifikation der Arbeitnehmer geprägt, kann neben anderen Kriterien ausreichen, dass wegen ihrer besonderen Sachkunde ein geringerer Anteil der Belegschaft übernommen wird.[78]

Somit kann es ausreichend für einen rechtsgeschäftlichen Betriebs- **51**
inhaberwechsel sein, wenn ein Rechtsverhältnis über die Betriebsmittel endet und infolge der **Beendigung des Rechtsgeschäfts** die Betriebsmittel wieder in die Verfügungsgewalt dessen gelangen, der dem Dritten den Gebrauch bzw. die Nutzung eingeräumt hatte. Denkbar ist dies bei einem **Pachtbetrieb**, wenn dieser, sofern er nicht zuvor von dem Pächter stillgelegt worden ist, wegen der Beendigung des Pachtvertrages wieder an den Verpächter zurückgelangt. Dies gilt selbst dann, wenn der Verpächter die Leitungsmacht zuvor nicht ausgeübt hat und selbst keine entsprechenden Betriebe führt, jedoch die Weiterverpachtung anstrebt.[79] Entsprechendes gilt beim Betriebsübergang auf einen Nachfolgepächter.[80] Ebenfalls einen Betriebsübergang darstellen kann die **Beendigung eines Betreiberauftrags**, z.B. wenn die mit einem Arbeitnehmer besetzte Problemabfallsammelstelle einer öffentlichen Mülldeponie auf den öffentlichen Träger zurückfällt und von diesem nunmehr wieder selbst betrieben wird (vgl. Rn. 29).[81]

---

75 Vgl. Schlussantrag des Generalanwalts in der Rechtssache Rs. C 247/96, EAS Rl 77/187/EWG Nr. 17.

76 Vgl. BAG 10.12.1998, AP BGB § 613a Nr. 187: Übernahme von 75% der Belegschaft nicht ausreichend.

77 Vgl. Müller-Glöge, NZA 1999, 450 [451].

78 Vgl. Müller-Glöge, a.a.O.

79 Vgl. BAG 27.4.1995, AP BGB § 613 Nr. 128.

80 Vgl. EuGH 17.12.1987, 10.2.1988, 15.6.1988, EAS Rl 77/187/EWG Art. 1 Nr. 3, 4, 5.

81 Vgl. ArbG Celle 4.12.2002, NZA-RR 2003, 494.

52 Daneben ist nach der neueren Rechtsprechung des *BAG* bei der Prüfung des Vorliegens eines Betriebsübergangs ein Hauptaugenmerk auf die **Betriebsfortführungsabsicht** des Erwerbers zu legen. Allein die Möglichkeit, einen Betrieb zu übernehmen, ist demnach mit der Betriebsübernahme nicht gleichzusetzen.[82] Die Übernahme – bzw. der Rückfall – der Betriebsmittel reicht für das Vorliegen eines Betriebsübergangs also nicht aus, wenn der Erwerber beabsichtigt, den bisherigen Betriebszweck, die Betriebsmethoden und/oder die Betriebsorganisation grundlegend zu ändern.[83] In jedem Fall muss das Fehlen der Betriebsfortführungsabsicht nach außen dokumentiert werden, damit sie für den Rechtsverkehr erkennbar ist. Der bloße innere Wille ist nicht ausreichend.[84] Die Kündigung eines Pacht- und Überlassungsvertrages über einen Theaterbetrieb durch den Verpächter führt daher zwar zum Rückfall der Betriebsmittel. Will der Verpächter den Betrieb jedoch nicht selbst fortführen, so muss das Vorliegen eines Betriebsübergangs verneint werden.[85] Damit ist ein Betriebsübergang auf den Verpächter abzulehnen, wenn dieser tatsächlich keine betriebliche Tätigkeit entfaltet.[86] Bei einem Einzelhandelsgeschäft ist auf den im Verkauf bestimmter Waren an einen mehr oder weniger bestimmten Personenkreis bestehenden Betriebszweck abzustellen. Hieraus entstehen Lieferanten- und Kundenbeziehungen als der wesentliche Wert eines Einzelhandelsgeschäfts. Für deren Fortführung als Voraussetzung eines Betriebsübergangs kommt es im Wesentlichen auf die Beibehaltung des bisherigen Warensortiments und die Betriebsform an.[87]

53 § 613a BGB findet auch dann Anwendung, wenn an dem Betriebsübergang – auf welcher Seite auch immer – eine Anstalt, Körperschaft oder Stiftung des öffentlichen Rechts beteiligt ist und die jeweilige Einrichtung eine wirtschaftliche Tätigkeit ausübt. Nicht entscheidend ist, ob die öffentlich-rechtliche Einrichtung mit ihrer Tätigkeit einen Erwerbszweck verfolgt, Art. 1 Abs. 1c Satz 1 Betriebsübergangsrichtlinie. Dies erlangt vor allem bei der **Privatisierung öffentlicher Dienstleistungen** Bedeutung, beispielsweise wenn öffentlich-rechtliche Einrichtungen oder Eigenbetriebe (Kindergarten, Krankenhaus, Bauhof, Energieversorger; Verkehrsbetrieb) auf einen privaten Rechtsträger übertragen werden.[88] Allerdings handelt es sich nach dem ausdrücklichen Wortlaut der Betriebsübergangsrichtlinie bei der Übertragung von Aufgaben im Zuge einer Umstrukturierung von Verwaltungsbehörden oder bei der Übertragung von Verwaltungsaufgaben von einer Behörde auf eine

82 Vgl. BAG 18.3.1999, AP BGB § 613a Nr. 190.
83 Vgl. BAG 11.9.1997, AP Rl 77/187/EWG Nr. 16; WHSS-Willemsen, Rn. G 85.
84 Vgl. LAG Köln 2.3.2001, AuR 2001, 279.
85 Vgl. a.A. LAG Berlin 3.9.1998, NZA-RR 1998, 530.
86 Vgl. Müller-Glöge, NZA 1999, 450 [454].
87 Vgl. sehr lehrreich BAG 2.12.1999, NZA 2000, 369.
88 Vgl. hierzu EuGH 14.9.2000, NZA 2000, 1279; 26.9.2000, NZA 2000, 1327.

andere nicht um einen Übergang im Sinne der Richtlinie, Art. 1 Abs. 1 c Satz 2 Betriebsübergangsrichtlinie. Die rein öffentlich-rechtliche Aufgabenübertragung reicht also nicht zur Begründung eines Betriebsübergangs aus. Ebenso wenig hat die Übertragung von Verwaltungsaufgaben einer Behörde oder Dienststelle wegen Auflösung derselben auf eine andere Behörde oder Dienststelle einen Übergang von Arbeitsverhältnissen von dem einen Träger öffentlicher Verwaltung auf den anderen zur Folge, es sei denn, es liegt eine besondere normative Regelung zugrunde.[89]

d. Zeitpunkt des Betriebsübergangs

Bei der Bestimmung des **Zeitpunkts des Betriebs(teil)übergangs** **54**
muss zwischen dem schuldrechtlichen Kausalgeschäft als der Legitimationsgrundlage für den Betriebs(teil)übergang (Kauf-, Miet-, Pachtvertrag etc.), der tatsächlichen Übernahme der betrieblichen Organisationsgewalt und den dinglichen Rechtsgeschäften (Besitz- und Eigentumsverschaffung) unterschieden werden. Für die Bestimmung des Zeitpunkts ist es jedoch weder entscheidend, wann das schuldrechtliche Kausalgeschäft noch wann die dinglichen Rechtsgeschäfte durchgeführt werden. Ebenso wenig kommt es darauf an, wann der Erwerber in der Lage ist, den Betrieb oder Betriebsteil wie seinen eigenen fortzuführen.[90] Ohne Bedeutung ist deshalb die bloße Fortführungsmöglichkeit des Erwerbers. Vielmehr muss der Erwerber auch bereit und gewillt sein, den Betrieb oder den Betriebsteil fortzuführen und dies auch tatsächlich tun, um eine klare Abgrenzung zu einer Betriebsstilllegung vornehmen zu können. Ist dies nicht gewährleistet, kann keine klare Abgrenzung vorgenommen werden.

Der Betriebsübergang ist vollzogen, wenn der bisherige Inhaber seine **55**
wirtschaftliche Betätigung in dem Betrieb oder Betriebsteil einstellt und der neue Inhaber den Betrieb fortführt. Für die Bestimmung des Übernahmezeitpunkts kommt es damit entscheidend auf den Zeitpunkt der **tatsächlichen Übernahme der betrieblichen Organisationsgewalt** an.[91] Hierzu kann z. B. auf die bestehenden Vertragsverhältnisse zwischen Erwerber und Veräußerer – vor allem auf den Zeitpunkt, ab dem vertraglich die Haftung im Innenverhältnis auf den Erwerber übergeht – oder aber auf etwaige tatsächliche Vorkehrungen des Erwerbers zur Fortführung des Betriebes (wie z. B. die Kontaktaufnahme zu bestehenden Kunden) abgestellt werden. Der Zeitpunkt der Übernahme kann also vertraglich gestaltet werden, was vor allem

89 Vgl. BAG 20.3.1997, NZA 1997, 1225; 26.8.1999, NZA 2000, 371 für die Übertragung eines Notariats.

90 Vgl. so aber noch BAG 16.10.1987, 12.11.1991, AP BGB § 613 a Nr. 69, 121; 16.2.1993, AP BetrAVG § 1 Betriebsveräußerung Nr. 14.

91 EuGH 26.5.2005, NZA 2005, 681; ihm folgend BAG 27.10.2005, NZA 2006, 668, anders noch BAG 26.3.1996, AP BGB § 613 a Nr. 148.

für die Beurteilung der Rechtslage im Insolvenzverfahren von Bedeutung sein kann. Das setzt jedoch selbstverständlich voraus, dass die vertraglichen Vereinbarungen von den Parteien auch eingehalten werden. Entscheidend sind daher auch bei einer entsprechenden vertraglichen Gestaltung des Übernahmezeitpunkts nicht die »Papierlage«, sondern die tatsächlichen Verhältnisse.[92]

56 Hat der Arbeitgeber den Arbeitnehmer aus seinem Einstellungsbetrieb in einen anderen Betrieb entsandt – z. B. ins Ausland – und ist dadurch das Grundarbeitsverhältnis zum Ruhen gebracht worden, geht das Arbeitsverhältnis im Fall des Wiederauflebens des Grundarbeitsverhältnisses auf den Erwerber über, wenn der Einstellungsbetrieb inzwischen veräußert wurde.[93]

e. Nichtigkeit und Unwirksamkeit des Rechtsgeschäfts

57 Da es für die Erfüllung der tatbestandlichen Voraussetzungen von § 613a BGB allein auf den Eintritt des Erwerbers in die tatsächliche betriebliche Organisationsgewalt ankommt (vgl. Teil A Rn. 47), ist es grundsätzlich unerheblich, ob das **schuldrechtlich zugrunde liegende Kausalgeschäft** nichtig oder unwirksam ist.[94] Auch wenn das Kausalgeschäft unter einer aufschiebenden Bedingung zustande kommt, ist das unerheblich für das Vorliegen eines Betriebsübergangs, denn der Realakt des tatsächlichen Übergangs der Leitungsmacht ist bedingungsfeindlich.[95] Allerdings kann dem *BAG* insoweit nicht gefolgt werden, als es § 613a Abs. 1 Satz 1 BGB uneingeschränkt auch auf einen **geschäftsunfähigen bzw. beschränkt geschäftsfähigen Betriebserwerber** anwendet.[96] Ein Minderjähriger kann ohne Genehmigung des gesetzlichen Vertreters oder des Vormundschaftsgerichts nicht Arbeitgeber im Sinne des Sozialversicherungsrechts sein.[97] Die Lehre von der Erlangung der betrieblichen Organisationsgewalt findet folglich ihre Grenze an gewichtigen Interessen der Allgemeinheit oder Einzelner schutzwürdiger Personen,[98] sodass nicht voll geschäftsfähige Personen auch nicht Erwerber im Sinne von § 613a BGB sein können.[99]

---

92 EuGH 26. 5. 2005, NZA 2005, 681.
93 BAG 14. 7. 2005, NZA 2005, 1411.
94 Vgl. Schreiber, RdA 1982, 137.
95 BAG 13. 12. 2007, DB 2008, 1161.
96 Vgl. BAG 6. 2. 1985, AP BGB § 613a Nr. 44.
97 Vgl. LSG Rheinland-Pfalz 3. 5. 1990, NZA 1991, 40.
98 Vgl. BGH 30. 9. 1982, NJW 1983, 748.
99 So auch ErfK-Preis, § 613a BGB Rn. 34.

f. Hoheitsakte

(a) Öffentlich-rechtliche Funktionsnachfolge

Keine Anwendung findet § 613 a BGB im Fall **öffentlich-rechtlicher Funktionsnachfolge**, d. h. wenn kraft Gesetzes Aufgaben und Einrichtungen von einem Hoheitsträger auf einen anderen übertragen werden. Die Rechtsfolgen solcher Funktionsnachfolgen richten sich nach dem jeweils zugrunde liegenden Übertragungsgesetz, darüber hinaus nach dem Dienstrecht sowie Tarifrecht des öffentlichen Dienstes.[100] In diesem Zusammenhang ist zu beachten, dass das *BVerfG* unter Berücksichtigung von Art. 12 GG (Berufsfreiheit) zurecht entschieden hat, dass auch bei Übertragungsvorgängen auf öffentlich-rechtlicher Rechtsgrundlage (Gesetz, Verordnung oder Verwaltungsakt) dem Arbeitnehmer eine dem Widerspruchsrecht vergleichbare Rechtsposition zustehen muss.[101] **58**

(b) Betriebsübergang bei Insolvenz

Kein Betriebsübergang nach § 613 a BGB liegt vor, wenn der Insolvenzverwalter auf der Grundlage seiner Verpflichtung als Verwalter nach §§ 80, 148, 159 InsO den Betrieb fortführt. In diesem Fall werden ihm die Betriebsmittel nicht durch Rechtsgeschäft übertragen, sondern er erhält lediglich eine Betriebsführungsbefugnis kraft Gesetzes.[102] Der Insolvenzverwalter wird also nicht selbst Arbeitgeber, die Arbeitsverhältnisse verbleiben vielmehr bei dem insolventen Unternehmen. **59**

In Zusammenhang von einem Betriebsübergang innerhalb eines Insolvenzverfahrens ist, soweit es um die Fragen des Betriebsübergangs geht, Folgendes zu beachten: Nach der Rechtsprechung des *EuGH* war die, bis zum Inkrafttreten der Richtlinie 98/50 EG geltende Fassung der **Betriebsübergangsrichtlinie** so auszulegen, dass ein Insolvenzverfahren, mit dem die Liquidation eines Unternehmens beabsichtigt wurde, nicht in den Anwendungsbereich der Richtlinie fiel. Dagegen sollte sie für solche Verfahren Geltung beanspruchen, die in erster Linie auf Vermögenssicherung bzw. auf Fortführung des Geschäftsbetriebes gerichtet waren. Die Mitgliedstaaten hatten jedoch das Recht, eine weitergehende Geltung anzuordnen.[103] Diese Rechtsprechung des *EuGH* wurde zwischenzeitlich in Art. 4 a Abs. 1 und Abs. 2 der Betriebsübergangsrichtlinie 98/50 EG kodifiziert. **60**

Der deutsche Gesetzgeber hat von der Möglichkeit einer weiterge- **61**

---

100 Vgl. BAG 6. 11. 1985, AP BGB § 611 Nr. 61; 16. 3. 1994, AP BGB § 419 Funktionsnachfolge Nr. 11.

101 BVerfG 25. 1. 2011, 1 BvR 1741/09, juris.

102 BAG 30. 1. 1991, AP BGB § 630 Nr. 18.

103 Vgl. st. Rspr. seit EuGH 7. 2. 1985, EAS Rl 77/187/EWG Art. 1 Nr. 1; in die Betriebsübergangsrichtlinie eingefügt durch die Änderungsrichtlinie 98/50/EG vom 29. 6. 1998; Kittner/Däubler/Zwanziger, KSchR, § 613 a BGB Rn. 158.

henden Geltung weder durch eine Regelung in der alten Konkursordnung noch in der neuen Insolvenzordnung ausdrücklich Gebrauch gemacht. Allerdings lässt sich aus § 128 Abs. 2 InsO entnehmen, dass der **Gesetzgeber** wie selbstverständlich **vom Übergang der Arbeitsverhältnisse** auch **im Insolvenzverfahren ausgegangen** ist.[104] Nur so ist verständlich, dass sich im Fall eines Interessenausgleichs im Insolvenzverfahren die Vermutung nach § 125 Abs. 1 InsO oder die gerichtliche Feststellung im Rahmen eines Beschlussverfahrens nach § 126 InsO auch darauf bezieht, dass die Kündigung nicht wegen des Betriebsübergangs erfolgt ist. Mit diesen Regelungen wird sichergestellt, dass die erleichterte Kündigungsmöglichkeit im Insolvenzverfahren auch bei einem Betriebsübergang zur Anwendung kommt. Eine solche Regelung macht aber gerade nur dann Sinn, wenn die Arbeitsverhältnisse überhaupt nach § 613a BGB übergehen. Über die in § 128 InsO getroffene Regelung hinaus sagt die InsO zur Anwendbarkeit des § 613a BGB im Insolvenzverfahren nichts aus.

62 Deshalb muss davon ausgegangen werden, dass es bei den von der Rechtsprechung des *BAG* schon vor Geltung der InsO entwickelten Grundsätzen zur **Anwendbarkeit des** § 613a BGB im Konkursverfahren auch **im Geltungsbereich der InsO** verbleibt.[105] Das *BAG* hat in ständiger Rechtsprechung von der in der Betriebsübergangsrichtlinie vorgesehenen einzelstaatlichen Möglichkeit zur Anwendbarkeit des § 613a BGB auch im Konkurs-/Insolvenzverfahren Gebrauch gemacht. § 613a Abs. 1 Satz 1 BGB ist danach auch dann anwendbar, wenn ein Betrieb Bestandteil der Konkursmasse ist und veräußert wird.[106] Allerdings ist der besonderen wirtschaftlichen und rechtlichen Situation der Insolvenz dadurch Rechnung zu tragen, indem die Insolvenz unter Haftungsgesichtspunkten berücksichtigt wird (vgl. Teil A Rn. 164).

(c) Betriebsübergang in der Zwangsvollstreckung

63 Da es auf das dem Betriebsübergang zugrunde liegende Kausalgeschäft nicht ankommt (vgl. Teil A Rn. 47), schließen Maßnahmen der **Zwangsvollstreckung** als Hoheitsakte den Betriebsübergang nicht generell aus. Das *BAG* hat sich mit der unter dem Gesichtspunkt eines Betriebsübergangs erfolgenden Beurteilung von Zwangsvollstreckungsmaßnahmen in die Betriebsmittel in einer Entscheidung beschäftigt, in der die Anordnung der Zwangsverwaltung eines Grundstücks zu prüfen war.

> Auf dem Grundstück befanden sich ein Hotel und eine Kurklinik. Aufgrund der angeordneten Zwangsverwaltung erhielt der Zwangs-

104 Vgl. Bergwitz, DB 1999, 2005.

105 Vgl. Bergwitz, a. a. O.

106 Vgl. BAG 17. 1. 1980; 26. 5. 1983; 13. 11. 1986; AP BGB § 613a Nr. 18; 34; 57; BAG; 28. 4. 1987, AP BetrAVG § 1 Betriebsveräußerung Nr. 5.

verwalter kraft Gesetzes im Wege der Beschlagnahme die Nutzungs- und Verwaltungsbefugnisse an allen Betriebsmitteln. Hierzu zählte auch die Gesamtheit des zu den Gewerbebetrieben gehörenden Zubehörs.

Nach Auffassung des *BAG* war, wenn der Zwangsverwalter den Betrieb weiterführen wolle, eine einverständliche Übertragung der betrieblichen Leitungsmacht erforderlich.[107] Mangels eines solchen Einverständnisses scheide ein Betriebsübergang aus. Aus heutiger Sicht ist richtigerweise auf den tatsächlichen Eintritt in die Organisationsgewalt und die Fortführungsabsicht des Verwalters abzustellen. Da sich die dem Zwangsverwalter kraft Amtes verliehene Nutzungsbefugnis nur auf die beschlagnahmten Teile des Betriebsvermögens bezieht, bedarf es hierzu einer entsprechenden Vereinbarung mit dem Schuldner.[108]

Eine andere Frage betrifft den **Erwerb eines Betriebes aus der Zwangsvollstreckung** heraus. Nach der Rechtsprechung des *BAG*[109] tritt der Erwerber in die bisher mit dem Zwangsverwalter bestehenden Arbeitsverträge ein, wenn er den auf dem Betriebsgrundstück ausgeübten Betrieb – in der Entscheidung des *BAG* ging es um ein Krankenhausgrundstück – fortführt, ohne ihn stillzulegen und dann neu zu eröffnen. Denn der Erwerber könne die von der Beschlagnahme nicht erfassten Bestandteile des Betriebes nur durch Vereinbarung mit dem Zwangsverwalter und damit durch Rechtsgeschäft erwerben. 64

3. Gesamtrechtsnachfolge

a. Numerus clausus der Umwandlungsformen nach dem UmwG

Die Regelung des § 613a BGB trifft Anordnungen für den Fall des rechtsgeschäftlichen Betriebsübergangs in Form der Einzelrechtsnachfolge. Die Gesamtrechtsnachfolge im Wege der Umwandlung oder Verschmelzung wird dem Grundsatz nach nicht von § 613a BGB erfasst.[110] Dabei ist jedoch zu beachten, dass im Falle einer Umwandlung ein Betriebsübergang nach § 613a BGB gegeben sein kann, soweit die tatbestandlichen Voraussetzungen erfüllt werden. 65

Erfolgt die Unternehmensumstrukturierung auf der Grundlage des UmwG, weil sich der Unternehmer im Rahmen seiner Wahlfreiheit (vgl. Rn. 7) für die Unternehmensumstrukturierung nach dem UmwG entschieden hat, sind die beteiligten Rechtsträger an die im UmwG vorgesehenen Umwandlungsmöglichkeiten gebunden. Der Katalog des UmwG ist abschließend. Das UmwG enthält einen so genannten

---

107 Vgl. BAG 9.1.1980, AP BGB § 613a Nr. 19.

108 Vgl. ErfK-Preis, § 613a BGB Rn. 38.

109 Vgl. BAG 14.10.1982, AP BGB § 613a Nr. 36.

110 BAG 2.3.2006, AP Nr. 25 zu § 419 BGB Funktionsnachfolge.

Numerus clausus der Umwandlungsformen.[111] Sämtliche Formen der übertragenden Umwandlung – also solche Umwandlungsformen, mit denen zugleich eine Vermögensübertragung verbunden ist, nämlich die Verschmelzung, die Spaltung und die Vermögensübertragung –, nicht jedoch der Formwechsel, vollziehen sich im Wege der (partiellen) Gesamtrechtsnachfolge. Im Folgenden werden die einzelnen Formen der Unternehmensumwandlung kurz dargestellt.[112]

b. Einzelne Umwandlungsformen nach dem UmwG

(a) Verschmelzung

66 Die Verschmelzung ist der klassische Fall der übertragenden Umwandlung. Denkbar sind **Verschmelzungen durch Aufnahme oder durch Neugründung**. Im Fall der Verschmelzung durch Aufnahme wird das Vermögen eines (oder mehrerer) Rechtsträger als Ganzes auf einen anderen bestehenden Rechtsträger gegen Gewährung von Anteilen oder Mitgliedschaften an die Anteilsinhaber (Gesellschafter, Aktionäre, Genossen oder Mitglieder) der übertragenden Rechtsträger übertragen, § 2 Nr. 1 UmwG. Gegenstand der Verschmelzung durch Neugründung ist die Übertragung des Vermögens zweier (oder mehrerer) Rechtsträger jeweils als Ganzes auf einen neuen, von ihnen mit der Verschmelzung gegründeten Rechtsträger gegen Gewährung von Anteilen oder Mitgliedschaften an die Anteilsinhaber (Gesellschafter, Aktionäre, Genossen oder Mitglieder) der übertragenden Rechtsträger, § 2 Nr. 2 UmwG. In beiden Fällen wird der **verschmolzene Rechtsträger ohne Abwicklung aufgelöst**.

(b) Spaltung

67 Ein Rechtsträger kann unter Auflösung ohne Abwicklung sein Vermögen **aufspalten**, § 123 Abs. 1 UmwG, oder von seinem Vermögen einen oder mehrere Teile **abspalten**, § 123 Abs. 2 UmwG. Die Aufspaltung bzw. Abspaltung erfolgt dabei jeweils durch Übertragung der Vermögensteile auf bestehende (zur Aufnahme) oder neu gegründete (zur Neugründung) Rechtsträger gegen Gewährung von Anteilen oder Mitgliedschaften dieses Rechtsträgers an die Anteilsinhaber des übertragenden Rechtsträgers. Zu beachten ist in diesem Zusammenhang ein Sonderfall der Abspaltung, die so genannte **Ausgliederung** nach § 123 Abs. 3 UmwG. Der Unterschied der Ausgliederung zur Aufspaltung/Abspaltung ist darin zu sehen, dass bei der Ausgliederung die gewährten Anteile oder Mitgliedschaften an dem übernehmenden Rechtsträger unmittelbar dem Vermögen des übertragenden Rechtsträgers und nicht dessen Anteilsinhabern zugeordnet werden. Die Spaltung kann auch durch gleichzeitige Übertragung auf bestehende

111 Vgl. WHSS-Willemsen, Rn. B 69.
112 Vgl. hierzu auch Bachner, AR-Blattei (SD) 1625 Rn. 10ff.

und neue Rechtsträger erfolgen, § 123 Abs. 4 UmwG. In sämtlichen Formen der Spaltung – also auch bei der Ausgliederung – handelt es sich um eine so genannte **partielle Gesamtrechtsnachfolge**, weil die Übertragung des Teilvermögens auf den oder die übernehmenden Rechtsträger stattfindet.[113] Die Aufspaltung führt zur Auflösung des aufgespaltenen Rechtsträgers.

(c) Vermögensübertragung

Eine weitere Möglichkeit zur Übertragung besteht darin, dass ein Rechtsträger unter Auflösung ohne Abwicklung sein Vermögen als Ganzes auf einen anderen bestehenden Rechtsträger gegen Gewährung einer Gegenleistung, die nicht in Anteilen oder Mitgliedschaften besteht, übertragen kann. In diesem Fall handelt es sich um die so genannte **Vollübertragung**, § 174 Abs. 1 UmwG. Daneben ist eine **Teilübertragung** gegen Gewährung einer nicht in Anteilen oder Mitgliedschaften bestehenden Gegenleistung an die Anteilsinhaber des übertragenden Rechtsträgers (und zwar in Form einer Aufspaltung zur Aufnahme oder in Form einer Abspaltung zur Aufnahme) bzw. gegen Gewährung an den übertragenden Rechtsträger (in Form einer Ausgliederung zur Aufnahme) möglich, § 174 Abs. 2 UmwG. Die Vermögensübertragung ist auf die **besonderen Bedürfnisse öffentlich-rechtlicher Rechtsträger** zugeschnitten. Der Grund hierfür liegt in der besonderen Rechtsstruktur des aufnehmenden Rechtsträgers. Da es sich bei ihm gemäß § 175 UmwG entweder um den Bund, ein Land, eine Gebietskörperschaft oder einen Zusammenschluss von Gebietskörperschaften, ein öffentlich-rechtliches Versicherungsunternehmen oder aber Versicherungsvereine auf Gegenseitigkeit handelt, diese aber nicht über ein in Gesellschaftsanteile zerlegtes Kapital verfügen können, kommt ein Anteilstausch nicht in Betracht. Vielmehr wird die **Gegenleistung regelmäßig in Geld** bestehen.[114] 68

(d) Formwechsel

Schließlich kann die Umwandlung auch auf der Grundlage eines so genannten Formwechsels nach §§ 190 ff. UmwG erfolgen. Die Besonderheit des Formwechsels besteht im Unterschied zu den übertragenden Formen der Unternehmensumwandlung – Verschmelzung, Spaltung, Vermögensübertragung – darin, dass der formwechselnde Rechtsträger unter Wahrung seiner rechtlichen Identität und ohne Änderung in seinem Vermögen **lediglich die Rechtsform wechselt**. Im Fall des Formwechsels findet daher gerade **keine Übertragung von Vermögensgegenständen** und damit **kein Betriebsübergang** statt. Vielmehr besteht der Rechtsträger nach dem Formwechsel ge- 69

113 Vgl. Boecken, Rn. 15.

114 Vgl. WHSS-Willemsen, Rn. B 78.

mäß § 202 Abs. 1 Nr. 1 UmwG in der in dem Umwandlungsbeschluss bestimmten Rechtsform weiter. Die rechtliche und wirtschaftliche Identität des formwechselnden Rechtsträgers bleibt damit erhalten, nur die Rechtsform als solche ändert sich. Formwechselnde Rechtsträger können gemäß § 191 Abs. 1 UmwG Personenhandelsgesellschaften, Kapitalgesellschaften, eingetragene Genossenschaften, rechtsfähige Vereine, Versicherungsvereine auf Gegenseitigkeit und Körperschaften und Anstalten des öffentlichen Rechts sein. Diese können in Gesellschaften des bürgerlichen Rechts, Personenhandelsgesellschaften, Kapitalgesellschaften und eingetragene Genossenschaften umgewandelt werden, § 191 Abs. 2 UmwG. Da beim Formwechsel der formwechselnde Rechtsträger lediglich seine Rechtsform ändert, werden **Arbeitsverhältnisse und kollektivrechtliche Ansprüche durch den Formwechsel nicht berührt**.[115]

c. Geltung von § 613a Abs. 1 und 4 BGB bei Unternehmensumwandlung

70 Gemäß § 324 UmwG bleibt durch die Wirkungen der Eintragung einer übertragenden Umwandlung – also einer Verschmelzung, Spaltung oder Vermögensübertragung – § 613a Abs. 1 und 4 BGB unberührt. Damit ist, soweit es um die arbeitsrechtlichen Folgen übertragender Unternehmensumwandlungen geht, die Kernfrage, nämlich das Verhältnis zwischen § 613a BGB und der dem Konzept des UmwG zugrunde liegenden Gesamtrechtsnachfolge, angesprochen. Der Gesetzgeber geht wohl davon aus, dass auch die übertragende Umwandlung, sofern durch die Umwandlung der Übergang von Betrieben oder Betriebsteilen bewirkt wird, wie eine Vermögensübertragung kraft Rechtsgeschäft im Sinne des § 613a Abs. 1 BGB zu behandeln ist.[116] Die Regelung des § 324 UmwG klärt damit das **Konkurrenzverhältnis** zwischen dem Vermögensübergang im Wege der Gesamtrechtsnachfolge und der Rechtsnachfolge in bestehende Arbeitsverhältnisse bei Übertragung eines Betriebs(teils). Wenn nach § 324 UmwG die Regelungen des § 613a Abs. 1, Abs. 4 BGB »unberührt« bleiben, macht dies deutlich, dass der Gesetzgeber das Zusammentreffen mehrerer unterschiedlicher Tatbestände für denselben tatsächlichen Sachverhalt regeln wollte. Es handelt sich daher um eine Kollisionsnorm.[117] Auch im Fall einer Umwandlung nach dem UmwG setzt die Anwendbarkeit von § 613a BGB deshalb voraus, dass ein Betriebsübergang vorliegt, also ein neuer Rechtsträger die wirtschaftliche Einheit unter Wahrung der Betriebs-

115 Vgl. Bachner, NJW 1995, 2881.

116 Vgl. Bauer/Lingemann, NZA 1994, 1057; Boecken, Rn. 63ff.; Däubler, RdA 1995, 136; Willemsen, NZA 1996, 791; Wlotzke, DB 1995, 40; WHSS-Willemsen, Rn. B 89.

117 Vgl. Schalle, 56ff. für die Verschmelzung und 126ff. für die Spaltung; a.A. Kittner/Däubler/Zwanziger, KSchR, § 324 UmwG Rn. 1.

identität fortführt. Dies bedeutet, dass die Voraussetzungen des § 613a BGB auch im Umwandlungsfall selbständig zu prüfen sind.[118]

Werden lediglich **einzelne Vermögensbestandteile** oder aber einzelne Arbeitsverhältnisse übertragen, ohne dass Grundlage der Übertragung ein Betriebs- bzw. Betriebsteilübergang ist, ist § 613a Abs. 1 und 4 BGB nicht anwendbar. In diesem Fall verbleibt es bei den spezifisch umwandlungsrechtlichen Bestimmungen, besonders bei den §§ 20 Abs. 1, 131 Abs. 1 Nr. 1 UmwG. Die Arbeitsverhältnisse können dann als Folge der Gesamtrechtsnachfolge übergehen. **71**

4. Abgrenzung zwischen Betriebsstilllegung und Betriebsübergang

Für den Betriebsübergang muss ein bestehender Betrieb übertragen werden. Erforderlich für einen Betriebsübergang ist daher die tatsächliche Fortführung oder Wiederaufnahme der Geschäftstätigkeit im Bezug auf die wirtschaftliche Einheit (vgl. hierzu ausführlich Teil A Rn. 75). Daher schließt die **Stilllegung eines Betriebs(teils)** regelmäßig den Betriebsübergang nach § 613a BGB auf der Tatbestandsseite aus. Ist der Betrieb(steil) stillgelegt, führt der Übertragungsakt lediglich zur Übertragung einer Summe von Wirtschaftsgütern (Sachgesamtheit) und damit nicht zum Übergang eines Betriebs(teils).[119] **72**

Die Betriebsschließung setzt regelmäßig die **Auflösung** der bestehenden **Betriebs- und Produktionsgemeinschaft** bzw. **der dem Betriebszweck dienenden Arbeitsorganisation** oder – um in der Terminologie des *EuGH* zu bleiben[120] – die **planmäßige Beendigung der Identität der wirtschaftlichen Einheit** voraus. Um eine solche Auflösung handelt es sich dann, wenn der Betrieb auch durch Dritte,[121] vor allem auch durch den Erwerber, nicht mehr weitergeführt werden kann. Ihre ursächliche Veranlassung erlangt die Betriebsstilllegung daher in der ernstlichen Absicht, die Weiterverfolgung des bisherigen Betriebszwecks dauernd oder für eine ihrer Dauer nach unbestimmte, wirtschaftlich nicht unerhebliche Zeitspanne aufzugeben. Der Arbeitgeber muss endgültig den Entschluss gefasst haben, den Betrieb stillzulegen. Um keine Stilllegung handelt es sich demgegenüber dann, wenn ein Betriebsteil mit der Übertragung in die Organisation des Erwerberbetriebes integriert wird, dabei aber die funktionelle Ver- **73**

---

118 Vgl. BAG 22.5.2000, DB 2000, 1966.

119 St. Rspr. seit BAG 14.10.1982, AP KSchG 1969 § 1 Konzern Nr. 1; BAG 27.9.1984; 3.7.1986; 12.2.1987, AP BGB § 613a Nr. 39; 53; 67.

120 Vgl. EuGH 18.3.1986; 17.12.1987; 15.6.1988, EAS Rl 77/187/EWG Art. 1 Nr. 2; 3; 5.

121 Vgl. Kittner/Däubler/Zwanziger, KSchR, § 613a BGB Rn. 117.

knüpfung zwischen den übertragenen Produktionsfaktoren aufrecht erhalten bleibt (vgl. Teil A Rn. 79).

74 Indiz für das Vorliegen einer **Betriebsstilllegung** ist z. B. die Dauer der Produktionseinstellung bzw. der Einstellung der Geschäftstätigkeit. Erfolgt die Betriebsschließung für eine nur unerhebliche Zeitspanne, spricht vieles für eine rechtlich irrelevante **Betriebspause** oder Betriebsunterbrechung. Wird der Betrieb alsbald wiedereröffnet, spricht eine tatsächliche Vermutung gegen eine ernsthafte Stilllegungsabsicht. Je kürzer die Zeitspanne zwischen der Einstellung der Geschäftstätigkeit durch den früheren Inhaber und der Fortsetzung der Betriebstätigkeit durch einen Übernehmer ist, desto näher liegt die Annahme, dass eine **endgültige, ernsthafte Stilllegung** nicht stattgefunden hat.

75 Das *BAG* hat z. B. eine Unterbrechung der Geschäftstätigkeit von zwei Monaten als »verdächtig« angesehen.[122] Demgegenüber spricht gegen einen Betriebsübergang im Gastronomiegewerbe die Wiedereröffnung eines Restaurants nach mehr als fünfmonatiger Schließung.[123] Wird nach Rückfall des Pachtobjekts dieses über ein Jahr lang nicht betrieben, spricht eine tatsächliche Vermutung für eine Stilllegungsabsicht.[124] Mietet ein Bekleidungseinzelhandelsunternehmen nach einer nach Eröffnung des Insolvenzverfahrens neun Monate dauernden Einstellung der Geschäftstätigkeit die Geschäftsräume eines Modefachgeschäfts an und eröffnet dort nach Umbaumaßnahmen eine eigene Niederlassung,[125] ist nach der Rechtsprechung des *BAG* dieser Vorgang wegen der Dauer der **Unterbrechung der Geschäftstätigkeit** als eine den Betriebsübergang ausschließende Betriebsschließung zu werten. Ebenso ist die Rechtslage, wenn die alsbaldige Wiedereröffnung auf Umständen beruht, die nicht vorhersehbar waren. Führt z. B. der Insolvenzverwalter den Betrieb nicht fort, entlässt alle Arbeitnehmer und findet dann wider Erwarten einen Erwerber, so bleibt es bei der durch den Insolvenzverwalter vorgenommenen Betriebsstilllegung.

76 Ein weiteres Indiz für die Absicht des Arbeitgebers, den Betrieb stillzulegen, ist die **gesonderte Veräußerung wesentlicher Einzelteile der Wirtschaftsgüter**. Je mehr Einzelteile bereits gesondert veräußert worden sind, desto näher liegt eine **Betriebsstilllegung**. Nach Auffassung des *LAG* Köln soll sogar im Fall einer behördlichen Schließung einer Kindertagesstätte und deren Wiedereröffnung nach einer kurzen Unterbrechung in den gleichen Räumlichkeiten durch einen neuen Träger mit anderen Nutzern eine Betriebsstilllegung vorliegen – selbst dann, wenn ein Teil des Inventars an den neuen Betreiber übertragen wird.[126] Diese Auffassung ist sicher zu restriktiv.

---

122 Vgl. BAG 27. 9. 1984, AP BGB § 613 a Nr. 39.

123 Vgl. BAG 11. 9. 1997, AP Rl 77/187/EWG Nr. 16.

124 Vgl. LAG Köln 10. 4. 1997, LAGE § 613 a BGB Nr. 63.

125 Vgl. BAG 22. 5. 1997, AP BGB § 613 a Nr. 154.

126 Vgl. LAG Köln 2. 10. 1997, NZA-RR 1998, 290.

Gegen das Vorliegen einer **Betriebsstilllegung** spricht, wenn sich der Veräußerer hinsichtlich des Betriebes noch in konkreten Verkaufsverhandlungen befindet. Wer noch **Verkaufsverhandlungen** führt, hat den Betrieb noch nicht stillgelegt. Das gilt aus Gründen des Umgehungsschutzes selbst dann, wenn der Betrieb zunächst »stillgelegt« wurde. Stilllegung und Verkaufsverhandlungen schließen sich gegenseitig aus. Es entfällt allerdings die Fortführungsabsicht und handelt sich damit um eine Betriebsstilllegung, wenn sich der Veräußerer vorbehält, seinen Verkaufsentschluss aufzugeben, falls sich die Verkaufsverhandlungen schlechter entwickeln, als es seiner Prognose entspricht. **77**

Für das Vorliegen einer **Betriebsstilllegung** sind die Mitteilungen zu berücksichtigen, die der Arbeitgeber gegenüber den Arbeitnehmern im Zusammenhang mit der Beendigung der Geschäftstätigkeit macht. Eine Betriebsstilllegung liegt daher dann nicht vor, wenn der Arbeitgeber deutlich macht, dass er den Betrieb erst zu einem späteren Zeitpunkt schließen will. **Verhandlungen über Interessenausgleich und Sozialplan** können hingegen als Indiz für eine Betriebsstilllegung bzw. Stilllegungsabsicht gewertet werden. Keine Rolle bei der Prüfung der Betriebsstilllegungsabsicht spielt allerdings die Beantragung des **Insolvenzverfahrens** als solches, da der Verwalter zunächst verpflichtet ist, die Fortführung des Betriebes anzustreben. Indessen kann der Antragstellung im Rahmen der erforderlichen Gesamtbewertung Bedeutung zukommen. **78**

Der Tatbestand der Betriebsstilllegung ist aus den Umständen des Einzelfalls anhand objektivierbarer Kriterien zu ermitteln, wobei es bei der Sachverhaltsbewertung auch darum gehen muss, die Umgehung der Rechtsfolgen des § 613a BGB zu vermeiden. Der Schutzcharakter von § 613a BGB und damit die **Vermeidung von Umgehungsstrategien** gebietet es, mit der Annahme einer Betriebsstilllegung zurückhaltend zu sein. Soweit es um das Kriterium des Wegfalls der Fortführungsabsicht geht, ist eine allein am inneren Willen des Erwerbers stehenbleibende Bewertung des Sachverhalts deshalb nicht ausreichend. Der innere Wille muss in nachprüfbaren äußeren und objektiven Kriterien zum Ausdruck kommen. Danach kann von einer Betriebsstilllegung ausgegangen werden, wenn der Arbeitgeber allen Arbeitnehmern kündigt, die Mietverträge über Gebäude oder Maschinen zum nächstmöglichen Zeitpunkt kündigt, die Betriebsmittel veräußert oder schließlich die Betriebstätigkeit als solche vollständig eingestellt. Im Übrigen muss die Gesamtbewertung der Umstände des Einzelfalls betriebs- und branchenspezifisch erfolgen. Nach der Rechtsprechung des *EuGH*[127] sind richtigerweise sämtliche Kriterien zu berücksichtigen, die auch für die Bestimmung der Identität der wirtschaftlichen Einheit maßgeblich sind. Nach der bisherigen Rechtspre- **79**

127 Vgl. EuGH 18.3.1986, 17.12.1987, 15.6.1988, EAS Rl 77/187/EWG Art. 1 Nr. 2, 3, 5; LAG Hamm, 14.6.2005 – 19 Sa 251/05 – juris.

chung des *BAG* handelt es sich um eine Betriebs(teil)stilllegung, wenn der Erwerber die bisher selbständige organisatorische Einheit nicht im Wesentlichen unverändert fortführt, sondern unter Aufgabe der bisherigen Arbeitsorganisation in die eigene Organisation eingliedert, z.B. dann, wenn die wirtschaftliche Einheit »Wareneingang« des Veräußeres beim Erwerber in dessen Logistikabteilung eingegliedert wird.[128] An dieser Rechtsprechung wird das *BAG*, nach dem es für den Begriff der wirtschaftlichen Einheit nach der Rechtsprechung des *EuGH* nunmehr auf die funktionelle Verknüpfung der Produktionsfaktoren ankommt (vgl. Teil A Rn. 18), nicht mehr festhalten können. Eine Stilllegung liegt daher nur noch dann vor, wenn auch die funktionelle Verknüpfung der Produktionsfaktoren verloren geht. Der Entschluss des Arbeitgebers über die Betriebsstilllegung muss endgültig gefasst worden sein. Daher muss die Stilllegung für eine unbestimmte, nicht unerhebliche Zeitspanne erfolgen. Für die Beurteilung der Frage, ob es sich um eine so genannte Scheinstilllegung handelt, ist daher das Zeitmoment von herausragender Bedeutung. Im Fall einer baldigen Wiedereröffnung des Betriebes spricht eine tatsächliche Vermutung gegen die ernsthafte Stilllegungsabsicht. Das *BAG* hat bei einem Modefachgeschäft die Einstellung der Verkaufstätigkeit für ca. 9 Monate und die Schließung eines Restaurants für mehr als 5 Monate als einen den Betriebsübergang ausschließenden erheblichen Zeitraum angesehen.[129]

80 Eine besondere Bedeutung erlangt dies bei der **Stilllegung des Betriebes durch den Pächter**. Dabei ist zu berücksichtigen, dass der Pächter mangels Eigentümerstellung nicht berechtigt ist, das Betriebsgrundstück und die Betriebsmittel zu veräußern. Aus diesem Grund ist es für eine Betriebsstilllegung durch den Pächter ausreichend, wenn dieser die Stilllegungsabsicht unmissverständlich kundtut, die Betriebstätigkeit vollständig einstellt, allen Arbeitnehmern kündigt und diejenigen Betriebsmittel veräußert, über die er verfügen kann.[130] Andererseits kann die Verpachtung als solche durch den Eigentümer selbst als Betriebsstilllegung zu werten sein, wenn der Betrieb nur zum Zweck einer Stilllegung verpachtet wird, um dem Eigentümer die Kosten eines Sozialplans zu ersparen.[131] Beim **Rückfall eines Pachtobjektes** nach Beendigung des Pachtvertrages kommt es für die Frage, ob ein in dem Objekt enthaltener Gaststättenbetrieb auf den Verpächter übergeht, auf dessen Nutzungsabsichten an (vgl. schon Teil A Rn. 73).[132]

81 Beruft sich der Arbeitnehmer in einem **Kündigungsschutzprozess**

---

128 Vgl. BAG 25.9.2003, EzA-SD 2004, Nr. 5, 7; 17.4.2003, AP BGB 2002 § 613a Nr. 11.

129 BAG 22.5.1997, AP BGB § 613a Nr. 154; BAG 11.9.1997, NZA 1998, 31.

130 Vgl. BAG 21.1.1988, AP BGB § 613a Nr. 72; 17.3.1987, AP BetrVG 1972 § 111 Nr. 18.

131 Vgl. BAG 27.4.1995, AP BGB § 613a Nr. 128.

132 Vgl. LAG Köln 10.4.1997, LAGE § 613a BGB Nr. 63.

darauf, es habe ein Betriebsübergang stattgefunden, das Arbeitsverhältnis bestehe deshalb gegebenenfalls mit dem Betriebserwerber fort, trifft den Arbeitnehmer die Beweislast für das Vorliegen des Betriebsübergangs, weil es sich um eine für ihn günstige Tatsache handelt.

Beruft sich der Arbeitgeber in einem Kündigungsschutzprozess darauf, **82**
Grund für die Kündigung sei eine **Betriebsstilllegung**, während der Arbeitnehmer behauptet, es habe ein Betriebsübergang stattgefunden, trifft den Arbeitgeber die Darlegungs- und Beweislast, dass eine Betriebsstilllegung und nicht etwa ein Betriebsübergang erfolgt sei, weil die Betriebsveräußerung die Stilllegung ausschließt und der Arbeitgeber den Kündigungsgrund zu beweisen hat.[133]

5. Auslandssachverhalte

a. Allgemeines

Europäisierung und **Globalisierung** der Wirtschaft sind Begriffe, die **83**
aus der heutigen arbeitsrechtlichen Debatte nicht mehr wegzudenken sind. Trotz ihres Schlagwort-, oftmals auch worthülsenartigen Charakters, mit der nahezu jeder Eingriff in bestehende arbeitnehmerseitige Rechtspositionen gerechtfertigt wird, machen beide Begriffe u. a. einen Vorgang deutlich, der im letzten Jahrzehnt des ausgegangenen Jahrtausends – und noch mehr bis heute – vom Wirtschaftsleben zunehmend Besitz ergriffen hat: ein die nationalstaatlichen Grenzen überschreitender Prozess der Unternehmensfusionen und der Spaltung von Unternehmen (so genanntes **Offshoring**). In diesem Zusammenhang wird auch die Frage, ob und unter welchen Bedingungen ein Betriebsübergang auch grenzüberschreitend erfolgen kann, immer wichtiger. Auch bei Übertragung in einen Staat außerhalb der EU stellt sich diese Frage.

b. Einzelrechtsnachfolge

Bei **Verlagerung** von Betrieben und Betriebsteilen über die deutschen **84**
Grenzen hinweg **in einen anderen Mitgliedstaat der EU** im Wege der Einzelrechtsnachfolge stellt sich die Frage, ob § 613a BGB auf die vom Betriebsübergang betroffenen Arbeitsverhältnisse anwendbar ist. Da weder die Betriebsübergangsrichtlinie noch § 613a BGB entsprechende kollisionsrechtliche Regelungen enthalten,[134] ist diese Frage nach den **Normen des internationalen Privatrechts** zu beantworten. Wird also – wie dies der Regelfall sein wird – im Zusammenhang mit einer Betriebs(teil)verlagerung ins Ausland ein deutsches Arbeitsgericht angerufen, ist nach den Vorschriften des deutschen Internationalen Privatrechts zu beurteilen, ob § 613a BGB Anwendung findet.

---

133 Vgl. BAG 9.2.1994, AP BGB § 613a Nr. 105; LAG Köln 21.1.2005, LAG Report 2005, 334–336.

134 Vgl. Feudner, NZA 1999, 1184.

85 Zentrale Norm des internationalen Privatrechts ist dabei zunächst Art. 30 EGBGB. Nach dieser Vorschrift findet bei Arbeitsrechtsstreitigkeiten in Fällen dieser Art aufgrund der getroffenen **Rechtswahl** oder wegen des bisherigen **Schwerpunkts der Arbeitsleistung** in Deutschland regelmäßig deutsches materielles und prozessuales Arbeitsrecht und damit auch die Regelung des § 613a BGB Anwendung.[135] Gegen die Anwendung des deutschen Arbeitsstatus kann nicht eingewendet werden, dass der Betriebs(teil)übertragungsvertrag, mit dem zwischen Veräußerer und Erwerber die grenzüberschreitende Betriebs(teil)verlagerung geregelt wird, ausländischem Recht unterliegt bzw. sich aus der Verlagerung des Betriebs(teils) ins Ausland eine Änderung des anwendbaren Arbeitsstatutes nach dem Statut des zukünftigen Betriebsortes ergebe. Hiergegen spricht schon, dass es sich bei § 613a BGB um eine zwingende Vorschrift nach Art. 30 EGBGB handelt,[136] denn Betriebsübergangsrichtlinie und § 613a BGB regeln nicht nur das private Rechtsverhältnis zwischen Erwerber, Veräußerer und Arbeitnehmer. Vielmehr hat § 613a BGB durch seinen die Kontinuität des Arbeitsverhältnisses schützenden Charakter auch erhebliche kündigungsschutzrechtliche Bedeutung. Mit der Bestimmung werden daher auch **gewichtige öffentlich rechtliche Interessen** verfolgt. Für diese Wertung sprechen auch **Vertrauensschutzaspekte**. Denn durch entsprechende Rechts- bzw. Standortwahl hätten es ansonsten Betriebserwerber und Veräußerer in der Hand, dem Arbeitnehmer den Schutz zu entziehen, den er bei Eingehen des Arbeitsverhältnisses durch sein Vertrauen in die Anwendbarkeit deutschen Arbeitsrechts erworben hat.[137]

86 Selbst wenn man § 613a BGB nicht zu den zwingend anwendbaren Normen des deutschen Arbeitsrechts zählt, muss der ausländische Betriebserwerber doch erkennen, welche Arbeitsverhältnisse mit welchen Rechtsinhalten an den deutschen Betrieb geknüpft sind. Erwirbt er daher einen im deutschen Staatsgebiet gelegenen Betrieb, trifft er zugleich eine **Rechtswahl**. Hieraus folgt, dass § 613a BGB in den beschriebenen Sachverhalten nicht territorial beschränkt ist.[138]

87 Außerdem ergibt auch eine **Auslegung der Betriebsübergangsrichtlinie**, dass bei Auslandssachverhalten dieser Art § 613a BGB anwendbar ist und damit dem Arbeitsstatut gegenüber dem Statut des zukünftigen Betriebsortes Vorrang einzuräumen ist. Denn in einem Leitfaden als Anhang zu einem die Betriebsübergangsrichtlinie erläu-

135 Vgl. Feudner, a.a.O.

136 A.A. BAG 24.8.1989, 29.10.1992 Internationales Privatrecht Arbeitsrecht Nr. 30, 31.

137 Vgl. Feudner, NZA 1999, 1184; Kreitner, NZA 1990, 32; Wollenschläger/Frölich, AuR 1990, 315; a.A. KassArbR-Düwell, 1.8 Rn. 66.

138 Vgl. BAG 29.10.1992, Internationales Privatrecht Arbeitsrecht Nr. 31; Feudner NZA 1999, 1184.

ternden Memorandum hat die EU-Kommission klargestellt, dass die Richtlinie – und damit § 613 a BGB – auch im Fall von Auslandsverlagerungen anwendbar sein soll.[139]

Steht damit fest, dass § 613 a BGB auch auf Fälle der Einzelrechtsnachfolge bei Betriebs- und Betriebsteilverlagerung ins Ausland Anwendung findet, gilt dies für sämtliche Rechtsfolgen von § 613 a BGB, soweit diese nicht durch öffentliches Recht des aufnehmenden Staates verdrängt werden. Denn das öffentliche Recht des ausländischen Staates geht kraft **Territorialitätsprinzip** vor. Hierzu zählen besonders die Bestimmungen des ausländischen Sozialversicherungs- (Arbeitsförderungs-, Renten-), und Steuerrechts, daneben aber auch die im Ausland geltenden Arbeitsschutznormen, wie z. B. die entsprechenden Mutterschutz-, Jugendarbeitsschutz-, Gefahrenschutz- und Arbeitszeitbestimmungen.[140] 88

c. Gesamtrechtsnachfolge

Die grenzüberschreitende Verschmelzung innerhalb der EU und im europäischen Wirtschaftsraum ist seit kurzem zulässig. Dabei sind die Grundlagen für die grenzüberschreitende Verschmelzung von Kapitalgesellschaften in zwei Gesetzen geregelt. Die **Beteiligung der Arbeitnehmer** regelt das Gesetz zur Umsetzung der Regelungen über die Mitbestimmung der Arbeitnehmer bei einer Verschmelzung von Kapitalgesellschaften aus verschiedenen Mitgliedsstaaten (MgVG), das am 29. 12. 2006 in Kraft trat.[141] Der **gesellschaftsrechtliche Teil** ist als 2. Gesetz zur Änderung des UmwG am 25. 4. 2007 in Kraft getreten.[142] und nunmehr in den §§ 122 a–122 l UmwG geregelt. Damit hat nunmehr eine entsprechende europäische **Harmonisierung** stattgefunden, sodass Auslandsverlagerungen durch Verschmelzung nunmehr nach den betreffenden gesetzlichen Regelungen möglich sind. 89

Voraussetzung für die grenzüberschreitende Verschmelzung ist das Vorhandensein von **mindestens zwei Gesellschaften verschiedener Mitgliedstaaten der EU** oder des EWR. Verschmelzungsfähig sind nur die in der 10. gesellschaftsrechtlichen Richtlinie aufgeführten Kapitalgesellschaften, die ihren satzungsmäßigen Sitz, ihre Hauptverwaltung oder ihre Hauptniederlassung in einem EU-/EWR-Staat haben. Daneben muss ein so genannter **Verschmelzungsplan** aufgestellt werden. Der Verschmelzungsplan(§ 122 c UmwG) hat bestimmte Angaben zu enthalten, zu denen auch die voraussichtlichen Auswirkungen auf die Beschäftigung (§ 122 c Abs. 2 Nr. 4 UmwG) und 90

---

139 Memorandum vom 4. 3. 1997, abgedruckt in NZA 1997, 697; Feudner, NZA 1999, 1184.

140 Vgl. Feudner, NZA 1999, 1184; Richter, AuR 1992, 65.

141 BGBl. I 2006, S. 3322 ff.

142 BGBl. I S. 542.

das Verfahren über die Beteiligung der Arbeitnehmer (§ 122c Abs. 2 Nr. 10 UmwG) gehören. Außerdem ist er spätestens einen Monat vor der Versammlung der Anteilsinhaber zum Register einzureichen. Und spätestens zum selben Zeitpunkt ist der **Bericht** (in dem auch die Auswirkungen auf die Arbeitnehmer zu erläutern sind) dem zuständigen Betriebsrat zugänglich zu machen (§ 122e UmwG).

91 Bei einer Verschmelzung durch Aufnahme hat das Vertretungsorgan der übernehmenden Gesellschaft die Verschmelzung anzumelden, wie auch bei einer **Verschmelzung** durch Neugründung die Vertretungsorgane der übertragenden Gesellschaften die neue Gesellschaft zur Eintragung in das Register des Sitzes der Gesellschaft **anzumelden** haben (§ 122l UmwG). Die Prüfung der Eintragungsvoraussetzungen hat sich vor allem darauf zu erstrecken, ob alle Anteilsinhaber zugestimmt haben und ob gegebenenfalls eine Vereinbarung über die Beteiligung der Arbeitnehmer geschlossen worden ist (§ 122l Abs. 2 UmwG).

92 Vom Aufbau her ist das MgVG mit dem SEBG vergleichbar. Das Gesetz regelt vor allem den Ablauf des so genannten Verhandlungsverfahrens. Dazu muss zunächst ein Verhandlungsgremium gebildet werden (§§ 6–12 MgVG). Der weitere Ablauf des Verhandlungsverfahrens zur Regelung der Mitbestimmung richtet sich dann nach den §§ 13–21 MgVG.[143]

IV. Rechtsfolgen des Betriebsübergangs für das Arbeitsverhältnis

Gliederung Rn.

143 Im Einzelnen siehe dazu DKKW-Bachner, Anhang 4 Europäische Aktiengesellschaft und grenzüberschreitende Verschmelzung von Kapitalgesellschaften.

Soweit ein Betrieb oder Betriebsteil durch Rechtsgeschäft nach § 613 a **93**
BGB auf den Erwerber übergegangen ist, ergeben sich die Rechtsfolgen unmittelbar aus § 613 a Abs. 1 Satz 1 BGB. Der Erwerber tritt danach in die Rechte und Pflichten aus den im Zeitpunkt des Betriebsübergangs bestehenden Arbeitsverhältnissen ein. Das Arbeitsverhältnis zu dem bisherigen Betriebsinhaber erlischt. Eine Zustimmung des Arbeitnehmers zu dem Übergang des Arbeitsverhältnisses ist nicht erforderlich.[144] Jedoch kann der Arbeitnehmer den Übergang seines Arbeitsverhältnisses auf den Erwerber durch Widerspruch verhindern (vgl. näher Teil A Rn. 117). Um dem Arbeitnehmer eine ordentliche Ausgangsbasis für seine Entscheidung über den Widerspruch zu eröffnen, sieht das Gesetz in § 613 a Abs. 5 und Abs. 6 BGB umfangreiche Unterrichtungspflichten der vom Betriebsübergang betroffenen Arbeitnehmer vor (vgl. Teil A Rn. 125 f.). Schließlich enthält § 613 a Abs. 4 BGB ein sowohl an den Veräußerer wie auch den Erwerber gerichtetes Verbot, das Arbeitsverhältnis wegen des Betriebsübergangs zu kündigen (vgl. Teil A Rn. 182).

1. Übergang der Arbeitsverhältnisse

Die entscheidende und herausragende **Rechtsfolge eines Betriebs-** **94**
übergangs ist der kraft Gesetzes erfolgende, sich also automatisch vollziehende Übergang der zum Zeitpunkt des Betriebsübergangs bestehenden Arbeitsverhältnisse vom Veräußerer auf den Erwerber. Das Arbeitsverhältnis wird also mit dem Erwerber fortgesetzt. Es handelt sich um einen **gesetzlichen Schuldnerwechsel**.[145] Der Abschluss

144 BAG 30. 10. 1986, AP BGB § 613 a Nr. 55.

145 Vgl. EuGH 14. 11. 1996, DB 1996, 2546; Bachner, AiB 1996, 291.

neuer Arbeitsverträge ist nicht erforderlich. Vielmehr rückt der Erwerber auf der Seite des Veräußerers automatisch in dessen Arbeitgeberstellung ein.

95 Vom Betriebsübergang erfasst werden alle Arbeitsverhältnisse, also **Vollzeit** wie **Teilzeitarbeitsverhältnisse** ebenso wie **befristete Arbeitsverhältnisse** oder **Nebenbeschäftigungsverhältnisse**. Die gesetzliche Regelung differenziert auch nicht zwischen Angestellten, Arbeitern und Auszubildenden. Auch **leitende Angestellte** stehen in einem Arbeitsverhältnis und werden daher vom Regelungsbereich der Bestimmung erfasst. Dies gilt entsprechend auch für **ruhende Arbeitsverhältnisse**. Aus diesem Grund werden auch die Arbeitsverhältnisse von Arbeitnehmern in der Freistellungsphase der Altersteilzeit erfasst. Da § 613 a BGB ausdrücklich vom Bestehen eines Arbeitsverhältnisses ausgeht, werden Personen die nicht in einem Arbeitsverhältnis, sondern in einem **freien Dienstverhältnis** stehen, nicht von einem Betriebsübergang erfasst. Dies gilt auch für vertretungsberechtigte **Organmitglieder juristischer Personen** wie beispielsweise Vorstandsmitglieder in Aktiengesellschaften oder GmbH-Geschäftsführer.

96 Auch im Fall des Übergangs eines Betriebsteils gehen die betroffenen Arbeitsverhältnisse über. Wird aus einem Betrieb eine wirtschaftliche Teileinheit übernommen, die die Voraussetzungen eines Betriebsteils im Sinne von § 613 a BGB erfüllt (vgl. Teil A Rn. 30), tritt der Erwerber in die Arbeitsverhältnisse der Arbeitnehmer ein, die in dieser Teileinheit tätig waren. Ist es allerdings infolge der Übernahme einer solchen Teileinheit nicht mehr möglich, den verbleibenden (Rest-) Betrieb sinnvoll fortzuführen, hat dies nicht zur Folge, dass der Erwerber der Teileinheit in die Arbeitsverhältnisse aller Arbeitnehmer des früheren Betriebes eintritt.[146] Vielmehr handelt es sich bezogen auf den Restbetrieb um eine Stilllegung.

97 In der Praxis ist die **Ausgründung von Tochtergesellschaften** – z. B. zur Beschränkung auf das so genannte **Kerngeschäft** von besonderer Bedeutung. Nicht selten kommt es dabei vor, dass am gleichen Standort mehrere Spartengesellschaften entstehen, wo bisher sämtliche Dienstleistungen bzw. die Produktion unter dem rechtlichen Dach desselben Rechtsträgers verwirklicht wurden. Regelmäßig wird auch ein bislang einheitliches Unternehmen so aufgespalten, dass eine **Betriebsgesellschaft** ausgegründet wird, die den Betrieb im Rahmen der bisherigen Betriebsorganisation fortführt, während die Betriebsmittel im Eigentum des bisherigen Rechtsträgers verbleiben. Diese so genannte **Besitzgesellschaft** stellt die Betriebsmittel auf der Grundlage von Nutzungsverhältnissen der Betriebsgesellschaft zur Verfügung (vgl. auch Teil A Rn. 180).

98 Bleibt trotz der Ausgründung einer oder mehrerer rechtlich selbstän-

146 Vgl. BAG 13. 11. 1997, AP BGB § 613 a Nr. 170.

diger Gesellschaften ein gemeinsamer Betrieb im Sinne von § 1 Abs. 1 Satz 2, Abs. 2 BetrVG erhalten, so gehen nach der Rechtsprechung des *BAG* die Arbeitsverhältnisse auf die einzelnen ausgegründeten Gesellschaften über,[147] obwohl betriebsverfassungsrechtlich betrachtet der Betrieb unberührt bleibt.

Vorstehendes macht deutlich, dass bei der Entstehung eines **gemeinsamen Betriebes mehrerer Unternehmen** bzw. Rechtsträger für den Übergang der Arbeitsverhältnisse von der Trennung zwischen dem betriebsverfassungsrechtlichen und dem Betriebsbegriff im Sinne von § 613a BGB auszugehen ist. Beide Rechtsbegriffe überlappen sich zwar an vielen Stellen, sind aber nicht identisch. Deshalb spielt die rein betriebsverfassungsrechtlich zu beurteilende Frage, ob ein Gemeinschaftsbetrieb mehrerer Unternehmen entsteht, für den Übergang der Arbeitsverhältnisse keine Rolle. Dementsprechend findet ein Betriebsübergang gem. § 613a Abs. 1 Satz 1 BGB auf die Gesellschaften statt, die gemeinsam Betriebsinhaber geworden sind und den Betrieb gemeinsam führen.[148] Das gleiche gilt dann, wenn eine Betriebsgesellschaft ausgegründet wird. Wird hingegen nicht die Betriebs, sondern die Besitzgesellschaft ausgegründet, verbleiben die Arbeitsverhältnisse mangels Betriebsübergang bei der Betriebsgesellschaft. **99**

Ein Betriebsübergang im Sinne des § 613a BGB mit der Folge eines Arbeitgeberwechsels kann auch dann vorliegen, wenn ein ehemals **gemeinsamer Betrieb mehrerer Unternehmen** nur noch von einem Unternehmen fortgeführt wird. Bei Fortführung eines gemeinsamen Betriebes nach Ausscheiden eines oder mehrerer Unternehmen liegt ein Betriebsübergang in der Regel vor, wenn die bisherigen Betriebszwecke unter Aufrechterhaltung der Arbeitsabläufe und mit im Wesentlichen gleichem Personal weiterbetrieben werden. Die Arbeitsverhältnisse der Arbeitnehmer der ausgeschiedenen Unternehmen gehen gem. § 613a BGB auf den Weiterbetreiber über.[149] **100**

2. Zuordnung der Arbeitsverhältnisse

a. Grundregel

Zuordnungsprobleme werden sich bei der Übertragung kompletter Betriebe in der Regel keine stellen. Dagegen kann die Bestimmung der Arbeitnehmer, deren Arbeitsverhältnisse auf den neuen Inhaber übergehen, bei der Ausgliederung und Übertragung von einzelnen Betriebsteilen in der Praxis große Abgrenzungsprobleme bereiten. Die Bestimmung des Betriebs(teil)begriffs hat deshalb maßgeblichen Ein- **101**

---

147 Vgl. BAG 19.1.1988, AP BGB § 613a Nr. 70; Schaub, NZA 1989, 5; Sowka, DB 1988, 1318.

148 Vgl. Sowka, DB 1988, 1318; Hartmann, AuA 1997, 16; a.A. wohl BAG 5.3.1987, AP KSchG 1969 § 15 Nr. 30.

149 Vgl. Hess. LAG 16.4.1997, NZA-RR 1998, 24.

fluss auf die Frage, welche Arbeitsverhältnisse von einem Arbeitgeberwechsel erfasst werden. Grundsätzlich bezieht sich der gesetzlich angeordnete Eintritt in die Arbeitgeberstellung auf alle Arbeitsverhältnisse, die zum Zeitpunkt des Betriebs(teil)übergangs vorhandenen sind. Zu Problemen kommt es regelmäßig dann, wenn die **Zuordnung von solchen Arbeitnehmern** zu bewerten ist, die **betriebs(teil)- oder** sogar **unternehmensübergreifend eingesetzt** sind. Es stellt sich dann die Frage, ob sie dem übertragenen Betrieb oder – noch komplizierter – dem Betriebsteil zugeordnet werden können.[150]

102 **Zuordnungsprobleme** entstehen vor allem **bei so genannten Springern**, also Arbeitnehmern, die wechselnd in verschiedenen Betriebsabteilungen oder auch Betrieben des Veräußerers tätig sind. Ebenso schwierig gestaltet sich die Zuordnung der Arbeitsverhältnisse von **Arbeitnehmern mit überbetrieblichen Leitungsfunktionen**, z. B. des überbetrieblichen Leiters des Einkaufs. Ähnliches gilt für **Arbeitnehmer in Stabsfunktionen**, wie sie regelmäßig in der zentralen Datenverarbeitung, Buchhaltung oder Personalabteilung zu finden sind, sowie für Auszubildende, die in einer zentralen Ausbildungswerkstatt eines Unternehmens beschäftigt sind. Auf Letztere ist § 613 a BGB allerdings nur entsprechend anwendbar.[151]

103 Für die Zuordnung kommt es zunächst auf den **Willen der Vertragsparteien** an. Wenn sich diese darüber einig sind, dass ein Arbeitnehmer, der für mehrere Betriebe oder Betriebsteile gearbeitet hat, nach einem Übergang nur beim Erwerber beschäftigt werden soll, ist diese Vereinbarung maßgebend.[152]

104 Fehlt es dagegen – wie oft – an einer klaren Festlegung der Vertragsparteien über die Zuordnung des Arbeitsverhältnisses, ist auf den **objektiven Schwerpunkt des Arbeitsverhältnisses** abzustellen.[153] Entscheidend ist dabei eine organisations- und nicht eine funktionsorientierte Betrachtungsweise.[154] Dazu muss festgestellt werden, in welcher organisatorischen Einheit die Tätigkeit erbracht wird. Weniger erheblich ist, welchem Geschäftsteil die Tätigkeit zugute kommt oder mit welchen Betriebsmitteln die Tätigkeit erfolgt, wenn sie in einer anderen Einheit verrichtet wird.[155] Ein Arbeitnehmer muss daher regelmäßig *in* dem betreffenden Betrieb oder Betriebsteil tätig bzw. in ihn eingegliedert gewesen sein. Eine lediglich **mittelbare Tätigkeit** *für*

---

150 Vgl. hierzu ausführlich auch WHSS-/Willemsen, Rn. G 139 ff.

151 Vgl. Mehlich, NZA 2002, 823.

152 Vgl. BAG 20. 7. 1982, AP BGB § 613 a Nr. 31; 25. 6. 1985, AP BetrAVG § 7 Nr. 23; 18. 3. 1997, AP BetrAVG § 1 Betriebsveräußerung Nr. 16; a. A. ErfK-Preis m. w. N. zur Gegenauffassung.

153 Vgl. Hergenröder, AR-Blattei (SD) 500.1 Rn. 281 ff.

154 Vgl. EuGH 16. 12. 1992, EAS Rl 77/187/EWG Art. 3 Nr. 8; BAG 13. 11. 1997, AP BGB § 613 a Nr. 170.

155 Vgl. EuGH 7. 2. 1985, EAS Rl 77/187/EWG Art. 1 Nr. 1.

den Betrieb(steil) reicht hingegen nicht aus. Es genügt nicht, dass der Arbeitnehmer, ohne dem übertragenen Betrieb(steil) anzugehören, als Beschäftigter einer nicht übertragenen Abteilung Tätigkeiten für den übertragenen Betrieb(steil) verrichtet.[156] Ist der Arbeitsplatz also nicht in die Struktur und Organisation des Betriebs(teils) eingebunden, verbleibt sein Arbeitsverhältnis beim Veräußerer bzw. abgebenden Unternehmen.[157]

Der **Schwerpunkt des Arbeitsverhältnisses** ist nach objektiven Kri- 105
terien festzustellen. In Betracht kommen sowohl schriftliche Abreden als auch die tatsächlichen Umstände wie besonders der überwiegende Arbeitsort, Arbeitszeit, Arbeitsaufwand, Bedeutung der Tätigkeiten für den Gesamtbetrieb oder das Gesamtunternehmen, Anbindung an Vorgesetzte oder Untergebene.[158] Bei Arbeitsverhältnissen in Stabspositionen muss die Verbindung mit der veräußerten wirtschaftlichen Einheit so eng gewesen sein, dass die Beschäftigungsmöglichkeit im zentralen Bereich durch die Veräußerung wegfällt.[159] Auszubildende in zentralen Ausbildungswerkstätten sind regelmäßig der Fachabteilung zuzuordnen, für die sie ausgebildet werden und in der sie nach Beendigung der Ausbildung eingesetzt werden sollen.[160] Überhaupt kein Schwerpunkt feststellbar ist mangels Bestehen eines Beschäftigungsverhältnisses bzw. Eingliederung in den Betrieb bei Altersteilzeitverhältnissen in der Freistellungsphase. Dennoch verbleibt ein solches Arbeitsverhältnis nach der Rechtsprechung des *BAG* nicht beim Veräußerer. Nach der Rechtsprechung des *BAG* richtet sich die Zuordnung eines freigestellten Arbeitnehmers in der Altersteilzeit nach dem letzten Arbeitsplatz. Dies gilt auch für Arbeitsverhältnisse freigestellter Betriebsratsmitglieder.[161]

In den Fällen, in welchen sich eine klare **Schwerpunktbildung nicht** 106
eindeutig vornehmen lässt, stellt sich die Frage, nach welchen Grundsätzen dann die Zuordnung eines Arbeitsverhältnisses zu erfolgen hat. Hier findet sich in der Literatur ein ganzer Strauß von Lösungsansätzen, der vom vollständigen Ausschluss des Arbeitgeberwechsels[162] über die Einräumung eines arbeitnehmerseitigen Wahlrechts[163] bis zur Zuerkennung eines einseitigen Bestimmungsrechts des Betriebsveräußerers gem. § 315 BGB reicht.[164] Richtigerweise kann eine Zuordnung

156 Vgl. BAG 13.11.1997, AP BGB § 613a Nr. 169 und 170 unter Berufung auf EuGH 7.2.1985, EAS Rl 77/187/EWG Art. 1 Nr. 1; 8.8.2002, NZA 2003, 315; 13.2.2003, NZA 2003, 1111.

157 Vgl. BAG 11.9.1997, AP Rl 77/187/EWG Nr. 16.

158 Vgl. BAG 20.7.1982, AP BGB § 613a Nr. 31; Bachner, AiB 1996, 291 [300].

159 Vgl. Hergenröder, AR-Blattei (SD) 500.1 Rn. 285; LAG Köln 7.12.2001, NZA-RR 2002, 513.

160 Vgl. Mehlich, NZA 2002, 823.

161 BAG 31.1.2008, NZA 2008, 705; 30.10.2008, 8 AZR 54/07.

162 Vgl. Müller/Thüsing, ZIP 1997, 1869 [1873].

163 Vgl. Bachner, AiB 1996, 291; Annuß, NZA 1998, 70 [76].

164 Vgl. Bauer, Unternehmensveräußerung, S. 47; WHSS-Willemsen, Rn. G 142.

zum veräußerten Betrieb(steil) nicht erfolgen, wenn der Tatbestand der den Übergang des Arbeitsverhältnisses bewirkenden Überleitungsnorm – § 613 a Abs. 1 Satz 1 BGB – nicht nachgewiesen ist. In diesem Fall verbleibt das Arbeitsverhältnis beim Veräußerer. In der Praxis wird die Zuordnung solcher Arbeitsverhältnisse daher vielfach zu einem **Problem der Beweislast**.

107 Streiten Arbeitnehmer und Erwerber über das Vorliegen der tatsächlichen Voraussetzungen für einen Betriebsübergang und vereinbaren die Parteien, dass ein Arbeitsverhältnis zwischen ihnen nicht zustande gekommen ist, handelt es sich hierbei um einen **Vergleich** im Sinne von § 779 Abs. 1 BGB und nicht etwa um einen Auflösungsvertrag. Die Vereinbarung bedarf daher nicht der Schriftform gem. § 623 BGB.[165]

b. Umwandlungsrechtliche Zuordnung von Arbeitsverhältnissen

108 Soweit ein Übergang der Arbeitsverhältnisse gem. § 613 a BGB mangels Betriebs(teil)übergang ausscheidet, ist im Geltungsbereich des UmwG eine **umwandlungsrechtliche Zuordnung des Arbeitsverhältnisses** gem. § 126 Abs. 1 Nr. 9 UmwG i. V. m. § 131 Abs. 1 UmwG denkbar. Voraussetzung dafür ist, dass die entsprechenden Arbeitsverhältnisse im Spaltungs- und Übernahmevertrag namentlich aufgeführt werden.[166] Die umwandlungsrechtliche Zuordnung und Übertragung hat grundsätzlich zur Folge, dass der im Spaltungsvertrag vorgesehene Rechtsträger mit Eintragung der Spaltung im Register des übertragenden Rechtsträgers gem. § 131 Abs. 1 Nr. 1 UmwG Arbeitgeber dieses Arbeitnehmers wird.

109 Ein Bedürfnis für die Übertragung von Arbeitsverhältnissen außerhalb des § 613 a BGB i. V. m. § 324 UmwG kann z. B. dann bestehen, wenn ein Arbeitnehmer in einer Stabsfunktion oder in einer Springerfunktion tätig ist und deshalb nicht – oder nicht eindeutig – dem zur Übertragung bestimmten Betrieb oder Betriebsteil zugeordnet werden kann, er jedoch gerade in dieser wirtschaftlichen Einheit eingesetzt werden soll. Besondere Bedeutung erlangt dies in **Spaltungsfällen**.

110 Bei der rein umwandlungsrechtlichen Übertragung von Arbeitsverhältnissen muss § 132 UmwG beachtet werden. Danach bleiben allgemeine Vorschriften, welche die Übertragbarkeit eines bestimmten Gegenstandes ausschließen, durch die Wirkungen der Eintragung der Spaltung ins Handelsregister unberührt. Um eine solche allgemeine Vorschrift handelt es sich bei § 613 Satz 2 BGB. Danach ist der **Anspruch auf Leistung der Dienste im Zweifel nicht übertragbar**, weil der zur Dienstleistung Verpflichtete die Dienste persönlich zu erbringen hat. § 613 Satz 2 BGB ist außerdem im Lichte der allgemei-

---

165 Vgl. LAG Hamm, LAGE § 623 BGB Nr. 3.

166 Vgl. WHSS-Willemsen, Rn. G 148; Boecken, Rn. 72; Bachner, AR-Blattei (SD) 1625 Rn. 38.

nen Berufswahlfreiheit nach Art. 12 GG auszulegen. In der Gesamtschau hat dies zur Folge, dass die rein umwandlungsrechtliche Übertragung eines Arbeitsverhältnisses der vorherigen Zustimmung des Arbeitnehmers bedarf.[167] Willigt der Arbeitnehmer nicht in den Übergang des Arbeitsverhältnisses ein, geht das Arbeitsverhältnis nicht auf den aufnehmenden Rechtsträger über.[168]

Auf Fälle der **Verschmelzung** ist § 132 UmwG i. V. m. § 613 Satz 2 BGB analog anwendbar, soweit Arbeitsverhältnisse, die nicht einem bestimmten Betrieb zugeordnet werden können, übertragen werden sollen. **111**

c. Zuordnung von Arbeitsverhältnissen durch Abschluss eines Interessenausgleichs gem. § 323 Abs. 2 UmwG

Das UmwG enthält für die Zuordnung von Arbeitsverhältnissen eine Besonderheit. Nach § 323 Abs. 2 UmwG können im Falle der übertragenden Umwandlung (Verschmelzung, Spaltung oder Vermögensübertragung) in einem **Interessenausgleich** diejenigen **Arbeitnehmer namentlich bezeichnet** werden, die nach der Umwandlung einem bestimmten Betrieb oder Betriebsteil zugeordnet werden. Der Interessenausgleich unterliegt den allgemeinen Bestimmungen der §§ 111, 112 BetrVG. Voraussetzung für die Anwendbarkeit der Vorschrift ist daher eine Betriebsänderung in Form einer Spaltung bzw. einer Zusammenlegung von Betrieben.[169] Der Interessenausgleich und damit auch die »Namensliste« kann nicht erzwungen werden. **112**

Gemäß § 323 Abs. 2 UmwG kann das Arbeitsgericht die Zuordnung im Interessenausgleich nur auf **grobe Fehlerhaftigkeit** überprüfen. Wenngleich der Arbeitgeber auf die freiwillige Einigung mit dem Betriebsrat in einem Interessenausgleich angewiesen ist, stellt das Zuordnungsrecht **in der Praxis vielfach zugleich ein arbeitgeberseitiges Auswahlrecht** dar, welches auf der Betriebsratsseite mit Austauschgeschäften der unterschiedlichsten Art, vielfach mit höheren Abfindungsleistungen »erkauft« wird. Damit wird de facto das Zuordnungsrecht des Arbeitgebers erweitert.[170] **113**

Wegen der faktischen Erweiterung des arbeitgeberseitigen Zuordnungsrechts und der aus § 323 Abs. 2 UmwG resultierenden relativen Gerichtsfestigkeit der getroffenen Zuordnungsentscheidung ist bei der Prüfung der Frage, ob **grobe Fehlerhaftigkeit** vorliegt, besonderes Augenmaß erforderlich.[171] Das wird auch durch die Entstehungs- **114**

---

167 Vgl. Kittner/Däubler/Zwanziger, KSchR, § 324 UmwG Rn. 11; Bachner, AR-Blattei (SD) 1625 Rn. 40ff. mit Nachweisen auch zur Gegenauffassung.

168 Vgl. a. A. WHSS-Willemsen, Rn. G 150; Schalle, S. 138.

169 Vgl. WHSS-Willemsen, Rn. G 143; Boecken, Rn. 124.

170 Vgl. so zutreffend WHSS-Willemsen, Rn. G 143.

171 Vgl. hierzu auch Bachner, AR-Blattei (SD) 1625 Rn. 49ff.

geschichte des UmwG dokumentiert. So war im Gesetzentwurf[172] die nunmehr geltende Regelung des § 323 Abs. 2 UmwG noch nicht in dieser Form enthalten. Vielmehr war an eine reine Zuordnung von Arbeitsverhältnissen auf der Grundlage des Spaltungsplans gedacht worden.[173] Dabei ging der Gesetzgeber in den Gesetzesmaterialien davon aus, dass bei der Zuordnung von Arbeitsverhältnissen gerade für den Fall der Spaltung Probleme entstehen können, weil die Spaltung für die Aufteilung und Zuweisung des Vermögens des sich spaltenden Rechtsträgers, zu der auch Arbeitsverhältnisse zu rechnen sind, erhebliche Freiheit gewähre. Eine Einschränkung müsse diese Freiheit jedoch für die Überleitung von Arbeitsverhältnissen erfahren. Gehe nämlich bei einer Spaltung ein Betrieb oder Betriebsteil auf den übernehmenden Rechtsträger über, gelte für die Überleitung der in diesem Betrieb(steil) bestehenden Arbeitsverhältnisse zwingend die Regelung des § 613a Abs. 1 Satz 1 BGB.

115 Die Zuordnung der Arbeitsverhältnisse in einem **Interessenausgleich** auf der Grundlage von § 323 Abs. 2 UmwG hat daher wegen der Spezialität von § 613a Abs. 1 Satz 1 BGB **nur deklaratorischen Charakter**. § 613a Abs. 1 Satz 1 BGB geht einem Interessenausgleich, in dem Arbeitsverhältnisse zugeordnet werden, insoweit vor, als das Arbeitsverhältnis mit hinreichender Sicherheit einem bestimmten Betrieb oder Betriebsteil, der von der Umwandlung erfasst wird, zugerechnet werden kann. Verstößt die Zuordnung im Interessenausgleich gegen die aus § 613a Abs. 1 Satz 1 BGB resultierende **Kontinuität von Arbeitsverhältnis und Betriebsteil**, ist dies grob fehlerhaft im Sinne von § 323 Abs. 2 UmwG.[174] Entscheidendes Wertungskriterium, an welches die Betriebsparteien bei Abschluss des Interessenausgleichs gebunden sind, ist der Schwerpunkt des Arbeitsverhältnisses[175] (vgl. Teil A Rn. 104).

116 Kann ein Arbeitsverhältnis bei **Anlegung eines strengen Maßstabes** nicht eindeutig dem einen oder dem anderen Betrieb oder Betriebsteil zugeordnet werden, kommt das Zuordnungsprivileg des § 323 Abs. 2 UmwG zur Anwendung. Die Bestimmung hat unter diesen Voraussetzungen gerade die Funktion, eine weitgehend »gerichtsfeste« Zuordnung von Arbeitsverhältnissen zu ermöglichen, um vor allem die Praxis in Fällen der massenhaften Zuordnung von Arbeitsverhältnissen zu erleichtern.[176] Es ist denkbar und gegebenenfalls auch zu empfeh-

---

172 BT-Drs. 12/6699 vom 1.2.1994.

173 Vgl. § 126 Abs. 1 Nr. 9 i.V.m. § 131 Abs. 1 Nr. 1 UmwG – RegEntw.

174 Ebenso Kreßel, BB 1995, 928; Bachner/Köstler/Matthießen/Trittin, § 4 Rn. 330; Bachner, AR-Blattei (SD) 1625 Rn. 54; WHSS-Willemsen, Rn. G 143; a.A. Bauer, NZA 1994, 1060.

175 Vgl. BAG 20.7.1982, AP BGB § 613a Nr. 31.

176 Vgl. WHSS-Willemsen, Rn. G 143; Kittner/Däubler/Zwanziger, KSchR, § 323 UmwG Rn. 16.

len, dass der Betriebsrat mit dem Arbeitgeber die Kriterien der Zuordnung vereinbart und so die Zuordnung auf eine objektive Entscheidungsgrundlage stellt.

3. Widerspruch des Arbeitnehmers

a. Rechtsgrundlage und Rechtsfolgen

Wie bereits dargestellt wurde (vgl. Teil A Rn. 94) tritt der Übergang **117** des Arbeitsverhältnisses nach § 613a Abs. 1 Satz 1 BGB automatisch – kraft Gesetzes ein. Der Arbeitnehmer kann den Übergang des Arbeitsverhältnisses jedoch dadurch verhindern, dass er dem **Übergang des Arbeitsverhältnisses auf den Erwerber widerspricht**.[177] Seit Inkrafttreten des Gesetzes zur Änderung des Seemannsgesetzes am 28. März 2002 ist dieses Widerspruchsrecht ausdrücklich in § 613a Abs. 6 BGB geregelt. Es ist Ausdruck des Grundrechts auf freie Berufswahl,[178] mit europäischem Recht vereinbar[179] und gilt nicht nur für die Fälle der Einzelrechtsnachfolge, sondern auch bei umwandlungsbedingtem Betriebs(teil)übergang.[180] Mit Ausübung des Widerspruchsrechts verbleibt das Arbeitsverhältnis beim übertragenden Unternehmen. Der Widerspruch ist daher ein so genanntes negatives Tatbestandsmerkmal von § 613a Abs. 1 Satz 1 BGB.[181]

Erlischt allerdings **infolge einer Verschmelzung der übertragende Rechtsträger**, steht dem Arbeitnehmer nach der Rechtsprechung **118** des *BAG* kein Widerspruchsrecht zu, da das Arbeitsverhältnis mit dem erloschenen Arbeitgeber nicht fortgesetzt werden kann.[182] Nach der hier vertretenen Auffassung steht dem Arbeitnehmer statt des Widerspruchsrechts ein **einseitiges Lösungsrecht** zu. Dieses ergibt sich aus dem bereits das Widerspruchsrecht tragenden Grundgedanken, dass der Arbeitnehmer in der Lage sein muss,[183] sein verfassungsrechtlich verbürgtes Recht, seinen Arbeitgeber selbst auswählen zu können, wahrzunehmen. Dieses muss der Arbeitnehmer dann aber auch ausdrücklich – in der Regel durch eine außerordentliche Kündigung innerhalb einer Frist von zwei Wochen seit Kenntnis der Verschmelzung im Handels-

---

177 Vgl. BAG 7.4.1993; 22.4.1993; 19.3.1988 AP KSchG 1969 § 1 Soziale Auswahl Nr. 22; AP BGB § 613a Nr. 102, 103, 177.

178 Vgl. Kittner/Däubler/Zwanziger, KSchR § 613a BGB Rn. 48.

179 Vgl. EuGH 12.11.1998, EAS Rl 77/187/EWG Art. 1 Nr. 16; BAG 16.12.1992, AP BGB § 613a Nr. 97.

180 Vgl. Bachner/Köstler/Matthießen/Trittin, § 6 Rn. 114; Bachner, AR-Blattei (SD) 1625 Rn. 57ff.

181 Vgl. Bachner, AiB 1996, 291; zu der Frage, ob im Fall des Widerspruchs die Arbeitnehmerüberlassung an den Erwerber kündigungsschutzrechtlich geboten ist, vgl. Plander, NZA 2002, 69.

182 BAG 21.2.2008, 8 AZR 157/07, juris.

183 Vgl. ArbG Münster 14.4.2000, NZA 2000, 1182.

register – erklären. Ein ausdrücklich erklärter Widerspruch des Arbeitnehmers ist jedoch nicht als einseitige Vertragsauflösung auszulegen. Vielmehr ist der Widerspruch dann für den Fall des Erlöschens des übertragenen Rechtsträgers als wirkungslos anzusehen.[184]

119 Die Ausübung des Widerspruchsrechts ist ohne weiteres möglich und bedarf **keines sachlichen Grundes**.[185] Das gilt auch für die **kollektive Ausübung des Widerspruchsrechts**. Die gemeinschaftliche Wahrnehmung individualrechtlicher Rechtspositionen ist vor allem nicht rechtsmissbräuchlich. Übt allerdings eine Vielzahl von Arbeitnehmern das Widerspruchsrecht aus, kann sich nach der Rechtsprechung des *BAG* aus der Zweckrichtung der Widerspruchsausübung ein rechtsmissbräuchliches Handeln ergeben, soweit sie nicht im Schwerpunkt auf die Verhinderung des Arbeitgeberwechsels, sondern beispielsweise von der Motivation getragen ist, den Betriebsübergang als solchen zu verhindern oder aber Vergünstigungen zu erzielen, auf die die Arbeitnehmer keinen Rechtsanspruch haben.[186] Solche Fälle dürften in der Praxis allerdings selten anzutreffen sein. Das Widerspruchsrecht des Arbeitnehmers besteht bei jeder Form eines Betriebs(teil)übergangs – auch im Zusammenhang mit übertragenden Umwandlungen nach dem UmwG.[187] Der Widerspruch wirkt auf den Zeitpunkt des Betriebsübergangs zurück.[188]

120 Die Ausübung des Widerspruchsrechts ist an den **Grundsatz von Treu und Glauben** (§ 242 BGB) gebunden. Hat sich der Arbeitnehmer entweder mit dem bisherigen oder mit dem neuen Arbeitgeber in zeitlichem Zusammenhang mit dem Betriebsübergang darüber geeinigt, dass er das Widerspruchsrecht nicht ausübe, ist er an diese Vereinbarung gebunden,[189] wenn Betriebsinhaber oder Betriebsübernehmer hierauf vertrauen durften.[190] Der Arbeitnehmer hat dem Übergang seines Arbeitsverhältnisses jedenfalls dann mit der Folge der Unbeachtlichkeit des Widerspruchs zugestimmt, wenn er in Kenntnis des Betriebsübergangs bei dem Betriebsübernehmer die Arbeit ohne Vorbehalt fortsetzt.[191] Aus diesem Grund ist es allgemein anerkannt, dass das **Widerspruchsrecht verwirken** kann. Mit der Verwirkung als Sonderfall der unzulässigen Rechtsausübung (§ 242 BGB) wird die verspätete Gel-

---

184 Vgl. LAG Düsseldorf 15.11.2002, EzA-SD Nr. 1, 5; zum Widerspruch bei umwandlungsbedingtem Betriebsübergang vgl. Altenburg/Leister, NZA 2005, 15; BAG 21.2.2008, 8 AZR 157/07; Pressemitteilung BAG Nr. 17/08.

185 Vgl. BAG 19.3.1998, AP BGB § 613a Nr. 177.

186 Vgl. BAG 30.9.2004, NZA 2005, 43–51; kritisch zum Kollektivwiderspruch Rieble NZA 2005, 1.

187 Vgl. Bachner NJW 1995, 2881; Kittner/Däubler/Zwanziger, KSchR § 324 UmwG Rn. 4, WHSS-Willemsen, Rn. G 154.

188 Vgl. Kittner/Däubler/Zwanziger, KSchR § 613a BGB Rn. 49.

189 Vgl. BAG 19.3.1998, AP BGB § 613a Nr. 177.

190 Vgl. BAG 15.2.1984, AP BGB § 613a Nr. 37.

191 Vgl. BAG 17.11.1977, AP BGB § 613a Nr. 10.

tendmachung von Rechten ausgeschlossen. Sie dient dem Vertrauensschutz und verfolgt nicht den Zweck, den Schuldner stets dann von einer Verpflichtung zu befreien, wenn dessen Gläubiger seine Rechte längere Zeit nicht geltend gemacht hat (Zeitmoment). Das Zeitmoment allein kann daher nach der Rechtsprechung nicht zur Verwirkung führen; bei fehlerhafter Darstellung der Ansprüche aus betrieblicher Altersversorgung kann ggf. sogar nach mehreren Jahren noch ein Widerspruch in Betracht kommen.[192] Der gesetzlichen Regelung ist für das Zeitmoment der Verwirkung keine feststehende Frist zu entnehmen, vielmehr ist auf die konkreten Umstände des Einzelfalles abzustellen.[193] Der Arbeitnehmer muss unter Umständen untätig geblieben sein, die den Eindruck erweckt haben, dass er sein Widerspruchsrecht nicht mehr geltend machen wolle, sodass der bisherige AG sich darauf einstellen durfte, nicht mehr in Anspruch genommen zu werden (Umstandsmoment). Das Erfordernis des Vertrauensschutzes auf Seiten des bisherigen Arbeitgebers muss hierbei derart überwiegen, dass ihm die Erfüllung des Anspruchs nicht mehr zuzumuten ist.[194] Solche Umstände, die ein Vertrauen des Veräußerers auf die Nichtausübung des Widerspruchsrechts begründen, liegen dann vor, wenn der Arbeitnehmer über den Bestand des Arbeitsverhältnisses disponiert hat, sei es dadurch, dass das Arbeitsverhältnis grundlegend umgestaltet, z. B. ein Altersteilzeitvertrag abgeschlossen wurde, eine Eigenkündigung ausgesprochen, ein Aufhebungsvertrag mit dem Erwerber geschlossen oder eine von Seiten des Erwerbers ausgesprochene Kündigung hingenommen wurde.[195] Das gilt auch dann, wenn der Arbeitnehmer nach Ausspruch einer Kündigung durch den Veräußerer mit diesem eine Abwicklungsvereinbarung abschließt.[196] Nimmt der Arbeitnehmer demgegenüber lediglich die Folgen des Betriebsübergangs hin, indem er für den Erwerber widerspruchslos weiterarbeitet, so ist allein deshalb das Umstandsmoment gerade nicht erfüllt. Dies gilt auch, wenn der Arbeitnehmer nur eine Entwicklung des Arbeitsverhältnisses realisiert, indem der Erwerber und der Arbeitnehmer ein höheres Einkommen, andere Arbeitszeiten oder einen anderen Arbeitsplatz vereinbaren.

Nicht ausreichend ist der Ausschluss des Widerspruchsrechts in Kollektivverträgen jeder Art, denn das Widerspruchsrecht ist **höchstpersönlich**.

Rechtlich unbeachtlich sind **Arbeitsverträge** zwischen dem Betriebs- **121**
veräußerer und seinen Arbeitnehmern, die für den Fall der Ausübung

192 Gaul/Niklas DB 2009, 452, 455.

193 BAG 12. 11. 2009, 8 AZR 530/07, juris.

194 BAG 23. 7. 2009, NZA 2010, 89 ff.

195 BAG 27. 11. 2008, 8 AZR 174/07; 24. 7. 2008, 8 AZR 205/07 und 8 AZR 755/07; 20. 3. 2008, 8 AZR 1016/06; 2. 4. 2009, 8 AZR 473/07.

196 BAG 15. 2. 2007, EzA § 613 a BGB 2002 Nr. 64; BAG 12. 11. 2009, 8 AZR 530/07, juris.

des Widerspruchsrechts **auflösend bedingt** sind. Solche Verträge dienen dazu, das Widerspruchsrecht des Arbeitnehmers und die daraus resultierende Wahlfreiheit ins Leere laufen zu lassen. Dies ist mit dem Rechtsgedanken von § 613 a BGB nicht zu vereinbaren. Allerdings ist es möglich, das Widerspruchsrecht einzelvertraglich durch Vereinbarung zwischen Veräußerer und Arbeitnehmer auszuschließen.[197] Eine solche einzelvertragliche Regelung bedarf zu ihrer Wirksamkeit immer eines engen zeitlichen Zusammenhangs mit einem tatsächlichen Betriebsübergang, um Umgehungsgefahren auszuschließen. Sie ohne Zusammenhang mit dem tatsächlichen Betriebsübergang in den Arbeitsvertrag aufzunehmen, wäre also unzulässig. Schließlich ist der Widerspruch auch dann unerheblich, wenn der Arbeitnehmer mit dem Veräußerer die Vereinbarung getroffen hat, dass das Arbeitsverhältnis übergehe.[198]

b. Widerspruchserklärung und Widerspruchsadressat

122 Der Widerspruch des Arbeitnehmers gegen den Übergang des Arbeitsverhältnisses muss nach § 613 a Abs. 6 BGB schriftlich erfolgen. Aus der gesetzlich angeordneten **Schriftform** folgt, dass der **Widerspruch** den Anforderungen von § 125 BGB entsprechen muss. Deshalb muss der Widerspruch des Arbeitnehmers eigenhändig unterschrieben sein. Wird das Schriftformerfordernis dagegen nicht eingehalten, ist der Widerspruch unwirksam. Im Übrigen finden auf den Widerspruch die **Regeln über Willenserklärungen** Anwendung. Der Widerspruch ist eine **einseitige empfangsbedürftige Willenserklärung**. Aus diesem Grund kann der Arbeitnehmer die Rechtsfolgen des Widerspruchs nach Zugang beim Erklärungsadressaten nicht einseitig durch das bloße Anbieten der Arbeitskraft oder durch Erklärung des Widerrufs des Widerspruchs wieder rückgängig machen.[199] Eine Rücknahme des Widerspruchs ist nach § 130 Abs. 1 Satz 2 BGB nur zeitgleich mit dessen Zugang möglich. Danach ist eine Rücknahme nur durch dreiseitige Vereinbarung aller am Betriebsübergang Beteiligten möglich. Die Wirkungen der Widerspruchserklärung können aber durch deren Anfechtung gem. §§ 119 ff. BGB beseitigt werden. Dies gilt z. B. dann, wenn der Arbeitnehmer durch nachweislich falsche Angaben des Betriebserwerbers zur Ausübung des Widerspruchsrechts veranlasst wurde. Als einseitiges Gestaltungsrecht ist der Widerspruch bedingungsfeindlich, d. h., der Widerspruch kann z. B. (rechtsverbindlich) nicht an die Bedingung geknüpft werden, dass der Erwerber auf den Ausspruch einer betriebsbedingten Kündigung für einen bestimmten Zeitraum verzichtet.

123 Die Erklärung des Widerspruchs kann **gegenüber dem bisherigen oder dem neuen Inhaber des Betriebs(teils)** abgegeben werden,

197 Vgl. BAG 19. 3. 1998, AP BGB § 613 a Nr. 177.

198 Vgl. BAG 19. 3. 1998, NZA 1998, 750.

199 Vgl. BAG 30. 10. 2003 – 8 AZR 491/02.

§ 613 a Abs. 6 BGB. Dies gilt sowohl vor als auch nach dem Betriebsübergang.[200] Dem Mitarbeiter steht also ein Wahlrecht zu – unabhängig davon, wer die Unterrichtung nach § 613 a Abs. 5 BGB vorgenommen hat.

c. Zeitpunkt des Widerspruchs, Unterrichtung des Arbeitnehmers, Rechtsfolgen der Information

Der Arbeitnehmer muss den Widerspruch innerhalb eines Monats nach Zugang der Unterrichtung über den Betriebsübergang erklären, § 613 a Abs. 5 und 6 BGB. Nach Ablauf dieser Frist ist der Widerspruch unbeachtlich.[201] **124**

Dabei ist zu beachten, dass die **Widerspruchsfrist** von einem Monat erst mit Zugang der Unterrichtung in Textform nach § 613 a Abs. 5 BGB zu laufen beginnt. Ist dagegen die Unterrichtung nicht ordnungsgemäß erfolgt, beginnt die einmonatige Widerspruchsfrist nicht zu laufen.[202] Der Zugang der Widerspruchserklärung richtet sich nach § 130 BGB. Danach trägt der Arbeitgeber die Darlegungs- und Beweislast für den Zugang der Unterrichtung. Schon deshalb werden die Unterrichtungsschreiben vielfach persönlich entweder in Anwesenheit von Zeugen oder gegen Quittierung ausgehändigt. Voraussetzung für den Zugang ist, dass die **Unterrichtung ordnungsgemäß** erfolgt. Bleibt die Unterrichtung aus oder ist sie unvollständig oder falsch, beginnt die Widerspruchsfrist erst dann zu laufen, wenn sie nachgeholt bzw. konkretisiert wurde (zum Inhalt der Unterrichtung, vgl. Teil A Rn. 127 ff.). Soweit eine solche nachträgliche Konkretisierung erfolgt, ist diese in der nach § 613 a Abs. 5 BGB vorgesehenen Form vorzunehmen und aus Gründen der Rechtsklarheit auch als solche zu bezeichnen. Damit wird sichergestellt, dass der Arbeitnehmer vom Beginn der Widerspruchsfrist Kenntnis erlangt.[203] **125**

Die **Unterrichtungspflicht** ist an keine weiteren Voraussetzungen gebunden. Sie gilt nach § 613 a Abs. 5 BGB unabhängig von der Betriebsgröße. Die Unterrichtung muss **entweder der bisherige Arbeitgeber oder der neue Inhaber** vornehmen. Betriebsveräußerer und Betriebserwerber sollten sich deshalb darauf verständigen, wer von beiden die gemeinsame Verpflichtung dem Arbeitnehmer gegenüber erfüllt. In der Praxis wird dies regelmäßig der bisherige Arbeitgeber sein. Denkbar ist jedoch auch die Unterrichtung durch Veräußerer und Erwerber in einem gemeinsamen Schreiben. Die Unterrichtung als solche gestaltet das Rechtsverhältnis gegenüber dem Arbeitnehmer nicht. Betriebsveräußerer und Betriebserwerber teilen lediglich ihre **126**

---

200 Vgl. Worzalla, NZA 2002, 353.

201 Vgl. Worzalla, NZA 2002, 353.

202 BAG 24. 5. 2005, NZA 2005, 1302–1307; LAG München, 12. 5. 2005, EzA-SD 2005, Nr. 17, 6.

203 BAG 23. 7. 2009, NZA 2010, 89.

Rechtsauffassung zu den Rechtsfolgen des Betriebsübergangs mit. Die Unterrichtung gegenüber den von dem Betriebsübergang betroffenen Arbeitnehmern schließt etwaige gegenüber dem Betriebsrat bestehende Informationspflichten nicht aus; ebenso wenig kann durch die Unterrichtung des Betriebsrats die aus § 613 a Abs. 5 BGB gegenüber den Arbeitnehmern resultierende Verpflichtung erfüllt werden. Durch die Unterrichtung soll der Arbeitnehmer in die Lage versetzt werden, eine wohl abgewogene Entscheidung über die Ausübung des Widerspruchsrechts zu treffen. Da die Widerspruchserklärung bedingungsfeindlich ist und nicht einseitig widerrufen werden kann, sind mit ihr existentielle Folgen für die berufliche Entwicklung des Arbeitnehmers verbunden. An eine ordnungsgemäße Unterrichtung sind deshalb hohe Anforderungen zu stellen. Daraus folgt, dass der Arbeitnehmer durch die Unterrichtung in die Lage versetzt werden muss, Erkundigungen über den Betriebserwerber einzuholen. Damit bezieht sich die Unterrichtungspflicht zunächst auf die konkrete Identität des Erwerbers, also dessen Firma, dessen Firmensitz, die Geschäftsadresse und die übertragenen Betriebsmittel.[204] Soweit eine vollständige Unterrichtung über den Erwerber objektiv nicht möglich ist, z. B. weil dieser sich noch in der Gründungsphase befindet, muss dies in dem Unterrichtungsschreiben gegenüber den Arbeitnehmern offengelegt werden.[205]

127 Darüber hinaus bezieht sich die Unterrichtungspflicht aus § 613 a Abs. 5 BGB[206] auf:

128 • **Zeitpunkt oder den geplanten Zeitpunkt des Übergangs** (Nr. 1): Diesbezüglich ist auf den tatsächlichen Übergang der betrieblichen Organisationsgewalt abzustellen (vgl. Teil A Rn. 47). Steht dieser noch nicht fest, ist dem Arbeitnehmer der für den Übergang geplante Zeitpunkt mitzuteilen. Wird die unternehmerische Planung nicht eingehalten, ist die Unterrichtung zu aktualisieren, wenn die neue Planung von der bisherigen wesentlich abweicht. Um eine wesentliche Abweichung handelt es sich dann, wenn hierdurch die Entscheidung des Arbeitnehmers über die Ausübung des Widerspruchsrechts beeinflusst werden kann.[207]

129 • **Grund für den Übergang** (Nr. 2):
Der Grund für den Übergang ist nicht gleichzusetzen mit dem, dem Übergang zugrunde liegenden Rechtsgeschäft.[208] Die Kenntnis von dem genauen Inhalt des Rechtsgeschäfts ist für die arbeitnehmerseitige Meinungsbildung über die Ausübung des Widerspruchsrechts zwar nicht unerheblich, für den eigentlichen Widerspruch wohl aber

---

204 BAG 13. 7. 2006, AP BGB § 613 a Nr. 112.

205 BAG 23. 7. 2009, NZA 2010, 89.

206 Ausführlich hierzu, aber im Ergebnis zu restriktiv LAG Düsseldorf, 6. 10. 2005, juris.

207 Vgl. Worzalla, a. a. O.

208 So aber ausdrücklich Worzalla, NZA 2002, 353.

zweitrangig. Da das Widerspruchsrecht der Sache nach der Auswahl des zukünftigen Arbeitgebers und damit der Chancenabwägung über die Sicherheit des zukünftigen Arbeitsplatzes und dessen Arbeitsbedingungen dient, sind für den Arbeitnehmer vor allem die tragenden wirtschaftlichen Erwägungen für die Veräußerung des Betriebs(teils) von Bedeutung. Diese sind deshalb in der Unterrichtung neben den rechtsgeschäftlichen Grundlagen für den Betriebsübergang vor allem mitzuteilen.

- **rechtlichen, wirtschaftlichen und sozialen Folgen des Übergangs** für den Arbeitnehmer (Nr. 3): 130
  Unter den rechtlichen Folgen für den Arbeitnehmer sind die Rechtsfolgen des Betriebsübergangs gem. § 613a Abs. 1 bis 4 BGB zu verstehen. Eine Unterrichtung über die wesentlichen Rechtsfolgen ist ausreichend. Hierzu zählt der Übergang des Arbeitsverhältnisses mit den bestehenden Rechten und Pflichten, die Rechtsfolgen des Übergangs für Betriebsvereinbarungen und Tarifverträge, die Haftung von Betriebsveräußerer und Betriebserwerber sowie die Unwirksamkeit von wegen des Übergangs ausgesprochenen Kündigungen. Eine bloße Mitteilung des Gesetzestextes von § 613a BGB ist nicht ausreichend. Die Unterrichtung sollte zudem im Einzelnen alle in § 2 Abs. 1 NachwG aufgeführten Arbeitsbedingungen enthalten. Zu den wirtschaftlichen Folgen des Übergangs für den Arbeitnehmer zählen vor allem Fragen wie die Solvenz des Erwerbers und dessen möglichen unternehmerischen Planungen im Hinblick auf den erworbenen Betrieb(steil). Das gilt nicht nur unter Berücksichtigung des Grundsatzes von Treu und Glauben und nicht erst dann, wenn der Veräußerer zurzeit der Unterrichtung Kenntnis von einer drohenden Insolvenz des Erwerbers hat. So muss der bisherige Arbeitgeber oder der neue Betriebsinhaber bei einem Betriebsübergang die betroffenen Arbeitnehmer auch darüber unterrichten, dass der Betriebserwerber nur die beweglichen Anlageteile des Betriebes, nicht aber das Betriebsgrundstück übernimmt.[209] Zu den sozialen Folgen zählt vor allem die Frage, ob beim Erwerber ein Betriebsrat besteht sowie dessen möglicherweise eingeschränkte Rechtsstellung wegen Nichterreichen betriebsverfassungsrechtlicher Schwellenwerte. Im Übrigen gehören zu den wirtschaftlichen und sozialen Folgen diejenigen objektiv-sachlichen Gründe, die einen Widerspruch ohne Rechtsnachteile für den Arbeitnehmer tragen können.

- **hinsichtlich der Arbeitnehmer in Aussicht genommene Maßnahmen** (Nr. 4): 131
  Die Bestimmung ist vergleichbar mit den so genannten Folgebewältigungsmaßnahmen im Sinne von § 5 Abs. 1 Nr. 9 UmwG. Zu den Maßnahmen gem. § 613a Abs. 5 Nr. 4 BGB gehört deshalb die Frage, ob im Zusammenhang mit dem Betriebs(teil)übergang ein

209 BAG 31.1.2008, BB 2008, 329.

Interessenausgleich und ein Sozialplan vereinbart wurde, aber auch Qualifizierungsmaßnahmen, die im Zusammenhang mit der Einführung neuer Arbeitsmethoden umgesetzt werden sollen, weil hiermit die berufliche Entwicklung des Arbeitnehmers angesprochen ist. Zu unterrichten ist auch über Planungen des Erwerbers hinsichtlich der betroffenen Arbeitsverhältnisse, z. B. etwaige Verlagerungs- oder Restrukturierungsabsichten.

132 Die Verletzung der Unterrichtungspflicht nach § 613a Abs. 5 BGB führt nicht zur Unwirksamkeit der Kündigung, sondern hemmt lediglich den Lauf der Einmonatsfrist.[210]

133 Durch das Unterrichtungsschreiben können auch zusätzliche Rechte der Arbeitnehmer begründet werden. Voraussetzung ist, dass der Inhalt des Unterrichtungsschreibens, soweit hierdurch zusätzliche, über die gesetzlichen Mindestregelungen hinausgehende Ansprüche – wie z. B. eine über das Gesetz hinausgehende kündigungsschutzrechtliche Position – begründet werden sollen, von den Arbeitnehmern als Zusicherung verstanden werden können. Dies ist eine Frage des Einzelfalls und ist durch Auslegung der Erklärung aus der Sicht des Erklärungsempfängers nach §§ 133, 157 BGB zu ermitteln (zur vergleichbaren Problematik drittschützender Wirkung von Unternehmenskaufverträgen vgl. Teil A Rn. 170).

d. Gefahren des Widerspruchs für den Arbeitnehmer

134 Das Widerspruchsrecht des Arbeitnehmers besteht vorbehaltlos. Es ist an **keine sachlichen Gründe** gebunden (vgl. Teil A Rn. 119). Ob der Arbeitnehmer sich einem gesetzlichen Schuldnerwechsel unterwerfen will, unterliegt allein seiner Beurteilung. Wertungen in anderen Vorschriften bleiben jedoch nach der Rechtsprechung des *BAG* unberührt.[211] Diese Rechtsprechung des *BAG* führt zu **Risiken für den Arbeitnehmer**, die in der Beratungspraxis zu berücksichtigen sind. Im Einzelnen sind dies

135
- die Berücksichtigung des Widerspruchs bei der Sozialauswahl im Rahmen betriebsbedingter Kündigungen (vgl. Teil A Rn. 136)
- das Risiko des Verlusts eines Abfindungsanspruchs (vgl. Teil A Rn. 138)
- die Verhängung einer Sperrfrist beim Bezug von Arbeitslosengeld durch die Arbeitsverwaltung (vgl. Teil A Rn. 139)
- die Gefahr der böswilligen Unterlassung anderweitigen Erwerbs (vgl. Teil A Rn. 140)
- die Gefahr des Verlusts von Sonderkündigungsschutzrechten (vgl. Teil A Rn. 144)

---

210 BAG 24. 5. 2005, NZA 2005, 1302–1307.

211 Vgl. BAG 19. 3. 1998, AP BGB § 613a Nr. 170.

Sofern bei dem Betriebsveräußerer eine vergleichbare – freie – Weiterbeschäftigungsmöglichkeit im ehemaligen Beschäftigungsbetrieb oder in einem anderen Betrieb desselben Unternehmens für den Arbeitnehmer nicht mehr zur Verfügung steht, ist eine **Kündigung** des widersprechenden Arbeitnehmers **aus betriebsbedingten Gründen** grundsätzlich sozial gerechtfertigt.[212] Hat der Betriebsveräußerer seine Betriebstätigkeit nicht gänzlich eingestellt, weil z. B. nur ein Betriebsteil übertragen wurde, ist ein Arbeitnehmer, der dem Übergang seines Arbeitsverhältnisses auf einen neuen Inhaber widersprochen hat, nach der bisherigen Rechtsprechung des *BAG* zwar in die **Sozialauswahl** einzubeziehen. Allerdings sollten dann nach der bisherigen Rechtsprechung des Bundesarbeitsgerichts bei der Prüfung der Sozialauswahl die Gründe für den Widerspruch berücksichtigt werden.[213] Die bisherige Rechtsprechung des Bundesarbeitsgerichts, nach der die Gründe für den Widerspruch bei der Abwägung der sozialen Auswahlkriterien zu berücksichtigen sind, ist unter der Geltung des § 1 Abs. 3 KSchG in der seit 1. Januar 2004 geltenden Fassung nicht mehr aufrechtzuerhalten. Einer Berücksichtigung der Widerspruchsgründe im Rahmen der Sozialauswahl nach § 1 Abs. 3 Satz 1 KSchG steht der eindeutige Wortlaut des Gesetzes entgegen.[214] 136

Mit der Neufassung der Regelung wurde die Sozialauswahl auf die vier vorgenannten gesetzlichen Kriterien beschränkt. Diese Auflistung ist abschließend. Sie schließt damit grundsätzlich die Berücksichtigung der Gründe für den Widerspruch im Rahmen der Sozialauswahl aus.[215] Dem steht auch nicht das Regelungsziel des § 1 Abs. 3 KSchG, nämlich zu einer gerechten Verteilung der verbliebenen Arbeitsplätze unter den Arbeitnehmern beizutragen, entgegen. Durch die Begrenzung der Sozialauswahl auf vier Kriterien wollte der Gesetzgeber diese rechtssicher ausgestalten. Dieser Wille des Gesetzgebers würde durch den Rückgriff auf vermeintlich allgemeine Wertungen bei der Sozialauswahl aber konterkariert. Es müssten dann Gesichtspunkte berücksichtigt werden, die vom Wortlaut des § 1 Abs. 3 Satz 1 KSchG nicht mehr erfasst werden, sondern auch wegen des erheblichen Wertungsspielraums nur schwer handhabbar und kalkulierbar wären.[216]

Schließlich lässt es sich weder mit dem Wortlaut noch der Systematik des § 1 Abs. 2 und Abs. 3 KSchG und des § 613a BGB begründen,

212 Vgl. BAG 2. 4. 1989, AP BGB § 613a Nr. 81.

213 Vgl. BAG 7. 4. 1993, AP KSchG 1969 § 1 Soziale Auswahl Nr. 22; BAG 21. 3. 1996, BAGE 82, 316; BAG 18. 3. 1999, BAGE 91, 129; BAG 24. 2. 2000, AP KSchG 1969 § 1 Soziale Auswahl Nr. 47; BAG 22. 4. 2004, AP KSchG 1969 § 1 Soziale Auswahl Nr. 67.

214 BAG 31. 5. 2007, NZA 2008, 33–39.

215 Von Hoyningen-Huene/Linck, § 1 Rn. 886; Löwisch/Spinner KSchG, § 1 Rn. 363; ErfK/Preis, § 613a BGB Rn. 104; Löw AuR 2006, 224, 225; Gaul NZA 2005, 730, 732.

216 BAG 31. 5. 2007, NZA 2008, 33–39.

warum allein beim Vorliegen von »hinreichenden« oder »akzeptablen« Widerspruchsgründen eine nur an § 1 Abs. 3 Satz 1 KSchG orientierte Sozialauswahl erfolgen kann. Denn nach der seit dem 1. April 2002 in Kraft getretenen gesetzlichen Regelung des Widerspruchsrechts in § 613a Abs. 6 BGB sind die Gründe und Motive für einen Widerspruch ohne Bedeutung.[217] Der dem Betriebsübergang widersprechende Arbeitnehmer übt ein ihm einfachgesetzlich zugebilligtes Recht (§ 613a Abs. 6 Satz 1 BGB) aus. Sein Widerspruchsrecht ist von Gesetzes wegen weder an eine Begründung gebunden noch müssen objektiv vernünftige Gründe vorliegen. Damit darf das Widerspruchsrecht des Arbeitnehmers nicht dadurch entwertet werden, dass ihm über den Umweg einer späteren Kündigung bzw. anlässlich einer Sozialauswahl bei einer solchen Kündigung eine Begründung für sein vorheriges, auch begründungslos zulässiges Verhalten abverlangt wird. Ist der Widerspruch rechtswirksam erfolgt, muss der Arbeitnehmer so gestellt werden, als habe der Betriebsübergang nicht stattgefunden. In diesem Fall steht er wieder im »Verteilungswettbewerb« um die vorhandenen Arbeitsplätze im Betrieb nach den von Gesetzes wegen vorgesehenen Kriterien.[218]

Im Ergebnis kann dies in den Fällen eines Betriebsteilübergangs im Rahmen der Sozialauswahl zu einem »Verdrängungswettbewerb« zwischen den Arbeitnehmern des übergangenen Betriebsteils und des restlichen, vom Übergang nicht betroffenen Betriebs. Dies hat der Gesetzgeber aber durch die gesetzlichen Neuregelungen scheinbar in Kauf genommen.

137 Soweit lediglich ein Teilbetriebsübergang vorliegt, muss der Arbeitgeber dem Arbeitnehmer allerdings die Weiterbeschäftigung auf einem freien zumutbaren Arbeitsplatz gegebenenfalls auch zu geänderten Vertragsbedingungen anbieten, wenn er mit dem Widerspruch des Arbeitnehmers rechnen muss. Er darf sich dann nicht der **Weiterbeschäftigungsmöglichkeit auf dem freien Arbeitsplatz** berauben, indem er die freie Stelle mit einem anderen Arbeitnehmer besetzt. Die Berufung auf das faktische Fehlen der Weiterbeschäftigungsmöglichkeit ist dem Arbeitgeber dann verwehrt weil er in rechtsmissbräuchlicher Weise versucht hat, den Anspruch des Arbeitnehmers zu vereiteln. Mit dem Widerspruch rechnen muss der Arbeitgeber ab dem Zeitpunkt der Kenntnis des Arbeitnehmers von dem Betriebsübergang.[219]

138 Schließlich konnte die Ausübung des Widerspruchsrechts nach der bisherigen Rechtsprechung zum **Verlust eines Abfindungsanspruchs** führen. Die Tarifvertrags-[220] und Betriebsparteien waren danach befugt, Arbeitnehmer, die dem Übergang ihres Arbeitsverhältnisses auf

217 BAG 30.9.2004, BAGE 112, 124.

218 BAG 31.5.2007, NZA 2008, 33–39.

219 Vgl. BAG 15.8.2002, NZA 2003, 889.

220 Vgl. BAG 10.11.1993, AP TVG § 1 Tarifverträge Einzelhandel Nr. 43; 24.11.1993, DB 1994, 1293.

einen Betriebserwerber ohne sachlichen Grund widersprochen haben und denen deshalb gekündigt werden musste, von Abfindungsansprüchen auszuschließen oder statt einer Abfindung andere Leistungen zu gewähren – wie z. B. die Teilnahme an einer Qualifikationsmaßnahme mit begleitenden Geldleistungen. Es bleibt abzuwarten, wie die Rechtsprechung diese Frage künftig entscheiden wird. Vor dem Hintergrund der oben genannten Entscheidung vom 31.5. 2007 ist davon auszugehen, dass sich die Rechtsprechung auch hier anpasst. Nach der früheren Rechtsprechung verstößt eine solche Differenzierung nicht gegen den Gleichbehandlungsgrundsatz aus § 75 BetrVG. Sie knüpft vielmehr an den aus dem Widerspruch grundsätzlich zu Recht vermuteten fehlenden Ausgleichsbedarf des Arbeitnehmers an. Fehlt eine ausdrückliche Regelung im Sozialplan, ist dieser auszulegen. Nimmt ein Sozialplan von seinem Geltungsbereich solche Mitarbeiter aus, die einen angebotenen zumutbaren Arbeitsplatz ablehnen, gilt dies auch für den Fall, dass Arbeitnehmer dem Übergang ihres Arbeitsverhältnisses im Wege eines Betriebsübergangs nach § 613a BGB widersprechen. Die Weiterarbeit beim Betriebserwerber nach einem Betriebsübergang im Sinne von § 613a BGB ist dem Arbeitnehmer in der Regel gem. § 112 Abs. 5 Nr. 2 Satz 2 BetrVG zumutbar.[221]

Die Arbeitsverwaltung bejaht bisweilen im Fall des Widerspruchs und 139
einer sich anschließenden betriebsbedingten Kündigung des Arbeitnehmers gem. § 144 Abs. 3 SGB III die Voraussetzungen für die **Verhängung einer Sperrfrist beim Arbeitslosengeld**.[222] Diese Auffassung ist unzutreffend. Bejaht man dennoch im Grundsatz die objektiven Voraussetzungen für das Eingreifen einer Sperrfrist, ist auch in einem solchen Fall von der Arbeitsverwaltung zu prüfen, ob der Arbeitnehmer für die Ausübung des Widerspruchs einen sachlichen Grund hat.

Aufgrund der **Rückwirkung des Widerspruchs** werden die Betei- 140
ligten so gestellt, als ob ein Arbeitsverhältnis mit dem Betriebserwerber zu keinem Zeitpunkt bestanden hat, vielmehr das Arbeitsverhältnis von Anfang an bei dem Betriebsveräußerer verblieben ist. Die zulässige Ausübung des Widerspruchsrechts schließt jedoch nach der Rechtsprechung des *BAG* die **Gefahr der böswilligen Unterlassung anderweitigen Erwerbs** durch den Arbeitnehmer gem. § 615 Satz 2 BGB nicht aus.[223] Denn die Rechtsordnung akzeptiert die Widerspruchserklärung, ohne sie an sachliche Gründe zu binden. Deshalb unterlässt der Arbeitnehmer böswillig anderweitigen Erwerb, wenn er trotz Kenntnis aller objektiven Umstände – vor allem der Arbeitsmöglichkeit zu unveränderten Arbeitsbedingungen beim Erwerber – vorsätzlich untätig bleibt oder die Aufnahme der Arbeit beim Erwerber bewusst verhindert. Setzt der Arbeitnehmer allerdings zur Vermeidung

221 Vgl. BAG 5. 2. 1997, AP BetrVG 1972 § 112 Nr. 112.

222 Die Verhängung einer Sperrfrist befürwortet WHSS-Willemsen, Rn. G 171.

223 Vgl. BAG 19. 3. 1998, AP BGB § 613a Nr. 170.

der Rechtsfolgen aus § 615 Satz 2 BGB die Tätigkeit beim Erwerber fort, liegt hierin kein Verzicht auf das Widerspruchsrecht. Der Arbeitnehmer sollte jedoch zur Vermeidung etwaiger Nachteile ausdrücklich schriftlich erklären, dass er die Arbeit nur unter Vorbehalt fortsetzt. Hat der Arbeitnehmer allerdings für die Ausübung des Widerspruchs einen sachlichen Grund, führt auch dies zum Ausschluss der tatbestandlichen Voraussetzungen von § 615 Satz 2 BGB.

141–143 *nicht belegt*

144 Macht der Arbeitnehmer von seinem Widerspruchsrecht Gebrauch, besteht darüber hinaus die **Gefahr des Verlusts von Sonderkündigungsschutzrechten**. Dies gilt besonders im Fall von Betriebsratsmitgliedern und bei Arbeitnehmern, die tariflich »unkündbar« sind. Wird z. B. ein Betriebsteil veräußert, in dem ein dem Übergang des Arbeitsverhältnisses widersprechendes Betriebsratsmitglied beschäftigt ist, kann diesem gegebenenfalls gem. § 15 Abs. 4 und 5 KSchG gekündigt werden. Eine Zustimmung des Betriebsrats zur betriebsbedingten Kündigung des widersprechenden Betriebsratsmitglieds ist gem. § 103 BetrVG nicht erforderlich.

145 Daneben sind in der Praxis aber auch Fälle mit umgekehrter Interessenlage denkbar. Eine Klausel in einem **Sozialplan**, welche bei einem vorgesehenen Betriebs(teil)übergang den Anspruch des Arbeitnehmers auf eine Abfindung vom Abschluss eines Aufhebungsvertrages mit dem Betriebsübernehmer abhängig macht, ist unwirksam. Der Sozialplan darf aufgrund seiner Schutzfunktion für den Arbeitnehmer nicht zu dem Zweck missbraucht werden, dem Unternehmer die geplante Betriebsänderung zu erleichtern und das Risiko von Rechtsfehlern vom Arbeitgeber auf die Arbeitnehmer zu verlagern.[224]

146 Nach der Rechtsprechung des *LAG Nürnberg* ist der Arbeitnehmer, der dem Betriebsübergang widersprochen hat, gehalten, ein gegenüber dem Veräußerer bestehendes **Konkurrenzverbot** zumindest während des Laufs der (fiktiven) Kündigungsfrist auch gegenüber dem Erwerber einzuhalten, obgleich im Verhältnis zu diesem kein Arbeitsverhältnis zustande gekommen ist.[225]

4. Rechte und Pflichten aus dem Arbeitsverhältnis

a. Allgemeine Grundlagen

147 Grundsätzlich tritt der Erwerber in sämtliche Rechte und Pflichten aus den im **Zeitpunkt des Betriebsübergangs** (vgl. Teil A Rn. 128) mit dem Betriebsveräußerer bestehenden Arbeitsverhältnisse ein. § 613 a Abs. 1 Satz 1 BGB bewirkt daher den Übergang des gesamten Ver-

224 Vgl. LAG Baden-Württemberg 16. 9. 1997, NZA-RR 1998, 358.

225 Vgl. LAG Nürnberg 4. 2. 2003, LAGE § 626 BGB Nr. 148.

tragsverhältnisses von wechselseitigen Haupt- und Nebenpflichten vom Veräußerer auf den Erwerber. Das Arbeitsverhältnis besteht also ohne jegliche inhaltliche Änderung in seinem zum Zeitpunkt des Übergangs vorhandenen Zustand zwischen dem Arbeitnehmer und dem Betriebserwerber fort. Dies gilt jedoch nur, soweit es um Rechte und Pflichten geht, die sich aus dem Einzelarbeitsvertrag ergeben. Geht es hingegen um kollektivrechtliche Ansprüche – also Rechte und Pflichten aus Betriebsvereinbarungen und Tarifverträgen – ist zunächst zu prüfen, ob diese Rechtsnormen kollektivrechtlich weitergelten. Ist dies nicht der Fall, gelten die § 613a Abs. 1 Satz 2 bis 4 BGB (vgl. Teil B Rn. 4, 4b; Teil A Rn. 198, 204).

Zu den Rechten und Pflichten aus dem Arbeitsverhältnis gehören **148** nicht nur die ausdrücklich individualarbeitsvertraglich – also im **Arbeitsvertrag** selbst oder in **Zusatzvereinbarungen** – getroffenen Regelungen, sondern auch solche, die sich aus **betrieblicher Übung** oder so genannten **Gesamtzusagen** ergeben.[226] Bestand also bereits vor dem Betriebsübergang aufgrund einer betrieblichen Übung eine Bindungswirkung gegenüber dem Veräußerer, gilt diese auch für den neuen Betriebsinhaber. Lag dagegen zum Zeitpunkt des Betriebsübergangs noch keine bindende betriebliche Übung vor, muss der Erwerber lediglich den zuvor vom Veräußerer gesetzten Vertrauenstatbestand gegen sich gelten lassen. Der Erwerber hat für die Zukunft die Möglichkeit, die Betriebsübung unter Beachtung des arbeitsrechtlichen Gleichbehandlungsgrundsatzes abzubrechen und dadurch den Eintritt einer rechtlichen Bindung zu verhindern. Ebenfalls hinzuzurechnen sind die Rechte und Pflichten aus einem **Arbeitgeberdarlehen** – jedenfalls dann, wenn das Darlehen mit dem Bestand des Arbeitsverhältnisses verknüpft ist.[227] Soweit für die Berechnung von Ansprüchen des Arbeitnehmers an die im Arbeitsverhältnis zurückgelegte Betriebszugehörigkeit angeknüpft wird, sind auch die Zeiten zu berücksichtigen, die vor dem Betriebsübergang liegen. Der Erwerber rückt also auch in die vom Arbeitnehmer beim Veräußerer erworbene **Betriebszugehörigkeit** ein. Dies wirkt sich auf den Erwerb des Kündigungsschutzes nach § 1 Abs. 1 KSchG,[228] auf die Kündigungsfristen und auf die Wartezeit beim Urlaub nach § 4 BUrlG aus. Zu den Rechten und Pflichten aus einem Individualarbeitsvertrag zählen grundsätzlich auch Ansprüche aus **Bezugnahmeklauseln**, die auf die Anwendbarkeit eines Tarifvertrages auf das Arbeitsverhältnis verweisen (Teil A Rn. 218ff.). Nicht zu den auf den Erwerber übergehenden Rechten gehören **handelsrechtliche Vollmachten** wie z.B. Handlungsvollmacht und Prokura. Dies folgt aus § 168 Satz 1 BGB. Da das Arbeitsverhältnis mit dem alten Arbeitgeber endet, erlöschen auch die in

226 Vgl. Bachner, AiB 1996, 291.
227 Vgl. LAG Köln 18.5.2000, NZA-RR 2001, 174.
228 Vgl. BAG 27.6.2002, NZA 2003, 145; 18.9.2003, EzA-SD 2004, Nr. 5, 7.

Zusammenhang mit dem Arbeitsverhältnis erteilten Vollmachten.[229] Der Kündigungsschutz als solcher geht nach der Rechtsprechung des *BAG* nicht über, wenn z. B. in dem abgespaltenen Betriebsteil zehn oder weniger Arbeitnehmer beschäftigt werden und deshalb in der neuen betrieblichen Einheit die Voraussetzungen des KSchG nicht erfüllt sind.[230] Das Recht, die **Arbeitsleistung** von dem Arbeitnehmer zu verlangen, steht nach dem Betriebsübergang dem Betriebserwerber zu.

149 Ab dem Zeitpunkt des Betriebsübergangs kann der Arbeitnehmer von dem Betriebserwerber die **Zahlung des Entgelts**, die **Erbringung der Nebenleistungen** sowie die **Einhaltung der arbeitsvertraglichen Nebenabreden** ebenso verlangen, wie diese bisher von dem Betriebsveräußerer zu leisten waren. Erfasst werden schließlich auch alle individualvertraglich garantierten Sonderleistungen wie z. B. Gratifikationen, Jubiläumsgelder und Versicherungen.[231] Bei Ansprüchen aus dem **Arbeitnehmererfindungsgesetz** handelt es sich ebenfalls um Ansprüche, die aus dem Arbeitsverhältnis resultieren. Sie gehen daher auch gem. § 613 a BGB auf den Erwerber über.

150 Der Zustand des Arbeitsverhältnisses bleibt anlässlich des Betriebsübergangs unberührt; ein **gekündigtes Arbeitsverhältnis** geht also in gekündigtem Zustand auf den Erwerber über und endet mit Ablauf der Kündigungsfrist. Ebenso beginnt die Frist des § 626 Abs. 2 BGB mit der Kenntnis des alten Arbeitgebers zu laufen. Allerdings stellt sich auf der Tatbestandsseite des Rechts zur **außerordentlichen Kündigung** die Frage, ob die Kündigungsgründe gegenüber dem neuen Arbeitgeber so schwer wiegen wie gegenüber dem alten Arbeitgeber. Die Berechtigung des alten Arbeitgebers, den Arbeitsvertrag anzufechten oder das Arbeitsverhältnis zu kündigen, steht auch dem neuen Arbeitgeber zu.

151 Das gegenüber dem Veräußerer erfolgende Leistungsangebot eines Arbeitnehmers besteht gegenüber dem neuen Arbeitgeber mit der Möglichkeit fort, dass dieser in **Annahmeverzug** gerät. Dies gilt innerhalb eines Kündigungsschutzprozesses auch dann, wenn der frühere Betriebsinhaber vor Betriebsübergang eine Kündigung ausgesprochen hat, den Arbeitnehmer nach Ablauf der Kündigungsfrist nicht weiterbeschäftigt und die Kündigung später für unwirksam erklärt wird.[232]

152 Zu beachten ist, dass **Ausschlussfristen** mit dem Betriebsübergang nicht etwa neu zu laufen beginnen, vielmehr wirkt die Geltendmachung bzw. Nichtgeltendmachung von Ansprüchen gegenüber dem alten Arbeitgeber auch im Hinblick auf die Wahrung oder das Verstreichen von Ausschlussfristen gegenüber dem neuen Arbeitgeber.[233]

---

229 Kittner/Däubler/Zwanziger, KSchR, § 613 a BGB Rn. 95 m. w. N.

230 BAG 15. 2. 2007, NZA 2007, 739–744.

231 Vgl. Bachner, AiB 1996, 291.

232 Vgl. BAG 21. 3. 1991, AP BGB § 615 Nr. 49.

233 Vgl. BAG 21. 3. 1991, a. a. O.; 12. 2. 2001, DB 2001, 1676.

Das gilt jedoch nicht bei solchen Ausschlussfristen, die an das Ausscheiden aus dem Arbeitsverhältnis anknüpfen.[234] Da bei einem Betriebsübergang nach § 613 a BGB die Arbeitgeberstellung des bisherigen Arbeitgebers endet, beginnt eine tarifliche Ausschlussfrist für Ansprüche gegen den bisherigen Betriebsinhaber, die an das Ausscheiden aus dem Arbeitsverhältnis anknüpft, auch gegenüber dem Erwerber erst mit dem Zeitpunkt des Übergangs des Betriebes zu laufen.

b. Problemfälle aus der Praxis

Übernimmt der Erwerber mit dem Betrieb(steil) nicht zugleich den **153** Gegenstand der **arbeitsvertraglich vereinbarten Sonderleistung**, ist er nicht in der Lage, die vereinbarte Leistung gegenüber dem Arbeitnehmer zu erbringen. Hierzu rechnen z. B. regelmäßig **Werkswohnungen** und **Firmenfahrzeuge**. Die Behandlung von besonderen unternehmensabhängigen **Vergütungsregelungen** (z. B. Ergebnisbeteiligungsmodelle oder Aktienoptionsrechte), **Wettbewerbsverboten**, **Urlaubsansprüchen** und **Versorgungsverpflichtungen** wirft vergleichbare Probleme auf. Der Betriebserwerber tritt allerdings auf keinen Fall in solche Rechtsverhältnisse ein, die neben – also unabhängig von – dem Arbeitsverhältnis bestehen.[235] Die Abgrenzung der Fallgruppen erfolgt im Wege der Vertragsauslegung.

Soweit es sich um Ansprüche auf Zuteilung von **Werkswohnungen** **154** **und Firmenfahrzeuge** handelt und der Erwerber mit dem Betriebs(teil)übergang nicht zugleich den sachlichen Gegenstand der arbeitsvertraglich vereinbarten Sonderleistung erworben hat, gelten die folgenden Grundsätze. § 613 a BGB behandelt den Fall eines gesetzlichen Schuldnerwechsels. Das Rechtsverhältnis zwischen dem Erwerber und dem Arbeitnehmer kommt daher kraft Gesetzes zustande. Da durch die gesetzliche Anordnung ein vertragliches Schuldverhältnis – nämlich der Arbeitsvertrag – übertragen wird, liegt es nahe, **die Bestimmungen über vertragliche Schuldverhältnisse** auf den Gegenstand der vertraglich vereinbarten Sonderleistung entsprechend anzuwenden.[236] Hierbei kann der Fall eines auf eine unmögliche Leistung gerichteten Vertrages im Sinne von § 275 BGB von vornherein ausgeklammert werden. Vielmehr ist das Schuldverhältnis durch **anfängliches Unvermögen des Erwerbers** gekennzeichnet, d. h. lediglich der Erwerber ist nicht in der Lage, die vertraglich vereinbarte Sonderleistung – also z. B. die Werksdienstwohnung oder das Firmenfahrzeug – zur Verfügung zu stellen. Der auf eine subjektiv unmögliche Leistung gerichtete Vertrag ist wirksam.[237] Der Schuldner – also der neue Betriebsinhaber – übernimmt durch sein Leistungsversprechen (im Fall des

234 Vgl. BAG 10. 8. 1994, AP TVG § 4 Ausschlussfristen Nr. 126.

235 Vgl. Kittner/Däubler/Zwanziger, KSchR, § 613 a BGB Rn. 94.

236 Vgl. Bachner, AiB 1996, 291.

237 Vgl. Palandt-Heinrichs, § 306 BGB Rn. 9.

Betriebsübergangs durch die gesetzlich angeordnete Sonderrechtsnachfolge) stillschweigend eine Garantie für sein Leistungsvermögen. Der Erwerber kann diese Pflicht auch dadurch erfüllen, dass er mit dem Verfügungsberechtigten (z. B. dem Inhaber der Werkswohnung) eine Vereinbarung über die Überlassung an den Arbeitnehmer trifft.

155 Ist der Erwerber zur Leistungserfüllung infolge anfänglichen Unvermögens nicht in der Lage, kann der Gläubiger – der Arbeitnehmer – von dem Erwerber **Schadensersatz wegen Nichterfüllung** verlangen. Der Schadensersatz ist auf das positive Interesse gerichtet. Damit hat er den Arbeitnehmer so zu stellen, wie dieser stünde, wenn der Erwerber auch den Gegenstand der Sonderleistung erworben hätte. Um bei den vorgenannten Beispielen zu bleiben: Im Fall einer Werkswohnung hat der Erwerber dem Arbeitnehmer eine gleichwertige Wohnung zu verschaffen oder aber den Schaden des Arbeitnehmers – die Mietdifferenz – in Geld auszugleichen.[238] Selbstverständlich gilt dies nur, wenn die vertraglich vereinbarte Sonderleistung in unmittelbarem Zusammenhang mit dem Arbeitsverhältnis steht, wenn sie also wegen des Arbeitsverhältnisses gewährt wurde. Dies gilt für die Werksdienstwohnung, § 565 e BGB, denn sie wird im Rahmen eines Dienstverhältnisses überlassen, ein gesondertes Mietverhältnis kommt nicht zustande; nicht jedoch für die lediglich mit Rücksicht auf das Dienstverhältnis überlassene Werkswohnung, § 565 b BGB, bei der ein echtes Mietverhältnis zustande kommt.[239] Die Abgrenzung zwischen Werksdienstwohnung und der Werkswohnung ist eine Frage des Einzelfalls.

156 Im Fall von **unternehmensabhängigen Vergütungsregelungen** kann es vorkommen, dass der Erwerber aufgrund seiner Rechtsform rechtlich nicht in der Lage ist, die vereinbarte Leistung zu erbringen.

> Wird z. B. einem Arbeitnehmer ein Teil der Vergütung in Form von Aktien gewährt und wird der Betrieb, in dem der Arbeitnehmer beschäftigt ist, an eine GmbH veräußert, liegen die rechtsformabhängigen Voraussetzungen für die Gewährung von Aktien beim Betriebserwerber nicht vor.

Das gleiche gilt für Aktienoptionsrechte des Arbeitnehmers.[240] Der Arbeitnehmer ist allerdings dann wirtschaftlich so zu stellen, wie er stünde, wenn er weiterhin beim abgebenden Unternehmen beschäftigt wäre (Schadensersatz wegen Nichterfüllung).

157 Der wirtschaftliche Status quo des Arbeitnehmers ist auch in denjenigen Fällen garantiert, in denen dem Arbeitnehmer ein Teil seiner Vergütung in Form einer Tantieme am Unternehmensgewinn geleistet wird. Dies kann, wenn die Zahlung der **Tantieme** wegen des Wegfalls der Geschäftsgrundlage wirtschaftlich unzumutbar ist, z. B. durch eine

---

238 So im Ergebnis auch WHSS-Willemsen, Rn. G 179ff.

239 Vgl. Hergenröder, AR-Blattei (SD) 500.1 Rn. 713.

240 Vgl. hierzu ausführlich Tappert, NZA 2002, 1188; grds. zustimmend auch BAG 12. 2. 2003, NZA 2003, 487.

entsprechende Erhöhung der Gesamtvergütung des Arbeitnehmers erfolgen.[241] Denkbar ist aber auch eine einmalige Entschädigungsleistung. Diese Grundsätze gelten auch dann, wenn der Arbeitnehmer beim Veräußerer Anspruch auf die Verschaffung preisreduzierter Fahrzeuge im Rahmen eines Werksangehörigengeschäfts hatte (so genannter **Personalrabatt**). Auch solche Ansprüche sind im Grundsatz übergangsfähig. Allerdings kann der Personalrabatt unter dem stillschweigend vereinbarten Vorbehalt stehen, dass der Arbeitgeber oder der jeweilige Konzern die preisgeminderte Ware selbst produziert.[242] Dieser Vorbehalt kann jedoch nicht soweit gehen, dass hiervon Leistung und Gegenleistung im Arbeitsvertrag unmittelbar betroffen sind, weil andernfalls arbeitsvertragliche Hauptleistungspflichten unter eine Bedingung gestellt würden, Hauptleistungspflichten aber grundsätzlich nur über eine Änderungskündigung zum Wegfall gebracht werden können. Deshalb können unter einem stillschweigenden Vorbehalt nur arbeitsvertragliche Nebenleistungen stehen (vgl. auch § 118 Rn. 10).

Im Fall von Wettbewerbsverboten ist zu unterscheiden zwischen dem **158**
Wettbewerbsverbot während der Laufzeit des Arbeitsvertrages und einem nachvertraglichen Wettbewerbsverbot. Während der Laufzeit des Arbeitsvertrages unterliegen Handelsgehilfen gemäß § 59 HGB dem **gesetzlichen Wettbewerbsverbot** gem. § 60 HGB. Da dieses Wettbewerbsverbot nicht Ergebnis einer vertraglichen Vereinbarung zwischen Arbeitgeber und Arbeitnehmer ist, kann es nicht gem. § 613 a BGB auf den Erwerber übergehen. Vielmehr ist nach dem Betriebsübergang zu unterscheiden, ob und in welchem Umfang Wettbewerbsverbote – wiederum gem. § 60 HGB – im Hinblick auf den neuen Betriebsinhaber bestehen. Hierfür ist allein das wirtschaftliche Interesse des neuen Arbeitgebers maßgeblich. Ein bisher hinsichtlich einer bestimmten Nebentätigkeit des Arbeitnehmers beim alten Arbeitgeber bestehendes Wettbewerbsverbot kann daher beim neuen Arbeitgeber entfallen, wenn sich die Geschäftszwecke des alten und des neuen Inhabers nicht decken.[243]

Bei den so genannten **nachvertraglichen** – also ausdrücklich zwischen **159**
den Arbeitsvertragsparteien vereinbarten – **Wettbewerbsverboten** gem. §§ 74 ff. HGB gelten diese Grundsätze entsprechend. Der Betriebsübergang führt daher dazu, dass der Arbeitnehmer gegenüber dem Betriebsveräußerer nach dem Zeitpunkt des Betriebsübergangs Wettbewerb betreiben kann. Das Wettbewerbsverbot gilt jetzt gegenüber dem Betriebserwerber, es sei denn, die Geschäftszwecke von Veräußerer und Erwerber decken sich nicht und das Wettbewerbsverbot verliert dadurch seine Grundlage. Anders ist die Rechtslage jedoch dann, wenn der Betriebsveräußerer mit dem Arbeitnehmer eine

241 Vgl. zum Ganzen ausführlich WHSS-Willemsen, Rn. G 184 ff.
242 BAG 7.9.2004, AP Nr. 17 zu § 611 BGB Sachbezüge.
243 Vgl. Hergenröder, AR Blattei (SD) 500.1 Rn. 742.

Vereinbarung getroffen hat, nach der unabhängig vom Bestehen eines Arbeitsverhältnisses ein Wettbewerbsverbot bestehen soll. Allerdings ist dann zu prüfen, ob ein solches Wettbewerbsverbot den Anforderungen aus Art. 12 GG standhält. Kommt wegen eines Widerspruchs des Arbeitnehmers ein Arbeitsverhältnis mit dem Betriebserwerber nicht zustande, kann das Wettbewerbsverbot – auch nicht in analoger Anwendung von § 613a Abs. 1 Satz 1 BGB – auf den Betriebserwerber erstreckt werden.[244] Die nachvertragliche Wettbewerbsabrede gilt auch dann nicht zugunsten des Betriebserwerbers, wenn der Arbeitnehmer zum Zeitpunkt des Betriebsübergangs schon aus dem Arbeitsverhältnis mit dem Betriebsveräußerer ausgeschieden ist.[245]

160 Der Arbeitgeberwechsel hat zur Folge, dass der Erwerber auch in die von dem bisherigen Arbeitgeber **einzelvertraglich** gegebenen **Versorgungsversprechen** eintritt (bzgl. kollektivrechtlicher Versorgungsversprechen vgl. eingehend Teil B Rn. 59). Dies gilt sowohl für unverfallbare wie auch für verfallbare Versorgungsanwartschaften der Arbeitnehmer.[246] Selbst mit Zustimmung des Arbeitnehmers kann nicht vereinbart werden, dass der alte Betriebsinhaber Schuldner der Versorgungsverpflichtungen bleibt.[247] Unerheblich ist, ob der Anspruch des Arbeitnehmers bei betrieblicher Altersversorgung auf Einzelzusage, Betriebsübung, Gesamtzusage oder aber dem Gleichbehandlungsgrundsatz beruht.[248] Die rechtliche Form der einzelvertraglichen Versorgungszusage ist daher ohne Bedeutung.[249] Dies gilt auch für öffentliche Arbeitgeber, die in entsprechende Verpflichtungen durch Übernahme von Arbeitnehmern aus der Privatwirtschaft eingetreten sind.[250] Der öffentliche Arbeitgeber als der neue Inhaber ist nicht berechtigt, den Arbeitnehmer bei dessen Ausscheiden gem. § 18 Abs. 1 Nr. 6 und Abs. 6 BetrAVG bei einer Zusatzversorgungseinrichtung nachzuversichern.[251]

161 Der Betriebsveräußerer bleibt Schuldner der **Versorgungsverpflichtung**, wenn das Arbeitsverhältnis im **Zeitpunkt des Betriebsübergangs** nicht mehr besteht. Dies gilt vor allem für diejenigen Arbeitnehmer, die aus dem Arbeitsleben ausgeschieden sind oder deren Arbeitsverhältnis aus anderen Gründen mit dem Betriebsveräußerer nicht mehr besteht. Voraussetzung ist selbstverständlich immer, dass eine entsprechende Anwartschaft erworben wurde. Die Übernahme der Versorgungslast für im Zeitpunkt des Betriebsübergangs nicht mehr be-

---

244 Vgl. WHSS-Willemsen, Rn. G 189.
245 Vgl. LAG Frankfurt 3.5.1993, NZA 1994, 1033; Bauer, DB 1983, 713.
246 Vgl. BAG 24.3.1977, 14.7.1981, AP BGB § 613a Nr. 6, 27.
247 Vgl. BAG 14.7.1981, AP BGB § 613a Nr. 27.
248 Vgl. BAG 14.7.1981, a.a.O.
249 Vgl. BAG 8.11.1988, AP BetrAVG § 1 Betriebsveräußerung Nr. 6.
250 Vgl. BAG 27.10.1992, AP BetrAVG § 1 Zusatzversorgungskassen Nr. 40.
251 Vgl. BAG 27.10.1992, a.a.O.

schäftigte Arbeitnehmer verstößt gegen § 4 Abs. 1 und 2 BetrAVG.[252] Eine solche Befreiungs- und Übertragungsvereinbarung ist grundsätzlich nur mit Zustimmung des Arbeitnehmers zulässig. Die Unwirksamkeit der Übernahmevereinbarung im Verhältnis zum Arbeitnehmer führt jedoch nicht dazu, dass der gesamte Vertrag unwirksam ist. Es handelt sich um eine bloß relative Unwirksamkeit. Eine ergänzende Vertragsauslegung führt vielmehr dazu, dass sich der Übernehmer zum Schuldbeitritt verpflichtet hat, sodass er die Betriebsrentenzahlung an den ehemaligen Arbeitnehmer zusätzlich zu dem ehemaligen Betriebsinhaber schuldet.[253]

Der Betriebserwerber ist nicht verpflichtet, für Versorgungsleistungen, die keine übergegangenen, sondern solche Versorgungsverpflichtungen betreffen, die der Betriebserwerber aufgrund einer eigenen Versorgungszusage gewährt, die **Betriebszugehörigkeit** beim Betriebsveräußerer bei der Berechnung der Höhe der Versorgungsleistung in Ansatz zu bringen.[254] Mangels anderweitiger Regelungen ist die beim Veräußerer geleistete Betriebszugehörigkeit bei der Berechnung der für die **Unverfallbarkeit** von Versorgungsverpflichtungen maßgeblichen Betriebszugehörigkeit aber mitzurechnen. Der Betriebserwerber ist jedoch frei, den übergehenden Arbeitnehmern zwar eine betriebliche Altersversorgung zu versprechen, diese allerdings von der Leistung einer tatsächlichen Beschäftigungszeit im aufnehmenden Unternehmen abhängig zu machen. Hierin liegt kein Verstoß gegen § 1 Abs. 1 Satz 1 2. Alt. BetrAVG.[255] **162**

Die Eintrittspflicht des Erwerbers in die Versorgungszusagen des Veräußerers ist von der Versorgungsform unabhängig. Für den Eintritt in die Versorgungslasten ist es daher unerheblich, ob es sich um eine **Direktzusage**, eine **Unterstützungskassenversorgung**, eine **Direktversicherung** oder eine **Pensionskassenversorgung** handelt.[256] Die Unterstützungskasse selbst ist nicht Gegenstand des Betriebsübergangs, sofern eine Übernahme nicht vereinbart wird. Die Unterstützungskasse wird in dem Umfang frei, wie die Versorgungsverpflichtungen auf den neuen Arbeitgeber übergehen.[257] Eine Gruppenunterstützungskasse ist nur dann zur Erbringung von Leistungen verpflichtet, **163**

---

252 Vgl. BAG 17.3.1987, AP BetrAVG § 4 Nr. 4, allerdings noch zur bis zum 31.12.2004 geltenden Fassung.

253 LAG Nürnberg 26.7.2005, NZA-RR 2006, 95.

254 Vgl. BAG 30.8.1979, AP BGB § 613a Nr. 16; BAG 19.12.2000, AP Nr. 10 zu § 1 BetrAVG Unverfallbarkeit; BAG 19.4.2005, AP Nr. 19 zu § 1 BetrAVG; LAG Frankfurt 2.4.2003 – 8 Sa 1027/02 – juris.

255 Vgl. BAG 8.2.1983, AP BGB § 613a Nr. 35; BAG 20.7.1993, AP BetrAVG § 1 Unverfallbarkeit Nr. 4; 19.4.2005, AP Nr. 19 zu § 1 BetrAVG; Schoden, § 1 Rn. 25a.

256 Vgl. BAG 25.8.1976, AP BGB § 242 Gleichbehandlung Nr. 41; 30.8.1979, AP BGB § 613a Nr. 16.

257 Vgl. BAG 28.2.1989, AP BetrAVG § 1 Unterstützungskassen Nr. 20.

wenn der Arbeitgeber zu den Trägerunternehmen gehört. Die Leistungspflicht entfällt deshalb auch dann, wenn der Arbeitgeber aus dem Kreis der Trägerunternehmen ausscheidet.[258]

c. Insolvenz

164 § 613 a BGB ist grundsätzlich auch auf Betriebsveräußerungen in der Insolvenz anzuwenden. Dabei sind allerdings die folgenden Besonderheiten zu berücksichtigen: Wird ein Betrieb von einem sich in Insolvenz befindlichen Unternehmen erworben, ist der besonderen wirtschaftlichen Situation der **Insolvenz** unter Haftungsgesichtspunkten – durch **Haftungsbegrenzung zugunsten des Erwerbers** – Rechnung zu tragen.[259] Die besonderen Haftungsgrundsätze hängen daher grundsätzlich davon ab, ob der Betriebsübergang vor oder nach Eröffnung des Insolvenzverfahrens stattfindet. Findet die Übernahme der tatsächlichen Organisationsgewalt durch den Betriebserwerber noch vor Verfahrenseröffnung statt, bleibt § 613 a Abs. 1 Satz 1 BGB uneingeschränkt anwendbar.[260] Deshalb ist gerade im Insolvenzverfahren die Bestimmung des Zeitpunkts des Betriebsübergangs (vgl. Teil A Rn. 128) besonders wichtig, zumal mögliche Übernahmeverhandlungen regelmäßig in engem zeitlichem Zusammenhang mit der Eröffnung des Insolvenzverfahrens geführt werden. Der Zeitpunkt des Betriebsübergangs kann allerdings vertraglich geregelt werden, sodass die Vertragsgestaltung als solche erheblichen Einfluss gewinnt.[261] So hat das *BAG* eine durch die Eröffnung des Insolvenzverfahrens aufschiebend bedingte Vereinbarung für zulässig erachtet.[262] Wird nach dem Betriebsübergang die Einstellung des Insolvenzverfahrens mangels Masse verfügt, wird die durch die Eröffnung des Insolvenzverfahrens eingetretene Haftungsbegrenzung nicht aufgehoben.

165 Gegenstand der Haftungsbegrenzung für den Betriebsübergang in der Insolvenz ist, dass der Erwerber nicht für **Altverbindlichkeiten** – also z. B. rückständige Lohnansprüche – haftet, sofern sie bis zur Eröffnung des Insolvenzverfahrens entstanden sind. Zwar ist er verpflichtet, die Arbeitsverhältnisse inhaltsgleich weiterzuführen, er wird jedoch nicht mit Rückständen und Versorgungslasten der Vergangenheit belastet. Hat bei einer **Altersteilzeitvereinbarung** während des so genannten Blockmodells ein Betriebsübergang in der Insolvenz stattgefunden, sind nach Ansicht des LAG Schleswig-Holstein die gegenüber dem Arbeitnehmer in der Freistellungsphase zu erbringenden Leistungen zunächst vom Erwerber – anteilig der bei ihm erbrachten Arbeitsphase –

---

258 Vgl. BAG 11. 2. 1992, AP BetrAVG § 1 Unterstützungskassen Nr. 32.

259 Vgl. BAG 20. 6. 2002, NZA 2003, 318.

260 Vgl. BAG 28. 4. 1987, 16. 2. 1993, AP BetrAVG § 1 Betriebsveräußerung Nr. 5, 15. BAG 20. 6. 2002, NZA 2003, 318.

261 Vgl. WHSS-Willemsen, Rn. G 134.

262 Vgl. BAG 4. 7. 1989, AP BetrAVG § 1 Betriebsveräußerung Nr. 10.

und im Übrigen sodann vom Insolvenzschuldner bzw. Insolvenzverwalter zu erbringen.[263]

Daneben treffen den **Erwerber in der Insolvenz** die gleichen Verpflichtungen wie den Betriebserwerber außerhalb des Insolvenzverfahrens. Entsteht z. B. der Anspruch auf eine tarifliche Sonderzahlung nach der tariflichen Regelung erst am Fälligkeitstag, schuldet ein Betriebserwerber die volle tarifliche Sonderzahlung auch dann, wenn er den Betrieb aus der Insolvenzmasse erworben hat und das Insolvenzverfahren im Laufe des Bezugszeitraums eröffnet worden ist.[264] Die Haftungsbeschränkung des Betriebserwerbes für Insolvenzforderungen gilt nicht für Masseverbindlichkeiten.[265] Die Haftungsbegrenzung gilt auch nicht für durch den Betriebsveräußerer noch nicht erfüllte Urlaubsansprüche. Diese sind im Insolvenzverfahren nicht berücksichtigungsfähig, weil sie auf Freistellung von der Arbeit gerichtet sind.[266] **166**

Die Haftungsbegrenzung beim Betriebsübergang in der Insolvenz hat für **Versorgungsansprüche** zur Folge, dass der neue Betriebsinhaber nicht den Teil der Versorgungslast schuldet, den der Arbeitnehmer vor der Betriebsübernahme erworben hat.[267] Die Insolvenz führt so zu einer **Dreiteilung der Haftung** für die Versorgungsverpflichtungen: **167**

- Der Pensionssicherungsverein tritt für die bis zur Eröffnung des Insolvenzverfahrens erdienten Anwartschaften ein, soweit Unverfallbarkeit vorliegt.
- Die Insolvenzmasse trägt die zwischen Konkurseröffnung und Betriebsübergang erdienten Anwartschaften.
- Dem Betriebserwerber fallen die in der Zeit ab Betriebsübergang erdienten Teile zur Last.[268]

Von der Eröffnung des Insolvenzverfahrens ist allerdings die gerichtliche Verfügung der **vorläufigen Insolvenzverwaltung** – früher: **Sequestration** – zu unterscheiden, §§ 21 ff. InsO. In einem solchen Fall ist nach der noch zur Konkursordnung entwickelten Rechtsprechung des *BAG*[269] § 613 a Abs. 1 Satz 1 BGB uneingeschränkt anwendbar, wenn der Betrieb mit Zustimmung des vorläufigen Insolvenzverwalters übertragen wird. Das bedeutet, dass die vorläufige Insolvenzverwaltung **168**

263 LAG Schleswig-Holstein 10. 1. 2006, NZA-RR 2006, 293.

264 Vgl. BAG 11. 10. 1995, AP BGB § 613 a Nr. 132.

265 Vgl. LAG Sachsen 30. 4. 2003, ZInsO 2004, 824.

266 Vgl. LAG Niedersachsen 4. 12. 2002, LAGE § 613 a BGB Nr. 85.

267 Vgl. BAG 11. 2. 1992, AP BetrAVG § 1 Betriebsveräußerung Nr. 13.

268 Vgl. BAG 29. 10. 1985, 15. 12. 1987, 11. 2. 1992, AP BetrAVG § 1 Betriebsveräußerung Nr. 4; AP BetrAVG § 1 Nr. 18; AP BetrAVG § 1 Betriebsveräußerung Nr. 13.

269 Vgl. BAG 21. 2. 1990, AP BGB § 613 a Nr. 85; 23. 7. 1991, AP BetrAVG § 1 Betriebsveräußerung Nr. 11.

keine Sonderfolgen für die Haftung des Betriebsinhabers und die Verteilung von Gläubigerrisiken hat.

169 In diesem Zusammenhang ist zu beachten, dass die besonderen Haftungsgrundsätze des Insolvenzverfahrens nicht für **notleidende Betriebe** gelten, in denen es mangels Masse nicht zur Verfahrenseröffnung kommt.[270]

d. Vertrag zugunsten Dritter

170 Das *BAG* hat in seiner Entscheidung vom 20. 4. 2005[271] klargestellt, dass ein Kaufvertrag – im konkreten Fall ging es um einen Klinikkaufvertrag – als Vertrag zugunsten Dritter nach § 328 BGB – auch zugunsten der Arbeitnehmer – gewertet werden kann, soweit in diesem Vertrag die dynamische Anwendbarkeit der zum Zeitpunkt der Veräußerung geltenden Tarifverträge zugesichert werden soll. Diese Entscheidung hat weit reichende Bedeutung für die Praxis und bezieht sich nicht nur auf die dynamische Fortgeltung tariflicher Vergütungsregelungen (zur statischen Fortgeltung von Tarifnormen vgl. Teil A Rn. 204 ff.). In der Praxis werden anlässlich von Privatisierungen bzw. Ausgründungsvorgängen, aber auch im Zusammenhang mit Unternehmensfusionen vielfach z. B. auch besondere Kündigungsschutzregelungen vereinbart, wie z. B. der Ausschluss betriebsbedingter Kündigungen für einen bestimmten Zeitraum. Das gleiche gilt z. B. für Standort- oder Beschäftigungssicherungsgarantien. Letztendlich kommt es für den drittschützenden Charakter der vertraglichen Regelung auf die Auslegung der Bestimmung im Unternehmenskaufvertrag an. Maßgeblich hierfür ist der konkrete Wortlaut sowie die konkreten Begleitumstände des Vertragsabschlusses (§§ 133, 157 BGB).[272]

5. Haftung von Betriebserwerber und Betriebsveräußerer

a. Haftung bei Einzelrechtsnachfolge

171 Die **Haftung des Betriebserwerbers** richtet sich nach der Bestimmung des § 613 a Abs. 1 Satz 1 BGB. Danach gehen beim Betriebsübergang nicht nur die Arbeitsverhältnisse auf den Betriebserwerber über. Vielmehr tritt der Erwerber auch im Außenverhältnis gegenüber den Arbeitnehmern in die Rechte und Pflichten aus den im Zeitpunkt des Übergangs bestehenden Arbeitsverhältnissen ein. Eine Haftung des Erwerbers für Ansprüche derjenigen Arbeitnehmer, die zum Zeitpunkt des Übergangs bereits ausgeschieden sind, besteht nicht.

172 Die Haftung des bisherigen Arbeitgebers regelt § 613 a Abs. 2 BGB. Es

270 Vgl. BAG 27. 4. 1988, AP BGB § 613 a Nr. 71; 23. 7. 1991, 12. 11. 1991, AP BetrAVG § 1 Betriebsveräußerung Nr. 11, 12.

271 BAG 20. 4. 2005, NZA 2005, 281.

272 Ausführlich hierzu Hohenstatt/Schramm, NZA 2006, 251.

handelt sich um eine **Mithaftung des Betriebsveräußerers**. Sie folgt dem Grundsatz, dass der Veräußerer für diejenigen Forderungen des Arbeitnehmers einzustehen hat, die ihm wirtschaftlich zuzurechnen sind.[273] Die Zurechnung ist begrenzt auf Forderungen, die innerhalb eines Jahres seit dem Betriebsübergang fällig werden. Der Betriebsveräußerer haftet daher – erst recht – voll für Ansprüche, die vor dem Übergang entstanden sind und fällig wurden.[274]

Für solche Ansprüche, die nach dem Übergang fällig werden, haftet der Veräußerer nur insoweit, wie sie **anteilig** vor dem Übergang erdient wurden. Dies ist besonders für periodisch wiederkehrende Leistungen wichtig, bei denen der Zeitpunkt der Entstehung des Anspruchs und dessen Fälligkeit regelmäßig auseinander fallen, wie z. B. im Fall von Jahressonderzahlungen oder Provisionen. Die Haftung des Betriebsveräußerers bezieht sich hier nur auf jenen Teil des Anspruchs, der innerhalb von zwölf Monaten nach Betriebsübergang fällig wird. Die Haftung des alten Arbeitgebers ist deshalb zeitanteilig beschränkt. Dies hat zur Folge, dass der Betriebsveräußerer zeitanteilig nur insoweit haftet, wie der Bemessungszeitraum im Kalenderjahr vor dem Betriebsübergang liegt. Erfolgt also z. B. der Betriebsübergang zum ersten Oktober eines Jahres, wird die Jahressonderzahlung für dieses Kalenderjahr zu drei Vierteln von der Haftung des Betriebsveräußerers erfasst. Unbeschadet dessen kann der Arbeitnehmer im Beispiel selbstverständlich die Jahressonderzahlung in vollem Umfang auch von dem Erwerber verlangen. Der Betriebsveräußerer haftet nicht für Forderungen, die entweder erst nach dem Übergang entstanden sind oder später als ein Jahr nach dem Betriebsübergang fällig werden. 173

Für die Ansprüche des Arbeitnehmers haften Betriebsveräußerer und Betriebserwerber im Außenverhältnis als **Gesamtschuldner**, §§ 613 a Abs. 2, 426 BGB. Grundsätzlich mögliche und in der Praxis auch häufig anzutreffende, im Innenverhältnis zwischen Veräußerer und Erwerber von der Gesamtschuldnerhaftung abweichende Haftungsregelungen in einem Unternehmenskaufvertrag wirken nur im Verhältnis zwischen Veräußerer und Erwerber und sind deshalb gegenüber dem Arbeitnehmer ohne Bedeutung. 174

b. Haftung in Umwandlungsfällen

In den **Umwandlungsfällen** richtet sich die **Haftung des Betriebserwerbers** nach § 613 a Abs. 1 Satz 1 BGB (vgl. Teil A Rn. 171), sofern das Arbeitsverhältnis als Folge eines Betriebsübergangs auf den neuen Rechtsträger übergeht. Dies ergibt sich unmittelbar aus dem Gesetz, § 324 UmwG (vgl. Teil A Rn. 70). 175

Jedoch findet die Regelung des § 613 a Abs. 2 BGB für die **Mithaftung des Betriebsveräußerers in Umwandlungsfällen** keine An- 176

273 Vgl. Kittner/Däubler/Zwanziger, KSchR, § 613 a BGB Rn. 98.

274 So auch ErfK-Preis, § 613 a BGB Rn. 89.

wendung. Dies folgt aus § 324 UmwG, der ebenso wenig auf § 613a Abs. 2 BGB wie auf § 613a Abs. 3 BGB Bezug nimmt, zumal letztere Regelung eine – eigentlich überflüssige – Klarstellung enthält, dass ein durch Umwandlung erloschener Rechtsträger auch nach dem Betriebsübergang nicht mehr haftet.[275] Daneben enthält das UmwG aber eine Reihe von weit gehenden **Sonderregelungen** über die Mithaftung des übertragenden Rechtsträgers.

177 Im Falle einer **Verschmelzung** sind die Arbeitnehmer nach § 22 UmwG berechtigt, binnen sechs Monaten nach ihrer Eintragung **Sicherheit** zu verlangen, sofern nicht für die Forderung – z.B. rückständiger Lohn – schon Befriedigung verlangt werden kann. Für das Verlangen nach Sicherheit reicht es aus, wenn der Rechtsgrund für eine Forderung schon gelegt ist.[276] Auch eine bedingte Forderung berechtigt zur Sicherheitsleistung.[277] Allein entscheidend ist der Vertragsabschluss. Damit können auch künftige Ansprüche – z.B. noch nicht verdientes Arbeitsentgelt – mit einer Sicherheitsleistung abgedeckt werden. Hierfür muss die Forderung nach Grund und Höhe schriftlich angemeldet und glaubhaft gemacht werden und ihre Erfüllung durch die Verschmelzung gefährdet sein. Zu beachten ist dabei jedoch, dass eine Sicherheitsleistung für künftige Forderungen, soweit sie sich auf die **betriebliche Altersversorgung** beziehen, nicht möglich ist. So findet § 22 UmwG nach seinem Abs. 2 keine Anwendung, wenn die Gläubiger Anspruch auf vorzugsweise Befriedigung aus einer Deckungsmasse haben, die zu ihrem Schutz errichtet ist und staatlich überwacht wird. Dies ist regelmäßig der Pensionssicherungsverein.

178 Für den Fall der **Verschmelzung einer Personengesellschaft** findet sich in § 45 UmwG eine Sonderregelung. Danach wird eine auf fünf Jahre begrenzte Mithaftung ehemals persönlich haftender Gesellschafter für Verbindlichkeiten der Personengesellschaft angeordnet.

179 Bei einer **Spaltung** gilt § 22 UmwG gem. §§ 125, 133 Abs. 1 Satz 2 UmwG entsprechend.[278] Außerdem haftet gem. § 133 Abs. 3 bis 5 UmwG auch derjenige Rechtsträger, dem eine bestimmte Forderung – bzw. ein bestimmtes Arbeitsverhältnis, aus dem sich Forderungen ergeben – in den für die Spaltung maßgeblichen Vereinbarungen und Beschlüssen der beteiligten Rechtsträger nicht zugewiesen wurde. Voraussetzung ist jedoch, dass die Forderung binnen fünf Jahren nach der Eintragung der Spaltung fällig wird und entweder gegenüber diesem Rechtsträger gerichtlich geltend gemacht oder von ihm schriftlich anerkannt worden ist.[279]

---

275 Vgl. Bachner, AR-Blattei (SD) 1625 Rn. 64.

276 Vgl. Bachner, AR-Blattei (SD) 1625 Rn. 65ff.

277 Vgl. Kittner/Däubler/Zwanziger, KSchR, § 613a BGB Rn. 17.

278 Vgl. Bachner, AR-Blattei (SD) 1625 Rn. 70.

279 Vgl. Kittner/Däubler/Zwanziger, KSchR, § 613a BGB Rn. 18.

Eine besondere Gefahr für Ansprüche der Arbeitnehmer beinhaltet die **Aufspaltung** einer Gesellschaft in eine **Anlage-** und eine **Betriebsgesellschaft**. Dabei werden die Vermögenswerte, die für die Ausübung der unternehmerischen Tätigkeit unentbehrlich sind (z. B. Maschinen, Grundstücke etc.), der Anlagegesellschaft zugeführt. Diese stellen sie dann der Betriebsgesellschaft zur entgeltlichen Nutzung zur Verfügung. Nunmehr werden der im Grunde vermögenslosen Betriebsgesellschaft gem. §§ 324 UmwG, 613 a Abs. 1 Satz 1 BGB auch die Arbeitnehmer zugeordnet. Das UmwG enthält für diese Fallkonstellation in § 134 UmwG eine spezielle Schutzbestimmung.[280] Sind an den an der Spaltung beteiligten Rechtsträgern im Wesentlichen die gleichen Personen beteiligt, haftet auch die Anlagegesellschaft neben der Betriebsgesellschaft als Gesamtschuldner für Ansprüche nach §§ 111 bis 113 BetrVG, also für **Sozialplanansprüche und Ansprüche auf Nachteilsausgleich** wegen eines unterlassenen Interessenausgleichs (vgl. Teil B Rn. 155). Voraussetzung ist, dass diese Ansprüche innerhalb von fünf Jahren nach dem Wirksamwerden der Spaltung entstehen. Außerdem müssen sie innerhalb von zehn Jahren nach diesem Zeitpunkt fällig werden und entweder gegenüber der Anlagegesellschaft gerichtlich geltend gemacht werden oder von dieser schriftlich anerkannt sein.[281] Eine wichtige Folge ergibt sich aus § 134 UmwG: Danach ist bei der **Ermittlung des Sozialplanvolumens** auch das Vermögen der Anlagegesellschaft mit zu berücksichtigen. 180

Schließlich stellt sich die Frage nach der Haftung für Ansprüche aus der **betrieblichen Altersvorsorge**. In diesem Zusammenhang ist es von Bedeutung, ob die Grenzen des BetrAVG auch bei einer Übertragung von Versorgungsverpflichtungen aus beendeten Arbeitsverhältnissen im Wege einer Spaltung gelten. Zum Teil wurde dies in der Vergangenheit unter Hinweis auf § 132 UmwG i. V. m. § 4 BetrAVG bejaht.[282] Nach § 4 Abs. 1 BetrAVG bedarf die Übertragung einer Verpflichtung aus einer unverfallbaren Versorgungsanwartschaft oder einer laufenden Rente auf einen Folgearbeitgeber als neuen Schuldner der Zustimmung des Arbeitnehmers. Das *BAG* hat in einer Entscheidung aus dem Jahr 2005 klargestellt, dass die Regelung nach § 4 BetrAVG in den Fällen bereits beendeter Arbeitsverhältnisse unanwendbar ist und es deshalb im Fall der Übertragung von Versorgungsverpflichtungen im Wege der umwandlungsrechtlichen Spaltung weder der Zustimmung der Pensionäre noch des Pensions-Sicherungs-Vereins bedarf.[283] Das *BAG* begründet seine Entscheidung damit, dass der Gesetzgeber in den 181

---

280 Vgl. zum Regelungsgehalt der Bestimmung auch Bachner, AR-Blattei (SD) 1625 Rn. 71 ff.

281 Vgl. Kittner/Däubler/Zwanziger, KSchR, § 613 a BGB Rn. 19.

282 ErfK-Preis, § 613 a BGB Rn. 189; Münchner Kommentar BGB-Schaub, § 613 a BGB Rn. 222.

283 BAG 22. 2. 2005, AP Nr. 1 zu § 168 UmwG.

§§ 20, 133, 134 UmwG ein besonderes Haftungssystem geschaffen habe, welches der Regelung in § 3 BetrAVG vorgehe.

6. Arbeitgeberkündigung im Rahmen von Betriebsübergang und »Unternehmensumwandlung«

a. Kündigung wegen Betriebsübergang

182 Die Regelung des § 613a Abs. 4 Satz 1 BGB erklärt Kündigungen des Arbeitsverhältnisses eines Arbeitnehmers durch den bisherigen Arbeitgeber oder durch den neuen Inhaber für unwirksam, wenn sie wegen des Übergangs eines Betriebes oder eines Betriebsteils erfolgen. Die Bestimmung ist die **zentrale Kündigungsschutznorm** in Zusammenhang mit Unternehmensumstrukturierungen und klarer Ausdruck der Bestandsschutzfunktion von § 613a BGB. Sie konstituiert ein eigenständiges Kündigungsverbot außerhalb des KSchG, das auch für solche Arbeitsverhältnisse gilt, die nicht unter das KSchG fallen.[284] Die in § 4 KSchG vorgesehene Drei-Wochen-Frist für die Einreichung von Kündigungsschutzklagen findet auf die Geltendmachung des Kündigungsverbots nach § 613a Abs. 4 Satz 1 BGB ebenfalls Anwendung. Dies gilt auch dann, wenn die Kündigung durch den Insolvenzverwalter erfolgt, § 113 Abs. 2 Satz 1 InsO. Der besondere Kündigungsschutz nach § 613a Abs. 4 Satz 1 BGB findet gilt auch bei Änderungskündigungen Anwendung.[285]

183 Der Zweck der Bestimmung ist zunächst darin zu sehen, dass sie den Betriebsübergang als solchen als Rechtfertigungsgrund für eine betriebsbedingte Kündigung ausschließt. Der **Betriebsübergang** selbst ist daher **kein dringendes betriebliches Erfordernis für eine Kündigung**.[286] Bei der Prüfung des dringenden betrieblichen Erfordernisses muss demzufolge die Betriebsübertragung außer Betracht bleiben.[287] Da jedoch nach § 613a Abs. 4 Satz 2 BGB die Kündigung aus anderen Gründen möglich bleibt (vgl. Teil A Rn. 186), schränkt die Rechtsprechung des *BAG* den Geltungsbereich der Bestimmung stark ein. Der Wegfall der Beschäftigungsmöglichkeit als Folge der Übertragung des Beschäftigungsbetriebes rechtfertigt deshalb im Grundsatz die betriebsbedingte Kündigung.

184 Die Kündigung muss, damit sie unwirksam ist, »wegen« des Betriebsübergangs erfolgen. Der Betriebsübergang muss deshalb der Beweggrund oder das Motiv für die Kündigung gewesen sein. Kündigungen erfolgen immer dann wegen des Betriebsübergangs, wenn die **Motivation für die Kündigung überwiegend in dem bevorstehenden**

---

284 Vgl. hierzu ausführlich Lipinski, NZA 2002, 75.

285 Vgl. Bachner, AiB 1996, 291; Kittner/Däubler/Zwanziger, KSchR, § 613a BGB Rn. 114.

286 Vgl. BAG 9.2.1994, AP BGB § 613a Nr. 105.

287 Vgl. Hergenröder, AR-Blattei (SD) 500.1 Rn. 336.

Betriebsübergang liegt.[288] Der Betriebsübergang muss der tragende Grund (der Beweggrund) für die Kündigung und nicht bloß deren äußerer Anlass sein. Dabei ist auf die Verhältnisse zum Zeitpunkt der Kündigung abzustellen. Ein bevorstehender Betriebsübergang führt deshalb immer dann zur Unwirksamkeit einer Kündigung, wenn die den Betriebsübergang ausmachenden Tatsachen im Zeitpunkt des Zugangs der Kündigung feststehen und bereits greifbare Formen angenommen haben (vgl. aber Teil A Rn. 187).[289] Die unwirksame Kündigung muss nicht notwendigerweise vor dem Betriebsübergang erfolgen; das Kündigungsverbot kann auch dann eingreifen, wenn die Kündigung nach der Übertragung des Betriebes bzw. des Betriebsteils ausgesprochen wird.[290] Unwirksam sind auch **Auswahlentscheidungen** des Erwerbers dergestalt, dass lediglich bestimmte Arbeitnehmer übernommen und deshalb Arbeitnehmern gekündigt werden soll, die von der negativen Auslese betroffen sind,[291] sodass es sich bei der Kündigung wegen des Betriebsübergangs im Grunde um eine verdeckte personen- oder leistungsbedingte Kündigung handelt.

Bei der betriebsbedingten Kündigung eines in einem stillzulegenden **185**
Betriebsteil beschäftigten Arbeitnehmers ist bei der Sozialauswahl auch ein vergleichbarer Arbeitnehmer zu berücksichtigen, der zum Zeitpunkt der Kündigung einem später noch zu übertragenden Betriebsteil angehört. Der Grundsatz der betriebsbezogenen Sozialauswahl wird nicht durch § 613 a BGB verdrängt.[292]

b. Kündigung aus anderen Gründen

(a) Allgemeines

Das Kündigungsverbot aus § 613 a Abs. 4 Satz 1 BGB lässt das Recht **186**
zur **Kündigung des Arbeitsverhältnisses aus anderen Gründen** als aus personen-, verhaltens-, aber auch aus betriebsbedingten Gründen unberührt, § 613 a Abs. 4 Satz 2 BGB. Hiermit sind diejenigen Fälle gemeint, in denen trotz des Betriebsübergangs ein dringendes betriebliches Erfordernis für eine Kündigung vorliegt. In diesen Fällen muss im Einzelfall sorgfältig geprüft werden, ob diese Gründe nur vorgeschoben werden, um einen Übergang des Arbeitsverhältnisses auf den Erwerber zu verhindern. Dies würde gegen das Kündigungsverbot nach § 613 a Abs. 4 Satz 2 BGB verstoßen. § 613 a Abs. 4 BGB gilt bei einer so genannten übertragenden Unternehmensumwandlung, wenn der Arbeitgeberwechsel als Folge eines Betriebs(teils)übergangs eintritt,

---

288 Vgl. WHSS-Willemsen, Rn. H 91.

289 Vgl. BAG 5. 12. 1985, 19. 5. 1988, AP BGB § 613 a Nr. 47, 75; 3. 9. 1998, NZA 1999, 147; 28. 10. 2004, NZA 2005, 405; ErfK-Preis, § 613 a BGB Rn. 106.

290 BAG 27. 10. 2005, NZA 2006, 669.

291 BAG 28. 10. 2004; NZA 2005, 405.

292 BAG 28. 10. 2004; NZA 2005, 405–408.

§ 324 UmwG (vgl. Teil A Rn. 70). Der Begriff des **dringenden betrieblichen Erfordernisses** ergibt sich aus den allgemeinen Bestimmungen des KSchG, vor allem aus § 1 Abs. 2 KSchG. Hierzu zählen vor allem **Sanierungskündigungen des Betriebsveräußerers und des Betriebserwerbers**.[293] Die entscheidende Frage ist, ob die Kündigung auch dann sozial gerechtfertigt wäre, wenn der Betrieb nicht veräußert worden wäre. § 613 a Abs. 4 BGB schützt den Arbeitnehmer daher nicht vor solchen Risiken, die unabhängig von der Betriebsveräußerung eintreten können.[294] So stellt auch eine in Aussicht genommene, **geplante Betriebsstilllegung** ein dringendes betriebliches Erfordernis für eine Kündigung dar. Baut der Arbeitgeber allerdings daneben gleichzeitig ein neues Unternehmen im selben Geschäfts- bzw. Marktbereich auf, das dieselben Zulieferer hat und dieselben Kunden bedient, um sich auf diese Weise von langjährig bei ihm beschäftigten Arbeitnehmern mit einem nur geringen Kostenrisiko trennen zu können, stellt dies objektiv eine Umgehung des Kündigungsverbots gemäß § 613 a Abs. 4 Satz 1 BGB dar.[295]

(b) Kündigung durch den Veräußerer auf der Grundlage des zukünftigen Erwerberkonzepts

187 Für die Praxis relevant ist auch, wenn der Erwerber seinerseits ein neues Unternehmenskonzept verfolgt und der Veräußerer nach Absprache mit dem Erwerber dessen Organisations- und Strukturentscheidungen in die Wege leitet, besonders die aus Sicht des Erwerbers erforderlichen Kündigungen ausspricht.[296] Bei einer solchen **Veräußererkündigung auf Erwerberkonzept** ist von den folgenden Grundsätzen auszugehen: Zweifellos stellt der bloße Wunsch, die Anzahl der Arbeitnehmer zu reduzieren, kein ausreichendes Unternehmenskonzept dar. Daher muss eine **aus wirtschaftlichen Gründen nachvollziehbare Umstrukturierungsentscheidung** zur Begründung des Wegfalls der Arbeitsplätze hinzukommen. Nur dann kommt eine rechtmäßige betriebsbedingte Kündigung nach § 613 a Abs. 4 Satz 2 BGB, § 1 Abs. 2 KSchG in Betracht. Entscheidend kommt es daher auch nicht darauf an, ob Pläne des alten oder des neuen Betriebsinhabers realisiert werden sollen, sondern allein darauf, ob die Arbeitsplätze in dem Betrieb(steil), der Gegenstand der Veräußerung ist, erforderlich sind. Darum macht es im Grundsatz keinen Unterschied, wer eine Rationalisierungsmaßnahme unter Beachtung der Erfordernisse des Kündigungsschutzes durchführt. § 613 a Abs. 4 BGB dient nicht der Vermeidung betriebsbedingter Kündigungen als solcher. Angesichts dessen ist im Grundsatz die Berechtigung des alten Arbeitgebers anzuerkennen, mit der Um-

---

293 Vgl. Kittner/Däubler/Zwanziger, KSchR, § 613 a BGB Rn. 119, 120.

294 WHSS-Willemsen, Rn. H 98.

295 Vgl. ArbG Berlin 17. 2. 2000, AuR 2001, 72.

296 Vgl. BAG 26. 5. 1983, AP BGB § 613 a Nr. 34.

setzung der Rationalisierungspläne des neuen Arbeitgebers zu beginnen.[297] In jedem Fall muss aber ein verbindliches Konzept oder ein Sanierungsplan des Erwerbers vorliegen, dessen Realisierung im Zeitpunkt des Zugangs der Kündigungserklärung bereits greifbare Formen angenommen haben muss.[298] Das von dem Erwerber ins Auge gefasste Ziel, Arbeitsaufgaben von Mitarbeitern des Veräußerers auf Mitarbeiter des Erwerbers umzuverteilen, reicht hierfür nach Auffassung des LAG Köln nicht aus.[299]

In der Praxis spielt aber auch ein anderer Fall der Veräußererkündigung **188** auf Erwerberkonzept eine große Rolle. Dies ist die Kündigung zur **Verbesserung der Verkaufschancen**.[300] Zulässig ist die Veräußererkündigung in einem solchen Fall nur dann, wenn der Veräußerer das Konzept auch ohne den Erwerber hätte umsetzen können,[301] weil das Kündigungsrecht des Veräußerers nicht um Gründe erweitert werden darf, die allein in der Sphäre des Erwerbers liegen.[302] Deshalb ist die Veräußererkündigung unwirksam, wenn das Erwerberkonzept Planungen enthält, die organisatorisch beim Veräußerer gar nicht umsetzbar wären, vor allem also dann, wenn eine betriebliche Situation mit in die Beurteilung einbezogen werden muss, wie sie sich erst beim Erwerber darstellen wird. Wegen der Betriebsbezogenheit des dringenden Erfordernisses für den Ausspruch einer Kündigung fehlt es in diesem Fall an den Gründen, die eine Kündigung nach § 1 Abs. 2 KSchG rechtfertigen können.[303]

(c) Wiedereinstellungsanspruch

Verändert sich nach Ausspruch einer Kündigung aber vor Ablauf der **189** Kündigungsfrist wegen beabsichtigter Betriebsstilllegung die Tatsachenlage aufgrund eines **wider Erwarten zustande gekommenen Betriebsübergangs**, hat der Arbeitnehmer einen **Fortsetzungs- bzw. Wiedereinstellungsanspruch** gegen den Erwerber zu unveränderten Arbeitsbedingungen unter Wahrung seines Besitzstandes.[304] Tritt der Betriebsübergang als Folge der Übernahme der Hauptbelegschaft – z. B. im Reinigungsgewerbe oder auch im Bewachungsgewerbe – erst mit oder sogar **nach Ablauf der Kündigungsfrist** ein, ist der Fortsetzungsanspruch entgegen der bisherigen Rechtsprechung des *BAG* auch

---

297 Vgl. ErfK-Preis, § 613 a BGB Rn. 115.

298 Vgl. BAG 20. 3. 2003, NZA 2003, 1027.

299 Vgl. LAG Köln 17. 6. 2003, ZIP 2003, 2042.

300 Vgl. BAG 18. 7. 1996, AP BGB § 613 a Nr. 147; hierzu auch Bachner, AiB 1997, 483.

301 Vgl. BAG, 26. 5. 1983, AP BGB § 613 a Nr. 34; a. A. ErfK-Preis, § 613 a BGB Rn. 115.

302 Vgl. BAG 26. 5. 1983, AP BGB § 613 a Nr. 34.

303 Vgl. zum Ganzen ausführlich WHSS-Willemsen, Rn. H 107 ff.

304 Vgl. BAG 13. 11. 1997, AP BGB § 613 a Nr. 169.

über den Ablauf der Kündigungsfrist hinaus zu erstrecken.[305] Die nach der Rechtsprechung des *BAG* für die Frage der Rechtsmäßigkeit einer Kündigung im Grundsatz entscheidungserhebliche Prognose des Arbeitgebers dient allein dem Interesse des Arbeitgebers, weil er andernfalls u. U. Annahmeverzugslohn leisten müsste[306] und weil die Unternehmerentscheidung dadurch auch nicht auf ihre tatsächliche Notwendigkeit überprüft wird. Der Wiedereinstellungsanspruch enthält deshalb ein für die Praxis bedeutsames Korrektiv dieses Grundsatzes. Der Antrag ist auf Abgabe einer Willenserklärung auf rückwirkenden Abschluss eines Arbeitsvertrages zu richten und damit als Leistungsantrag zulässig. Findet der Betriebsübergang jedoch nach Ablauf der Kündigungsfrist anlässlich einer insolvenzbedingten Kündigung statt, verneint das *BAG* den Anspruch auf Wiedereinstellung – wohl vor allem deshalb, um eine möglichst zügige Abwicklung einer sanierenden Betriebsübernahme zu gewährleisten.

190 Scheidet der Arbeitnehmer nicht durch betriebsbedingte Kündigung, sondern durch **Aufhebungsvertrag** aus dem Veräußererbetrieb aus, hat er nur dann einen Anspruch auf Wiedereinstellung zu unveränderten Bedingungen, wenn die Wirkungen des Aufhebungsvertrages nachträglich durch Wegfall der Geschäftsgrundlage oder durch Anfechtung entfallen.[307] Im **Insolvenzfall** besteht ein Fortsetzungsanspruch nicht.[308]

191 Der Wiedereinstellungsanspruch führt nicht zur automatischen Fortsetzung des Arbeitsverhältnisses. Der Arbeitnehmer muss deshalb den **Anspruch auf Fortsetzung des Arbeitsverhältnisses** noch während dessen Bestehen oder zumindest unverzüglich (in Anlehnung an die im Kündigungsrecht geltende Frist des § 4 KSchG analog spätestens innerhalb von drei Wochen nach Kenntniserlangung von den, den Betriebsübergang begründenden tatsächlichen Umständen)[309] gegenüber dem Betriebserwerber **geltend machen**.[310]

c. Umwandlungsrechtliche Besonderheiten

(a) Gemeinsamer Betrieb mehrerer Unternehmen, § 322 UmwG

192 Nach § 322 UmwG gilt ein Betrieb als Betrieb im Sinne des Kündigungsschutzrechts, wenn die an einer Spaltung oder an einer Teilüber-

---

305 LAG Brandenburg 12.4.2005, 2 Sa 497/04 – juris; vgl. Müller-Glöge, NZA 1999, 450 [455]; a. A. BAG 13.5.2004, AP BGB § 613a Nr. 264.

306 BAG 28.10.2004; NZA 2005, 405–408; Hergenröder, AR-Blattei (SD) 500.1 Rn. 468.

307 Vgl. BAG 10.12.1998, AP BGB § 613a Nr. 185.

308 Vgl. BAG 10.12.1998, a. a. O.

309 Vgl. Hergenröder, AR-Blattei (SD) 500.1 Rn. 488; LAG Hamm 11.5.2000, DB 2000, 1923.

310 Vgl. BAG 12.11.1998, AP BGB § 613a Nr. 185.

tragung nach dem Dritten oder Vierten Buch des UmwG beteiligten Rechtsträger nach dem Wirksamwerden der Spaltung oder der Teilübertragung einen Betrieb gemeinsam führen. § 322 UmwG regelt daher den kündigungsschutzrechtlichen Rahmen für den Fall eines so genannten **Gemeinschaftsbetriebes mehrerer Unternehmen** und kodifiziert damit die schon vor Inkrafttreten des UmwG geltende Rechtsprechung des *BAG*,[311] nach der in diesem Fall bei einer betriebsbedingten Kündigung für die Frage der **Sozialauswahl** auf die Verhältnisse des gemeinsamen Betriebes abzustellen ist. Dabei ist auf den gemeinschaftlichen Betrieb auch für die **Erreichung des Schwellenwertes im Sinne von** § 23 Abs. 1 KSchG und für die Prüfung einer **anderweitigen Beschäftigungsmöglichkeit** abzustellen. Soweit es um die Weiterbeschäftigungsmöglichkeit auf freien Arbeitsplätzen in anderen Betrieben geht, § 1 Abs. 2 KSchG, sind die Betriebe sämtlicher Unternehmen in die Betrachtung einzubeziehen, die den gemeinsamen Betrieb führen,[312] und nicht nur diejenigen, mit denen den Arbeitnehmer ein Arbeitsverhältnis verbindet.[313] Das gilt zumindest dann, wenn die Unternehmen, die den Gemeinschaftsbetrieb führen, den Personalbedarf nicht nur betriebsbezogen, sondern eben auch unternehmensübergreifend abstimmen.[314]

(b) Erweiterter Kündigungsschutz gem. § 323 Abs. 1 UmwG

Gemäß § 323 Abs. 1 UmwG darf sich die kündigungsrechtliche Stellung **193**
eines Arbeitnehmers bei einer **Spaltung oder Teilübertragung** nach dem Dritten oder Vierten Buch des UmwG nicht durch die Umwandlung verschlechtern. Der besondere Kündigungsschutz nach § 323 Abs. 1 UmwG gilt für die Dauer von zwei Jahren ab dem Wirksamwerden der Spaltung bzw. der Teilübertragung. Die Vorschrift gilt analog für die Zusammenlegung von Betrieben und Betriebsteilen.[315] § 323 Abs. 1 UmwG gewährt einen umfassenden **Schutz vor kündigungsrechtlichen Verschlechterungen** jeder Art.[316] Die Bestimmung schützt den Arbeitnehmer nicht nur im Hinblick auf den Wegfall des Kündigungsschutzes an sich, der Arbeitnehmer ist vielmehr kündigungsrechtlich so zu stellen, wie er stünde, wenn die Spaltung oder Teilübertragung nicht stattgefunden hätte.[317] Dies ergibt sich

311 Vgl. BAG 18.1.1990, AP KSchG § 23 Nr. 9; BAG 18.10.2000, DB 2001, 1729; LAG Köln 21.7.2000, NZA-RR 2001, 245.

312 Vgl. Bachner, NJW 1995, 2881; Wlotzke, DB 1995, 40; Bachner/Köstler/Trittin/Trümner, S. 142.

313 So aber WHSS-Hohenstatt, Rn. H 159; Kittner/Däubler/Zwanziger, KSchR, § 1 KSchG Rn. 387.

314 Vgl. Bachner, AR-Blattei (SD) 1625 Rn. 93.

315 Vgl. Bachner, AR-Blattei (SD) 1625 Rn. 94; Däubler, RdA 1995, 136.

316 Vgl. Kittner/Däubler/Zwanziger, KSchR, § 323 UmwG Rn. 2; Bachner, AR-Blattei (SD) 1625 Rn. 97ff. jeweils m.w.N.

317 Vgl. Kittner/Däubler/Zwanziger, KSchR, § 323 UmwG Rn. 3.

schon aus dem Wortlaut der Bestimmung. Systematische Erwägungen stehen dem nicht entgegen.

194 Zur kündigungsrechtlichen Stellung im Sinne von § 323 Abs. 1 UmwG rechnet vor allem die **Unterschreitung** des **in § 23 Abs. 1 Satz 2 KSchG** geregelten **Schwellenwertes**.[318] Der besondere Schutz gem. **§ 15 KSchG** für Betriebsratsmitglieder und die anderen in dieser Bestimmung aufgeführten Amtsträger unterfällt dagegen der kündigungsrechtlichen Stellung des § 323 Abs. 1 UmwG, soweit diese infolge der Spaltung oder Teilübertragung ihr Mandat verlieren. Für diese **Mandatsträger** folgt aus § 323 Abs. 1 UmwG, dass sich der gem. § 15 Abs. 1 Satz 2 KSchG für die Dauer von einem Jahr nachwirkende Sonderkündigungsschutz auf einen Zeitraum von zwei Jahren verlängert.[319] Auch **§ 103 BetrVG** ist eine kündigungsrechtliche Bestimmung. Deshalb fingiert § 323 Abs. 1 UmwG die Mitgliedschaft eines ehemaligen Betriebsratsmitglieds im Betriebsrat. Es bedarf daher der **Zustimmung des Betriebsrats zur Kündigung**. Existiert ein Betriebsrat nicht mehr, ist direkt das arbeitsgerichtliche Zustimmungsersetzungsverfahren einzuleiten.[320] Ebenfalls zur kündigungsrechtlichen Stellung zählen **vertragliche und tarifvertragliche Kündigungsfristen** z. B. aus Betriebsvereinbarungen, wie sie beim alten Arbeitgeber bestanden haben.[321] Soweit Kündigungsfristen in Betriebsvereinbarungen oder Tarifverträgen geregelt sind, kann der zweijährigen Weitergeltung dieser Bestimmungen nicht entgegengehalten werden, § 613 a Abs. 1 Satz 2 BGB sehe als abschließende Regelung der Fortgeltung von kollektivrechtlichen Bestimmungen lediglich eine einjährige Weitergeltung vor.[322] Wegen des mit dem UmwG verfolgten rechtspolitischen Ziels, den Kündigungsschutz des Arbeitnehmers zu stärken, ist § 323 Abs. 1 UmwG eine Spezialvorschrift zu § 324 UmwG, § 613 a Abs. 1 Satz 1 BGB. Nicht zur kündigungsrechtlichen Stellung gehören das **Anhörungsrecht** des Betriebsrats gemäß **§ 102 BetrVG** sowie die Pflicht zur Aufstellung von Sozialplänen.[323] Auch bei der Anzeigepflicht bei **Massenentlassungen** gem. der **§§ 17 ff. KSchG** handelt es sich um keine kündigungsschutzrechtliche Bestimmung nach § 323 Abs. 1 UmwG.[324]

195 Nach der Rechtsprechung des *BAG*[325] soll § 323 Abs. 1 UmwG nicht dazu führen, dass hinsichtlich der **Sozialauswahl** auf die Verhältnisse

318 Vgl. Kittner/Däubler/Zwanziger, § 323 UmwG Rn. 4.

319 Vgl. WHSS-Hohenstatt, Rn. H 153.

320 Vgl. Kittner/Däubler/Zwanziger, KSchR, § 323 UmwG Rn. 12.

321 Vgl. Wlotzke, DB 1995, 40; Bachner, NJW 1995, 2881; Bachner/Köstler/Trittin/Trümner, S. 148.

322 Vgl. so aber WHSS-Hohenstatt, Rn. H 156.

323 Vgl. Kittner/Däubler/Zwanziger, KSchR, § 323 UmwG Rn. 8, 9.

324 Kittner/Däubler/Zwanziger, § 323 UmwG Rn. 7; KR-Friedrich, §§ 323–324 UmwG Rn. 45.

325 BAG 22. 9. 2005, NZA 2006, 658–661.

vor Wirksamwerden der Spaltung abzustellen ist. Die Regelung gelte nur für Verschlechterungen, die sich als unmittelbare Folge einer Spaltung darstellen. Nachfolgende Entwicklungen würden von § 323 Abs. 1 UmwG nicht erfasst und könnten sich durchaus nachteilig für den Arbeitnehmer auswirken. Bloße indirekte bzw. reflexartige Vorteile, die sich allein aus der tatsächlichen Situation im Ursprungsbetrieb ergeben haben, betreffen nach Ansicht des *BAG* nicht die rechtliche Stellung des Arbeitnehmers. Um einen derartigen indirekten Vorteil handele es sich, wenn der gekündigte Arbeitnehmer bezogen auf den Ursprungsbetrieb mit weiteren Arbeitnehmern vergleichbar wäre und eine hierauf bezogene Sozialauswahl zu seinen Gunsten ausfiele. Eine Sozialauswahl scheitere zudem daran, dass ein Austausch zwischen Arbeitnehmern des Ursprungsbetriebes und des Betriebes des abgespaltenen Unternehmens ohne Änderung des Arbeitsvertrages regelmäßig nicht möglich sei. Schließlich sei zu berücksichtigen, dass der Rechtsträger des abgespaltenen Unternehmens Arbeitnehmern des Ursprungsbetriebes in der Regel nicht kündigen könne. Eine Sozialauswahl zwischen Arbeitnehmern des Betriebes des abgespalteten Unternehmens und des Ursprungsbetriebes findet daher nur dann statt, wenn die Unternehmen nach der Spaltung weiterhin einen gemeinsamen Betrieb führen. Diese Rechtsprechung des *BAG* ist abzulehnen. Sie schränkt den Geltungsbereich der Bestimmung gerade in ihrem Kernbereich ein, dort nämlich, wo Spaltungsfälle besondere praktische Relevanz erlangen. Eines der wesentlichen arbeitsrechtlichen Ziele des UmwG war es doch, den Arbeitnehmer vor den regelmäßig im Zusammenhang mit Spaltungen stehenden Gefahren zu schützen. Hierzu rechnet eben z.B. auch die Spaltung des Betriebes zum Zweck der späteren Stilllegung des abgespaltenen Betriebsteils. Deshalb ist die Verkürzung auf unmittelbare Rechtsfolgen der Spaltung verfehlt, die praktische Bedeutung der Bestimmung zu Unrecht in ihrem Kernbereich erheblich eingeschränkt worden.

V. Rechtsfolgen eines Betriebsübergangs auf Tarifvertrag

Gliederung Rn.

1. Grundsätze

196 § 613a Abs. 1 Satz 2 BGB gilt auch für tarifvertragliche Ansprüche. Die Bestimmung sieht daher auch für Ansprüche aus Tarifverträgen die Transformation in Individualarbeitsrecht vor. Da § 613a Abs. 1 Satz 2 BGB jedoch einen so genannten gesetzlichen **Auffangtatbestand** darstellt (vgl. Teil B Rn. 4), ist jedoch zunächst ebenso wie bei Ansprüchen aus Betriebsvereinbarungen zu prüfen, ob nicht der Tarifvertrag auf kollektivrechtlicher Grundlage weiter gilt und damit die Rechtsnormen des Tarifvertrages gem. § 4 Abs. 1 TVG weiterhin unmittelbar und zwingend zwischen den beiderseits Tarifgebundenen Anwendung finden.

197 Die Beurteilung der Rechtslage hängt von verschiedenen Aspekten ab. Insbesondere ist danach zu unterscheiden, ob für den Betrieb(steil) ein **Firmen- oder ein Verbandstarifvertrag** Anwendung findet. Darüber hinaus ist zwischen Einzel- und Gesamtrechtsnachfolge zu differenzieren. Außerdem gilt § 613a Abs. 1 Satz 2 BGB nur für »echte« tarifvertragliche Ansprüche, also solche, die unmittelbar aus dem Tarifvertrag resultieren, nicht jedoch in solchen Fällen, in denen die tariflichen Ansprüche auf arbeitsvertraglicher Grundlage durch so genannte **Verweisungs- oder Bezugnahmeklauseln** gewährt werden (vgl. hierzu Teil A Rn. 218).

2. Kollektivrechtliche Fortgeltung des Verbandstarifvertrages

a. Einzelrechtsnachfolge

198 Für die unmittelbare und zwingende Wirkung eines Tarifvertrages gemäß § 4 Abs. 1 TVG ist Voraussetzung, dass die Arbeitsvertragsparteien tarifgebunden sind. Ein **Betriebsübergang** ist daher **ohne tarifrechtliche Auswirkungen**, wenn nach dem Übergang derselbe Verbandstarifvertrag gem. §§ 2 Abs. 1, 3 Abs. 1, 5 TVG auf das Arbeitsverhältnis anwendbar ist.[326]

b. Gesamtrechtsnachfolge

199 Wird der Betrieb im Wege der Gesamtrechtsnachfolge übertragen, ist zu beachten, dass die **Mitgliedschaft im Arbeitgeberverband** eine **höchstpersönliche Rechtsstellung** darstellt. Nach zutreffender Rechtsprechung des *BAG* setzt sich damit gem. §§ 38, 40 BGB die Verbandsmitgliedschaft nicht beim neuen Rechtsträger fort. Es handelt sich um ein nicht übertragbares Recht.[327] Die Tarifgebundenheit des übernehmenden Rechtsträgers bleibt auch nicht in entsprechender

326 Vgl. Kittner/Däubler/Zwanziger, KSchR, § 613a BGB Rn. 58.

327 Vgl. BAG 13.7.1994, AP TVG § 3 Verbandszugehörigkeit Nr. 14; für den Fall der Gesamtrechtsnachfolge ausdrücklich BAG 24.6.1998, AP UmwG § 20 Nr. 1.

Anwendung von § 3 Abs. 3 TVG solange bestehen, bis der Tarifvertrag endet. Denn der Regelungsbereich dieser Bestimmung beschränkt sich im Wesentlichen auf den Austritt aus dem Arbeitgeberverband.[328] Ebenfalls nicht entsprechend anwendbar ist § 4 Abs. 5 TVG. Zwar gelten nach dieser Bestimmung die Rechtsnormen eines Tarifvertrages weiter, bis sie durch eine andere Abmachung ersetzt werden. Das *BAG* hat auch eine entsprechende Anwendbarkeit der Bestimmung beim Herauswachsen eines Betriebes aus dem Geltungsbereich eines Tarifvertrages befürwortet.[329] Die bloße Nachwirkung von Tarifnormen gem. § 4 Abs. 5 TVG vermittelt dem Arbeitnehmer jedoch eine schlechtere Rechtsstellung, als dies in der Betriebsübergangsrichtlinie vorgesehen ist. Wirken Tarifnormen nach, können sie jederzeit durch eine andere Abmachung ersetzt werden. Art. 3 Abs. 3 der Betriebsübergangsrichtlinie sieht jedoch vor, dass der Erwerber die in einem Kollektivvertrag vereinbarten Arbeitsbedingungen mindestens für die Dauer von einem Jahr aufrechterhalten muss. Diese Wirkung entfaltet lediglich § 613 a Abs. 1 Satz 2 BGB, sodass es in diesem Fall bei der Transformation der tarifvertraglichen Ansprüche in den Individualarbeitsvertrag verbleibt (vgl. Teil A Rn. 204).[330]

3. Kollektivrechtliche Fortgeltung des Firmentarifvertrages

a. Einzelrechtsnachfolge

Der Arbeitgeber kann auch selbst Partei des Tarifvertrages sein, § 3 200
Abs. 1 TVG. In diesem Fall handelt es sich um einen so genannten **Firmentarifvertrag**. Knüpft der Firmentarifvertrag an den Betrieb als Organisationseinheit an, kann **der Betrieb selbst als eigentliche Tarifvertragspartei** angesehen werden.[331] Damit gilt der Firmentarifvertrag dann, wenn ein Betrieb als Gesamtheit im Wege der Einzelrechtsnachfolge übertragen wird – entgegen der Rechtsprechung des *BAG*[332] –, kollektivrechtlich weiter.[333] Hiergegen lässt sich auch nicht einwenden, diese Rechtsauffassung ließe die **negative Koalitionsfreiheit des neuen Rechtsträgers** außer Acht. Denn der Betriebserwerber hat Kenntnis von den tarifrechtlichen Bindungen des Veräußerers. Er muss sich daher auf die entsprechenden Verpflichtungen einlassen.[334]

---

328 Vgl. BAG 28.5.1997, AP TVG § 4 Nachwirkung Nr. 27; Kitttner/Däubler/Zwanziger, KSchR, § 613 a BGB Rn. 59.

329 Vgl. BAG 10.12.1997, AP TVG § 3 Nr. 21.

330 Vgl. Kittner/Däubler/Zwanziger, KSchR, § 613 a BGB Rn. 60.

331 Vgl. Kempen/Zachert, § 3 TVG Rn. 57; Däubler, TVR, Rn. 1534; Moll, RdA 1996, 275.

332 Vgl. BAG 11.6.2002, AiB 2003, 559–560.

333 Vgl. a. A. mit Nachweisen zur gegenteiligen Auffassung Hergenröder, AR Blattei (SD) 500.1 Rn. 545 ff.

334 Vgl. Gamillscheg, Kollektives Arbeitsrecht I, S. 778; dagegen WHSS-Hohenstatt, Rn. E 69.

201 Selbst wenn man dieser Auffassung nicht folgt, besteht in denjenigen Fällen, in denen der Betrieb(steil) in eine selbständige Tochtergesellschaft ausgegliedert wird, eine **Einwirkungspflicht des ausgliedernden Unternehmens** auf die Tochtergesellschaft. Voraussetzung ist allerdings, dass die Obergesellschaft die Tochtergesellschaft wie eine unselbständige Unternehmensabteilung beherrscht und die Ausgliederung nicht etwa zur Verwirklichung eigener Unternehmensziele des Tochterunternehmens dient.[335]

b. Gesamtrechtsnachfolge

202 Die Wirkungen einer Unternehmensumwandlung bestehen bei der Verschmelzung, § 20 Abs. 1 Nr. 1 und 2 UmwG, und auch im Fall der Spaltung, § 131 Abs. 1 Nr. 1 UmwG, in der so genannten (**partiellen**) **Universalsukzession** – gemeint ist die (gegebenenfalls teilweise) Gesamtrechtsnachfolge – des neuen Rechtsträgers in das übertragene Vermögen. Für die **Verschmelzung** hat das *BAG* zutreffend entschieden, dass der übernehmende Rechtsträger als Folge der Gesamtrechtsnachfolge in einen mit dem übertragenden Rechtsträger abgeschlossenen Firmentarifvertrag eintritt. Der Firmentarifvertrag sei eine Verbindlichkeit, die zum Vermögen des übertragenden Rechtsträgers zu zählen sei. Der übernehmende Rechtsträger werde also Partei des für den übertragenden Rechtsträger geltenden Firmentarifvertrages.[336] Nichts anderes kann auch für die **Spaltung** gelten, wenn Betriebe in ihrer Gesamtheit auf einen neuen Rechtsträger übertragen werden – vorausgesetzt der sachliche Geltungsbereich bleibt auch beim Erwerber erhalten.

203 Für die kollektivrechtliche Fortgeltung des Firmentarifvertrages ist keine Zuweisung dieser Rechtsstellung im Spaltungs- und Übernahmevertrag bzw. Spaltungsplan erforderlich.[337] Spaltungs- und Übernahmevertrag bzw. Spaltungsplan haben lediglich deklaratorischen Charakter, soweit es um die kollektivrechtliche Fortgeltung eines Tarifvertrages geht und diese sich schon aus anderem Recht, besonders aus dem TVG, ergibt.

4. Transformation in Individualarbeitsrecht und Ablösung

204 Wirkt der beim alten Betriebsinhaber geltende Tarifvertrag – sei es nun ein Verbands- der aber ein Firmentarifvertrag – nicht ohnehin schon kollektivrechtlich fort, werden die durch Tarifvertrag geregelten Rechte und Pflichten **Inhalt des Arbeitsverhältnisses** zwischen

---

335 Vgl. BAG 11.9.1991, AP Internationales Privatrecht Arbeitsrecht Nr. 29.

336 Vgl. BAG 24.6.1998, AP UmwG § 20 Nr. 1; Bachner, NJW 1995, 2881; a.A. WHSS-Hohenstatt, Rn. E 73.

337 So aber WHSS-Hohenstatt, Rn. E 80.

dem neuen Inhaber und dem Arbeitnehmer und dürfen nicht vor Ablauf eines Jahres nach dem Zeitpunkt des Übergangs zum Nachteil des Arbeitnehmers geändert werden, § 613 a Abs. 1 Satz 2 BGB. Dabei ist jedoch unbedingt zu beachten, dass solche transformierten Tarifnormen arbeitsvertraglich vereinbarten Regelungen nicht gleichzustellen sind. Vielmehr behalten sie trotz Transformation ihren kollektivrechtlichen Charakter, was z. B. für die Ablösung durch spätere Tarifverträge mit gleichem Regelungsgegenstand von erheblicher Bedeutung ist (vgl. Teil A Rn. 214).[338]

Nach dem ausdrücklichen Wortlaut des Gesetzes ist Voraussetzung, dass die Arbeitsverhältnisse tarifvertraglich geregelt sind. Dies ist nur dann der Fall, wenn beim alten Inhaber entweder **beidseitige Tarifbindung der Arbeitsvertragsparteien** oder aber eine **Allgemeinverbindlicherklärung** vorlag. Ändert sich z. B. der fachliche Geltungsbereich durch die Abspaltung eines Betriebsteils, gilt der Firmentarifvertrag individualrechtlich fort, § 324 UmwG, § 613 a Abs. 1 Satz 2 BGB. Bei nur einseitiger Tarifvertragsbindung kommt § 613 a Abs. 1 Satz 2 BGB demnach gerade nicht zur Anwendung. In diesen Fällen kann jedoch eine Bezugnahmeklausel greifen (vgl. Teil A Rn. 218). **205**

Zu den Tarifnormen, die von § 613 a Abs. 1 Satz 2 BGB erfasst werden, gehören auch solche Bestimmungen, die nur noch kraft **Nachwirkung** gem. § 4 Abs. 5 TVG zur Anwendung kommen.[339] Geht der Betrieb(steil) mit einem nur noch nachwirkenden Tarifvertrag über, greift § 613 a Abs. 1 Satz 2 BGB im Hinblick auf nachwirkende Tarifnormen unabhängig davon ein, ob das Arbeitsverhältnis zwischen dem Arbeitnehmer und dem Betriebsveräußerer bei Ablauf des Tarifvertrages – Eintritt der Nachwirkung – schon bestanden hat. Die Übertragung des Betriebes hat zur Folge, dass die im Nachwirkungsstadium geltenden Tarifnormen des außer Kraft getretenen Tarifvertrages Bestandteil des Arbeitsvertrages werden. Das bedeutet, dass der Arbeitnehmer die Ausschlussfristen auch bei der Geltendmachung von Ansprüchen beachten muss, die er gegenüber dem neuen Betriebsinhaber behauptet und die aus der Zeit nach dem Betriebsübergang resultieren. **206**

Die Transformationswirkung des § 613 a Abs. 1 Satz 2 BGB bezieht sich sowohl auf die **Inhaltsnormen** eines Tarifvertrages wie auch auf **Abschluss- und Beendigungsnormen**. Insoweit gilt nichts anderes als bei Betriebsvereinbarungen (vgl. Teil B Rn. 51). Da § 613 a Abs. 1 Satz 2 BGB lediglich eine Schutznorm zugunsten der von einem Betriebs(teil)übergang betroffenen Arbeitnehmer darstellt, erfasst die Bestimmung nicht solche Arbeitnehmer, die erst nach dem Betriebsübergang eingestellt werden. **207**

Nach § 613 a BGB wird der **tarifvertragliche Status quo zum Zeit-** **208**

---

338 BAG 22. 4. 2009, 4 AZR 100/08, juris.

339 Vgl. BAG 27. 11. 1991, AP TVG § 4 Nachwirkung Nr. 22.

punkt des Betriebs(teil)übergangs (zur vergleichbaren Rechtslage bei Betriebsvereinbarungen vgl. Teil B Rn. 52) garantiert. Die Transformationswirkung erstreckt sich folglich nur auf diejenigen Kollektivnormen, die im Zeitpunkt des Betriebsübergangs unmittelbar und zwingend gelten. **Spätere tarifvertragliche Änderungen** bleiben unberücksichtigt. Sie werden auch dann nicht mehr erfasst, wenn sie nach dem Wortlaut des Tarifvertrages **rückwirkend** gelten sollen. Dieses Ergebnis folgt aus der Koalitionsfreiheit des Erwerbers. Die Tarifvertragsparteien sind nicht berechtigt, ihre Regelungsbefugnis auf nicht tarifgebundene Arbeitgeber auszudehnen, indem sie Normen rückwirkend in Kraft setzen.[340] Hieraus folgt schließlich auch, dass der neue Arbeitgeber bei **Neueinstellungen** nicht bereits wegen des Betriebsübergangs an beim Veräußerer geltende Tarifverträge, z. B. tarifliche Vergütungsordnungen, gebunden ist. Die Anwendbarkeit der tariflichen Regelung auf Neueinstellungen bedarf in diesem Fall eines zusätzlichen Geltungsgrunds, wie z. B. einzelvertragliche Bezugnahme, betriebliche Übung, die Anwendbarkeit des arbeitsrechtlichen Gleichbehandlungsgrundsatzes oder aber die Tatsache, dass die ehemals tarifliche Vergütungsordnung jetzt einen Entlohnungsgrundsatz nach § 87 Abs. 1 Nr. 10 BetrVG darstellt.[341]

209 Bestandteil des Arbeitsvertrages können auch **Abfindungsregelungen** werden.[342] Geht ein Betrieb im Wege der Betriebsnachfolge auf einen neuen Betriebsinhaber über, werden die durch den Tarifvertrag geregelten Abfindungsregelungen Bestandteil des Arbeitsvertrages. Wird der Betrieb ein zweites Mal veräußert, tritt der zweite Betriebsnachfolger nach § 613 a Abs. 1 Satz 1 BGB in die Arbeitsverhältnisse und damit in die transformierten, ehemals tariflichen Abfindungsregelungen ein.[343]

210 Bei tarifvertraglichen Ansprüchen, die auf **gemeinsamen Einrichtungen der Tarifvertragsparteien** beruhen, kommt nur eine analoge Anwendung von § 613 a Abs. 1 Satz 2 BGB in Betracht.[344] Dies gilt z. B. für die **Zusatzversorgungskasse im Baugewerbe**. So sieht § 2 des Tarifvertrages über eine zusätzliche Alters- und Invalidenbeihilfe im Baugewerbe vor, dass als Gemeinsame Einrichtung der Tarifvertragsparteien eine Zusatzversorgungskasse als Versicherungsverein auf Gegenseitigkeit im Sinne des VAG gegründet wird. Die Zusatzversorgungskasse gewährt Unterstützungsleistungen, die rein arbeitgeber-

---

340 Vgl. BAG 13. 11. 1985, AP BGB § 613 a Nr. 46; 10. 11. 1993, DB 1994, 2638; 13. 9. 1994, AP TVG § 1 Rückwirkung Nr. 11; Kittner/Däubler/Zwanziger, KSchR, § 613 a Rn. 64.

341 Vgl. BAG 23. 9. 2003, DB 2004, 550.

342 Vgl. BAG 20. 4. 1994, AP BGB § 613 a Nr. 108.

343 Nichts anderes muss im Übrigen auch für Sozialplanabfindungen gelten.

344 Vgl. Lorenz, DB 1980, 1745 [1747]; Röder, DB 1981, 1980 [1981]; Wank, NZA 1987, 505 [506].

seitig finanziert werden. Da nach dem Wortlaut von § 613a Abs. 1 BGB lediglich »Rechte und Pflichten aus dem Arbeitsverhältnis« von der Transformationswirkung erfasst werden, es sich bei den Rechtsnormen in Tarifverträgen über Gemeinsame Einrichtungen aber um solche handelt, welche die normativen Beziehungen zwischen den Arbeitgebern und der Gemeinsamen Einrichtung auf der einen sowie zwischen der Gewerkschaft und der Einrichtung auf der anderen Seite regeln, ist eine unmittelbare Anwendung der Bestimmung ausgeschlossen. Allerdings ist die Unterstützungsleistung, die durch die gemeinsame Einrichtung im Baugewerbe gewährt wird, eine Leistung, die im Ergebnis wie eine Inhaltsnorm die materielle Rechtsposition des Arbeitnehmers gestaltet und nur wegen der im Baugewerbe geltenden Besonderheiten über eine Gemeinsame Einrichtung gewährt wird. Schon dies rechtfertigt den Analogieschluss. Darüber hinaus folgt aus der Betriebsübergangsrichtlinie, dass der neue Betriebsinhaber tarifvertragliche Regelungen im gleichen Umfang aufrechterhalten muss, wie sie für den Vorgänger gegolten haben.[345] Deshalb bleibt nach zutreffender Rechtsprechung des *BAG* das Versorgungsversprechen gegenüber dem Arbeitnehmer auch dann als Bestandteil des Arbeitsvertrages bestehen, wenn Ansprüche auf Unterstützungsleistungen über eine Gemeinsame Einrichtung erfüllt werden. Der neue Betriebsinhaber muss, wenn er den Arbeitnehmer aus Rechtsgründen nicht mehr bei der Gemeinsamen Einrichtung weiterversichern und die Beiträge entrichten kann, eine gleichwertige Leistung einräumen.[346] Dies kann z. B. durch Begründung eines entsprechenden Anspruchs auf dem freien Versicherungsmarkt geschehen. Dabei muss der Erwerber den Arbeitnehmer so stellen, wie er stünde, wenn er weiterhin in der Gemeinsamen Einrichtung versichert wäre. Dies gilt auch dann, wenn der neue Betriebsinhaber auf dem freien Versicherungsmarkt höhere Beiträge für den Arbeitnehmer zu erbringen hat, als der Betriebsveräußerer gegenüber der Gemeinsamen Einrichtung zu leisten verpflichtet war.

§ 613a Abs. 1 Satz 2 BGB begründet eine **einjährige Veränderungssperre** im Hinblick auf das transformierte Tarifrecht, also hinsichtlich derjenigen tariflichen Regelungen, die Bestandteil des Arbeitsvertrages wurden. Solche tarifvertraglichen Ansprüche dürfen daher nicht vor Ablauf eines Jahres nach dem Zeitpunkt des Übergangs zum Nachteil des Arbeitnehmers geändert werden. In dieser Hinsicht gilt nichts anderes als für Normen einer Betriebsvereinbarung, die Bestandteil des Arbeitsvertrages wurden (vgl. Teil B Rn. 53). **211**

Die Veränderungssperre erfasst allerdings solche Ansprüche nicht, die unter die Bestimmungen des § 613a Abs. 1 Satz 3 und 4 BGB fallen. Damit sind die **Fälle des vorherigen Ablaufs des Tarifvertrages** (§ 613a Abs. 1 Satz 4 1. Alt. BGB) der zwischen den Arbeitsvertrags- **212**

345 Vgl. Kempen, BB 1991, 2006 [2009].

346 Vgl. BAG 5. 10. 1993, AP BetrAVG § 1 Zusatzversorgungskassen Nr. 42.

parteien getroffenen Vereinbarung über die Geltung eines anderen Tarifvertrages bei fehlender zweiseitiger Tarifgebundenheit (§ 613a Abs. 1 Satz 4 2. Alt. BGB) und die Anwendbarkeit eines beim neuen Inhaber geltenden Tarifvertrages (§ 613a Abs. 1 Satz 3 BGB) von der Transformationswirkung des (§ 613a Abs. 1 Satz 2 BGB) ausgenommen – u. U. auch zeitlich beschränkt.

213 Um eine **vorherige Beendigung des Tarifvertrages** im Sinne von § 613a Abs. 1 Satz 4 1. Alt. BGB handelt es sich dann, wenn der Tarifvertrag vor Ablauf eines Jahres seit dem Betriebs(teil)übergang infolge des Ablaufs einer Befristung oder aber durch Kündigung endet. Die Veränderungssperre greift auch dann nicht, wenn bei fehlender beiderseitiger Tarifgebundenheit im Geltungsbereich eines anderen Tarifvertrages dessen Anwendung zwischen dem neuen Inhaber und dem Arbeitnehmer vereinbart wird. Es handelt sich um eine so genannte **einzelvertragliche Bezugnahmeklausel** (vgl. Teil A Rn. 218). Voraussetzung ist, dass die Anwendbarkeit des anderen Tarifvertrages insgesamt vereinbart wird. Es reicht also nicht aus, wenn lediglich Einvernehmen über die Geltung einzelner Normen des Tarifvertrages besteht (vgl. § 116 Rn. 26). Darüber hinaus muss der andere Tarifvertrag – bei unterstellter beiderseitiger Tarifbindung – fachlich, räumlich und persönlich anwendbar sein. Ausreichend ist es, wenn lediglich bei einer der beiden Arbeitsvertragsparteien die Tarifgebundenheit fehlt.[347]

214 Transformationswirkung und Veränderungssperre entfallen auch dann, wenn beim neuen Betriebsinhaber ein **anderer Tarifvertrag** anwendbar ist, § 613a Abs. 1 Satz 3 BGB. Unerheblich ist dabei, ob es sich bei diesem anderen Tarifvertrag um einen **Firmentarifvertrag** oder aber um einen **Verbandstarifvertrag** handelt. Dabei ist es unerheblich, ob der andere Tarifvertrag bereits zum Zeitpunkt des Betriebsübergangs oder aber erst zeitlich nach dem Betriebsübergang in Kraft tritt.[348] Ein enger zeitlicher Zusammenhang mit dem Betriebs(teil)übergang ist nicht erforderlich. Da der Gesetzgeber dem **Vereinheitlichungsinteresse** des neuen Betriebsinhabers den Vorrang eingeräumt hat, findet das **Günstigkeitsprinzip** zwischen dem transformierten Tarifvertragsanspruch und dem beim Erwerber geltenden Tarifvertrag keine Anwendung.[349] Eine Ausnahme ergibt sich jedoch wie auch im Fall von Betriebsvereinbarungen aus dem Grundsatz des Vertrauensschutzes im Anwendungsbereich betrieblicher Altersversorgungen. Eine Ablösung bereits erdienter Anwartschaften ist folglich nur für die Zukunft möglich (zu den Einzelheiten vgl. Teil B Rn. 59).

215 Um einen anderen Tarifvertrag im Sinne des § 613a Abs. 1 Satz 3 BGB handelt es sich nur dann, wenn dieser Tarifvertrag denselben Gegen-

347 Vgl. WHSS-Hohenstatt, Rn. E 99.

348 Vgl. BAG 20.4.1994, AP BGB § 613a Nr. 108;16.5.1995, AP TVG § 4 Ordnungsprinzip Nr. 15; BAG 11.5.2005, AP Nr. 30 zu § 4 TVG Tarifkonkurrenz.

349 Vgl. BAG 16.5.1995, AP TVG § 4 Ordnungsprinzip Nr. 15.

stand regelt wie derjenige Tarifvertrag, der vor dem Betriebs(teil)übergang anwendbar war. Erforderlich ist zwar keine **Deckungsgleichheit der tarifvertraglichen Regelungsgegenstände**, allerdings muss der andere Tarifvertrag ein vergleichbares Schutzniveau erreichen wie das transformierte Tarifrecht. In diesem Zusammenhang ist auch darauf hinzuweisen, dass transformierte tarifvertragliche Ansprüche auch durch eine im aufnehmenden Unternehmen geltende Betriebsvereinbarung mit demselben Regelungsgegenstand abgelöst werden können (vgl. Teil A Rn. 222).[350]

§ 613 a Abs. 1 Satz 3 BGB verdrängt bislang bestehende tarifliche An- 216
sprüche nur dann, wenn **beiderseitige Tarifgebundenheit der Arbeitsvertragsparteien** besteht. Es reicht daher nicht aus, wenn allein der neue Arbeitgeber – also der Betriebserwerber – an einen Tarifvertrag gebunden ist, vielmehr muss auch der Arbeitnehmer in der für den neuen Tarifvertrag zuständigen Gewerkschaft Mitglied sein.[351] Voraussetzung ist daher so genannte kongruente Tarifgebundenheit sowohl des neuen Betriebsinhabers als auch des Arbeitnehmers. Die gegenteilige Auffassung[352] lässt die Koalitionsfreiheit des Arbeitnehmers außer Betracht. Wenn sie den Grundsatz der Tarifeinheit ins Feld führt, berücksichtigt sie nicht, dass § 613 a BGB eine **abschließende Sonderregelung** enthält, neben der für eine Auflösung etwaiger Tarifpluralitäten nach dem Grundsatz der Tarifeinheit kein Raum ist.[353] Nach dieser Sonderregelung klärt § 613 a Abs. 1 Satz 3 BGB den Fall kollektivrechtlicher Ablösung von Tarifverträgen, während § 613 a Abs. 1 Satz 4 2. Alt. BGB die individualrechtliche Ablösung regelt. § 613 a Abs. 1 Satz 3 BGB findet deshalb vor allem in denjenigen Fällen Anwendung, in denen zwischen dem neuen Arbeitgeber und der vor dem Betriebsübergang zuständigen Gewerkschaft entweder ein Firmen- oder aber ein Verbandstarifvertrag zu denselben Regelungstatbeständen (materielle Arbeitsbedingungen: Entgelt, Arbeitszeit etc.) abgeschlossen wurde oder aber später abgeschlossen wird.

Nach der Rechtsprechung des *BAG*[354] können Ansprüche aus einem 217
Tarifvertrag auch durch eine Betriebsvereinbarung abgelöst werden (so genannte **Überkreuzablösung**). Allerdings muss auch die Betriebsvereinbarung der Sache nach denselben Gegenstand regeln. Insoweit gilt nichts anderes als bei der Ablösung durch einen Tarifvertrag. Die ablö-

---

350 Vgl. a. A. Kittner/Däubler/Zwanziger, KSchR, § 613 a BGB Rn. 66.

351 Vgl. BAG 20.4.1994, AP BGB § 613 a Nr. 108; 16.5.1995, AP TVG § 4 Ordnungsprinzip Nr. 15; 21.2.2001, DB 2001, 1837; zustimmend auch die weit überwiegende Literaturmeinung, vgl. hierzu nur Bachner/Köstler/Matthießen/Trittin; § 5 Rn. 196 ff.

352 Vgl. LAG Köln 30.9.1999, NZA-RR 2000, 179; Molle, RdA 1996, 275; Hanau, Arbeitsrecht der Gegenwart, Bd. 34 (1997), 21 ff.; WHSS-Hohenstatt, Rn. E 109 ff.

353 Vgl. Hergenröder, AR Blattei (SD) 500.1 Rn. 568.

354 Vgl. BAG 1.8.2001, NZA 2002, 41.

sende Betriebsvereinbarung muss sich nach den §§ 87 Abs. 1 Eingangssatz, 77 Abs. 3 BetrVG außerdem am Regelungsvorrang einer beim Erwerber bestehenden bzw. üblichen Tarifregelung messen lassen.[355]

5. Tarifvertrag und einzelvertragliche Bezugnahmeklausel (Verweisungsklausel)

218 Vereinbaren die Arbeitsvertragsparteien die Anwendbarkeit eines Tarifvertrages durch **individualrechtliche Inbezugnahme des Tarifvertrages**, gilt der Tarifvertrag nicht zwingend und unmittelbar im Sinne des § 4 Abs. 3 TVG (normativ wie ein Gesetz). Vielmehr kommt der Tarifvertrag durch rechtsgeschäftliche (vertragliche) Vereinbarung der Arbeitsvertragsparteien zur Anwendung.

219 Auf der Grundlage der Rechtsprechung werden bei arbeitsvertraglichen Bezugnahmeklauseln im Wesentlichen **drei Grundtypen** unterschieden:

220 • Eine **statische Klausel** verweist auf einen konkreten, zum Zeitpunkt des Vertragsabschlusses geltenden Tarifvertrag in seiner aktuellen Fassung

> **Beispiel:** »Auf das Arbeitsverhältnis findet der Gehalts- und Lohntarifvertrag für den Einzel- und Versandhandel des Landes Hessen in der Fassung vom 23. Juli 2003 Anwendung.

221 • Eine **kleine dynamische Klausel** nimmt auf einen konkreten, im Betrieb geltenden Tarifvertrag in seiner jeweiligen Fassung Bezug

> **Beispiel:** »Für die gegenseitigen Vertragsbeziehungen ist der Tarifvertrag für die Angestellten der Eisen-, Metall- und Elektroindustrie des Tarifbezirkes Nordwürttemberg/Nordbaden in seiner jeweils geltenden Fassung maßgebend.«

222 • Eine **große dynamische Verweisung** bezieht sich auf alle in Frage kommenden Tarifverträge

> **Beispiel:** »Die Bedingungen des Arbeitsverhältnisses richten sich nach dem jeweils einschlägigen Tarifvertrag.« oder »nach dem jeweils für den Arbeitgeber maßgeblichen Tarifvertrag«

• Die große dynamische Verweisungsklausel wird auch als **Tarifwechselklausel** bezeichnet.[356]

223 Statische Klauseln sind in der Praxis eher selten. Bezugnahmeklauseln enthalten in der Regel und im Zweifel **dynamische Verweisungen auf bestehende Tarifvertragswerke**.[357] Der konkrete Inhalt der

---

355 A. A. Meyer, NZA 2001, 751.

356 BAG 16.10.2002, NZA 2003, 390.

357 Vgl. BAG 20.3.1991, NZA 1991, 797; BAG 16.8.1998, AP BetrAVG § 1 Beamtenversorgung Nr. 8.

Bezugnahmeklausel ist durch Auslegung zu ermitteln. Für Firmentarifverträge gilt nichts anderes.[358]

Nach der Rechtsprechung des *BAG*[359] ist zwischen Bezugnahmeklauseln in Arbeitsverträgen, die vor dem 1. 1. 2002 und solchen die nach diesem Zeitpunkt abgeschlossen wurden, zu unterscheiden. Für **Bezugnahmeklauseln in Arbeitsverträgen, abgeschlossen vor dem 1. 1. 2002**, ist zu beachten, dass solche Klauseln regelmäßig der Vereinheitlichung der Arbeitsbedingungen von Gewerkschaftsmitgliedern und nicht organisierten Arbeitnehmern dienen. Ohne die Gewerkschaftsmitgliedschaft des Arbeitnehmers überprüfen zu müssen, soll der Arbeitgeber jeweils den Tarifvertrag anwenden können, an den er seinerseits durch Verbands- oder durch Firmentarifvertrag gebunden ist.[360] **Die Bezugnahme spiegelt wider, was tarifrechtlich gilt.** Handelt es sich um eine große dynamische Verweisungsklausel, führt die Vertragsauslegung unter Berücksichtigung der Funktion einer **Gleichstellungsabrede** regelmäßig dazu, dass nach dem Betriebsinhaberwechsel der neue Tarifvertrag Anwendung findet, weil die einzelvertragliche Bezugnahme auf einen Tarifvertrag nur das widerspiegeln soll, was auch tarifrechtlich verbindlich ist.[361] Handelt es sich demgegenüber um eine kleine dynamische Verweisungsklausel, kann diese Klausel nur bei Vorliegen zusätzlicher Umstände als Gleichstellungsabrede ausgelegt werden. Aus diesen Umständen muss sich ergeben, dass die Arbeitsvertragsparteien den Arbeitsvertrag dem anderen, nicht bezeichneten Tarifvertrag unterwerfen wollten.[362] Allerdings ist nach der Rechtsprechung des *BAG* bei einem Verbandswechsel des Arbeitgebers eine kleine dynamische Bezugnahmeklausel regelmäßig korrigierend als große dynamische Bezugnahmeklausel auszulegen, wenn es sich um Tarifverträge derselben Gewerkschaft handelt.[363] Nur so könne der Gefahr der Besserstellung von nicht organisierten Arbeitnehmern gegenüber tarifgebundenen Arbeitnehmern entgegengewirkt werden. Anders ist die Rechtslage jedoch dann, wenn der neue Betriebsinhaber an einen Tarifvertrag gebunden ist, der mit einer anderen Gewerkschaft abgeschlossen wurde. In diesem Fall greift § 613 a Abs. 1 Satz 2 BGB zugunsten der tarifgebundenen Arbeitnehmer mit der Folge ein, dass der beim Veräußerer geltende Tarifvertrag einzelvertraglich auch beim Erwerber weiter gilt. Da die Gleichstellungsabrede ihre Funktion wegen des durch § 613 a Abs. 1 Satz 1 BGB vermittelten Bestandsschutzes auch beim Erwerber nicht verlieren darf, folgt hie- 224

358 Vgl. BAG 29. 8. 2001, NZA 2002, 513.

359 BAG 14. 12. 2005, AP Nr. 39 zu § 1 TVG Bezugnahme auf Tarifvertrag.

360 Vgl. BAG 20. 3. 1991, NZA 1991, 736.

361 BAG 16. 10. 2002 NZA 2003, 390.

362 BAG 30. 8. 2000 AP TVG § 1 Bezugnahme auf Tarifvertrag Nr. 12; BAG 25. 10. 2000, AP TVG § 1 Bezugnahme auf Tarifvertrag Nr. 13.

363 Vgl. BAG 4. 9. 1996, AP TVG § 1 Bezugnahme auf Tarifvertrag Nr. 5.

raus, dass der nicht tarifgebundene Arbeitnehmer nunmehr gleichfalls Anspruch auf die beim Veräußerer geltenden Arbeitsbedingungen hat.[364] Ist der Erwerber selbst nicht tarifgebunden, kann die Bezugnahmeklausel ihre eigentliche Aufgabe – nämlich die Gleichstellung organisierter und nicht organisierter Arbeitnehmer – schon der Sache nach nicht erfüllen, sodass die Bezugnahmeklausel ihre materiell-rechtliche Berechtigung verliert.[365] Endet die Tarifgebundenheit des Erwerbers ersatzlos, gelten die Bedingungen des in Bezug genommenen Tarifvertrages mit dem Stand (statisch) weiter, den sie bei Wegfall der Tarifgebundenheit haben.[366]

225 Ist die **Bezugnahmeklausel** in einem **nach dem 1. 1. 2002** geschlossenen Arbeitsvertrag enthalten, kann nach der neuen Rechtsprechung des *BAG*[367] die Bezugnahmeklausel nicht mehr als bloße Gleichstellungsklausel ausgelegt werden. Dies folge aus dem zu diesem Zeitpunkt in Kraft getretenen Schuldrechtsmodernisierungsgesetzes und der damit verbundenen Geltung der **Unklarheitenregelung** in § 305 c Abs. 2 BGB. Das hat zur Folge, dass solche Bezugnahmeklauseln auch solche Tarifverträge – also z. B. tarifliche Entgelterhöhungen – erfassen, die nach dem Betriebsübergang in Kraft treten – und zwar unabhängig davon, ob der Erwerber tarifgebunden ist oder nicht. Nach der Rechtsprechung des *EuGH* ist eine solche Rechtsfolge – unter Zugrundelegung allein der europäischen Betriebsübergansrichtlinie – nicht geboten.[368]

226 Die **Konsequenzen** der bundesarbeitsgerichtlichen Rechtsprechungsänderung **für die Praxis** sind noch nicht abschließend geklärt. Zum einen wird dadurch die so genannte Tarifflucht erheblich erschwert. Zum anderen führt die Rechtsprechungsänderung zu einer eklatanten Benachteiligung von Gewerkschaftsmitgliedern, wenn diese nicht zugleich eine arbeitsvertragliche Bezugnahmeklausel vereinbart haben, da für diese nach § 613 a Abs. 1 Satz 2 BGB der Tarifvertrag nur statisch fortgilt. Das ist unter Gleichstellungsgesichtspunkten kaum nachvollziehbar und untergräbt mittelbar die Verhandlungsmacht der Tarifvertragsparteien. In Arbeitsverträgen muss künftig zur Erfüllung des Transparenzgebots hinreichend verdeutlicht werden, dass künftige Tariferhöhungen nur solange einbezogen werden sollen, wie der Arbeitgeber selbst tarifgebunden ist. Ist ein Tarifwechsel geplant, sollte eine eindeutige Tarifwechselklausel aufgenommen werden. Dabei ist zu

---

364 Vgl. ErfK-Preis, § 613 a BGB Rn. 81.

365 Vgl. BAG 4. 8. 1999, DB 1999, 2474; BAG 26. 9. 2001, AP Nr. 21 zu § 1 TVG Bezugnahme auf Tarifvertrag.

366 Vgl. BAG 16. 10. 2002, NZA 2003, 390.

367 BAG 14. 12. 2005 AP Nr. 39 zu § 1 TVG Bezugnahme auf Tarifvertrag; vgl. hierzu ausführlich Klebeck NZA 2006, 15 ff.

368 EuGH 9. 3. 2006, NZA 2006, 376.

berücksichtigen, dass Zweifel, die durch die Formulierung entstehen, zu Lasten des Arbeitgebers gehen werden.

Die Bezugnahmeklausel wird nicht von der **Veränderungssperre** des § 613a Abs. 1 Satz 2 BGB (vgl. Teil B Rn. 53) erfasst. Weil es sich um eine einzelvertragliche Vereinbarung handelt, ist ein **sachlicher Grund** erforderlich, wenn der neue Inhaber die Bezugnahmeklausel zum Nachteil des Arbeitnehmers verschlechtern will. 227

VI. Zulässigkeit der vertraglichen Begrenzung der Rechtsfolgen von § 613a BGB

Nach dem Gesetzeszweck dient die Regelung in § 613a BGB dem Schutz der vom Betriebsübergang betroffenen Arbeitnehmer und stellt deshalb zwingendes Recht dar. Aus diesem Grund sind Abreden zwischen dem Veräußerer und dem Erwerber, die zu Lasten des Arbeitnehmers von der Schutzvorschrift des § 613a BGB abweichen, im Verhältnis zu dem Arbeitnehmer unwirksam. Arbeitnehmer, deren Arbeitsverhältnis im Zusammenhang mit einem Betriebsübergang auf einen neuen Betriebsinhaber übertragen wird, sind typischerweise einer besonderen **Drucksituation** ausgesetzt. Vielfach werden nur solche Geschäftseinheiten »abgestoßen«, die aus Sicht des Arbeitgebers unrentabel erscheinen. Der neue Betriebsinhaber wird deshalb ebenso regelmäßig ein Interesse haben, die »mitgebrachten« Arbeitsbedingungen abzusenken, um Lohnkosten einzusparen. Es handelt sich um eine in der Praxis geradezu typische Interessenkollision. Soweit deshalb mit Arbeitnehmern in einer solchen Situation ein Änderungsvertrag abgeschlossen werden soll, stehen die Vertragsfreiheit der Arbeitsvertragsparteien auf der einen und die Schutz- und Besitzstandwahrungsfunktion des § 613a BGB auf der anderen Seite in einem besonderen **Spannungsverhältnis**. Dies gilt umso mehr, als § 613a Abs. 4 Satz 1 BGB einen in der Praxis nur unzureichenden Schutz vor Kündigungen anlässlich und im Zusammenhang mit einem Betriebsübergang bietet (vgl. Teil A Rn. 182ff.). 228

Den Arbeitsvertragsparteien bleibt es unbenommen, anlässlich eines konkreten Betriebsübergangs eine **Vereinbarung über die Beendigung des Arbeitsverhältnisses** herbeizuführen.[369] Dies folgt schon aus dem Widerspruchsrecht des Arbeitnehmers, welches als negatives Tatbestandsmerkmal von § 613a Abs. 1 Satz 1 BGB den Übergang des Arbeitsverhältnisses auf den neuen Betriebsinhaber ausschließt (vgl. Teil A Rn. 117ff.). Eines sachlichen Grundes bedarf die Vereinbarung 229

---

369 Vgl. Hergenröder, AR-Blattei (SD) 500.1 Rn. 454.

nicht. Sie kann sowohl mit dem alten als auch mit dem neuen Arbeitgeber getroffen werden.[370]

230 Der **Aufhebungsvertrag** ist wegen objektiver Umgehung des Kündigungsschutzes nach § 613 a Abs. 4 Satz 1 BGB **nichtig**, wenn er lediglich die Beseitigung der Kontinuität des Arbeitsverhältnisses bei gleichzeitigem Erhalt des Arbeitsplatzes bezweckt, er also nicht auf das endgültige Ausscheiden aus dem Betrieb gerichtet ist.[371] Diesem Zweck dient der Abschluss eines Aufhebungsvertrages, wenn zugleich ein neues Arbeitsverhältnis zum Betriebsübernehmer vereinbart oder zumindest verbindlich in Aussicht gestellt wird. Verbindlich in Aussicht gestellt ist ein Anschlussarbeitsverhältnis auch dann, wenn der Arbeitnehmer darlegt, dass er nach den gesamten Unständen des Einzelfalls vom Erwerber eingestellt worden wäre. Das gleiche gilt, wenn ein Arbeitgeber (Veräußerer oder Erwerber) seine Arbeitnehmer mit Hinweis auf eine geplante Betriebsveräußerung veranlasst, bestehende Ansprüche zu erlassen, damit der Veräußerer neue Arbeitsverträge ohne entsprechende Verpflichtungen abschließen kann[372] oder aber **Änderungsverträge** zu verschlechterten Arbeitsbedingungen mit dem Erwerber noch vor dem Zeitpunkt des Betriebsübergangs zu akzeptieren (vgl. Rn. 237).[373] Wird dem Arbeitnehmer eine Betriebsstilllegung vorgespiegelt und schließt er deshalb die Aufhebungsvereinbarung ab, kann der Arbeitnehmer den Aufhebungsvertrag wegen arglistiger Täuschung anfechten.[374]

231 Unzulässig sind auch **abstrakte, vom jeweiligen Einzelfall losgelöste Vereinbarungen** der Arbeitsvertragsparteien über den Ausschluss der Rechtsfolgen des § 613 a BGB, vor allem bzgl. des Übergangs des Arbeitsverhältnisses, wie dies z. B. für entsprechende Vereinbarungen schon zum Zeitpunkt der Einstellung der Fall wäre. Denn der Arbeitnehmer weiß regelmäßig nicht, worauf er sich bei einer solchen Vereinbarung einlässt.[375] Ebenfalls unwirksam ist die **Befristung** eines Arbeitsverhältnisses, wenn mit ihr objektiv der Zweck verfolgt wird, den durch § 613 a BGB bezweckten Bestandsschutz bei rechtsgeschäftlichen Betriebsübergängen zu verhindern.[376] Das gilt selbst dann, wenn wegen der geringen Zahl der im Betrieb beschäftigten Arbeitnehmer keine Umgehung des allgemeinen, wohl aber des Kündigungsschutzes nach § 613 a Abs. 4 Satz 1 BGB in Betracht kommt. Um einen Umgehungsfall handelt es sich allerdings dann nicht, wenn Aufhebungsvereinbarungen abgeschlossen werden, die Beschäftigten in eine **Trans-**

370 Vgl. BAG 29. 10. 1975, AP BGB § 613 a Nr. 2.
371 Vgl. BAG 10. 12. 1998, AP BGB § 613 a Nr. 185.
372 Vgl. BAG 12. 5. 1992, AP Nr. 14 zu § 1 BetrAVG Betriebsveräußerung.
373 Vgl. BAG 7. 11. 2007, AiB Newsletter 2007, Nr. 12, 5.
374 Vgl. Bauer, Anwaltsblatt 1993, 149.
375 Vgl. WHSS-Willemsen, Rn. G 196.
376 Vgl. BAG 27. 4. 1995, AP BGB § 613 a Nr. 128; 2. 12. 1998, NZA 1999, 926.

fergesellschaft wechseln und der Betriebserwerber sodann nur einen Teil der Arbeitnehmer übernimmt. Aufhebungsverträge sind aber unwirksam, wenn die Übernahme in eine Qualifizierungsgesellschaft nur zum Schein vorgeschoben oder wenn bezweckt wird, die Sozialauswahl zu umgehen.[377] Die Übernahme der Arbeitnehmer durch die Beschäftigungs- und Qualifizierungsgesellschaft selbst stellt infolge der Aufgabe des bisherigen Betriebszwecks keinen Betriebsübergang dar.[378]

Aufgrund des Spannungsverhältnisses zwischen Vertragsfreiheit und Umgehungsverbot müssen vor allem **Vertragsänderungen** anlässlich eines Betriebsübergangs einer **Inhaltskontrolle** mit dem Ziel unterworfen werden, eine Umgehung der Rechtsfolgen von § 613a BGB zu unterbinden. Denn das Hauptmotiv von § 613a Abs. 4 Satz 1 BGB ist der Schutz vor Veränderung des Vertragsinhalts ohne sachlichen Grund.[379] **232**

So ist z.B. das **Lemgoer Modell** als Verstoß gegen das Umgehungsverbot betrachtet worden. Werden daher Arbeitnehmer unter Verweis auf den bevorstehenden Betriebsübergang und die Erhaltung der Arbeitsplätze veranlasst, entweder das Arbeitsverhältnis selbst zu kündigen oder aber einer Aufhebungsvereinbarung zuzustimmen, um sodann mit dem neuen Betriebsinhaber einen neuen Arbeitsvertrag mit schlechteren Arbeitsbedingungen abzuschließen, vor allem auf bisherige Gehaltsbestandteile und Versorgungszusagen aus dem früheren Arbeitsverhältnis mit dem Betriebsveräußerer zu verzichten, liegt hierin eine – unwirksame – Umgehung von § 613a Abs. 1 und 4 BGB.[380]

Das gilt auch dann, wenn die Aufhebungsverträge mit dem Insolvenzverwalter abgeschlossen werden.[381] Der Sache nach handelt es sich nicht um einen neuen Arbeitsvertrag mit dem Erwerber, sondern um eine Vertragsänderung unter Missachtung von § 613a Abs. 4 Satz 2 BGB.[382] Gleichfalls ist ein Erlassvertrag mit dem bisherigen Arbeitgeber und der Abschluss eines neuen Arbeitsvertrages mit dem neuen Betriebsinhaber unter Verschlechterung der Arbeitsbedingungen unwirksam.[383]

Demnach ist eine Änderungsvereinbarung anlässlich eines Betriebsinhaberwechsels allenfalls bei **Vorliegen evidenter sachlicher Gründe** wirksam.[384] Dies ergibt sich auch aus Art. 4 Abs. 2 der Betriebsüber- **233**

377 Vgl. BAG 10.12.1998, AP BGB § 613a Nr. 185; BAG 18.8.2005, AiB 2007, 245–246.

378 Vgl. Bachner/Schindele, NZA 1999, 130; Kittner/Däubler/Zwanziger, KSchR, § 613a Rn. 174.

379 Vgl. Müller-Glöge, NZA 1999, 450 [455]; Hanau ZIP 1998, 1817 [1821].

380 Vgl. BAG 20.7.1982, AP BGB § 613a Nr. 31; BAG 28.4.1987; 11.2.1992; AP BetrAVG Betriebsveräußerung § 1 Nr. 5, 13.

381 LAG Nürnberg 19.4.2005, NZA-RR 2005, 469.

382 Vgl. a.A. WHSS-Willlemsen, Rn. G 197.

383 Vgl. BAG 11.5.1992, AP BetrAVG Betriebsveräußerung § 1 Nr. 14.

384 BAG 18.8.2005, NZA 2006, S. 36; a.A. Hergenröder, AR-Blattei (SD) 500.1 Rn. 458.

gangsrichtlinie. Danach gilt die Beendigung des Arbeitsverhältnisses anlässlich eines Betriebsübergangs als Beendigung durch den Arbeitgeber, wenn die Beendigung erfolgt, weil der Übergang eine wesentliche Änderung der Arbeitsbedingungen zum Nachteil des Arbeitnehmers zur Folge hat. Wesentliche Vertragsänderungen gehen damit zu Lasten des Arbeitgebers. Eine Zurechnung in die Risikosphäre des Arbeitgebers ist daher nur dann unzulässig, wenn die wesentliche Änderung durch einen sachlichen Grund gerechtfertigt ist. So steht die Betriebsübergangsrichtlinie einer mit dem neuen Betriebsinhaber vereinbarten Änderung des Arbeitsverhältnisses nicht entgegen, wenn das anwendbare innerstaatliche Recht eine solche Änderung unabhängig von einem Betriebsübergang zulässt.[385]

234 **Anknüpfungspunkt für das Vorliegen eines sachlichen Grundes** ist die konkrete Funktion der Vereinbarung. Handelt es sich um einen von der Rechtsordnung legitimierten Zweck, ist die Vereinbarung wirksam. Die Änderungsvereinbarung ist deshalb zulässig, wenn eine Änderungskündigung nach § 1 Abs. 2 Satz 2 KSchG zulässig wäre.[386] Hierfür bedarf es eines betriebsbedingten Grundes, und die Änderungsvereinbarung darf nicht willkürlich die Arbeitsbedingungen einzelner Arbeitnehmer verschlechtern, weil sie sonst gegen die Grundsätze der Sozialauswahl verstieße.

235 Rechtsschranken für Änderungsvereinbarungen konstituieren auch die §§ 3 Abs. 1, 4 Abs. 1 BetrAVG, §§ 123 Abs. 1, 138 BGB. Soll im Rahmen eines Änderungsvertrages z. B. vereinbart werden, dass **Versorgungsanwartschaften** nicht fortgeführt werden, ist die Vereinbarung nur wirksam, wenn zugleich die Voraussetzungen für den Widerruf der Versorgungsanwartschaft erfüllt sind.[387] Eine Insolvenzsituation ist für sich allein nicht als sachlicher Grund anzusehen, wenn der Betriebserwerber nicht darlegt, dass gerade die Fortführung der Versorgungszusagen zu tiefgreifenden Schwierigkeiten für das Unternehmen führe.[388]

236 Verzichtet der Arbeitnehmer auf **rückständiges Arbeitsentgelt**, bedarf es hierfür gleichfalls sachlicher Gründe.[389] Ebenfalls sind Lohnverzichte aus Anlass eines Betriebsübergangs nur zulässig, wenn hierfür – bei Anlegung eines strengen Maßstabs – sachliche Gründe vorliegen.[390] So ist ein Verzicht auf Ansprüche auf künftige Zahlung von freiwilligen sozialen Leistungen (Treueprämien) bei Vorliegen eines

385 Vgl. EuGH 10. 2. 1988, EAS Rl 77/187/EWG Art. 1 Nr. 4.

386 So wohl auch Pietzko, ZIP 1990, 1105 [1114].

387 Vgl. BAG 29. 10. 1985, AP BetrAVG § 1 Betriebsveräußerung Nr. 4.

388 Vgl. BAG 29. 10. 1985, a. a. O.

389 Vgl. BAG 27. 4. 1988, AP BGB § 613 a Nr. 71; Kittner/Däubler/Zwanziger, KSchR, § 613 a BGB Rn. 104.

390 Vgl. BAG 27. 4. 1988, AP BGB § 613 a Nr. 71.

sachlichen Grundes nur dann wirksam, wenn dadurch nachweisbar dauerhaft Arbeitsplätze erhalten werden.[391]

Die in einer Betriebsvereinbarung enthaltene Regelung, nach der der **237** Anspruch auf Zahlung einer **Weihnachtsgratifikation** im Fall eines Betriebsübergangs entfällt,[392] ist wegen Umgehung von § 613 a BGB unwirksam.

Kein sachlicher Grund für Vertragsänderungen ist das Ziel der **Harmonisierung der Arbeitsbedingungen** beim Betriebserwerber. **238** § 613 a Abs. 1 Satz 3 BGB sieht hierfür nur kollektivrechtliche Instrumente – die Betriebsvereinbarung (vgl. Teil B Rn. 57) und den Tarifvertrag (vgl. Teil A Rn. 214) – vor.[393]

391 Vgl. BAG 26. 1. 1977, AP BGB § 613 a Nr. 5.
392 LAG Hamm 16. 12. 2004, DB 2005, 265–267.
393 Vgl. a. A. WHSS-Hohenstatt, Rn. E 160.

B. Betriebsübergang und Betriebsverfassung

I. Grundsätze – Auswirkungen der Umstrukturierung auf die Rechtsgrundlagen des Arbeitsverhältnisses

1 In einer sich immer schneller verändernden Wirtschaft gehört die Veräußerung von Unternehmen, Betrieben und Betriebsteilen immer häufiger zum Tagesgeschäft. Als Gründe für diese Entwicklung werden meist Globalisierung und die so genannte Beschränkung auf das Kerngeschäft genannt, die oft im Gleichschritt marschieren. Für die Beurteilung der Rechtsstellung der von einer Umstrukturierungsmaßnahme wie der Übertragung von Betrieben und Betriebsteilen betroffenen Arbeitnehmer ist in diesem Zusammenhang immer ganz entscheidend, auf welcher **Rechtsgrundlage** die Leistungen gewährt werden. Die Frage der Rechtsgrundlage taucht immer dann auf, wenn es um die Bestandskraft und die Durchsetzung eines Anspruches geht. Schließlich ist die mögliche Anspruchsgrundlage regelmäßig auch in einem arbeitsgerichtlichen Verfahren von elementarer Bedeutung.

2 Bei der Einordnung der Rechtsgrundlagen muss zwischen der Ebene **individualarbeitsvertraglicher** (vgl. Teil A Rn. 94ff.) auf der einen und **kollektivarbeitsrechtlicher** (vgl. Teil B Rn. 4ff.) – auf Grund einer Betriebs-, Gesamtbetriebs- oder Konzernbetriebsvereinbarung – Leistungsgewährung auf der anderen Seite differenziert werden. Auf der Ebene der kollektivrechtlichen Ansprüche stellt sich zunächst die Frage nach der Fortgeltung von betriebsverfassungsrechtlichen Regelungen über die Arbeitsbedingungen. Für die Beurteilung des Schicksals von Ansprüchen aus Betriebsvereinbarungen kommt es dabei im Wesentlichen darauf an, wie sich die Umstrukturierungsmaßnahme auf der organisatorischen Ebene, auf der das jeweils zuständige Gremium – Betriebsrat, Gesamtbetriebsrat, Konzernbetriebsrat – angesiedelt ist, auswirkt (vgl. Teil B Rn. 68ff.). Sodann stellt sich natürlich in diesem Zusammenhang immer auch die Frage nach den Beteiligungsrechten des Betriebsrats bei einem Betriebsübergang (vgl. Teil B Rn. 84ff.). Für tarifliche Ansprüche ist entscheidend, wel-

che Rechtsfolgen der Betriebsübergang auf die Tarifzugehörigkeit der unternehmerischen Einheit hat (vgl. hierzu schon Teil A Rn. 198).

Die Regelung des § 613 a Abs. 1 Satz 2 BGB soll sicherstellen, dass der vom Betriebsübergang erfasste Arbeitnehmer keinen Rechtsnachteil erfährt, wenn der Betriebserwerber nicht mehr an die im bisherigen Betrieb bestehenden kollektiven Regelungen (Betriebsvereinbarungen, Tarifverträge) gebunden ist. In diesem Fall sollen die im Zeitpunkt des Betriebsübergangs bestehenden Kollektivvereinbarungen individualrechtlich fortgelten. Dagegen **findet § 613 a Abs. 1 Satz 2 BGB keine Anwendung, wenn die Kollektivvereinbarungen kollektivrechtlich – also als Betriebsvereinbarung – fortgelten**. **In diesen Fällen kommt auch eine Verdrängung/Ersetzung bestehender Kollektivvereinbarungen in Betracht, die gegebenenfalls auch zu einem Rechtsnachteil der vom Betriebsübergang erfassten Arbeitnehmer kommen kann.** 3

II. Folgen des Betriebsübergangs für die Fortgeltung von Betriebsvereinbarungen

Gliederung Rn.

1. Identitätswahrende Betriebsübertragung

Dem BetrVG lässt sich keine unmittelbare Bestimmung zum Schicksal einer Einzelbetriebsvereinbarung und einer Gesamtbetriebsvereinbarung im Fall eines Rechtsträgerwechsels entnehmen. Dennoch ist es in der Literatur und Rechtsprechung anerkannt, dass eine Betriebsvereinbarung ebenso wie das Amt des Betriebsrats von einer Umstrukturierungsmaßnahme unberührt bleibt, wenn die – betriebsverfassungsrechtliche – **Identität des Betriebes** auch nach der Umstrukturierung erhalten bleibt. Dies beruht auf dem Umstand, dass die Regelung des § 613 a BGB im Grundsatz davon ausgeht, dass Betriebsvereinbarungen auch in der Rechtsform einer Betriebsvereinbarung – also als kollektives Recht nach § 77 Abs. 4 Satz 1 BetrVG unmittelbar und zwingend – fortgelten. Damit ist das Rechtsmerkmal der Identität des Betriebes Rechtsgrund für die Weitergeltung der Betriebsnormen.[1] Lediglich als **Auffangtatbestand** kommt nach § 613 a Abs. 1 Satz 2 BGB ausnahmsweise die Transformation in Individualrecht – also eine Fort- 4

1 BAG 5.2.91, AP Nr. 89 zu § 613 a BGB.

geltung als Bestandteil des Arbeitsvertrages – in Betracht. Dies wird in der Praxis häufig übersehen.

5 Damit kommt der Regelung in § 613a Abs. 1 Satz 2 BGB die Funktion eines Auffangtatbestands zu, der nur dann zur Anwendung kommt, wenn sich die **Fortgeltung der Betriebsvereinbarung** nicht schon **aus anderen Vorschriften oder Strukturprinzipien** ergibt.[2] Zum anderen lässt sich aber aus § 613a Abs. 1 Satz 2 BGB gerade nicht ableiten, dass Betriebsvereinbarungen nach einem Betriebsübergang nicht normativ fortwirken. Vielmehr tritt der Betriebserwerber bei einer betriebsidentitätswahrenden Übertragung regelmäßig in die betriebsverfassungsrechtliche Stellung des früheren Betriebsinhabers ein. Dies hat zur Folge, dass er Partei der Betriebsvereinbarung wird und somit natürlich auch an die im Betrieb geltenden Betriebsvereinbarungen jedenfalls so lange gebunden ist, bis sie ihr Ende finden.[3] Seiner Funktion nach bezweckt § 613a Abs. 1 Satz 2 bis 4 BGB damit gerade auch die **Schließung bestehender Lücken im Betriebsverfassungs- und Tarifrecht**. Die Bestimmung dient jedoch gerade nicht dazu, die Rechtsstellung des Betriebsrats und der Arbeitnehmer einzuschränken. Vielmehr kommt ihr die Wirkung einer zusätzlichen **Sicherung** zu und führt nicht zur Lockerung ohnehin bestehender betriebsverfassungsrechtlicher Bindungen.

6 Im Fall einer **übertragenden Umwandlung nach dem UmwG** gilt im Grundsatz das gleiche. Auch hier kommt es damit auf die Frage an, ob die betriebliche Identität erhalten bleibt. Dabei richtet sich die Überleitung im Fall der Umwandlung nach **§ 20 Abs. 1 Nr. 1 UmwG**. Aufgrund der in dieser Bestimmung angeordneten **Gesamtrechtsnachfolge** rückt der übernehmende Rechtsträger in die betriebsverfassungsrechtliche Rechtsstellung seines Rechtsvorgängers als Vertragspartner der Betriebsvereinbarung nach. Dagegen richtet sich die Überleitung auf den neuen Rechtsträger im Fall der **partiellen Gesamtrechtsnachfolge** nach § 131 Abs. 1 Nr. 1 UmwG. Für die Anwendung von § 324 UmwG i. V. m. § 613a Abs. 1 Satz 2 bis 4 BGB ist bei Erhaltung der betrieblichen Identität kein Raum.

7 Ein wesentlicher – allerdings nicht der einzige – Maßstab für die Beurteilung des Fortbestehens von Ansprüchen aus einer Betriebsvereinbarung ist daher sowohl bei der Gesamt- wie auch der Einzelrechtsnachfolge die **Aufrechterhaltung der Betriebsidentität**. Eingehend zum Begriff der Betriebsidentität Lerch S. 95ff. Hierbei ist entscheidend auf den **betriebsverfassungsrechtlichen und nicht auf den Betriebsbegriff im Sinne von § 613a BGB** abzustellen, denn Gegenstand der

---

2 Vgl. BAG 18. 9. 2002, NZA 2003, 670; 6. 6. 2002, ZIP 2003, 271; 15. 1. 2002, AP SozialKonkG § 2 Nr. 1 m. w. N.; 14. 8. 2001, BAGE 98, 323; 27. 7. 1994, AP BGB § 613a Nr. 118 jeweils m. w. N. auch aus der Literatur sowie Bachner/Köstler/Trittin/Trümner.

3 So auch ErfK-Preis, § 613a BGB Rn. 73.

rechtlichen Bewertung sind Vereinbarungen, die auf der Ebene des Betriebes im Sinne von § 1 BetrVG von den Betriebsparteien abgeschlossen wurden. Dabei ist besonders zu beachten, dass die beiden Begriffe nicht notwendigerweise identisch sein müssen, es häufig jedoch sind.

Soweit die **Betriebsvereinbarung im aufnehmenden Unternehmen kollektivrechtlich** weiter gilt, hat sie auch nach dem Betriebsinhaberwechsel **unmittelbare und zwingende Wirkung** im Sinne von § 77 Abs. 4 Nr. 1 BetrVG. Der Erwerber wird Partei der Betriebsvereinbarung. Die Unternehmensleitung kann sich von dieser Betriebsvereinbarung lediglich durch Kündigung gegenüber dem Betriebsrat lösen, § 77 Abs. 5 BetrVG. 8

Nach der Rechtsprechung des *BAG* ist das **Ende der Amtszeit** des Betriebsrats für den normativen Fortbestand einer Betriebsvereinbarung ohne Bedeutung.[4] Aus diesem Grund muss bei **Wegfall des Betriebsrats** die Kündigung der Betriebsvereinbarung gegenüber jedem einzelnen Arbeitnehmer erfolgen. 9

Bei **freiwilligen Betriebsvereinbarungen** gilt eine Kündigungsfrist von drei Monaten. Dies folgt aus einer entsprechenden Anwendung von § 77 Abs. 5 BetrVG. Die in § 613a Abs. 1 Satz 2 BGB enthaltene **einjährige Veränderungssperre** findet deshalb bei Wegfall des Betriebsrats nach identitätswahrendem Betriebsübergang keine Anwendung. Dies gilt zum einen deshalb, weil die Betriebsvereinbarung normativ und eben nicht, wie in § 613a Abs. 1 Satz 2 BGB vorgesehen, individualrechtlich fortgilt. Zum anderen muss in diesem Zusammenhang berücksichtigt werden, dass der Bestand der Betriebsvereinbarung beim Erwerber nicht besser geschützt sein kann, als sie es bei Verbleib des Betriebes beim Veräußerer gewesen wäre. 10

Bei **erzwingbaren Betriebsvereinbarungen** muss in entsprechender Anwendung von § 77 Abs. 6 BetrVG eine anderweitige Abmachung mit dem Arbeitnehmer herbeigeführt werden. Der Erwerber hat also nur die Möglichkeit mit dem Arbeitnehmer entweder einen **Änderungsvertrag** abzuschließen oder aber eine **Änderungskündigung** auszusprechen. Die **einjährige Veränderungssperre** nach § 613a Abs. 1 Satz 2 BGB findet auch hier keine Anwendung, d.h. eine Änderungskündigung ist schon vor Ablauf eines Jahres zulässig. Und auch in diesem Fall lässt sich dieses Ergebnis daraus ableiten, dass § 613a BGB lediglich den arbeitsvertraglichen Status quo sichern soll. 11

2. Der gemeinsam geführte Betrieb mehrerer Unternehmen

In § 1 Abs. 1 Satz 2, Abs. 2 BetrVG hat der Gesetzgeber den **Gemeinschaftsbetrieb mehrerer Unternehmen** für das gesamte Betriebsverfassungsrecht anerkannt. Für die Fälle der Spaltung eines Unter- 12

4 Vgl. BAG 28.7.1981, AP BetrVG § 87 Urlaub Nr. 2; DKKW-Berg, § 77 Rn. 51.

nehmens enthält § 1 Abs. 2 Nr. 2 BetrVG eine **widerlegbare Vermutungsregelung**, die sich auf die gemeinsame Führung des Betriebes durch die beteiligten Unternehmen und damit auf den unveränderten Fortbestand des Betriebes im betriebsverfassungsrechtlichen Sinne bezieht. Voraussetzung dafür ist, dass die **Betriebsorganisation** als Folge der Unternehmensspaltung **unverändert** bleibt. Die betriebsorganisatorische Einheit wird also gerade nicht gespalten. Die Vermutungswirkung ist auf den Anwendungsbereich des BetrVG beschränkt.[5] Kann die Vermutung nicht widerlegt werden, folgt hieraus, dass der Betriebsrat wegen Erhaltung der betrieblichen Identität im Amt bleibt. Zugleich **gelten die bestehenden Betriebsvereinbarungen kollektivrechtlich als Betriebsvereinbarung weiter**, ändern also nicht ihren Rechtscharakter als normative Rechtsquelle des Arbeitsrechts. Darüber hinaus steht fest, dass eine Betriebsänderung im Sinne von § 111 Satz 3 Nr. 3 BetrVG nicht vorliegt (vgl. auch Teil B Rn. 96 ff.). Die Vermutungsregel erfasst sämtliche Arten der gesellschaftsrechtlichen Spaltung eines Rechtsträgers, also die Aufspaltung, Abspaltung und Ausgliederung von Unternehmen(steilen).

13 Dabei verfolgt § 1 Abs. 1 Satz 2 BetrVG den **Zweck**, **Spaltungen bzw. Teilübertragungen eines Rechtsträgers**, sofern sie lediglich aus steuer-, haftungs- oder wettbewerbsrechtlichen Gründen erfolgen und sie die betriebliche Arbeitsorganisation unangetastet lassen, **für die betriebsverfassungsrechtliche Vertretungssituation der Belegschaft folgenlos zu stellen**.[6] Die Organisation des Betriebes bleibt unverändert, wenn die **betriebliche Identität** erhalten bleibt (vgl. Teil B Rn. 7). Hierbei bleiben unwesentliche Änderungen der betrieblichen Organisation außer Betracht.[7] Die Vermutungswirkung des § 1 Abs. 1 Satz 2, Abs. 2 BetrVG ersetzt den Nachweis einer **Führungsvereinbarung** zwischen den beteiligten Unternehmen.

3. Schicksal der Betriebsvereinbarung bei Übergangsmandat

14 Mit der Reform des BetrVG im Jahre 2001 hat der Gesetzgeber in § 21 a BetrVG erstmals ein so genanntes **Übergangsmandat** für das gesamte Betriebsverfassungsrecht anerkannt, welches sowohl bei unternehmensinternen Restrukturierungen, als auch in Fällen der Einzelrechtsnachfolge, aber auch bei Gesamtrechtsnachfolge nach dem UmwG zum Tragen kommt. Das Übergangsmandat führt dazu, dass der Betriebsrat im Amt bleibt und die Geschäfte für die ihm bislang zugeordneten Betriebsteile zeitlich befristet weiterführt, soweit diese nach § 1 Abs. 1 Satz 1 BetrVG betriebsratsfähig sind.

---

5 Vgl. Bachner/Köstler/Matthießen/Trittin, § 4 Rn. 16 ff.
6 Vgl. Bachner/Köstler/Matthießen/Trittin, § 4 Rn. 1.
7 Vgl. zum Wesentlichkeitsbegriff Bachner/Köstler/Matthießen/Trittin, § 4 Rn. 24.

15 Für die Frage der Geltung von Betriebsvereinbarungen erlangt dies insoweit Bedeutung, als dass die Betriebsvereinbarungen auch dann auf kollektivrechtlicher Ebene weitergelten, wenn der Betriebsrat »nur« der Träger des Übergangsmandats ist. Denn es wäre widersprüchlich, zwar das Übergangsmandat des Betriebsrats des Ursprungsbetriebes als solches anzuerkennen, die Fortgeltung der von ihm für den abgespaltenen/zusammengelegten Betrieb(steil) abgeschlossenen Betriebsvereinbarungen jedoch zu leugnen.[8] Allerdings ist die **normative Fortwirkung der Einzelbetriebsvereinbarung auf ihren bisherigen persönlichen Geltungsbereich beschränkt**. Die in der übergegangenen betriebsorganisatorischen Einheit geltenden Betriebsvereinbarungen werden so zum Bestand der kollektiven Normenordnung der neuen betriebsorganisatorischen Einheit. Dies gilt in der Regel unabhängig davon, ob ein Betriebsteil abgespalten und als eigenständiger Betriebsteil fortgeführt wird oder ob mehrere Betriebe bzw. Betriebsteile zu einer neuen betrieblichen Einheit zusammengefasst werden.

16 Soweit **mehrere Betriebe bzw. Betriebsteile zu einer neuen betrieblichen Einheit zusammengefasst** werden, wird der nach § 21 a Abs. 2 BetrVG für das Übergangsmandat zuständige Betriebsrat auch Partei derjenigen Betriebsvereinbarungen, die vor dem Übertragungsvorgang für diejenigen Betriebe bzw. Betriebsteile galten, deren Betriebsrat nach der Zuständigkeitsregelung des § 21 a Abs. 2 BetrVG nicht Träger des Übergangsmandats wurde. Dies folgt letztendlich aus der **Unteilbarkeit des Übergangsmandats** (vgl. Teil B Rn. 70 ff.): Ist der übergangsweise mandatierte Betriebsrat für alle Arbeitnehmer der neuen betriebsorganisatorischen Einheit zuständig, müssen auch alle Einzelbetriebsvereinbarungen normativ fortgelten. Nur auf diese Weise kann zudem sichergestellt werden, dass eine sachgerechte Behandlung etwaigen Harmonisierungsbedarfs in der neuen Einheit möglich ist. Dem Erwerber wird so ein umfassend zuständiger Verhandlungspartner gegenüber gestellt. Diesen Harmonisierungsgedanken hat der Gesetzgeber schließlich auch in § 613 a Abs. 1 Satz 3 BGB deutlich zum Ausdruck gebracht. Im Übrigen würde es auch dem Gleichheitsprinzip widersprechen, die Betriebsvereinbarungen des für das Übergangsmandat zuständigen Betriebsrats normativ, die Betriebsvereinbarungen der anderen beteiligten betriebsorganisatorischen Einheiten jedoch individualrechtlich – nach Transformation durch § 613 a Abs. 1 Satz 2 BGB (vgl. Teil B Rn. 46 ff.) – weiter gelten zu lassen. Dabei ist jedoch zu beachten, dass auch hier die Betriebsvereinbarungen nur beschränkt auf ihren jeweiligen persönlichen Geltungsbereich normativ fortgelten. Diese Aufteilung nach den jeweiligen persönlichen Geltungsbereichen ist nichts Ungewöhnliches, denn Betriebsvereinbarungen werden in der Praxis oftmals nur für bestimmte Abteilungen oder Arbeitnehmergruppen abgeschlossen.

---

8 Vgl. BAG 18. 9. 2002, NZA 2003, 670 f.; Fitting, § 77 Rn. 148.

17 Unter Berücksichtigung dieser Festlegungen sind demnach folgende **Fallgruppen** denkbar, in denen der übergangsweise mandatierte Betriebsrat als Vertragspartner die beim Veräußerer/den Veräußerern für die übertragene/n betriebsorganisatorischen Einheit/en geltenden Einzelbetriebsvereinbarungen normativ fortführt:

18 • Ein Betrieb wird in der Weise auf ein oder mehrere andere Unternehmen aufgespalten, dass zwei neue betriebsorganisatorisch selbständige Betriebe entstehen. Der Ursprungsbetrieb geht unter. Dieser Vorgang führt also gewissermaßen zu einer normativen Vervielfältigung der Einzelbetriebsvereinbarung.

19 • Ein Betriebsteil wird derart abgespalten, dass der Ursprungsbetrieb unter Wahrung seiner Identität als Betrieb erhalten bleibt. Der abgespaltene Betriebsteil wird bei dem aufnehmenden Rechtsträger als eigenständiger Betrieb fortgeführt.

20 • Ein Betriebsteil wird derart abgespalten, dass der Ursprungsbetrieb unter Wahrung seiner Identität als Betrieb erhalten bleibt. Der abgespaltene Betriebsteil wird bei dem aufnehmenden Rechtsträger in einen betriebsratslosen Betrieb eingegliedert.

21 • Ein Betriebsteil wird derart abgespalten, dass der Ursprungsbetrieb unter Wahrung seiner Identität als Betrieb erhalten bleibt. Der abgespaltene Betriebsteil wird bei dem aufnehmenden Rechtsträger mit einem anderen Betrieb zu einem neuen Betrieb zusammengelegt oder

22 • Ein Betriebsteil wird derart abgespalten, dass der Ursprungsbetrieb unter Wahrung seiner Identität als Betrieb erhalten bleibt. Der abgespaltene Betriebsteil wird bei dem aufnehmenden Rechtsträger mit einem anderen – ebenfalls abgespaltenen – Betriebsteil zu einem neuen Betrieb zusammengelegt.

23 • Mehrere Betriebe eines oder mehrerer Unternehmen/Rechtsträger werden zu einem neuen Betrieb zusammengelegt, während die beteiligten Ursprungsbetriebe untergehen.

24 • Ein Betrieb wird in einen anderen, betriebsratslosen Betrieb mit der Folge eingegliedert, dass der aufnehmende Betrieb unter Wahrung seiner Identität überlebt, während der eingegliederte Betrieb untergeht.

25 Mit der Beendigung des Übergangsmandats tritt sodann der **neu gewählte Betriebsrat** in die Betriebsvereinbarung als Vertragspartner ein. Wird kein neuer Betriebsrat gewählt, gilt die Betriebsvereinbarung gleichwohl normativ fort. Dies folgt aus dem Grundsatz, dass der normative Fortbestand einer Betriebsvereinbarung nicht an die Amtskontinuität des Betriebsrats gebunden ist (vgl. Teil B Rn. 8). Die Regelungen der Betriebsvereinbarung werden somit nicht Gegenstand des Arbeitsvertrages nach (§ 324 UmwG i. V. m.) § 613 a Abs. 1 Satz 2 BGB.

III. Folgen des Betriebsübergangs für die Fortgeltung von Gesamtbetriebsvereinbarungen

Auch bei der Beurteilung des **normativen Fortbestandes einer Gesamtbetriebsvereinbarung** ist zunächst von den allgemeinen, für örtliche Betriebsvereinbarungen entwickelten Grundsätzen auszugehen[9] (vgl. Teil B Rn. 4, 29). Daneben treten jedoch die für Gesamtbetriebsvereinbarungen geltenden Besonderheiten: Dies ist zum einen die **Differenzierung** zwischen solchen Betriebsvereinbarungen, die der Gesamtbetriebsrat in eigener Zuständigkeit nach § 50 Abs. 1 BetrVG, und jenen, die er auf der Grundlage von § 50 Abs. 2 BetrVG im Auftrag des örtlichen Betriebsrats abgeschlossen hat. Der Rechtsnatur nach handelt es sich nur im Fall der originären Zuständigkeit des Gesamtbetriebsrats um eine **echte Gesamtbetriebsvereinbarung**, während es sich bei der im Auftrag des örtlichen Betriebsrats abgeschlossenen Kollektivvereinbarung in der Sache um eine **örtliche Betriebsvereinbarung** handelt[10] (vgl. Teil B Rn. 28). Schließlich muss die Bewertung des Fortbestandes von Gesamtbetriebsvereinbarungen unterscheiden zwischen dem Fortbestand der Gesamtbetriebsvereinbarung im abgebenden Unternehmen auf der einen und im aufnehmenden Unternehmen auf der anderen Seite (vgl. Teil B Rn. 27). **26**

Ausgehend von dem Grundsatz, dass das Ende der Amtszeit des Betriebsrats für den normativen Fortbestand einer Betriebsvereinbarung bedeutungslos ist, endet die Gesamtbetriebsvereinbarung als kollektive Rechtsnorm im »**abgebenden**« Unternehmen nicht schon dann, wenn dieses Unternehmen bzw. dieser Rechtsträger nicht mehr über einen Gesamtbetriebsrat verfügt. Das bedeutet, dass die Gesamtbetriebsvereinbarung selbst dann kollektivrechtlich weiter gilt, wenn die Voraussetzung für die Bildung eines Gesamtbetriebsrats zwischenzeitlich entfallen ist, weil das »abgebende« Unternehmen infolge der Umstrukturierung nur noch einen Betrieb führt. Die Gesamtbetriebsvereinbarung gilt dann im Zweifel als Einzelbetriebsvereinbarung fort. Der Arbeitgeber hat dann die Kündigung der »Gesamtbetriebsvereinbarung« gegenüber dem Betriebsrat auszusprechen, der im abgebenden Unternehmen verbleibt. Sollte im abgebenden Unternehmen kein Betriebsrat mehr vorhanden sein, kann der Arbeitgeber die Kündigung der vormaligen Gesamtbetriebsvereinbarung nur allen Arbeitnehmern des Unternehmens gegenüber zu erklären.[11] **27**

---

9 Vgl. BAG 18.9.2002, NZA 2003, 670; hierzu auch Bachner, NJW 2003, 2861 ff.

10 Vgl. WHSS-Hohenstatt, Rn. E 50.

11 Vgl. Fitting, § 77 Rn. 149.

28 Schließt der Gesamtbetriebsrat die »Gesamtbetriebsvereinbarung« im **Auftrag des örtlichen Betriebsrats** ab, gelten für deren Fortbestand die für die Weitergeltung örtlicher Betriebsvereinbarungen anzuwendenden Grundsätze.[12] Wird also z. B. ein **Betrieb in seiner Gesamtheit** auf einen anderen Rechtsträger **ausgegliedert** und bleibt dessen betriebliche Identität nach der Ausgliederung **auch im aufnehmenden Rechtsträger** erhalten, gilt diese Betriebsvereinbarung kollektivrechtlich weiter (zu den näheren Einzelheiten vgl. Teil B Rn. 4).

29 Im Bereich der in **originärer Zuständigkeit** – für sämtliche oder doch mehrere Betriebe eines Unternehmens – **abgeschlossenen Gesamtbetriebsvereinbarungen** hat sich das *BAG* in seiner Grundsatzentscheidung vom 18. 9. 2003[13] im Wesentlichen von dem Gedanken leiten lassen, dass der **kollektivrechtlichen Fortgeltung** von (Gesamt)Betriebsvereinbarungen im Interesse sowohl der Arbeitnehmer wie auch des Erwerbers gegenüber der Fortgeltung nach § 613 a Abs. 1 Satz 2 BGB – also als Bestandteil des Einzelarbeitsvertrages – der Vorzug einzuräumen sei. Zur Begründung führt das *BAG* aus, dass dieses Verständnis den schützenswerten Interessen der Beteiligten entspreche und auch systemkonform sei. Die Aufrechterhaltung der kollektiven Ordnung diene zum einen dem Schutz der Arbeitnehmer, auch wenn deren Interesse an der Weitergeltung der bestehenden Regelungen wegen § 613 a Abs. 1 BGB und den entsprechenden Vorschriften des UmwG nicht notwendig den Fortbestand einer Gesamtbetriebsvereinbarung als kollektives und normatives Regelungswerk verlange: Es sei ein Unterschied, ob die Interessenwahrnehmung auch künftig durch den Betriebsrat oder nur noch individuell erfolgen könne. Der Fortbestand der betrieblichen Ordnung als Kollektivordnung diene zum anderen dem potenziellen Veränderungsinteresse des Arbeitgebers. Er könne so die bestehenden betrieblichen Regelungen gemeinsam mit dem Betriebsrat an veränderte Gegebenheiten anpassen. Das *BAG* unterscheidet damit die nachfolgenden **vier Sachverhaltsvarianten**:

30 • Es werden sämtliche Betriebe eines Unternehmens von einem anderen Unternehmen im Wege der Einzel- oder Gesamtrechtsnachfolge übernommen, das bis dahin keinen eigenen Betrieb besaß (vgl. Teil B Rn. 34 und zum Fortbestand des Gesamtbetriebsrats des abgebenden Unternehmens im aufnehmenden Unternehmen vgl. Teil B Rn. 69).

31 • Es wird nur ein einziger Betrieb von mehreren auf ein Unternehmen übertragen, in dem es einen Betrieb mit Betriebsrat nicht gibt (vgl. Teil B Rn. 69).

32 • Es werden weder alle noch nur ein einziger, sondern mehrere Betriebe eines Unternehmens auf einen anderen Rechtsträger über-

12 Vgl. BAG 18. 9. 2002, NZA 2003, 670.

13 Vgl. BAG 18. 9. 2002, a. a. O.

tragen, der bis dahin keinen eigenen Betrieb führte (vgl. Teil B Rn. 36).

- Gegenstand des Betriebsübergangs/der Unternehmensumwandlung ist nicht ein Betrieb als ganzer, sondern nur ein – allerdings betriebsratsfähiger – Teil desselben. Das aufnehmende Unternehmen führt den übernommenen Betriebsteil nach dem Betriebsübergang als eigenständigen Betrieb fort (vgl. Teil B Rn. 37). **33**

Soweit der Gesamtbetriebsrat eine Gesamtbetriebsvereinbarung in originärer Zuständigkeit abgeschlossen hat, gilt die Kollektivvereinbarung auch nach dem Betriebsübergang/der übertragenden Umwandlung normativ weiter, wenn **alle Betriebe übertragen** werden, das aufnehmende Unternehmen bisher keinen eigenen Betrieb geführt hatte und die übertragenen Betriebe ihre Identität bewahren. In dieser Situation ist schon nicht auszuschließen, dass nicht nur jeder einzelne Betriebsrat, sondern auch der bestehende Gesamtbetriebsrat im Amt bleibt (vgl. Teil B Rn. 69), sodass schon der Grundsatz der Amtskontinuität des zuständigen Betriebsverfassungsorgans »Gesamtbetriebsrat« für eine kollektivrechtliche Fortgeltung spricht. Unabhängig davon bestehen auch der Regelungsbereich und der Koordinationsbedarf, der die Zuständigkeit des Gesamtbetriebsrats begründet hat, unverändert fort. Ein Rückgriff auf den Auffangtatbestand des § 613a BGB ist von dessen Zweck als bloß nachrangiger Regelung (vgl. Teil B Rn. 4) nicht gedeckt. Die Situation ist vergleichbar mit dem Inhaberwechsel in einem Unternehmen mit nur einem einzigen Betrieb, der die dort geltenden Einzelbetriebsvereinbarungen unberührt lässt. **34**

Wird dagegen nur **ein einzelner Betrieb identitätswahrend übertragen**, gilt die Gesamtbetriebsvereinbarung in der Regel als Einzelbetriebsvereinbarung normativ weiter, und zwar unanhängig davon, ob in den aufnehmenden Unternehmen bereits Betriebe vorhanden waren oder nicht. Die für den normativen Fortbestand einer Einzelbetriebsvereinbarung entwickelten Grundsätze (vgl. Teil B Rn. 4) finden auch auf diesen Fall Anwendung. Nach diesen Grundsätzen ist aber anerkannt, dass der vorübergehende oder endgültige Wegfall des Betriebsrats die bestehenden Betriebsvereinbarungen in ihrer normativen Wirkung unberührt lässt (vgl. Teil B Rn. 9). Sie bleiben deshalb als Betriebsvereinbarungen bestehen. Dies gilt im Hinblick auf eine Gesamtbetriebsvereinbarung entsprechend. Demzufolge besteht auch kein Bedürfnis für die Anwendung des Auffangtatbestandes des § 613a Abs. 1 Satz 2 BGB. Die Betriebsvereinbarung steht damit auch einer inhaltlichen Änderung durch den neuen Arbeitgeber und den örtlichen Betriebsrat offen. Zu beachten ist jedoch, dass die kollektivrechtliche Fortgeltung der Gesamtbetriebsvereinbarung nach einem Betriebsübergang oder einer Umwandlung daran scheitern kann, dass die betreffende Regelung nach ihrem Inhalt die Zugehörigkeit zum bisherigen Unternehmen zwingend voraussetzt und damit nach dem Betriebsübergang gegenstandslos wird (vgl. hierzu Teil B Rn. 38). Außerdem kann die **35**

Gesamtbetriebsvereinbarung nach der Kollisionsregelung in § 613a Abs. 1 Satz 3 BGB enden (vgl. Teil B Rn. 65f.), weil sie durch eine Gesamtbetriebsvereinbarung des aufnehmenden Unternehmens abgelöst wird.

36 Werden weder alle noch nur ein einziger, sondern werden **mehrere Betriebe eines Unternehmens auf einen anderen Rechtsträger übertragen**, der bis dahin keinen eigenen Betrieb führte, gilt eine bestehende Gesamtbetriebsvereinbarung in den übertragenden Betrieben nicht jeweils als Einzelbetriebsvereinbarung, sondern als Gesamtbetriebsvereinbarung weiter. Zwar verliert der Gesamtbetriebsrat des abgebenden Unternehmens auch in solchen Fällen seine Zuständigkeit für die übertragenen Betriebe, weil diese Zuständigkeit auf ein einziges – rechtlich selbständiges – Unternehmen begrenzt ist. Es bilden auch nicht etwa die von den Betriebsräten der übertragenden Betriebe in den bisher zuständigen Gesamtbetriebsrat entsandten Mitglieder automatisch den Gesamtbetriebsrat des übernehmenden, bisher betriebslosen Unternehmens. Vielmehr ist der Gesamtbetriebsrat in diesen Fällen nach Maßgabe des § 47 BetrVG vollständig neu zu bilden. Bis dahin besteht im Erwerberunternehmen eine gesamtbetriebsratslose Zeit. Das steht der Fortgeltung als Gesamtbetriebsvereinbarung im aufnehmenden Unternehmen aber nicht entgegen. Hierfür bedarf es des Fortbestehens und der weiter bestehenden Zuständigkeit des abschließenden Gesamtbetriebsrats nicht. Ausreichend ist, dass eine gesamtbetriebsratsfähige Anzahl der Betriebe ihre Identität bewahrt hat. Dies begründet den Bedarf an betriebsübergreifender Koordination, der Wesensmerkmal der in Form einer Gesamtbetriebsvereinbarung getroffenen Regelungen ist. Wird ein Gesamtbetriebsrat im Erwerberunternehmen neu konstituiert, wie dies von § 47 BetrVG zwingend verlangt wird, rückt dieser gegenüber dem neuen Arbeitgeber als zuständiger Regelungspartner in die Gesamtbetriebsvereinbarung ein. Bis dahin kommt allerdings eine inhaltliche Abänderung der Gesamtbetriebsvereinbarung nicht in Betracht. Möglich ist nur deren vollständige Beendigung durch gleichzeitige Kündigung seitens des Arbeitgebers gegenüber allen Einzelbetriebsräten der übernommenen Betriebe. Wollen diese ihrerseits kündigen, können sie dies selbst gemeinsam nicht, sondern nur der von ihnen zu bildende Gesamtbetriebsrat, zu dessen Errichtung sie nach § 47 Abs. 1 BetrVG verpflichtet sind. Bestehen in einzelnen Betrieben keine örtlichen Betriebsräte, gelten die Gesamtbetriebsvereinbarungen gleichwohl normativ fort. Die Kündigung der kollektiven Regelung hat dann gegenüber jedem einzelnen Arbeitnehmer zu erfolgen (vgl. hierzu Teil B Rn. 9).

37 Wird lediglich **ein Betriebsteil übertragen und der abgespaltene Betriebsteil vom Erwerber als eigenständiger Betrieb fortgeführt**, gilt die Gesamtbetriebsvereinbarung ebenfalls normativ weiter a) als Gesamtbetriebsvereinbarung dann, wenn mehrere Betriebsteile übertragen, eigenständige Betriebe errichtet werden und das aufneh-

mende Unternehmen bislang betriebsratslos war, b) als Einzelbetriebsvereinbarung, wenn lediglich die Übertragung eines Betriebsteils in Rede steht oder aber mehrere Betriebsteile übertragen werden und das aufnehmende Unternehmen selbst über Betriebsräte verfügte. Die Betriebsvereinbarungen gelten demnach weiterhin nur für Belegschaften, für die sie auch zuvor schon galten. Insoweit gilt nichts anderes als für die Fortgeltung von Einzelbetriebsvereinbarungen.

Dagegen **endet die normative Wirkung der Gesamtbetriebsvereinbarung**, wenn die betreffende Regelung nach ihrem Inhalt die Zugehörigkeit zum bisherigen Unternehmen zwingend voraussetzt und deshalb nach dem Betriebsübergang gegenstandslos ist. Dies gilt zunächst für den Fall der Zweckerreichung, z.B. dann, wenn das von den Betriebsparteien mit der Gesamtbetriebsvereinbarung verbundene Ziel nur in den Betrieben des abgebenden Unternehmens verwirklicht werden konnte. Man könnte auch sagen, die Gesamtbetriebsvereinbarung kann in dieser Situation ihre Funktion, die Arbeitsverhältnisse unmittelbar und zwingend zu gestalten, nicht mehr erfüllen; es entfällt also ihre Gestaltungswirkung, wie dies z.B. in Fragen der neuen Arbeitsorganisation der Fall sein kann.[14] Es ist deshalb zu entscheiden, ob die fragliche Betriebsvereinbarung auch in der neuen betrieblichen Organisation noch ihren Zweck erfüllen kann.[15] Ist dies nicht der Fall, würde der abgegebene Betrieb gewissermaßen aus dem betrieblichen Geltungsbereich der Betriebsvereinbarung herauswachsen, wie dies auch für Tarifverträge nach § 3 Abs. 3, 4 Abs. 5 TVG anerkannt ist.[16] Möglich ist jedoch auch, dass ein betriebsübergreifender Regelungsbedarf gerade nur für das abgebende, nicht jedoch für das aufnehmende Unternehmen besteht, sodass ein zwingender Grund für die Beendigung der normativen Wirkung der Gesamtbetriebsvereinbarung dann vorliegt, wenn dieser Bedarf im aufnehmenden Unternehmen entfällt. Das bedeutet, dass der **fortgesetzte Bedarf an betriebsübergreifender Koordination** in jedem Fall Voraussetzung für den Fortbestand der normativen Wirkung der Gesamtbetriebsvereinbarung ist. Es müssen also immer die Voraussetzungen von § 50 Abs. 1 BetrVG vorliegen. Dieser Bedarf ist Wesensmerkmal der Gesamtbetriebsvereinbarung. Wie das *BAG* in der Entscheidung vom 18. 9. 2002 deutlich gemacht hat, ist dieser Bedarf aber schon dann vorhanden, wenn bei der Übertragung eine gesamtbetriebsratsfähige Anzahl von Betrieben ihre Identität bewahrt.[17] Schließlich ist in diesem Zusammenhang auch zu berücksichtigen, dass nach der ständigen Rechtsprechung des *BAG* der Gesamtbetriebsrat für eine Angelegenheit originär zuständig im Sinne von § 50 Abs. 1 BetrVG ist, wenn zwei oder mehr einzelne 38

14 Vgl. Bachner, NJW 2003, 2863.
15 Vgl. Bachner, NZA 1997, 79.
16 Vgl. BAG 10. 12. 1997, AP TVG § 3 Nr. 21.
17 Vgl. BAG 18. 9. 2002, NZA 2003, 670.

örtliche Betriebsräte außerstande sind, das Mitbestimmungsrecht auszuüben oder wenn ein zwingendes Erfordernis für eine unternehmenseinheitliche oder jedenfalls betriebsübergreifende Regelung besteht. Hierbei ist unter Berücksichtigung der konkreten Verhältnisse des jeweiligen Unternehmens bzw. der betroffenen Betriebe auf Inhalt und Zweck des in Rede stehenden Mitbestimmungsrechts abzustellen.[18]

39 Bisher nicht entschieden ist die Frage des normativen Fortbestandes einer Gesamtbetriebsvereinbarung bei **Übertragung in ein Unternehmen mit bestehender betrieblicher Organisation**.[19] Höchstrichterliche Rechtsprechung zu dieser Fragestellung liegt bisher keine vor. In der Literatur findet sich eine Vielzahl unterschiedlicher Auffassungen zu der Lösung dieser Problematik.[20]

40–42 *nicht belegt*

IV. Folgen des Betriebsübergangs für die Fortgeltung von Konzernbetriebsvereinbarungen

43 Auch für die Beurteilung der **kollektivrechtlichen Fortgeltung von Konzernbetriebsvereinbarungen** ist in Anlehnung an die für die Gesamtbetriebsvereinbarung getroffene Unterscheidung (vgl. Teil B Rn. 28 f.) zwischen echter und unechter Konzernbetriebsvereinbarung zu differenzieren.

44 Handelt es sich um eine echte Konzernbetriebsvereinbarung, also um eine solche, die der Konzernbetriebsrat aufgrund **originärer Zuständigkeit** gem. § 58 Abs. 1 BetrVG vereinbart hat, gilt diese Konzernbetriebsvereinbarung kollektivrechtlich weiter, wenn ein **Betrieb innerhalb des Konzerns veräußert** wird und deshalb innerhalb des Konzernverbunds verbleibt.[21] Wird ein **Betriebsteil** aus einem Betrieb mit Betriebsrat ausgegliedert und **innerhalb des Konzerns veräußert**, ist bei originärer Zuständigkeit des Konzernbetriebsrats entscheidend darauf abzustellen, ob der Konzernbetriebsrat auch für solche Einheiten zuständig ist, die keinen Betriebsrat gewählt haben. Da bei der Berechnung des Quorums für die Errichtung des Konzernbetriebsrats alle im Konzern beschäftigten Arbeitnehmer mitzurechnen sind,[22] ist von einer umfassenden Zuständigkeit des Konzernbetriebs-

---

18 Vgl. z. B. BAG 11. 12. 2001, DB 2002, 1276.

19 Vgl. Bachner/Köstler/Matthießen/Trittin, § 4 Rn. 119.

20 Überblick hierzu in Ascheid/Preis/Schmidt-Steffan, Rn. 115 m. w. N.

21 Vgl. WHSS-Hohenstatt, Rn. E 51.

22 Vgl. BAG 11. 8. 1993, AP BetrVG 1972 § 54 Nr. 6; DKKW-Trittin, § 54 Rn. 39.

rats auch für betriebsratslose Betriebe auszugehen. Das bedeutet aber dann auch, dass die Konzernbetriebsvereinbarung auch für den innerhalb des Konzerns ausgegliederten Betriebsteil kollektivrechtlich weitergelten muss. Zu demselben Ergebnis gelangt man, wenn das den Gesellschafter bzw. Anteilseigner wechselnde Unternehmen weiterhin im Konzernverbund verbleibt.[23]

Dagegen kommt es im Fall der **Auftragszuständigkeit** des Konzern- **45**
betriebsrats darauf an, in wessen Auftrag der Konzernbetriebsrat tätig wurde. Erfolgte die Beauftragung durch den Gesamtbetriebsrat in einer Angelegenheit, für die der Gesamtbetriebsrat originär zuständig ist, gelten die dortigen Ausführungen entsprechend (vgl. Teil B Rn. 26). Beauftragt der Gesamtbetriebsrat den Konzernbetriebsrat in einer Angelegenheit, in der er zuvor selbst durch den örtlichen Betriebsrat beauftragt wurde, handelt es sich der Sache nach um eine örtliche Betriebsvereinbarung (vgl. Teil B Rn. 4).

V. Transformation in Individual-Arbeitsrecht und Ablösung durch andere Regelungen

Gliederung Rn.

1. Allgemeines

Soweit Betriebsvereinbarungen, Gesamtbetriebsvereinbarungen und **46**
Konzernbetriebsvereinbarungen nicht kollektivrechtlich weitergelten, werden die Normen der einzelnen Kollektivvereinbarungen grundsätzlich Inhalt des Arbeitsverhältnisses zwischen dem neuen Inhaber und dem Arbeitnehmer (§ 613 a Abs. 1 Satz 2 BGB). Die im bisherigen Betrieb geltenden Kollektivvereinbarungen werden also in das Arbeitsverhältnis zwischen dem Arbeitnehmer und dem Erwerber übertragen. Dabei behalten die transformierten Normen von Betriebsvereinbarungen ihren kollektivrechtlichen Charakter. Sie sind deshalb nicht unmittelbar arbeitsvertraglich vereinbarten Regelungen gleichzustellen.[24]

23 Vgl. WHSS-Hohenstatt, Rn. E 51.

24 ErK-Preis, § 613 a Rn. 119 ff.

In Umwandlungsfällen findet diese Bestimmung ebenfalls Anwendung (§ 324 BGB). Dieser Vorgang wird allgemein als die Transformation kollektivarbeitsrechtlicher Bestimmungen in individualarbeitsrechtliche Regelungen bezeichnet. Zu unterscheiden ist zwischen der **Transformation** von Betriebsvereinbarungen, Gesamtbetriebsvereinbarungen und Konzernbetriebsvereinbarungen. Für die Transformation in den Arbeitsvertrag ist nur dort Raum, wo die Betriebsvereinbarung nicht ohnehin normativ, also als Betriebsvereinbarung, fortgilt (vgl. Teil B Rn. 4). Die normative Fortgeltung ist auch im Zusammenhang mit Übergangsmandaten nach § 21 a BetrVG denkbar (vgl. Teil B Rn. 15). Auch für Gesamt- und Konzernbetriebsvereinbarungen ist eine normative Weitergeltung möglich (vgl. Teil B Rn. 26, 43). Daher befassen sich die folgenden Ausführungen also nur mit denjenigen Fällen, in denen feststeht, dass die kollektivrechtliche Regelung nicht normativ, sondern als Bestandteil des Arbeitsvertrages weiter gilt.

2. Transformation in den Arbeitsvertrag – Ablösung von Betriebsvereinbarungen

47 Da in den weitaus überwiegenden Fällen der Übertragung von Betrieben und Betriebsteilen die Einzelbetriebsvereinbarung normativ fortwirkt (vgl. hierzu Teil B Rn. 4, 12, 15), bleibt **für die Transformation von Betriebsvereinbarungen in den Einzelarbeitsvertrag nur noch wenig Raum**. Im Wesentlichen sind nur noch die nachfolgend aufgeführten Fallkonstellationen gleichermaßen bei der rechtsgeschäftlichen Einzel- wie auch bei der umwandlungsrechtlichen Gesamtrechtsnachfolge denkbar:

48 • Ein Betriebsteil wird derart abgespalten, dass der Ursprungsbetrieb unter Wahrung seiner Identität als Betrieb im Sinne von § 1 BetrVG erhalten bleibt. Der abgespaltene Betriebsteil wird in einen Betrieb eingegliedert, in dem schon ein Betriebsrat besteht.

49 • Ein Betrieb wird in einen anderen Betrieb, in dem bereits ein Betriebsrat besteht, mit der Folge eingegliedert, dass der aufnehmende Betrieb unter Wahrung seiner Identität als Betrieb im Sinne von § 1 BetrVG überlebt, während der eingegliederte Betrieb untergeht.

50 Dabei ist zu beachten, dass in Ausnahmefällen auch bei **komplettem Verlust der betrieblichen Identität die normative Fortwirkung der Betriebsvereinbarung nicht ausgeschlossen ist**. Dies ist z. B. der Fall, wenn zwei Betriebe oder Betriebsteile des übertragenden Unternehmens im aufnehmenden Unternehmen zu einer neuen betriebsorganisatorischen Einheit zusammengefasst werden oder wenn die abgespaltenen Betriebe und Betriebsteile in der aufnehmenden betrieblichen Organisation als abgrenzbare betriebliche Teilorganisationen (Betriebsteile) fortgeführt werden. Auch die bloße Anknüpfung

an den bisherigen persönlichen Geltungsbereich der in Rede stehenden Betriebsvereinbarung ist denkbar.[25]

Die Transformation von Normen der Betriebsvereinbarung in individualrechtliche Ansprüche bezieht sich zunächst auf **Inhaltsnormen**. Hierbei handelt es sich um Rechtsnormen, die Rechte und Pflichten aus dem Arbeitsverhältnis regeln. Allerdings werden auch so genannte **Abschluss- und Beendigungsnormen** erfasst. Um eine Abschlussnorm handelt es sich z. B. dann, wenn die Betriebsvereinbarung einen Anspruch auf Änderung des Arbeitsverhältnisses vorsieht oder sich aus der Betriebsvereinbarung – z. B. nach Ablauf einer Befristung – ein Anspruch auf Abschluss eines Arbeitsverhältnisses ergibt.[26] Beendigungsnormen sind solche Bestimmungen, die die Beendigung eines Arbeitsverhältnisses regeln, also z. B. Kündigungsschutzbestimmungen, die sich aus Betriebsvereinbarungen ergeben. Denkbar ist z. B. der Ausschluss von Kündigungen für ältere Arbeitnehmer. **Betriebsnormen und betriebsverfassungsrechtliche Normen** können nur insoweit Bestandteil des Arbeitsvertrages werden, als sie auch Gegenstand vertraglicher Einheitsregelungen sein können.[27] Dies setzt voraus, dass ein unmittelbarer Zusammenhang mit dem arbeitnehmerseitigen Pflichtenkreis besteht, wie er sich aus dem Arbeitsverhältnis ergibt, was z. B. für den Fall einer Arbeitszeitregelung zu bejahen sein kann. **51**

Grundsätzlich werden von der Transformationswirkung nur diejenigen Arbeitsverhältnisse erfasst, die zum **Zeitpunkt des Betriebsübergangs** bereits bestanden. Nicht erfasst werden hingegen nachträglich begründete Arbeitsverhältnisse. Maßgeblicher Zeitpunkt für die Feststellung, ob und welche Betriebsvereinbarungen mit welchem Inhalt Bestandteil des Arbeitsvertrages werden, ist also der Zeitpunkt des Betriebsübergangs (vgl. hierzu Teil A Rn. 54). Betriebsvereinbarungen, die vor dem Zeitpunkt des Betriebsübergangs abgeschlossen wurden, aber erst danach in Kraft treten, bzw. die nach diesem Zeitpunkt aufgrund einer schon zum Zeitpunkt des Übergangs geltenden, sich unmittelbar aus der Betriebsvereinbarung ergebenden Regelung angepasst oder geändert werden, ohne dass es hierzu eines weiteren Umsetzungsaktes bedarf (z. B. bei einer stufenweise erfolgenden Erhöhung bzw. Abschmelzung einer außertariflichen Sonderleistung) werden ebenfalls Bestandteil des Arbeitsvertrages, allerdings mit der in der Betriebsvereinbarung vorgesehenen Anpassungsregelung. Diese vollzieht sich dann auf individualrechtlicher Ebene gleichfalls automatisch. **52**

Die auf diesem Weg transformierten kollektivrechtlichen Ansprüche dürfen nicht vor Ablauf eines Jahres nach dem Zeitpunkt des Betriebsübergangs zum Nachteil des Arbeitnehmers geändert werden (§ 613 a **53**

25 GK-Kreutz, § 77 Rn. 373; Bachner, NZA 1997, 79.

26 Vgl. Kittner/Däubler/Zwanziger, KSchR, § 613 a BGB Rn. 62, allerdings in Bezug auf tarifvertragliche Abschlussnormen.

27 Vgl. Kempen/Zachert, § 3 TVG Rn. 56.

Abs. 1 Satz 2 BGB). Dies gilt allerdings nicht für so genannte freiwillige Betriebsvereinbarungen, also solche, die nicht der erzwingbaren Mitbestimmung unterliegen. Zwar werden auch sie Bestandteil des Arbeitsvertrages, sie können aber vom Erwerber – wie früher auch vom Veräußerer gegenüber dem Betriebsrat – jederzeit und ohne Einhaltung besonderer kündigungsschutzrechtlicher Voraussetzungen gegenüber dem einzelnen Arbeitnehmer mit einer Frist von drei Monaten gekündigt werden (vgl. hierzu schon Teil B Rn. 8). Dies folgt aus dem Regelungszweck von § 613a BGB, der keine Verbesserung des arbeitsvertraglichen Status quo bezweckt, sondern auf bloße Besitzstandssicherung abzielt.[28] Nach **Ablauf der einjährigen Veränderungssperre**, die also allein für so genannte erzwingbare Betriebsvereinbarungen in Betracht kommt, besteht die Möglichkeit, das transformierte Kollektivarbeitsrecht abzuändern. Dies kann entweder durch einen **Tarifvertrag** oder durch eine **Betriebsvereinbarung** geschehen – und zwar in demselben Maße wie während des Laufs der Sperrfrist (vgl. Teil B Rn. 56). Darüber hinaus hat der Erwerber die Möglichkeit, die Arbeitsbedingungen durch einvernehmlichen **Änderungsvertrag**[29] oder durch eine **Änderungskündigung** abzuändern. Unproblematisch ist in diesem Zusammenhang der Änderungsvertrag. Er ist nach Ablauf der Veränderungssperre unbeschränkt zulässig. Die Änderungskündigung ist lediglich im Rahmen der allgemeinen nach dem KSchG für eine Änderungskündigung geltenden Bestimmungen zulässig und bedarf daher regelmäßig eines Kündigungsgrundes.

54 Dies hat zur Folge, dass bei Unternehmensumstrukturierungen in Zusammenhang mit der Eingliederung oder aber der Zusammenlegung von Betrieben und/oder Betriebsteilen vielfach **unterschiedliche Ansprüche der Arbeitnehmer** und damit Arbeitsbedingungen entstehen. Dies verstößt nicht gegen den **Gleichbehandlungsgrundsatz** denn die unterschiedliche Behandlung der Arbeitnehmer ist unmittelbare Folge von § 613a Abs. 1 Satz 1 und 2 BGB. Die Differenzierung der Arbeitnehmerpositionen danach, aus welchem Betrieb die Arbeitnehmer stammen, ist nicht sachwidrig und stellt deshalb keinen Grund für eine Änderungskündigung dar. Vor allem ist es unzulässig, die Verschlechterung der Rechtsstellung eines Arbeitnehmers, dessen Arbeitsverhältnis auf der Grundlage eines Betriebs(teil)übergangs übertragen wurde, mit der Begründung herbeizuführen, seine Arbeitsbedingungen seien günstiger als die der schon bislang im Erwerberunternehmen beschäftigten Arbeitnehmer. Die Arbeitsbedingungen der übergegangenen Arbeitnehmer können daher nicht unter Berufung auf den Gleichbehandlungsgrundsatz nach unten angepasst werden.[30] Keinen Anspruch auf Teilhabe an denjenigen Betriebsverein-

28 Vgl. hierzu auch instruktiv BAG 14.8.2001, BAGE 98, 323.
29 Vgl. WHSS-Hohenstatt, Rn. E 35.
30 Vgl. BAG 28.4.1982, AP KSchG 1969 § 2 Nr. 3; Bachner, AiB 1996, 281.

barungen haben die übergegangenen Arbeitnehmer, von denen sie von den Betriebsparteien des Erwerbers unter zulässiger Berufung auf einen Sachgrund ausgenommen werden.[31] Dies kann der Fall sein, wenn sie vom Geltungsbereich der Betriebsvereinbarung der aufnehmenden Einheit nicht erfasst werden. Denkbar ist auch, dass die Betriebsvereinbarung hinsichtlich einer Anspruchsvoraussetzung »Betriebstreue« danach differenziert, ob diese beim Erwerber oder beim Veräußerer erbracht wurde. Auch die Beschäftigten der aufnehmenden Einheit können keine Anpassung nach oben verlangen.[32]

Die **Dauer der Veränderungssperre** ist auf die **Dauer der Betriebsvereinbarung** beschränkt. Endet also eine Betriebsvereinbarung vor Ablauf eines Jahres nach dem Betriebsübergang, endet zu diesem Zeitpunkt auch die Veränderungssperre. Dies ergibt sich daraus, dass § 613 a BGB lediglich den kollektivrechtlichen Status quo des Arbeitnehmers schützt. **55**

In diesem Zusammenhang ist zu berücksichtigen, dass die Transformationswirkung des § 613 a Abs. 1 Satz 2 BGB auch dann vor Ablauf eines Jahres nach dem Zeitpunkt des Betriebsübergangs endet, wenn Arbeitgeber und Arbeitnehmer eine **Vereinbarung über die Geltung des im Betrieb anwendbaren Tarifvertrages** treffen (§ 613 a Abs. 1 Satz 4 BGB). Voraussetzung für eine solche Vereinbarung ist allerdings, dass der Tarifvertrag nicht schon als Kollektivnorm Anwendung findet. Im Übrigen reicht es nicht aus, wenn sich Arbeitgeber und Arbeitnehmer lediglich auf einzelne Normen des Tarifvertrages einigen, vielmehr hat eine solche Vereinbarung nur dann ablösende Wirkung, wenn der gesamte Tarifvertrag durch individualrechtliche Vereinbarung zur Grundlage des Arbeitsvertrages gemacht wird. Voraussetzung ist außerdem, dass der Tarifvertrag überhaupt sachliche Teilmengen des transformierten Kollektivrechts enthält,[33] darüber hinaus auch, dass die Vereinbarung im Geltungsbereich des in Bezug genommenen Tarifvertrages vereinbart wird. Der Tarifvertrag muss also – beiderseitige Tarifgebundenheit unterstellt – räumlich und fachlich anwendbar sein.[34] **56**

Von besonderer Bedeutung ist die Regelung nach § 613 a Abs. 1 Satz 3 BGB. Danach ist eine Transformation der Ansprüche aus der Betriebsvereinbarung in den Individualarbeitsvertrag ausgeschlossen, wenn die Rechte und Pflichten aus der Betriebsvereinbarung bei dem neuen Inhaber durch **Rechtsnormen einer anderen Betriebsvereinbarung** geregelt werden. Diese Bestimmung dient der Vereinheitlichung der Arbeitsbedingungen beim Erwerber und so auch dem Betriebs- **57**

---

31 Vgl. für den Bereich der betrieblichen Altersversorgung BAG 19. 1. 2010, NZA-RR 2010, 356.

32 Vgl. BAG 30. 8. 1979, AP BGB § 613 a Nr. 16; BAG 31. 8. 2005, AP Nr. 288 zu § 613 a BGB.

33 Vgl. WHSS-Hohenstatt, Rn. E 36.

34 Vgl. WHSS-Hohenstatt, Rn. E 37.

frieden im Erwerberbetrieb. Die Ablösung der individualrechtlichen Fortgeltung durch andere, neue Betriebsvereinbarungen findet unabhängig davon statt, welche Arbeitsbedingungen günstiger sind. Das **Günstigkeitsprinzip** gilt nicht.[35] Voraussetzung dafür, dass § 613a Abs. 1 Satz 3 BGB seine Verdrängungsfunktion entfalten kann, ist die Eingliederung des veräußerten Betriebs(teils) in einen Betrieb des Erwerbers, in dem eine Betriebsvereinbarung denselben Gegenstand regelt. Dies gilt sowohl in persönlicher als auch in sachlicher Hinsicht. Ob eine solche **Identität der Regelungsgegenstände** vorliegt, ist für jeden Sachkomplex gesondert festzustellen.[36] Die wohl h. M. ist der Auffassung, dass auch eine Ablösung durch Kollektivverträge der jeweils anderen Art möglich ist. Im Ergebnis bedeutet dies, dass die Betriebsvereinbarung durch einen Tarifvertrag, umgekehrt aber auch die transformierten Rechte eines Tarifvertrages durch eine Betriebsvereinbarung mit gleichem Regelungsgegenstand abgelöst werden können. Letzteres ist umstritten.[37]

58 Für die **Beendigung der Transformationswirkung durch eine andere kollektivrechtliche Vereinbarung** nach § 613a Abs. 1 Satz 3 BGB ist nicht erforderlich, dass die ablösende Betriebsvereinbarung schon zum Zeitpunkt des Betriebsüberganges Anwendung findet. Vielmehr haben auch solche Betriebsvereinbarungen Verdrängungswirkung, die nach dem Betriebsübergang vereinbart werden. Den nach § 613a Abs. 1 Satz 2 BGB ins Individualarbeitsrecht transformierten, originär kollektivrechtlich begründeten Ansprüchen bleibt deren rechtlicher Ursprungscharakter insoweit weiter anhaften, als sie gegenüber der Ablösung durch neue kollektivrechtliche Regelungen nicht weiter geschützt sein können, als sie es in ihrer früheren kollektivrechtlichen Erscheinungsform waren. Auch hier findet das Günstigkeitsprinzip keine Anwendung.

59 Eine Einschränkung dieser Grundsätze besteht jedoch im **Bereich der betrieblichen Altersvorsorge**. Die Beseitigung der Transformationswirkung durch § 613a Abs. 1 Satz 3 BGB kollidiert im Bereich der betrieblichen Altersversorgungsregelungen, soweit diese auf einer Betriebsvereinbarung beruhen, mit dem Grundsatz des Vertrauensschutzes,[38] wenn die Betriebsvereinbarung beim Erwerber eine geringwertigere Versorgungszusage enthält. Denn Versorgungsanwartschaften werden regelmäßig über lange Zeiträume erdient. Sie haben außerdem nicht nur die Funktion eines Entgelts für geleistete Arbeit, sie dienen darüber hinaus auch und gerade der Sicherung des Lebensunterhalts außerhalb nach dem Erwerbsleben. Das Harmonisierungsinteresse des

35 Vgl. BAG 26.9.1979, AP BGB § 613a Nr. 17.

36 Vgl. Kittner/Däubler/Zwanziger, KSchR, § 613a BGB Rn. 65.

37 Vgl. zum Meinungsstand DKKW-Berg, § 77 Rn. 67.

38 Vgl. WHSS-Doetsch/Rühmann, Rn. J 105.

Erwerbers muss deshalb in diesen Fällen hinter dem Grundsatz des Vertrauensschutzes zurückstehen. Ein Eingriff in bereits erdiente Versorgungsanwartschaften ist unzulässig. Die Versorgungsordnung des Betriebsveräußerers wird deshalb auf den Zeitpunkt des Betriebsübergangs nach § 2 BetrAVG festgeschrieben. Versorgungsanwartschaften, die bis zum Zeitpunkt des Betriebsübergangs entstanden sind, sind vom Erwerber aufrechtzuerhalten. Allerdings gelten sodann für die Zeit ab dem Betriebsübergang die Regeln des Betriebserwerbers. Dies hat zur Folge, dass eine beim neuen Betriebsinhaber aufgrund einer Betriebsvereinbarung geltende betriebliche Altersversorgungsregelung in Form einer Betriebsvereinbarung für diejenigen Mitarbeiter, deren Arbeitsverhältnis gem. § 613 a BGB übergegangen ist, nur mit Wirkung für die Zukunft Anwendung finden kann.[39] Der übernommene Arbeitnehmer darf deshalb im Versorgungsfall keine geringeren Versorgungsleistungen erhalten, als er sie erhalten hätte, wenn er im Ablösungszeitpunkt aus dem Arbeitsverhältnis ausgeschieden wäre. Allerdings bedeutet dies nicht, dass der bis zum Betriebsübergang erdiente Besitzstand vom Erwerber stets zusätzlich zu der bei ihm erdienten Altersversorgung geschuldet wäre. Die gebotene Besitzstandswahrung führt nur insoweit zu einem erhöhten Versorgungsanspruch, wie die Ansprüche aus der Neuregelung im Versorgungsfall hinter dem zurückbleiben, was bis zum Betriebsübergang erdient war.[40]

Schließlich lassen sich nach der Rechtsprechung des *BAG* die **Einschränkungen** der individualrechtlichen Fortgeltung von Betriebsvereinbarungen nicht dadurch vermeiden, dass Betriebsrat und Betriebsveräußerer noch vor dem Betriebsübergang die Fortgeltung von Regelungen auch für die Zeit nach dem Betriebsübergang vereinbaren.[41] Dies erscheint unter dem Gesichtspunkt des Rechtsgedankens **eines Vertrages zu Lasten Dritter** – des Betriebserwerbers – berechtigt. Eine solche Vereinbarung überschreitet deshalb regelmäßig die Regelungsmacht der Betriebsparteien. Darüber hinaus gehenden Zusagen des Erwerbers sind natürlich jederzeit möglich. **60**

Handelt es sich dagegen um einen Anwendungsfall des Übergangsmandats (vgl. Teil B Rn. 70), sind Betriebsvereinbarungen zwischen Betriebsrat und Betriebserwerber grundsätzlich zulässig. Mit der Anerkennung des Übergangsmandats hat der Gesetzgeber zugleich eine rechtsträgerübergreifende Zuständigkeit des das **Übergangsmandat** wahrnehmenden Betriebsrats anerkannt. Das Übergangsmandat ist ein Vollmandat. Diese rechtsträgerübergreifende Zuständigkeit von Betriebsverfassungsorganen muss auf der Grundlage einer freiwilligen Betriebsvereinbarung auch für den die Umstrukturierung begleitenden Ursprungsbetriebsrat gelten, zumal dann, wenn der übernehmende **61**

---

39 Vgl. Schoden, § 1 Rn. 25 b.

40 Vgl. BAG 24. 7. 2001, NZA 2002, 520.

41 Vgl. BAG 1. 4. 1987, AP BGB § 613 a Nr. 64.

Rechtsträger selbst bereit ist, eine freiwillige Betriebsvereinbarung abzuschließen.

62 Die Transformationswirkung des § 613 a Abs. 1 Satz 2 BGB kann auch durch eine **verdrängende Gesamtbetriebsvereinbarung** beseitigt werden. Voraussetzung für eine solche Verdrängung ist allerdings, dass die Gesamtbetriebsvereinbarung denselben Regelungsgegenstand beinhaltet (Identität der Regelungsgegenstände) und dass der Gesamtbetriebsrat die Gesamtbetriebsvereinbarung aufgrund originärer Zuständigkeit gem. § 50 Abs. 1 BetrVG abgeschlossen hat. Wurde der Gesamtbetriebsrat im aufnehmenden Unternehmen lediglich im Auftrag der einzelnen lokalen Betriebsräte tätig, handelt es sich der Sache nach nicht um eine Gesamt-, sondern um eine Betriebsvereinbarung des örtlichen Betriebsrats. In einem solchen Fall kann die »Gesamtbetriebsvereinbarung« des aufnehmenden Unternehmens nur dann ablösende Wirkung entfalten, wenn der Betrieb bzw. Betriebsteil in einen Betrieb des aufnehmenden Unternehmens eingegliedert wird.

63 Entsprechendes gilt für die Verdrängungswirkung von **Konzernbetriebsvereinbarungen**. Voraussetzung ist auch in diesem Fall, dass der Konzernbetriebsrat aufgrund originärer Zuständigkeit tätig wurde (§ 58 Abs. 1 BetrVG).

64 **Tarifverträge** können die Anwendung von § 613 a Abs. 1 Satz 2 BGB ebenfalls ausschließen, wenn sie denselben Regelungsgegenstand betreffen (Identität der Regelungsgegenstände). Allerdings stellt sich hier die Frage, ob dies beiderseitige Tarifbindung voraussetzt oder ob es ausreicht, wenn lediglich Tarifbindung des Arbeitgebers besteht.

3. Transformation und Ablösung von Gesamtbetriebsvereinbarungen

65 Wie bereits oben dargestellt (vgl. Teil B Rn. 26) handelt es sich bei einer »Gesamtbetriebsvereinbarung« der Sache nach um eine Betriebsvereinbarung des örtlichen Betriebsrats soweit diese aufgrund einer Beauftragung durch den örtlichen Betriebsrat abgeschlossen worden ist. Wird daher ein Betrieb bzw. ein Betriebsteil in einem solchen Fall aus dem Unternehmen herausgelöst und auf ein anderes Unternehmen übertragen, kommen, wenn die Einzelbetriebsvereinbarung nicht normativ fortgilt (vgl. Teil B Rn. 4), die für die Transformation von Betriebsvereinbarungen entwickelten Grundsätze zur Anwendung (vgl. Teil B Rn. 50). Bei originärer Zuständigkeit des Gesamtbetriebsrats finden die Grundsätze über die kollektivrechtliche Fortgeltung von Gesamtbetriebsvereinbarungen Anwendung (vgl. Teil B Rn. 28). Ist nach diesen Grundsätzen die normative Fortgeltung der Gesamtbetriebsvereinbarung ausgeschlossen, wird die Gesamtbetriebsvereinbarung gleichfalls nach § 613 a Abs. 1 Satz 2 BGB Gegenstand des Arbeitsvertrages.

Die sich aus § 613 a Abs. 1 Satz 3 und 4 BGB für eine Betriebsvereinbarung ergebenden Ausnahmen vom Transformationsprinzip finden auch auf die echte Gesamtbetriebsvereinbarung Anwendung (vgl. Teil B Rn. 28 f.). Soweit also im aufnehmenden Unternehmen eine – ebenfalls originäre – Gesamtbetriebsvereinbarung sachlich und inhaltlich denselben Gegenstand regelt, so kommt (§ 324 UmwG i. V. m.) § 613 a Abs. 1 Satz 3 BGB als Spezialregelung zu § 613 a Abs. 1 Satz 2 BGB zur Anwendung.[42] **66**

4. Transformation und Ablösung von Konzernbetriebsvereinbarungen

Gilt die Konzernbetriebsvereinbarung nicht normativ fort (vgl. Teil B Rn. 43), wird also der **Betrieb oder Betriebsteil außerhalb des bisherigen Konzerns veräußert**, werden die Normen der Konzernbetriebsvereinbarung Bestandteil des Arbeitsvertrages, (§ 324 UmwG i. V. m.) § 613 a Abs. 1 Satz 2 BGB. Dies führt im Grundsatz zu einer Fortgeltung auf individualarbeitsrechtlicher Ebene mit einjähriger Veränderungssperre. Dabei ist jedoch zu berücksichtigen, dass auch hier Fälle denkbar sind, in denen die Konzernbetriebsvereinbarung des »abgebenden« Konzerns durch eine Konzernbetriebsvereinbarung im »aufnehmenden« Konzernverbund ersetzt wird, (§ 324 UmwG i. V. m. § 613 a Abs. 1 Satz 3 BGB). Wird durch Veräußerung der Unternehmensanteile ein Unternehmen als Ganzes aus dem Konzern ausgegliedert, greift § 613 a Abs. 1 Satz 2 BGB nicht unmittelbar ein, weil es an einem Betriebsinhaberwechsel fehlt. In diesem Fall ist indessen eine analoge Anwendung von § 613 a Abs. 1 Satz 2 BGB gerechtfertigt.[43] **67**

VI. Die Rechtsstellung von Betriebsratsmitgliedern nach dem Betriebsübergang

Gliederung Rn.

---

42 Vgl. Fitting, § 77 Rn. 143 ff.

43 Vgl. WHSS-Hohenstatt, Rn. E 52.

1. Grundsatz der Amtskontinuität

68 Anknüpfungspunkt für die Bildung von Betriebsräten ist jeweils der einzelne Betrieb im Sinne von § 1 BetrVG. Für die Bildung von Betriebsräten ist damit die betriebsorganisatorische Ebene und der Betriebsbegriff, wie er dem BetrVG zugrunde liegt, maßgeblich. Hieraus folgt, dass **Unternehmensumstrukturierungen**, wenn sie allein **auf gesellschaftsrechtlicher Ebene** – auf der Ebene des Unternehmens bzw. des Rechtsträgers – Auswirkungen zeitigen, **keine betriebsverfassungsrechtlichen Konsequenzen** haben und daher für bestehende Betriebsratsgremien rechtlich (nicht notwendigerweise wirtschaftlich) unerheblich sind. Die betriebliche Identität bleibt gewahrt. Deshalb lassen allein gesellschaftsrechtliche Änderungen auch bestehende Mandate und Mitgliedschaften in den örtlichen Betriebsräten unberührt. Zu den betriebsverfassungsrechtlich unerheblichen, gesellschaftsrechtlichen Veränderungen zählen besonders der reine Gesellschafter- bzw. Anteileignerwechsel (so genannter **share-deal**) sowie die Spaltung und Verschmelzung von Unternehmen, sofern diese allein die Rechtsträgerebene berühren. Bezogen auf die betriebliche Ebene sind dies die Fälle der **Übertragung eines Betriebes in seiner Gesamtheit**[44] und die Bildung eines **Gemeinschaftsbetriebes mehrerer Unternehmen** (vgl. Teil B Rn. 12) als Folge der Umstrukturierungsmaßnahme. Für die Rechtsstellung der von einer Umstrukturierungsentscheidung betroffenen Betriebsratsmitglieder kommt es daher entscheidend darauf an, ob die betriebsverfassungsrechtliche **Betriebsidentität** auch nach der Umstrukturierungsmaßnahme erhalten bleibt (vgl. Teil B Rn. 4). Für die Frage, ob die betriebliche Identität erhalten bleibt, kommt es dabei allein auf den betriebsverfassungsrechtlichen und gerade nicht auf den individualrechtlichen Betriebsbegriff an (vgl. Teil B Rn. 7).

69 Das **Amt des Gesamtbetriebsrats** endet, wenn die Voraussetzungen für seine Errichtung nicht mehr vorliegen, also z. B. dann, wenn ein Unternehmen nicht über mehrere Betriebsräte verfügt. Das *BAG* erwägt in seiner neueren Rechtsprechung, dass der Gesamtbetriebsrat fortbesteht, wenn sämtliche Betriebe eines Unternehmens auf ein anderes Unternehmen übertragen werden und die Identität der Betriebe erhalten bleibt. Der Fortbestand des Gesamtbetriebsrats komme aber dann nicht in Betracht, wenn nicht sämtliche Betriebe übertragen werden oder das neue Unternehmen bereits über einen oder mehrere Betriebe verfügen und sich die betrieblichen Strukturen im übernehmenden Unternehmen durch Integration der neuen Betriebe in das Unternehmen entsprechend änderten.[45]

---

44 Vgl. Bachner/Köstler/Matthießen/Trittin, § 4 Rn. 3.

45 Vgl. BAG 5. 6. 2002, NZA 2003, 336.

2. Übergangsmandat des Betriebsrats und nachwirkender Kündigungsschutz

a. Allgemeines

Für den Fall der **Spaltung eines Betriebes oder der Zusammenlegung von Betrieben/Betriebsteilen** sieht § 21 a BetrVG ein Übergangsmandat des Betriebsrats vor. Eine Ausnahme gilt im Fall der Betriebsspaltung dann, wenn der abgespaltene Betriebsteil nicht über die in § 1 BetrVG genannte Arbeitnehmerzahl verfügt »und« (richtigerweise »oder«) in einen Betrieb eingegliedert wird, in dem bereits ein Betriebsrat besteht. Nach dem Gesetzeswortlaut müssen die beiden Bedingungen des Ausnahmetatbestandes zwar zusammen erfüllt sein. Richtigerweise entsteht das Übergangsmandat aber schon dann nicht, wenn nur eine der beiden Voraussetzungen eingreift. Denn es besteht regelmäßig kein Schutzbedürfnis, wenn eine Teilbelegschaft in einen Betrieb eingegliedert wird, in dem schon ein Betriebsrat besteht.[46] **70**

Der Gesetzgeber hat mit der Reform des BetrVG im Jahre 2001 ein **allgemeines Übergangsmandat** geschaffen.[47] Ein Übergangsmandat entsteht deshalb nicht nur bei unternehmensinternen Restrukturierungsmaßnahmen, § 21 a Abs. 1 und 2 BetrVG, sondern auch dann, wenn die Spaltung oder Zusammenlegung von Betrieben und/oder Betriebsteilen im Zusammenhang mit einer Betriebsveräußerung oder einer Umwandlung nach dem UmwG erfolgt, § 21 a Abs. 3 BetrVG.[48] **71**

Eine inhaltlich weitgehend gleich lautende Regelung wie § 21 a BetrVG enthielten die Vorgängerregelungen (§ 321 UmwG, § 13 des Gesetzes über die Spaltung der von der **Treuhandanstalt** verwalteten Unternehmen vom 5. 4. 1991[49] und § 6 b Abs. 9 des Gesetzes zur Regelung offener Vermögensfragen in der Fassung vom 2.12 1994).[50] Gemeinsames Motiv für das in den genannten Gesetzen vorgeschriebene Übergangsmandat des Betriebsrats ist die Tatsache, dass die Arbeitnehmer gerade in der für sie kritischen Phase derartiger Unternehmensumstrukturierungen in besonderem Maße des kollektiven Schutzes durch den Betriebsrat bedürfen.[51] Das **BAG**[52] hatte deshalb in richterlicher Rechtsfortbildung bereits **vor Inkrafttreten von § 21 a BetrVG** **72**

---

46 Vgl. Bachner, DB 1995, 2068; Düwell, NZA 1996, 393.

47 Vgl. dagegen zur früheren Rechtslage Boecken, Rn. 371, 372.

48 Ablehnend zur früheren Rechtslage Bauer/Lingemann, NZA 1994, 1058.

49 BGBl. I, S. 854.

50 BGBl. I, S. 3610.

51 Vgl. Fitting, § 21 Rn. 43 d.

52 Vgl. BAG 31. 5. 2000, DB 2000, 2482.

ein so genanntes allgemeines Übergangsmandat auch außerhalb des UmwG anerkannt.[53]

b. Zuständigkeit und Mitgliedschaft

73 Bei der Beurteilung der Auswirkungen einer Betriebsspaltung auf bestehende Betriebsratsmandate muss, wenn aus dem Ursprungsbetrieb lediglich ein **Betriebsteil abgespalten** wird, ohne dass die Identität des Ursprungsbetriebs verloren geht,[54] zwischen dem Ursprungsbetrieb und dem abgespaltenen Betriebsteil unterschieden werden.

74 Im **Ursprungsbetrieb** bleibt der Betriebsrat als Gremium im Amt, die im Ursprungsbetrieb beschäftigten Betriebsratsmitglieder behalten ihre Funktion als Mitglieder des Betriebsrats.

75 Sofern im abgespaltenen Betriebsteil Betriebsratsmitglieder beschäftigt sind, nehmen diese gemeinsam mit den im Ursprungsbetrieb verbleibenden Mandatsträgern das Übergangsmandat wahr (vgl. Teil B Rn. 79), wenn der **abgespaltene Betriebsteil betriebsorganisatorisch verselbständigt** wird und einen Betrieb im Sinne von § 1 BetrVG bildet. Denn bei der Abspaltung eines Betriebsteils ist der Betriebsrat des abgebenden Betriebes zur Wahrnehmung des Übergangsmandats zuständig, § 21 a Abs. 1 Satz 1 BetrVG. Das gleiche gilt, wenn der **abgespaltene Betriebsteil in einen betriebsratslosen Betrieb eingegliedert** wird. Die Zuständigkeit des Betriebsrats des Ursprungsbetriebs zur Wahrnehmung des Übergangsmandats beschränkt sich in diesem Fall nicht nur auf die von ihm bisher vertretenen Arbeitnehmer, d. h. die Arbeitnehmer des eingegliederten Betriebsteils. Vielmehr ist der Betriebsrat auch für die Arbeitnehmer des aufnehmenden, bisher betriebsratslosen Betriebes zuständig. Denn eine Beschränkung der Zuständigkeit auf die Arbeitnehmer des abgegebenen Betriebsteils widerspricht dem betriebsverfassungsrechtlichen Grundsatz, dass ein Betriebsrat niemals nur für unselbständige Betriebsteile, sondern immer nur für einen Betrieb als Ganzes zuständig sein kann.[55] Außerdem folgt dies aus der Verpflichtung des übergangsweise mandatierten Betriebsrats, einen Wahlvorstand zu bestellen. Diese Verpflichtung kann nicht allein für einen unselbständigen Betriebsteil wahrgenommen werden. Eine solche Wahl wäre wegen Verkennung des Betriebs-

---

53 Zustimmend auch LAG Berlin, BB 1996, 1937; Bachner, DB 1995, 2068; Fitting, § 21 Rn. 51 sowie § 1 Rn. 131; Däubler, RdA 1995, 136; Berscheid, AR-Blattei (SD) 530.6.4 Rn. 144 ff.; Backmeister/Trittin, 40 BGB § 613 a Rn. 15; WHSS-Hohenstatt, Rn. D 71 und Krause, NZA 1998, 1201, allerdings jeweils unter Berufung auf die EG-Richtlinie 98/50 und Art. 5 Abs. 1 Unterabsatz Satz 4; a. A. noch zur früheren Rechtslage BAG 23. 11. 1988, AP BGB § 613 a Nr. 77.

54 Vgl. zu den verschiedenen Fallkonstellationen auch Bachner, AR-Blattei (SD) 1625 Rn. 125 ff.

55 Vgl. Fitting, § 21 Rn. 46; DKKW-Buschmann, § 21 Rn. 64; Engels, DB 1991, 967; a. A. Oetker/Busche, NZA, Beilage 1/91, 24; WHSS-Hohenstatt, Rn. D 67.

begriffes zumindest anfechtbar. Dies gilt auch dann, wenn dem betriebsratslosen Betrieb die größte Zahl der wahlberechtigten Arbeitnehmer zugeordnet war.[56]

Anders ist die Rechtslage jedoch zu beurteilen, wenn der abgespaltene Betriebsteil mit einem anderen Betrieb bzw. mit einem anderen – ebenfalls abgespaltenen – Betriebsteil **zu einem neuen Betrieb im Sinne von** § 1 BetrVG **zusammengelegt wird**. In einem solchen Fall ist – wenn diese betriebsorganisatorischen Einheiten gleichfalls von einem Betriebsrat vertreten wurden – zunächst zu klären, welcher Betriebsrat Träger des Übergangsmandats wird. Nach der ausdrücklichen gesetzlichen Regelung wird das Übergangsmandat in dem neuen Betrieb von dem Betriebsrat, dem der nach der Zahl der wahlberechtigten Arbeitnehmer größte Betrieb oder Betriebsteil zugeordnet war, wahrgenommen. Dies hat zur Folge, dass die im abgespaltenen Betriebsteil beschäftigten Betriebsratsmitglieder mit dem Zeitpunkt der betriebsorganisatorischen Veränderung ihr Betriebsratsmandat mit der Folge nachwirkenden Kündigungsschutzes im Sinne von § 15 KSchG verlieren, wenn der für den Ursprungsbetrieb zuständige Betriebsrat nicht Träger des Übergangsmandats wird. Gleichfalls zum Verlust des Betriebsratsmandats führt die **Eingliederung des abgespaltenen Betriebsteils** in einen anderen Betrieb, in dem schon ein Betriebsrat besteht, § 21 a Abs. 1 Satz 1 BetrVG. **76**

Die betriebsidentitätsvernichtende **Aufspaltung eines Betriebes** in zwei betriebsorganisatorisch selbständige Betriebe im Sinne von § 1 BetrVG hat zur Folge, dass sämtliche Betriebsratsmitglieder des Ursprungsbetriebes für die Dauer des Übergangsmandats ihr Betriebsratsmandat behalten. Mit Beendigung des Übergangsmandats beginnt für alle Betriebsratsmitglieder der nachwirkende Kündigungsschutz gem. § 15 KSchG. **77**

Bei der **Zusammenlegung von Betrieben** ist, soweit die einzelnen Fälle der Zusammenlegung nicht schon als Spezialfälle der Betriebsspaltung behandelt wurden, von folgendem auszugehen: Werden **mehrere Betriebe eines oder mehrerer Unternehmen/Rechtsträger zu einem neuen Betrieb** im Sinne von § 1 BetrVG **zusammengelegt**, wird das Übergangsmandat in dem neuen Betrieb von dem Betriebsrat, dem der nach der Zahl der wahlberechtigten Arbeitnehmer größte Betrieb zugeordnet war, wahrgenommen, § 21 a Abs. 2 Satz 1 BetrVG. Die Betriebsratsmitglieder der anderen Betriebsräte verlieren ihr Mandat und erlangen nachwirkenden Kündigungsschutz. Wird hingegen ein **Betrieb in einen anderen, betriebsratslosen Betrieb** mit der Folge **eingegliedert**, dass der aufnehmende Betrieb als Betrieb im Sinne von § 1 BetrVG überlebt, während der eingegliederte Betrieb untergeht, nimmt der Betriebsrat des untergegangenen Betriebes für **78**

56 Vgl. Fitting, § 21 Rn. 46; a. A. WHSS-Hohenstatt, Rn. D 67.

alle Arbeitnehmer des neuen Betriebes das Übergangsmandat wahr. Anders ist die Rechtslage zu beurteilen, wenn ein Betrieb in einen anderen Betrieb, in dem bereits ein Betriebsrat besteht, mit der Folge eingegliedert wird, dass der aufnehmende Betrieb als Betrieb im Sinne von § 1 BetrVG überlebt, während der eingegliederte Betrieb untergeht. In diesem Fall endet das Betriebsratsmandat der Betriebsratsmitglieder des eingegliederten Betriebes mit dem Zeitpunkt der Eingliederung und sie erlangen nachwirkenden Kündigungsschutz.

79 In allen Fällen des Übergangsmandats bleibt der Betriebsrat während der Dauer des Übergangsmandats nicht nur als Organ, sondern auch in seiner **bisherigen personellen Zusammensetzung** bestehen und für die neue betriebliche Organisationseinheit zuständig.[57] Betriebsratsmitglieder, die in dem abgespaltenen Betriebsteil beschäftigt waren und nunmehr der neuen Organisationseinheit angehören, scheiden daher nicht wegen Beendigung des Arbeitsverhältnisses oder Verlust der Wählbarkeit gem. § 24 Abs. 1 Nr. 3 oder 4 BetrVG aus dem Betriebsrat aus. Der Schutzzweck dieser Normen schließt ihre Anwendung auf den genannten Fall aus. Die in § 24 Abs. 1 Nr. 3 und 4 BetrVG angeordnete Beendigung der Mitgliedschaft im Betriebsrat bei Beendigung des Arbeitsverhältnisses oder bei Verlust der Wählbarkeit will verhindern, dass dem Betriebsrat Mitglieder angehören, die nicht mehr zu der Belegschaft gehören, deren Interessen er vertritt. Im Fall des Übergangsmandats behält der Betriebsrat jedoch für eine gewisse Zeit seine Zuständigkeit auch für die Arbeitnehmer des abgespaltenen Betriebsteils. Deshalb ist es unter Demokratiegesichtspunkten erforderlich, dass diese Arbeitnehmer für den gesamten Zeitraum, in dem der Betriebsrat noch ihre Interessen vertritt, in ihm wie bisher vertreten sind.[58]

c. Dauer und Inhalt des Übergangsmandats

80 Das **Übergangsmandat ist in seiner Dauer zeitlich befristet**. Dabei sind **zwei Beendigungsalternativen** denkbar. Zum einen endet das Übergangsmandat immer, sobald in dem durch die Unternehmensumstrukturierung neu entstandenen Betrieb ein **Betriebsrat gewählt und das Wahlergebnis bekannt gegeben** ist. Erstreckt sich das Übergangsmandat des bisherigen Betriebsrats auf mehrere abgespaltene Betriebsteile, endet es in der jeweiligen Einheit jeweils dann, wenn ein Betriebsrat gewählt und dessen Wahlergebnis bekannt gemacht worden ist. Ist in einer der Einheiten nicht rechtzeitig ein Betriebsrat gewählt, endet das Übergangsmandat für diese Einheit, ohne dass ein neuer Betriebsrat gewählt worden ist.[59]

57 Vgl. Fitting, § 21 Rn. 49; DKKW-Buschmann, § 21 Rn. 65; Engels, DB 1991, 967; Boecken, Rn. 373; WHSS-Hohenstatt, Rn. D 61.

58 Vgl. Fitting, § 24 Rn. 12ff., 32.

59 Vgl. Fitting, § 21 Rn. 50; Düwell, NZA 1996, 393.

In jedem Fall endet das Übergangsmandat dann, wenn seine **zeitliche Höchstdauer abgelaufen** ist. Dieser Zeitpunkt ist nach § 21 a Abs. 1 Satz 3 BetrVG spätestens **nach Ablauf von sechs Monaten nach Wirksamwerden der Spaltung oder der Teilübertragung** des Rechtsträgers erreicht. Für den Fristbeginn entscheidend ist der Zeitpunkt des tatsächlichen Wirksamwerdens der Betriebsspaltung. Anzuknüpfen ist also unmittelbar an die betriebsorganisatorische Änderung. Das gilt auch im Fall der Kombination einer Unternehmensumwandlung nach dem UmwG mit einer Unternehmensumstrukturierung im Wege der Einzelrechtsnachfolge. **81**

Die Hauptaufgabe des Betriebsrats, der das Übergangsmandat wahrnimmt, ist die **Bestellung eines Wahlvorstandes** für den neu entstandenen Betrieb, § 21 a Abs. 1 Satz 2 BetrVG. Dieser Aufgabe muss er so zügig nachkommen, dass spätestens nach Ablauf von sechs Monaten nach Wirksamwerden der betriebsorganisatorischen Änderung in der neuen betrieblichen Organisationseinheit ein Betriebsrat gewählt ist, damit in dieser Organisationseinheit keine betriebsratslose Zeit entsteht. **82**

Der Umfang des Übergangsmandats ist **inhaltlich nicht eingeschränkt**. Der Betriebsrat ist vielmehr zur **Wahrnehmung aller Mitwirkungs- und Mitbestimmungsrechte**, vor allem auch im personellen und wirtschaftlichen Bereich, sowie zum Abschluss von Betriebsvereinbarungen befugt. Außerdem berechtigt das Übergangsmandat zur **Wahrnehmung aller Befugnisse im organisatorischen Bereich**. Hierzu zählen z.B. das Abhalten von Betriebsversammlungen oder Sprechstunden.[60] **83**

VII. Beteiligungsrechte des Betriebsrats in wirtschaftlichen Angelegenheiten bei Betriebsübergängen

Gliederung Rn.

60 Vgl. Fitting, § 21 Rn. 51; DKKW-Buschmann, § 21 Rn. 67; Engels, DB 1991, 968; Boecken, Rn. 378.

1. Vorliegen einer Betriebsänderung nach § 111 Satz 3 BetrVG

84 Die §§ 111, 112 BetrVG räumen dem Betriebsrat bestimmte Beteiligungsrechte in einem gesetzlich definierten Verfahren bei dem Abschluss von **Interessenausgleich und Sozialplan** ein. Voraussetzung für die Anwendbarkeit von § 111 BetrVG ist die Planung einer **Betriebsänderung**. Im Zusammenhang mit einer rechtsgeschäftlichen bzw. umwandlungsrechtlichen Rechtsnachfolge kommen hierfür vor allem der **Zusammenschluss von Betrieben** (vgl. Teil B Rn. 87) und die **Spaltung von Betrieben** (vgl. Teil B Rn. 90) in Frage. Demgegenüber gilt nach überwiegender Meinung **der reine Betriebsübergang** nicht als Betriebsänderung (vgl. Teil B Rn. 96).

85 Sind die Voraussetzungen einer Betriebsänderung nach § 111 Satz 3 BetrVG erfüllt, wird das **Vorliegen einer Betriebsänderung** im Sinne von § 111 Satz 1 BetrVG gesetzlich **fingiert**, also gesetzlich festgestellt. Der Nachweis wesentlicher Nachteile für die Belegschaft oder aber erheblicher Teile der Belegschaft, wie dies grundsätzlich § 111 Satz 1 BetrVG erfordert, ist nicht notwendig. Die Beteiligungsrechte des Betriebsrats bei einer Betriebsänderung im Sinne von § 111 Satz 1 BetrVG entfallen daher nicht deshalb, weil im Einzelfall solche wesentlichen Nachteile nicht zu befürchten sind. Ob ausgleichs- oder milderungswürdige Nachteile entstehen oder entstanden sind, ist bei der Aufstellung des Sozialplans zu prüfen und notfalls von der Einigungsstelle nach billigem Ermessen zu entscheiden.[61]

86 **Ohne Bedeutung** sind **gesellschaftsrechtliche Veränderungen**.

61 Vgl. BAG 7.8.1990, AP BetrVG 1972 § 111 Nr. 34; Fitting, § 111 Rn. 42; DKKW-Däubler, § 111 Rn. 32.

Eine Verschmelzung von Unternehmen stellt für sich betrachtet keine Betriebsänderung dar, es sei denn, sie hätte Auswirkungen auf die betriebliche Ebene. Ein »Durchschlagen« auf die Betriebsebene ist in der Weise denkbar, dass vor, mit oder nach der gesellschaftsrechtlichen Verschmelzung Betriebe oder Betriebsteile aus beiden Unternehmen zusammengeschlossen werden.[62] Dies gilt entsprechend für eine rein gesellschaftsrechtliche Spaltung. Ausschließlich **gesellschaftsrechtliche Änderungen** lösen folglich für sich keine Mitbestimmungsrechte des Betriebsrats nach § 111 BetrVG aus.[63] Hierzu zählt besonders der Fall, dass die Spaltung eines Rechtsträgers auf der Ebene des Betriebes zur **Bildung eines Gemeinschaftsbetriebes mehrerer Unternehmen** führt. Dies gilt auch dann, wenn die Spaltung zur Entstehung einer Anlage und einer Betriebsgesellschaft im Sinne von § 132 UmwG führt. Ebenso zählt hierzu beispielsweise die bloße Verschmelzung zweier Unternehmen, ohne dass dies – was allerdings in der Praxis selten vorkommen dürfte – auch auf der Ebene der betrieblichen Organisation durchschlägt.

a. Zusammenschluss mit anderen Betrieben

Der **Zusammenschluss mit anderen Betrieben** stellt nach § 111 **87**
Satz 3 Ziff. 3 BetrVG ausdrücklich eine Betriebsänderung dar. Ein **Betriebsteil**, der nach **§ 4 Satz 1 BetrVG** als Betrieb gilt, ist auch für die Anwendung des § 111 BetrVG als Betrieb anzusehen.[64] § 111 Satz 3 Ziff. 3 BetrVG bezieht sich auch auf »**wesentliche Betriebsteile**«. Dies ergibt sich zwar nicht unmittelbar aus dem Wortlaut der Bestimmung. Die Regelung ist jedoch entsprechend anzuwenden. Denn die möglichen Auswirkungen auf die Arbeitnehmer sind keine anderen als beim Zusammenschluss ganzer Betriebe.[65] Es ist deshalb in diesem Zusammenhang auch unerheblich, ob es sich bei dem wesentlichen Betriebsteil um einen **unselbständigen Betriebsteil** handelt.[66] Ein Betriebsteil ist auch dann ein wesentlicher im Sinne des § 111 Satz 3 Nr. 1 BetrVG, wenn in ihm ein erheblicher Teil der Arbeitnehmer des Gesamtbetriebs beschäftigt ist. Dabei gelten die Zahlen- und Prozentangaben in § 17 Abs. 1 KSchG über die Anzeigepflicht bei Massenentlassungen als Maßstab.[67]

Demnach kommen als **Zusammenschluss von Betrieben/Be- 88**
triebsteilen vor allem folgende Fallgruppen in Betracht:

---

62 DKKW-Däubler, § 111 Rn. 72.

63 So auch WHSS-Schweibert, Rn. C 63.

64 Vgl. BAG 27.6.1995, EzA § 111 BetrVG 1972 Nr. 31; ErfK-Hanau/Kania, § 111 BetrVG Rn. 13.

65 Vgl. DKKW-Däubler, § 111 Rn. 71; Fitting, § 111 Rn. 81; WHSS-Schweibert Rn. C 55.

66 DKKW-Däubler, § 111 Rn. 71; a.A. WHSS-Schweibert Rn. C 56.

67 Vgl. BAG 21.10.1980, DB 1981, 698.

- Ein abgespaltener Betriebsteil wird in einen anderen Betrieb eingegliedert.
- Ein abgespaltener Betriebsteil wird mit einem anderen Betrieb zu einem neuen Betrieb im Sinne von § 1 BetrVG zusammengelegt.
- Ein abgespaltener Betriebsteil wird mit einem anderen, ebenfalls abgespaltenen Betriebsteil zu einem neuen Betrieb zusammengelegt.
- Zwei Betriebe werden zu einem neuen Betrieb zusammengeschlossen.
- Ein Betrieb wird in einen anderen Betrieb mit der Folge eingegliedert, dass der aufnehmende Betrieb als Betrieb überlebt, während der eingegliederte Betrieb untergeht.

89 Der Zusammenschluss von Betrieben (oder Betriebsteilen) kann auch zur **Bildung eines Gemeinschaftsbetriebes mehrerer Unternehmen** (vgl. Teil B Rn. 12) führen oder einen solchen betreffen. Auch dann liegt eine Betriebsänderung vor.

b. Spaltung von Betrieben

90 Als Betriebsänderung im Sinne von § 111 Satz 1 BetrVG gilt gem. § 111 Satz 3 Nr. 3 BetrVG ebenfalls die **Spaltung von Betrieben**.

91 § 111 Satz 3 Nr. 3 BetrVG erfasst auch so genannte **Bagatellabspaltungen**, denn das Vorliegen der Voraussetzungen »wesentlicher Nachteile für erhebliche Teile der Belegschaft« ist gerade nicht tatbestandliches Merkmal von § 111 Satz 3 BetrVG.[68] Nach der Rechtsprechung des *BAG*[69] reicht die Abspaltung einer veräußerungsfähigen Einheit aus, wobei es sich nicht um einen wesentlichen Betriebsteil handeln muss.[70] Die Grenze des § 17 KSchG muss nicht erreicht sein. So gilt z.B. die Verselbständigung des Kantinenbereichs mit 40 Beschäftigten auch dann als Betriebsänderung, wenn dieser Bereich im Verhältnis zum Gesamtbetrieb mit 2000 Beschäftigten nur eine relativ kleine Einheit darstellt.

92 Gliedert daher der Arbeitgeber einen Betriebsteil aus, um ihn auf ein anderes Unternehmen zu übertragen, liegt in der **organisatorischen Spaltung des Betriebes** eine mitbestimmungspflichtige Betriebsänderung im Sinne von § 111 Satz 3 Nr. 3 BetrVG.[71] Dagegen liegt in der Teilstilllegung eines Betriebes keine Spaltung des Betriebes. Diese beiden Maßnahmen schließen sich wechselseitig aus.[72]

93 Ein Betrieb kann innerhalb desselben Unternehmens gespalten werden. Es handelt sich dann um eine so genannte **unternehmensinterne**

---

68 LAG Bremen 21.10.2004 NZA-RR 05, 140; DKKW-Däubler, § 111 Rn. 77; ebenso im Ergebnis Matthes, NZA 2000, 1074; a.A. Kleinebrink/Commandeur, NZA 2007, 116f.

69 BAG 10.12.1996, DB 97, 1416.

70 BAG 18.3.2008, 1 ABR 77/06 juris.

71 Vgl. BAG 10.12.1996, DB 1997, 1416.

72 BAG 18.3.2008, 1 ABR 77/06 juris.

Umstrukturierungsmaßnahme. Das hat dann allerdings mit einem Betriebsübergang nichts zu tun, weil der Vorgang sich ja innerhalb desselben Unternehmens (desselben Arbeitgebers) abspielt. Trotzdem ist die unternehmensinterne Umstrukturierung häufig eine **notwendige Vorbereitungsmaßnahme für eine spätere Ausgliederung**. Das gilt z.B. dann, wenn die für eine Ausgliederung bzw. Fremdvergabe vorgesehenen Funktionen beim Veräußerer noch überhaupt nicht als Teilbetrieb organisiert sind. Dann ist der Veräußerer zwingend zu einer vorausgehenden Neuordnung seines Betriebes in Form der Bündelung der für die Fremdvergabe vorgesehenen Funktionen zu einem eigenständigen Betriebsteil (zum Begriff vgl. Teil A Rn. 30) verpflichtet, weil nur ein Betriebsteil, nicht jedoch bloße Funktionen bzw. Tätigkeiten Gegenstand eines Betriebsübergangs sein können. Die Gründung eines solchen Betriebsteils ist dann für sich gesehen eine Betriebsänderung im Sinne von § 111 BetrVG. Diese Verhandlungsposition kann auch wichtig für die Gestaltung des späteren Betriebsübergangs werden.

Die Spaltung eines Betriebes kann auch Folge der rechtsgeschäftlichen **94**
oder umwandlungsrechtlich bedingten Übertragung eines Betriebsteils sein. Immer aber setzt die Spaltung eines Betriebes eine **Änderung der betrieblichen Arbeits-, Ablauf und/oder Leitungsorganisation** voraus.

Als **Tatbestände einer betriebsändernden Betriebsspaltung** kom- **95**
men vor allem folgende Fallkonstellationen in Betracht:

- Ein Betrieb wird in der Weise aufgespalten, dass zwei betriebsorganisatorisch selbständige Betriebe im Sinne von § 1 BetrVG entstehen.
- Ein Betriebsteil wird vom Ursprungsbetrieb abgespalten und betriebsorganisatorisch verselbständigt oder in einen bestehenden Betrieb eingegliedert.

Von einer Betriebsänderung in Form einer Betriebsaufspaltung sind alle Arbeitnehmer des ursprünglich einheitlichen Betriebes betroffen.[73] Das Augenmerk bei etwaigen Interessenausgleichsverhandlungen ist deshalb nicht nur auf diejenigen Beschäftigten zu richten, die auf einen anderen Arbeitgeber übergehen, sondern auch auf diejenigen, die beim Veräußerer verbleiben, denn auch dort kann die Spaltung Nachteile hervorrufen(wie z.B. Arbeitsverdichtung, veränderte Jobprofile etc.).

c. Verhältnis zwischen Betriebsübergang und Betriebsänderung

Nach ständiger Rechtsprechung des *BAG*[74] und herrschender Lehre[75] **96**
stellt der **reine Betriebsübergang** – also die Übertragung eines

73 Vgl. BAG 16.6.1987, NZA 1987, 671.

74 Vgl. nur BAG 17.3.1987, AP BetrVG 1972 § 111 Nr. 18 BetrVG.

75 Vgl. Fitting, § 111 Rn. 50 m.w.N.

Betriebes als Ganzes unter Wahrung seiner Identität – keine Betriebsänderung im Sinne von § 111 BetrVG dar. § 613 a BGB habe eine die Arbeitnehmer schützende Sonderregelung für den rechtsgeschäftlichen – aber auch für den umwandlungsbedingten – Betriebsübergang getroffen.[76] Die (eigentums-)rechtliche Zuordnung eines Betriebes wirke sich nicht auf den Betrieb als arbeitstechnische Einheit aus.

97 Die Rechtsprechung des *BAG* und die herrschende Literaturauffassung stehen im Einklang mit der europäischen Betriebsübergangsrichtlinie.[77]

98 Obgleich der bloße Betriebsübergang keine Betriebsänderung darstellt, begegnet die **Ausklammerung des Betriebsübergangs** aus dem Verhandlungsverfahren der §§ 111 ff. vor dem Hintergrund der Richtlinie 2002/14/EG zur Unterrichtung und Anhörung der Arbeitnehmer **europarechtlichen Bedenken**. Die **Richtlinie 2002/14/EG** verlangt Unterrichtung und Anhörung auch in Bezug auf solche Entscheidungen, die »wesentliche Veränderungen der Arbeitsverträge« mit sich bringen können. Diese Voraussetzung ist im Fall des Betriebsübergangs zweifellos erfüllt, denn den Austausch des früheren Arbeitgebers (des Veräußerers) durch den neuen Arbeitgeber (den Erwerber) stellt wohl eine der gravierendsten Veränderungen der arbeitsrechtlichen Beziehungen dar, worauf neuerdings zutreffend hingewiesen wird.[78] Nach Art. 4 Abs. 4 Buchstabe e der Richtlinie muss der Meinungsaustausch in diesem Fall »mit dem Ziel« erfolgen, »eine Vereinbarung zu erreichen«. Dieses Erfordernis erfüllt nach deutschem Recht das Verhandlungsverfahren nach §§ 111, 112 BetrVG.

99 Immer kann auch der bloße Betriebsübergang als solcher mit einer zusätzlichen Betriebsänderung mit wesentlichen Nachteilen für erhebliche Teile der Belegschaft einhergehen kann. In diesem Fall ist auch nach der Rechtsprechung des *BAG* der Anwendungsbereich des § 111 Satz 1 BetrVG und damit der Weg zur Einigungsstelle auch bei einem bloßen Betriebsübergang eröffnet.[79] Daher ist eine **Betriebsänderung anlässlich eines Betriebsübergangs** durchaus möglich.[80]

100 Hierfür kommen – mit Ausnahme der Stilllegung des ganzen Betriebes oder von wesentlichen Betriebsteilen gem. § 111 Satz 3 Nr. 1 BetrVG – sämtliche weiteren und in § 111 Satz 3 BetrVG aufgeführten Betriebsänderungstatbestände in Betracht, also die Einschränkung des ganzen Betriebes oder wesentlicher Betriebsteile, § 111 Satz 3 Nr. 1 BetrVG, die Verlegung des ganzen Betriebes oder wesentlicher Betriebsteile, § 111 Satz 3 Nr. 2 BetrVG, grundlegende Änderungen der Betriebs-

---

76 Vgl. BAG 4.12.1979, DB 1980, 743.

77 Vgl. Bachner/Köstler/Matthießen/Trittin, § 4 Rn. 203.

78 Karthaus, AuR 2007, 116; DKKW-Däubler, § 111 Rn. 102 a; Bachner/Köstler/Matthießen/Trittin – § 4 Rn. 205.

79 Vgl. Colneric, FS Steindorff, 1990, 1129; Oetker, NZA 1998, 1193.

80 So auch BAG 4.12.1979, DB 1980, 743; BAG 16.6.1987, NZA 1987, 671.

organisation, des Betriebszwecks oder der Betriebsanlagen, § 111 Satz 3 Nr. 4 BetrVG sowie die Einführung grundlegend neuer Arbeitsmethoden und Fertigungsverfahren, § 111 Satz 3 Nr. 5 BetrVG. Die Erörterung dieser Betriebsänderungstatbestände ist nicht Gegenstand dieses Basiskommentars. Insoweit wird auf die einschlägige Kommentarliteratur verwiesen.[81]

2. Der Interessenausgleich

a. Voraussetzungen

Das **Mitbestimmungsrecht** des Betriebsrats der §§ 111, 112 Abs. 1–3 BetrVG **zielt auf den Abschluss eines Interessenausgleichs**. Der Interessenausgleich hat den Zweck, die unterschiedlichen und oftmals gegenläufigen Interessen von Unternehmer und Betriebsrat in Einklang zu bringen und in die Form eines Kompromisses zu gießen. Der Interessenausgleich bedarf einer Vereinbarung zwischen Unternehmer und Betriebsrat. Kommt eine Einigung auf freiwilliger Basis nicht zustande, kann der Interessenausgleich – hierin liegt ein wesentlicher Unterschied zum Sozialplan – nicht über die Einigungsstelle durchgesetzt werden. Der Spruch der Einigungsstelle ersetzt die fehlende Einigung der Betriebsparteien nur für den Sozialplan, nicht beim Interessenausgleich. **101**

Für das Beteiligungsrecht nach den §§ 111, 112 Abs. 1–3 BetrVG ist es ausreichend, dass der Unternehmer die Umsetzung einer **Betriebsänderung** (vgl. hierzu ausführlich Rn. 196 ff.) **plant**, nicht erforderlich ist, dass die Würfel bereits gefallen sind, was allerdings in der Praxis leider oftmals der Fall ist. Außerdem ist Voraussetzung, dass im Unternehmen mindestens 20 Arbeitnehmer beschäftigt werden. **102**

b. Form und Inhalt des Interessenausgleichs sowie Abgrenzung zum Sozialplan

Ein Interessenausgleich nach § 112 Abs. 1 Satz 1 BetrVG kommt wirksam nur zustande, wenn er **schriftlich** niedergelegt und vom Unternehmer und Betriebsrat unterschrieben wurde. Ein mündlich vereinbarter Interessenausgleich ist unwirksam.[82] **103**

Gegenstand eines Interessenausgleichs im Sinne von § 112 Abs. 1 Satz 1 BetrVG sind Regelungen darüber, ob, wann und in welcher Form die vom Unternehmer geplante Betriebsänderung ausgeführt werden soll. Denkbar sind Regelungen zum Zeitplan der Maßnahmen und zu deren Umfang, gegebenenfalls auch (zeitlich befristete) Kündigungsverbote, Versetzungs- und Umschulungsangebote oder Ähnliches, durch die wirtschaftliche Nachteile für die von der Betriebsänderung **104**

---

81 Vgl. insb. DKKW-Däubler, § 111 Rn. 31 ff.

82 Vgl. BAG 18.12.1972, AP BetrVG 1972 § 113 Nr. 11.

betroffenen Arbeitnehmer nach Möglichkeit verhindert werden.[83] Möglich sind z.B. auch Verabredungen über arbeitsplatzsichernde Investitionen in alternative Produktpaletten. Was letztendlich Gegenstand des Interessenausgleichs wird, ist immer eine Frage des Einzelfalls. Allgemein können Inhalt eines Interessenausgleichs alle Regelungen sein, die **nicht Gegenstand des Sozialplans sind bzw. sein dürfen**. Die Grenzen zwischen Interessenausgleich und Sozialplan sind in der Praxis allerdings fließend.

105 Im **Sozialplan** geht es im Unterschied zum Interessenausgleich um Ausgleich oder Milderung der wirtschaftlichen Nachteile, die den Arbeitnehmern infolge der beabsichtigten – gegebenenfalls im Interessenausgleich vereinbarten – Betriebsänderung entstehen. Nachteile können z.B. Entlassungen, Versetzungen oder längere Anfahrtswege sein, aber auch Qualifikationsverluste etc.[84]

106 Wenngleich nach der Rechtsprechung des *BAG* die in § 613a BGB geregelten Rechtsfolgen in Bezug auf die materiellen Arbeitsbedingungen nach dem Betriebsübergang zugleich eine Entscheidung des Gesetzgebers über eine Kompensation etwaiger Nachteile darstellt (vgl. Teil A Rn. 131), ist es selbstverständlich nicht ausgeschlossen und vielfach **gängige Praxis, die von einem Betriebsübergang betroffenen Beschäftigten über die Regelungen des § 613 a BGB hinaus abzusichern**. Hierfür kommen besonders Regelungen zur Wahrung des gesamten Besitzstandes (am besten auf Jahreseinkommensbasis)für mehrjährige Zeiträume in Betracht. Der Besitzstand erfasst die gesamte Vergütung nebst erfolgsorientierter Vergütung, betrieblicher Altersversorgung, Dienstwagen, sonstige Nebenleistungen (z.B. Jobticket) etc. Häufig werden auch Kündigungsschutzklauseln vereinbart, so z.B. dass die Kündigung durch den Veräußerer für einen Zeitraum von × Jahren ausgeschlossen ist. Dieser Kündigungsausschluss ist manchmal beschränkt auf den Ausschluss von Beendigungskündigungen; Änderungskündigungen sind dann zulässig. Umso wichtiger ist es dann, räumliche Standortgarantien zu vereinbaren. Teilweise werden auch (zeitliche begrenzte) Rückkehrrechte zum alten Arbeitgeber vereinbart. Manchmal erhalten die übergehenden Beschäftigten auch Bleibe-Prämien oder Willkommensprämien, vor allem wenn der künftige Arbeitgeber einen Einstieg in einen für ihn neuen oder aus anderen Gründen besonderes interessanten Markt plant.

c. Verfahren und zuständiger Betriebsrat

107 Plant der Unternehmer eine Betriebsänderung im Sinne von § 111 BetrVG, löst die Planung einen **Anspruch auf Verhandlungen über einen Interessenausgleich** aus. Dies folgt aus der Beratungsverpflich-

83 Vgl. BAG 17.9.1991, EzA § 112 BetrVG 1972 Nr. 58.

84 Vgl. BAG 27.10.1987, EZA § 112 BetrVG 1972 Nr. 41.

tung des Unternehmers nach § 111 Satz 1 BetrVG. Der Arbeitgeber trägt hierbei die Initiativlast.[85] Von ihm muss der Anstoß zu Beratung und Verhandlung ausgehen. Der Wortlaut von § 111 BetrVG ist unmissverständlich, wenn es dort heißt, dass »der Unternehmer« die geplanten Betriebsänderungen mit dem Betriebsrat zu beraten »hat«. Ziel der Verhandlungen ist eine Einigung der Betriebsparteien über die in Aussicht genommene Betriebsänderung: § 112 Abs. 1 BetrVG bezeichnet diese Einigung als »Interessenausgleich«.

Das in §§ 111, 112 BetrVG vorgesehene Verfahren muss noch in einem Stadium abgewickelt werden, in dem der **Plan zur Betriebsänderung** noch nicht, und zwar auch noch nicht teilweise verwirklicht ist. Der Unternehmer muss den Betriebsrat einschalten, bevor er darüber entschieden hat, ob und inwieweit die Betriebsänderung erfolgt.[86] **108**

Der **Verhandlungsanspruch des Betriebsrats endet** erst dann, wenn die Verhandlungen in der Einigungsstelle für gescheitert erklärt werden.[87] Der Arbeitgeber darf nicht vor Durchführung des Einigungsstellenverfahrens die Verhandlungen über einen Interessenausgleich endgültig für gescheitert erklären. Vor dem Hintergrund des Gestaltungszwecks der Interessenausgleichsverhandlungen können diese nicht (auch nicht in einer Einigungsstelle) nachgeholt werden, wenn die Betriebsänderung bereits durchgeführt ist.[88] Allerdings setzt sich das Unternehmen damit Nachteilsausgleichsansprüchen aus (vgl. Teil B Rn. 159). Zudem bleibt daneben auch der Verhandlungsanspruch des Betriebsrats bezogen auf den Sozialplan bestehen (vgl. Teil B Rn. 123). Will der Unternehmer Ansprüche auf Nachteilsausgleich vermeiden, muss er das für den Versuch einer Einigung über den Interessenausgleich vorgesehene Verfahren voll ausschöpfen. Falls eine Einigung mit dem Betriebsrat nicht möglich ist und der Betriebsrat nicht selbst die Initiative ergreift, muss der Unternehmer seinerseits die Einigungsstelle anrufen, um dort einen Interessenausgleich zu versuchen.[89] Dies gilt auch dann, wenn nach § 112a BetrVG ein **Sozialplan nicht erzwingen** kann.[90] Die Einstellung durch den Vorsitzenden kann aber erst erfolgen, wenn durch Mehrheitsbeschluss der Einigungsstelle das Scheitern der Verhandlungen gem. § 76 Abs. 3 BetrVG festgestellt wurde. Die Feststellung allein durch den Vorsitzenden genügt nicht. **109**

Die Frage, **welcher Betriebsrat** für die Verhandlungen über einen Interessenausgleich **zuständig** ist, folgt der betriebsverfassungsrechtlichen **110**

---

85 Vgl. BAG 24.1.1996, NZA 1996, 1107.

86 Vgl. BAG 14.9.1976, DB 1977, 309.

87 Vgl. Fitting, § 112, 112a Rn. 36.

88 BAG 28.3.2006, 1 ABR 5/05 juris; LAG Hamm 8.3.2010, 10 TaBV 1/210 juris.

89 Vgl. BAG 18.12.1984, NZA 1985, 400; BAG 18.12.1972, AP BetrVG 1972 § 113 Nr. 11.

90 Vgl. BAG 8.11.1998, NZA 1989, 278.

Kompetenzverteilung (vgl. hierzu ausführlich Teil B Rn. 26ff.). Bestehen irgendwelche Zweifel über den zuständigen Verhandlungspartner auf der Arbeitnehmerseite, ist der Arbeitgeber verpflichtet, die in Betracht kommenden Arbeitnehmervertretungen zur Klärung der Zuständigkeitsfrage aufzufordern. Andernfalls trägt er das Risiko, dass sein Verhandlungsversuch als unzureichend gewertet wird[91].

d. Bindungswirkung des Interessenausgleichs

111 Nach der Rechtsprechung des *BAG* ist der Interessenausgleich eine so genannte »Kollektivvereinbarung eigener Art«, der nicht die Wirkung einer Betriebsvereinbarung zukommt. Deshalb soll der Betriebsrat auch nicht auf Erfüllung des gefundenen Kompromisses bestehen können und der Betriebsrat keinen gerichtlich durchsetzbaren Anspruch gegen den Arbeitgeber haben, die Betriebsänderung so wie im Interessenausgleich vorgesehen auch auszuführen.[92] Diese Auffassung des *BAG* ist unzutreffend. Immerhin geht es bei der Frage des Interessenausgleichs um eine präventive Nachteilsvermeidung für die Arbeitnehmer. Deshalb muss der Betriebsrat auch die Möglichkeit haben, die getroffenen Vereinbarungen durchsetzen zu lassen, zumal der jeweilige Regelungsgegenstand des Interessenausgleichs regelmäßig zum »Gesamtverhandlungspaket« gehört und der Betriebsrat im Hinblick auf Regelungsgegenstände des Interessenausgleichs auf bestimmte Ausgleichformen oder aber deren Umfang im Sozialplan »verzichtet« hat. Gegen diese Rechtsprechung werden in der Literatur deshalb auch gewichtige Argumente vorgetragen,[93] sodass offen ist, ob das *BAG* an dieser Rechtsprechung noch festhalten wird.

e. Namensliste nach § 1 Abs. 5 KSchG

112 Nach § 1 Abs. 5 KSchG wird vermutet, dass eine Kündigung durch dringende betriebliche Erfordernisse bedingt ist, wenn bei einer Betriebsänderung nach § 111 BetrVG die Arbeitnehmer, denen gekündigt werden soll, in einem Interessenausgleich zwischen Arbeitgeber und Betriebsrat namentlich bezeichnet sind. Außerdem wird dann die soziale Auswahl der Arbeitnehmer nur auf grobe Fehlerhaftigkeit überprüft. Die **Vermutungswirkung** hat zur Folge, dass der Arbeitnehmer, der sich auf einen abweichenden Sachverhalt beruft, entgegen § 1 Abs. 2 S. 4 KSchG die volle Beweislast hierfür trägt. Die Regelung des § 1 Abs. 5 KSchG führt daher zu einer Beweislastumkehr. Diese Beweislastumkehr erstreckt sich aber nicht auf die Frage, ob der Arbeitnehmer auf einen freien Arbeitsplatz in einem anderen Betrieb dessel-

91 Vgl. BAG 24.1.1996, NZA 1996, 1107.

92 Vgl. BAG 28.8.1991, DB 1992, 380; BAG 3.5.06, DB 06, 2411; zum Meinungsstand vgl. auch Fitting, §§ 112, 112a Rn. 50ff.

93 Vgl. DKKW-Däubler, §§ 112, 112a, Rn. 16ff.

ben Unternehmens versetzt werden kann.[94] Im Übrigen ersetzt der Interessenausgleich nach § 111 Satz 1 BetrVG die Stellungnahme des Betriebsrats nach § 17 Abs. 3 Satz 2 KSchG, wie sich unmittelbar aus § 1 Abs. 5 Satz 4 KSchG ergibt. Nach der Rechtsprechung des *BAG* findet die Bestimmung auch auf betriebsbedingte Änderungskündigungen, die Gegenstand einer Namensliste sind, Anwendung.

Die Voraussetzungen für die Vereinbarung einer Namensliste muss der Arbeitgeber beweisen. Er muss also im Kündigungsschutzprozess darlegen und beweisen, dass eine **Betriebsänderung** vorliegt, dass diese für die Kündigung ursächlich war und dass der **Interessenausgleich** samt Namensliste **ordnungsgemäß** zustande gekommen ist.[95] Sodann muss er – wie bei jeder anderen betriebsbedingten Kündigung auch – beweisen, dass eine **Unternehmerentscheidung** vorliegt und ihre Umsetzung das notwendige Beschäftigungsvolumen entsprechend einschränkt. **113**

Die **Zulässigkeit** einer Namensliste als Teil des Interessenausgleichs nach § 112 Abs. 2 hängt im Übrigen von folgenden Bedingungen ab:[96] **113a**

- Die Namensliste muss sich auf den **gesamten Personalabbau** beziehen, der durch die Betriebsänderung verursacht ist. Es ist nicht zulässig, die Namensliste nur auf einen Teil des beabsichtigten Personalabbaus zu beschränken. Wie sich die dem Interessenausgleich zugrunde liegende Betriebsänderung aus Sicht der Betriebsparteien auf die konkreten Beschäftigungsmöglichkeiten der Arbeitnehmer im Betrieb insgesamt auswirkt, wird nur aus einer Namensliste ersichtlich, die die unternehmerische Entscheidung insgesamt erfasst.[97]
- Zudem müssen die einzelnen Personen so genau bezeichnet werden, dass ihre **Identifizierung** zweifelsfrei möglich ist.[98]
- In der Namensliste dürfen nur solche Arbeitnehmer aufgeführt sein, die aus der eigenen Sicht der Betriebsparteien aufgrund der im **Interessenausgleich vereinbarten Betriebsänderung** von betriebsbedingter Kündigung betroffen sind. Dies ist nicht der Fall, wenn in die Namensliste Arbeitnehmer nur deshalb aufgenommen werden, um bei dem von diesen Mitarbeitern gewünschten freiwilligen Ausscheiden drohende Sperrzeiten gemäß § 144 SGB III nach Möglichkeit auszuschließen.[99]
- Die Namensliste muss **in unmittelbarem zeitlichen Zusammenhang** mit dem Interessenausgleich vereinbart werden. Nur dann ist die Liste »in einem Interessenausgleich« vereinbart.

---

94 A.A. LAG Hessen 26.10.2007, 10 Sa 1908/05, juris.
95 BAG 22.1.2004, AP Nr. 1 zu § 112 BetrVG 1972 Namensliste.
96 Hierzu DKKW/Däubler, § 112 Rn. 18 bff.
97 BAG 26.3.2009, 2 AZR 296/07, juris.
98 LAG Düsseldorf 28.5.2008, 7 Sa 318/08, juris.
99 BAG 26.3.2009, 2 AZR 296/07, juris.

- Die **Namensliste ist nicht erzwingbar**, da der Interessenausgleich nur freiwillig zustande kommen kann[100].
- Die Namensliste bedarf wie der gesamte Interessenausgleich der **Schriftform**. Im Falle eines Interessenausgleichs mit Namensliste ohne anfängliche feste körperliche Verbindung von Interessenausgleich und Namensliste ist die Schriftform z. B. dann nicht gewahrt, wenn zwar der Interessenausgleich auf eine Namensliste verweist, jedoch in der Namensliste eine Rückverweisung auf den Interessenausgleich fehlt.[101] Ohne eine solche Rückverweisung stellen Interessenausgleich und Namensliste keine einheitliche Urkunde dar. Die Schriftform ist auch dann nicht gewahrt, wenn die Namensliste als Anlage des Interessenausgleichs lediglich mit Paraphen unterzeichnet worden ist, da das gesetzliche Schriftformerfordernis in § 1 Abs. 5 KSchG der unzweideutigen Willenserklärung der Parteien dient und insbesondere normative Rechtswirkung zu Lasten Dritter (der betroffenen Arbeitnehmer) herbeiführt.
- Die Namensliste kann sich nur auf geplante Kündigungen, nicht hingegen auf schon ausgesprochene Kündigungen beziehen.
- Die Namensliste entbindet den Arbeitgeber nicht von der Verpflichtung, dem Arbeitnehmer auf Verlangen die **Gründe mitzuteilen,** die zu der getroffenen sozialen Auswahl geführt haben.[102] Hieraus folgt zugleich, dass auch die Namensliste sich **auf soziale, die Kündigung rechtfertigende Kriterien stützen können muss**.
- Ist das dem Interessenausgleich zugrunde liegende **Punktesystem** für die Auswahl der von Kündigung betroffenen Arbeitnehmer **altersdiskriminierend**, so führt dies zu grober Fehlerhaftigkeit der Sozialauswahl. Dies hat jedoch nach der Rechtsprechung des *BAG* nicht die »Unwirksamkeit« der Namensliste und des Interessenausgleichs insgesamt und damit den Wegfall der gesetzlichen Vermutung der Betriebsbedingtheit der Kündigung zur Folge.[103]
- Eine »**Herausnahmeliste**« ist keine Namensliste im Sinne von § 1 Abs. 5 KSchG. Deshalb ist eine Liste unwirksam, nach der denjenigen Arbeitnehmern gekündigt werden können soll, die nicht in der Liste genannt sind.
- Die Namensliste darf nicht zur »**Abschussliste**« verkommen. Dies wäre z. B. dann der Fall, wenn die Liste für Arbeitgeber und Betriebsrat gemeinsam nur Mittel zu dem Zweck wäre, unliebsame Arbeitnehmer loszuwerden.

---

100 Weitergehend LAG Köln 7. 5. 2007, 14 Sa 1403/06, juris: Im Augenblick der Unterzeichnung müssen der Interessenausgleich und die Namensliste als einheitliche Urkunde äußerlich erkennbar werden.

101 BAG 12. 5. 2010, 2 AZR 551/08, juris.

102 BAG 12. 4. 2002, NZA 03, 42 und 22. 1. 2004, AP Nr. 1 zu § 112 BetrVG 1972 Namensliste; LAG Sachsen-Anhalt 9. 3. 2010, 2 Sa 369/09, juris.

103 BAG 5. 11. 2009, 2 AZR 676, juris.

Die Vereinbarung einer Namensliste ist für den Betriebsrat in aller Regel nicht zu empfehlen. In den Augen der Beschäftigten, wird dadurch der Betriebsrat als derjenige identifiziert, der für die Kündigungen verantwortlich ist. **114**

f. Namensliste nach § 323 Abs. 2 UmwG

Nach § 323 Abs. 2 UmwG kann das Arbeitsgericht, wenn bei einer Verschmelzung, Spaltung oder Vermögensübertragung ein **Interessenausgleich** zustande kommt, in dem diejenigen **Arbeitnehmer** bezeichnet werden, die nach der Umwandlung **einem bestimmten Betrieb oder Betriebsteil zugeordnet werden**, diese Zuordnung der Arbeitnehmer nur auf grobe Fehlerhaftigkeit überprüfen. Grob fehlerhaft ist die Zuordnung, wenn sie sich unter keinem rechtlichen Gesichtspunkt sachlich rechtfertigen lässt. **115**

Die Zuordnung muss grundsätzlich in der Weise erfolgen, wie sie sich aus der aus § 613 a Abs. 1 Satz 1 BGB resultierenden objektiven Rechtslage ergibt (vgl. hierzu Teil A Rn. 115). Hieraus folgt, dass die **Zuordnung** durch die Betriebsparteien **keine konstitutive, sondern bloß deklaratorische Wirkung** entfaltet. Es ist deshalb nicht zulässig, Arbeitnehmer einem übergehenden Betrieb(steil) zuzuordnen, obwohl sie von Rechts wegen nicht dieser Organisationseinheit zuzurechnen sind. Ebenso wenig können die Betriebsparteien Arbeitnehmer, deren Arbeitverhältnis der übergehenden Organisationseinheit zugeordnet werden muss, von dem gesetzlich zwingenden Übergang ausnehmen. Eine Zuordnung ist gleichfalls ausgeschlossen, wenn ein Arbeitnehmer dem Übergang seines Arbeitsverhältnisses widersprochen hat. Praktische Bedeutung erlangt die Bestimmung deshalb vor allem dann, wenn die rechtliche Zuordnung eines Arbeitnehmers aufgrund seiner bisherigen Stellung im früheren Betrieb nicht eindeutig ist: Dies kann z. B. dann der Fall sein, wenn der Arbeitnehmer in mehreren Abteilungen gearbeitet hat oder wenn es um Fälle der massenhaften Zuordnung von Arbeitsverhältnissen geht.[104] Insoweit hat der Interessenausgleich dann auch normative Wirkung nach § 77 Abs. 4 BetrVG.[105] **116**

Auch bei **Betriebspaltungen außerhalb des UmwG** wird vielfach mit Zuordnungslisten gearbeitet. Diese haben allerdings nicht die rechtliche Qualität eines Interessenausgleichs nach § 323 Abs. 2 BGB. Mangels einer ausdrücklichen gesetzlichen Regelung ist hier die Prüfungsbefugnis des Arbeitsgerichts also nicht eingeschränkt. Ist der Betriebsrat allerdings in das Zuordnungsverfahren eingebunden, bieten solche Listen eine gewisse Richtigkeitsgewähr. Dies setzt jedoch voraus, dass zwischen Betriebsrat und Arbeitgeber die Zuordnungskrite- **117**

104 Vgl. WHSS-Willemsen, Rn. G 143; Kittner/Däubler/Zwanziger, KSchR, § 323 UmwG Rn. 16.

105 Düwell, NZA 1996, 398.

rien unter Berücksichtigung der Grundsätze des § 613 a BGB festgelegt worden sind.

g. Kollektiv- und registerrechtliche Folgen eines Verstoßes gegen das Mitbestimmungsrecht des Betriebsrats

118 Wird die Betriebsänderung – also z. B. die Zusammenlegung und Spaltung von Betrieben oder Betriebsteilen, aber auch der Ausspruch von Kündigungen und die Verlegung von Betriebsanlagen etc. – umgesetzt, bevor das Interessenausgleichsverfahren vollständig abgeschlossen ist, in dem die Einigungsstelle das Scheitern der Verhandlungen erklärt hat, laufen die dem Betriebsrat in §§ 111, 112 BetrVG zuerkannten Rechtspositionen ins Leere. Eine nachträgliche Unterrichtung des Betriebsrats sowie die nachträgliche Beratung und Verhandlung der Betriebsänderung hat dann keinen Sinn mehr. In diesem Zusammenhang stellt auch die Sanktion des Nachteilsausgleichs in § 113 Abs. 3 BetrVG keine ausreichende Absicherung der Beteiligungsrechte des Betriebsrats dar, zumal nach der (allerdings fragwürdigen) Rechtsprechung des *BAG* Nachteilsausgleichsansprüche auf etwaige Sozialplanansprüche angerechnet werden[106] und es sich darüber hinaus um individualrechtliche Ansprüche der Arbeitnehmer handelt.

119 Zur Wahrung seiner Unterrichtungs-, Beratungs- und Verhandlungsansprüche kann der Betriebsrat deshalb im Wege des einstweiligen Rechtsschutzes nach § 938 Abs. 2 ZPO im Wege der Sicherungsverfügung vom Arbeitgeber **Unterlassung der betriebsverfassungswidrigen Durchführung der Betriebsänderung** bis zur Ausschöpfung des Verhandlungsanspruchs über einen Interessenausgleich nach §§ 111, 112 BetrVG verlangen.[107] Die einstweilige Verfügung zielt also auf eine vorübergehende Untersagung der beabsichtigten Betriebsänderung zur Sicherung der Beteiligungsrechte des Betriebsrats.[108] Deshalb endet der Unterlassungsanspruch, wenn die Verhandlungen in der Einigungsstelle für gescheitert erklärt worden sind. Gegenstand der einstweiligen Verfügung kann z. B. das vorübergehende Verbot des Ausspruchs von Kündigungen sein,[109] ebenso kann dem Arbeitgeber

---

106 DKKW-Däubler, § 112 a Rn. 59 f.

107 **Zustimmend:** LAG Hamm 28. 6. 2010, 13 TaBV 372/10, juris; LAG Rheinland-Pfalz 5. 2. 2010, 6 Ta BVGa 5/09, juris; LAG Hessen 19. 1. 2010, 4 TaBVGa 3/10, juris; LAG München 22. 12. 2008, 6 TaBVGa 6/08, juris; LArbG Berlin-Brandenburg 25. 6. 2008, 15 TaBVGa 1145/08, juris; LAG Schleswig-Holstein 20. 7. 2007, 3 Ta BVGa 1/07, juris; so auch ErfK/Kania, § 111 BetrVG, Rn. 24; Fitting, § 111 Rz. 138; **ablehnend** LAG Baden-Württemberg 21. 10. 2009, 20 TaBVGa 1/09, juris; LAG Köln 27. 5. 2009, 2 Ta BVGa 7/09, juris; LAG Nürnberg 9. 3. 2009, 6 TaBVGa 2/09, juris.

108 Fitting, § 111 Rn. 138; Derleder, AuR 1995, 18 ff.; LAG Berlin 7. 9. 1995, AiB 1996, 251 ff.

109 DKKW-Däubler, § 112 Rn. 23.

die **Außerbetriebnahme und Entfernung von Anlagen** einstweilig verboten werden.[110]

3. Der Sozialplan

a. Rechtsnatur, Zustandekommen, Auslegung

120 Nach der **Legaldefinition** von § 112 Abs. 1 Satz 2 BetrVG ist der **Sozialplan** die Einigung zwischen Unternehmer und Betriebsrat über den Ausgleich oder die Milderung der wirtschaftlichen Nachteile, die den Arbeitnehmern infolge der Betriebsänderung entstehen. Er setzt zu seiner Wirksamkeit **Schriftform** voraus, § 112 Abs. 1 Satz 2 BetrVG.

121 Sozialpläne sind, obwohl ihnen nach dem Wortlaut von § 112 Abs. 1 Satz 3 BetrVG 1972 nur »die Wirkung einer Betriebsvereinbarung zukommt«, echte **Betriebsvereinbarungen** im Sinne dieses Gesetzes. Es handelt sich jedoch nach der Rechtsprechung des *BAG* um Betriebsvereinbarungen besonderer Art.[111] § 77 Abs. 3 BetrVG ist auf den Sozialplan nicht anzuwenden, § 112 Abs. 1 Satz 4 BetrVG.

Die betriebsverfassungsrechtlichen Regelungen schließen es nach der Rechtsprechung des *BAG*[112] nicht aus, einen **Sozialplan** auch **in der Rechtsform eines Tarifvertrages** abzuschließen.

b. Erzwingbarkeit

122 Der Sozialplan ist, wie sich aus § 112 Abs. 4 BetrVG ergibt, **erzwingbar**: Kommt eine Einigung über den Sozialplan nicht zustande, entscheidet die Einigungsstelle über die Aufstellung eines Sozialplans.

123 Der Betriebsrat kann den Sozialplan grundsätzlich bei jeder Betriebsänderung erzwingen.[113] Die Rechtsfrage, ob eine Betriebsänderung vorliegt, ist im Beschlussverfahren zu klären.[114] Auch noch nach Umsetzung der Betriebsänderung und auch ohne Interessenausgleich kann der Sozialplan über die Einigungsstelle durchgesetzt werden. Ausnahmen von der Erzwingbarkeit des Sozialplans sind in § 112a BetrVG geregelt (vgl. Teil B Rn. 136ff.).

124 Ist ungewiss, ob eine Betriebsänderung ausgeführt wird oder nicht, können die Betriebspartner vorsorglich für den Fall, dass es sich um eine Betriebsänderung handelt, einen Sozialplan vereinbaren.[115] Betriebsrat und Arbeitgeber können also auch für noch nicht geplante, aber in

110 ArbG Hamburg 6.1.2005, 25 GaBV 2/04, AiB 05, 568.

111 Vgl. BAG 27.8.1975, EzA § 112 BetrVG 1972 Nr. 4.

112 BAG 6.12.2006, AP Nr. 1 zu § 1 TVG Sozialplan; BAG 24.4.2007, AiB 2007, 732–735.

113 Vgl. Fitting, § 112 Rn. 77.

114 Vgl. Fitting, § 112 Rn. 79.

115 Vgl. BAG 1.4.1998, EzA § 112 BetrVG 1972 Nr. 99.

groben Umrissen schon abschätzbare Betriebsänderungen einen Sozialplan in Form einer freiwilligen Betriebsvereinbarung aufstellen. Darin liegt noch kein unzulässiger Verzicht auf künftige Mitbestimmungsrechte.[116] Soweit ein solcher **vorsorglicher Sozialplan** wirksame Regelungen enthält, ist das Mitbestimmungsrecht des Betriebsrats nach § 112 BetrVG nach Auffassung des *BAG* verbraucht, falls eine entsprechende Betriebsänderung später tatsächlich vorgenommen wird.[117]

c. Geltungsdauer des Sozialplans

125 Ein für eine bestimmte Betriebsänderung vereinbarter **Sozialplan** kann, soweit nichts Gegenteiliges vereinbart ist, nicht ordentlich **gekündigt** werden. Anderes kann nach der bundesarbeitsgerichtlichen Rechtsprechung für Dauerregelungen in einem Sozialplan gelten, wobei **Dauerregelungen** nur solche Bestimmungen sind, nach denen ein bestimmter wirtschaftlicher Nachteil durch auf bestimmte oder unbestimmte Zeit laufende Leistungen ausgeglichen oder gemildert werden soll.[118]

126 Ist die **Geschäftsgrundlage** eines Sozialplans weggefallen und ist einem Betriebspartner das Festhalten am Sozialplan mit dem bisherigen Inhalt nach Treu und Glauben nicht mehr zuzumuten, können die Betriebspartner die Regelungen des Sozialplans den veränderten tatsächlichen Umständen anpassen. Verweigert der andere Betriebspartner die Anpassung, entscheidet die Einigungsstelle verbindlich.[119] Nach der Rechtsprechung des *BAG* kann in diesem Fall die anpassende Regelung aufgrund des anzupassenden Sozialplans schon entstandene Ansprüche der Arbeitnehmer auch zu deren Ungunsten abändern. Insoweit genießen die Arbeitnehmer keinen Vertrauensschutz.[120]

127 Das *BAG*[121] steht auf dem Standpunkt, dass eine **wider Erwarten erfolgende Betriebsveräußerung** einem aus Anlass einer Betriebsstilllegung abgeschlossenen Sozialplan die Geschäftsgrundlage entzieht. Habe der Arbeitgeber mit der Durchführung einer geplanten Betriebsstilllegung durch Kündigung aller Arbeitsverhältnisse begonnen, entfalle die Geschäftsgrundlage des für die Betriebsstilllegung vereinbarten Sozialplans, wenn alsbald nach Ausspruch der Kündigung der Betrieb von einem Dritten übernommen werde und dieser sich bereit erkläre, alle Arbeitsverhältnisse zu den bisherigen Bedingungen fortzuführen.

128 Die Betriebspartner können einen **Sozialplan** jederzeit **einvernehmlich** für die Zukunft **abändern**.[122] Jedenfalls soweit der Sozialplan

---

116 Vgl. BAG 26.8.1997, NZA 1998, 216.

117 Vgl. BAG 26.8.1997, NZA 1998, 216, ErfK – Hanau/Kania, § 112 Rn. 15; a.A. DKKW-Däubler, § 112, Rn. 132a.

118 Vgl. BAG 10.8.1994, NZA 1995, 314.

119 Vgl. BAG 10.8.1994, NZA 1995, 314.

120 Vgl. BAG 10.8.1994, NZA 1995, 314.

121 Vgl. BAG 28.8.1996, AP BetrVG 1972 § 112 Nr. 104.

122 Vgl. BAG 10.8.1994, NZA 1995, 314.

Dauerregelungen enthalte und fortlaufende, zeitlich unbegrenzte Leistungsansprüche begründe, kann er nach der Rechtsprechung des *BAG* durch eine spätere Betriebsvereinbarung in den Grenzen von Recht und Billigkeit auch zuungunsten der Arbeitnehmer abgeändert werden.[123] Ein Eingriff in bereits entstandene Sozialplanforderungen ist jedoch unzulässig.

d. Die Sozialplanforderung

Es obliegt grundsätzlich der Entscheidung der Betriebsparteien und damit dem konkreten Inhalt des Sozialplans, wann Sozialplanansprüche **entstehen**.[124] Fehlt es an einer anderweitigen ausdrücklichen Regelung, entsteht der Sozialplananspruch mit Beendigung des Arbeitsverhältnisses aus betriebsbedingten Gründen.[125] Die Betriebsparteien entscheiden auch über den Zeitpunkt der **Fälligkeit** nach freiem Ermessen. Auch hier ist dies in der Regel der Zeitpunkt des betriebsbedingten Ausscheidens des Arbeitnehmers,[126] sodass Entstehung und Fälligkeit üblicherweise zusammenfallen. **129**

Die Fälligkeit der Sozialplanforderung ist – wenn dies Gegenstand des Sozialplans geworden ist – durch die Erhebung einer Kündigungsschutzklage aufschiebend bedingt, d. h. in diesem Fall tritt Fälligkeit erst mit deren rechtskräftiger Klageabweisung ein. **130**

Ein **Verzicht** auf Ansprüche aus einem Sozialplan ist nach § 77 Abs. 4 Satz 2 BetrVG nur mit Zustimmung des Betriebsrats wirksam.

Ansprüche aus dem Sozialplan unterliegen der gesetzlichen **Verjährung**. Nach den §§ 195, 199 BGB beträgt die Verjährungsfrist deshalb drei Jahre ab Kenntnis oder grob fahrlässiger Unkenntnis. **Ausschlussfristen** in einem Tarifvertrag, die entsprechende Fristen für alle »Ansprüche aus dem Arbeitsverhältnis« vorsehen, erfassen nach der Rechtsprechung des *BAG* auch Ansprüche aus einem Sozialplan.[127] Die Frist beginnt in der Regel mit der rechtlichen Beendigung des Arbeitsverhältnisses. **131**

Die Sozialplanleistungen, vor allem die Abfindung, werden in der Regel »brutto« ausbezahlt. Damit trägt der Arbeitnehmer die **Steuerlast**; die Übernahme der Steuer durch den Arbeitgeber ist im Zweifel nicht gewollt. Die Besteuerung von Abfindungen richtet sich nach der so genannten Fünftelungsregelung (§ 34 i. V. m § 24 Nr. 1 EStG). Der Steuersatz wird so bestimmt, als wäre die Abfindung auf fünf Jahre verteilt worden. Damit wird die Steuerprogression reduziert. **132**

---

123 Vgl. BAG 24. 3. 1981, DB 1981, 2178.
124 BAG 13. 12. 1994, DB 96, 433.
125 BAG 22. 5. 1996, DB 97, 280.
126 BAG 15. 7. 2004, NZA 05, 292.
127 BAG 27. 1. 2004, NZA 04, 667; Fitting, § 112 Rn. 185.

133 **Sozialversicherungspflichtig** sind Abfindungen nicht. Dies gilt nicht, wenn in der Abfindung ein bereits erworbener Entgeltanspruch oder eine Urlaubsabgeltung enthalten sind.[128] Eine Anrechung der Abfindung auf das **Arbeitslosengeld** findet nicht statt. Allerdings ruht der Anspruch auf Arbeitslosengeld, wenn bei der Festlegung des Beendigungszeitpunkts für das Arbeitsverhältnis die für den Arbeitnehmer maßgebliche Kündigungsfrist nicht beachtet wurde (§ 143 a SGB III). Hierdurch wird die Fälligkeit des Anspruchs auf Arbeitslosengeld für den Ruhenszeitraum hinausgeschoben. Die Arbeitsverwaltung leistet für diesen Zeitraum keine Sozialversicherungsbeiträge. Damit endet der Krankenversicherungsschutz nach § 19 Abs. 2 SGB V einen Monat nach Ausscheiden aus dem Arbeitsverhältnis.

134 Ist der Abfindungsanspruch zum Zeitpunkt des Todes des anspruchsberechtigten Arbeitnehmers bereits entstanden, geht dieser Anspruch auf den **Erben** über. Keine Voraussetzung für die Rechtsnachfolge ist, dass der Abfindungsanspruch zu diesem Zeitpunkt schon fällig war.[129] Der Abfindungsanspruch entsteht aber – mangels anderweitiger Vereinbarung der Betriebsparteien im Sozialplan oder der Arbeitsvertragparteien z. B. im Aufhebungsvertrag – erst mit der rechtlichen Beendigung des Arbeitsverhältnisses, also in der Regel mit Ablauf der Kündigungsfrist. Stirbt der Arbeitnehmer vor diesem Zeitpunkt, wird das Arbeitsverhältnis nicht aus betriebsbedingten Gründen beendet, sodass kein Abfindungsanspruch auf die Erben übergehen kann.[130] Auf entsprechende Regelungen ist deshalb in der Praxis dringend zu achten.

135 Verfügt der Arbeitgeber die Stilllegung eines Betriebes und entlässt er alle Arbeitnehmer, kann er nach der Rechtsprechung des *BAG* **gegen** die aus einem vom Betriebsrat erzwungenen Sozialplan resultierenden **Abfindungsforderungen nicht einwenden**, seine Kündigungen seien unwirksam gewesen, weil es sich um einen Betriebsübergang gehandelt habe, der nicht zum Anlass einer Kündigung hätte genommen werden dürfen. Ein solcher Einwand ist widersprüchlich und verstößt gegen den Grundsatz von Treu und Glauben.[131]

e. Betriebsänderungen ohne erzwingbaren Sozialplan, § 112 a BetrVG

136 Hat die Betriebsänderung nach § 111 Satz 2 Nr. 1 BetrVG lediglich einen **Personalabbau** zum Gegenstand, ohne dass zugleich eine Änderung sächlicher Betriebsmittel erfolgt, ist ein Sozialplan nur erzwingbar, wenn die Zahlen bzw. Prozentsätze des § 112 a Abs. 1 erfüllt sind.[132]

---

128 DKKW-Däubler, § 112 Rn. 143.

129 BAG 27. 6. 2006, NZA 06, 1238.

130 BAG 27. 6. 2006, NZA 06, 1238.

131 Vgl. BAG 27. 6. 1995, AP BetrVG 1972 § 4 Nr. 7.

132 Vgl. Fitting, § 112 Rn. 83.

Nach § 112a Abs. 1 Satz 1 BetrVG ist bei reinem Personalabbau ein Sozialplan nur erzwingbar, wenn in Betrieben mit **in der** Regel **137**

1– 59 AN	20% der AN, aber mindestens 6 AN
60–249 AN	20% der AN oder mindestens 37 AN
250–499 AN	15% der AN oder mindestens 60 AN
500–599 AN	60 AN
ab 600 AN	10% der AN

aus betriebsbedingten Gründen entlassen werden sollen.

Werden die Grenzwerte bei **stufenweisem Abbau** erreicht, ist von einer einheitlichen Betriebsänderung auszugehen, wenn alle Maßnahmen auf einem einheitlichen Entschluss des Unternehmers beruhen.[133] Die Rechtslage ist anders, wenn jeweils neue unternehmerische Entscheidungen z. B. durch unvorhergesehene Vorkommnisse getroffen werden.[134]

Als **Entlassung** gelten nicht nur Kündigungen, sondern nach § 112a Abs. 1 Satz 2 BetrVG auch vom Arbeitgeber veranlasste Aufhebungsverträge und Eigenkündigungen der Arbeitnehmer. Hierzu zählt auch der betriebsbedingte Altersteilzeitvertrag, der arbeitsrechtlich als Auflösungsvertrag mit langer Auslauffrist einzuordnen ist.[135] Verhaltens- und personenbedingte Kündigungen sind selbstverständlich nicht zu berücksichtigen. **138**

Wird der Betrieb über den Personalabbau hinaus auch dadurch eingeschränkt, dass z. B. bedeutsame Betriebsmittel veräußert werden, ist die **Ausnahmevorschrift des § 112a Abs. 1 Satz 1 BetrVG nicht anwendbar**. Nach der Rechtsprechung des *BAG* gilt dies allerdings nur dann, wenn die sonstigen Maßnahmen zusammen mit dem Personalabbau eine Betriebseinschränkung im Sinne des § 111 Satz 3 Nr. 1 BetrVG bedeuten.[136] **139**

§ 112 Abs. 4 und 5 BetrVG findet gem. § 112a Abs. 2 BetrVG keine Anwendung auf **Betriebe eines Unternehmens in den ersten vier Jahren nach seiner Gründung**. Nach dem Wortlaut des Gesetzes ist in diesem Fall ein Sozialplan nicht erzwingbar. Dies gilt für Betriebsänderungen jeder Art. Mit der Bestimmung wird der Zweck verfolgt, Unternehmensgründungen zu erleichtern. **Maßgebender Zeitpunkt** für die Gründung des Unternehmens ist die Aufnahme einer Erwerbstätigkeit, die nach § 138 AO dem Finanzamt mitzuteilen ist, § 112a Abs. 2 Satz 3 BetrVG. **140**

Nach der Rechtsprechung des *BAG* ist ein **neu gegründetes Unternehmen** in den ersten vier Jahren nach seiner Gründung auch dann von der Sozialplanpflicht für eine Betriebsänderung befreit, wenn diese **141**

---

133 Vgl. BAG 13.11.1996, AP BGB § 620 Aufhebungsvertrag Nr. 4.

134 Vgl. BAG 13.11.1996, AP BGB § 620 Aufhebungsvertrag Nr. 4.

135 Vgl. Kittner/Zwanziger – Bachner, § 104 Rn. 3.

136 BAG 28.3.06, AP Nr. 12 zu § 112a BetrVG 1972.

Betriebsänderung in einem Betrieb erfolgt, den das Unternehmen übernommen hat, selbst wenn dieser selbst schon länger als vier Jahre besteht.[137] Gegen diese Rechtsprechung bestehen erhebliche Bedenken.[138]

142 Von der Sozialplanpflicht nicht befreit sind Neugründungen im Zusammenhang mit der **rechtlichen Umstrukturierung von Unternehmen und Konzernen**, § 112a Abs. 2 Satz 2 BetrVG. Übertragen zwei Unternehmen einzelne Betriebe einem neugegründeten Unternehmen, das die Betriebe mit einer auf dem Zusammenschluss beruhenden unternehmerischen Zielsetzung fortführen soll, handelt es sich um eine Neugründung im Zusammenhang mit der **rechtlichen Umstrukturierung** von Unternehmen im Sinne von § 112a Abs. 2 Satz 2 BetrVG. Wird dieser Betrieb innerhalb von vier Jahren nach der Gründung des Unternehmens stillgelegt, ist er nicht von der Sozialplanpflicht nach § 112a Abs. 2 Satz 1 BetrVG befreit.[139] Ebenfalls nicht von der Sozialplanpflicht befreit sind die Verschmelzung von Unternehmen und die Aufspaltung eines Unternehmens in mehrere neugegründete Unternehmen.

f. Regelungsgegenstände des Sozialplans (ausgleichsbedürftige Nachteile)

143 Gem. § 112 Abs. 5 BetrVG hat die **Einigungsstelle** bei ihrer Entscheidung sowohl die sozialen Belange der Arbeitnehmer zu berücksichtigen als auch auf die wirtschaftliche Vertretbarkeit ihrer Entscheidung für das Unternehmen zu achten. Dabei hat sich die Einigungsstelle ausweislich des ausdrücklichen Gesetzeswortlauts **im Rahmen billigen Ermessens** vor allem von folgenden Grundsätzen leiten zu lassen:

- Sie soll beim Ausgleich oder bei der Milderung wirtschaftlicher Nachteile, vor allem durch Einkommensminderung, Wegfall von Sonderleistungen oder Verlust von Anwartschaften auf betriebliche Altersversorgung, Umzugskosten oder erhöhte Fahrtkosten, Leistungen vorsehen, die in der Regel den Gegebenheiten des Einzelfalls Rechnung tragen.
- Sie hat die Aussichten der betroffenen Arbeitnehmer auf dem Arbeitsmarkt zu berücksichtigen. Sie soll Arbeitnehmer von Leistungen ausschließen, die in einem zumutbaren Arbeitsverhältnis im selben Betrieb oder in einem anderen Betrieb des Unternehmens oder eines zum Konzern gehörenden Unternehmens weiterbeschäftigt werden können und die Weiterbeschäftigung ablehnen; die mögliche Weiterbeschäftigung an einem andern Ort begründet für sich allein nicht die Unzumutbarkeit.

---

137 Vgl. BAG 13.6.1989, NZA 1989, 974.

138 Vgl. Bachner/Köstler/Matthießen/Trittin, § 4 Rn. 365.

139 Vgl. BAG 22.2.1995, NZA 1995, 697.

- Sie soll die im Dritten Buch des Sozialgesetzbuches vorgesehenen Förderungsmöglichkeiten zur Vermeidung von Arbeitslosigkeit berücksichtigen.
- Sie hat bei der Bemessung des Gesamtbetrages der Sozialplanleistungen darauf zu achten, dass der Fortbestand des Unternehmens oder die nach Ausführung der Betriebsänderung verbleibenden Arbeitsplätze nicht gefährdet werden.

Die vorstehend beschriebenen Regelungsaspekte spielen auch in einem frei vereinbarten (also nicht durch Spruch der Einigungsstelle erzwungenen Sozialplan) regelmäßig die entscheidende Rolle.

Konkret hängen die **Regelungsgegenstände eines Sozialplans** ab **144**
von der jeweiligen Betriebsänderung und den hieraus für die Arbeitnehmer resultierenden Nachteilen. Dabei hängt die Aufnahme des Regelungsgegenstandes im Sozialplan und seine Bedeutung selbstverständlich auch von der jeweiligen Nachteilssituation bzw. vom jeweiligen Einzelfall und der Verhandlungssituation bzw. den Verhandlungszielen ab.[140] Nachfolgend werden im Sinne einer **Checkliste** diejenigen Regelungsgegenstände aufgeführt, die typischerweise Inhalt eines Sozialplans sind:

- Sachlicher Geltungsbereich, vor allem die erfasste Betriebsänderung
- Personeller Geltungsbereich, vor allem die erfassten Beendigungsformen und sonstige aus der Betriebsänderung resultierenden personellen Einzelmaßnahmen, wie z. B. Versetzungen
- Versetzung im Unternehmen bei gleichem Standort
  - Zumutbarkeit der Versetzung
  - Ausgleichszahlung bei schlechterer Vergütungsgruppe
  - Ausgleichszahlung bei verändertem Arbeitsinhalt
- Versetzung im Unternehmen an einen anderen Standort (individuell oder im Rahmen einer Betriebsverlegung, gegebenenfalls auch bei Verlegung des Betriebes ins Ausland)
  - Zumutbarkeit der Versetzung
  - Fahrtkosten
  - Anrechnung der längeren Wegezeiten auf die Arbeitszeit
  - Hilfe bei der Wohnungssuche
  - Umzugskosten
  - Rückkehroption
  - Probephase und Abkehrrecht

140 Die Liste basiert im Wesentlichen auf der Checkliste von Däubler in: DKKW-Formularbuch zum BetrVG, §§ 111–113 Rn. 12.

- Versetzung im Konzern
  - Zumutbarkeit der Versetzung
  - Übernahme durch ein Konzernunternehmen im Inland
  - Übernahme durch ein Konzernunternehmen im Ausland
- Übernahme durch ein anderes Unternehmen außerhalb des Konzerns
- Abfindung
  - gegebenenfalls Differenzierung nach der Form des Ausscheidens: Beendigungskündigung, Änderungskündigung, Aufhebungsvertrag, Eigenkündigung, Wechsel in Transfergesellschaft
  - Behandlung von Teilzeitkräften und befristet Beschäftigten
  - Begriffsdefinitionen: Lebensalter, Dauer der Betriebszugehörigkeit, Unterhaltspflichten, Eigenschaft als allein erziehende Person, Schwerbehinderteneigenschaft, Vermögensverhältnisse, Arbeitslosigkeit
  - Höhe der Abfindung: Festbeträge
  - Höhe der Abfindung: Formeln, vor allem Punktesystem
  - gegebenenfalls Reduzierung oder Ausschluss der Abfindung bei Ablehnung eines im Wege eines Versetzungsangebots angebotenen zumutbaren anderen Arbeitsplatzes
  - Fälligkeit und Vererblichkeit des Abfindungsanspruchs sowie Behandlung bei Kündigungsschutzklage
- Dingliche Sicherung der Abfindungsansprüche
- Urlaub und Sozialleistungen im Jahr des Ausscheidens
- Werkswohnungen
- Arbeitgeberdarlehen
- Betriebliche Altersversorgung
- Altersteilzeitverträge und Vorruhestandsprogramme
- Zeugniserteilung
- Wiedereinstellungszusagen
- Härtefonds
- Fortführung der bestehenden Ausbildungsverhältnisse
- Verfahren bei Auslegungsproblemen und Meinungsverschiedenheiten in Bezug auf den Sozialplan (Schlichtungsverfahren)
- Salvatorische Klausel
- Geltungsdauer

g. Transfersozialplan

Der Transfersozialplan ist ein arbeitspolitisches Instrument, dessen Voraussetzungen in § 216 b in Verbindung mit § 216 a SGB III geregelt sind. In der Regel werden die von Entlassung bedrohten Mitarbeiter im Wege eines so genannten dreiseitigen Vertrages in eine Transfergesellschaft übergeleitet. Die Konditionen der Mitarbeiter in der Transfergesellschaft werden im Transfersozialplan zwischen Betriebsrat und Arbeitgeber ausgehandelt. Dabei ist von Bedeutung, dass sich der ursprüngliche Arbeitgeber vor der Beantragung des Transferkurzarbeitergeldes von der Bundesagentur für Arbeit beraten lassen muss; das Gleiche gilt für die Betriebsparteien. Dies ist gemäß dem neuen (seit dem 1. 1. 2011) § 216 b Abs. 1 Nr. 4 SGB III sogar **Anspruchsvoraussetzung**. Aus diesem Grund ist es unbedingt zu empfehlen, die Bundesagentur für Arbeit bereits in die Verhandlungen über den Interessenausgleich und Sozialplan einzubinden, um die Anspruchsvoraussetzung frühzeitig zu erfüllen. **145**

Die finanzielle Basis für die in die Transfergesellschaft eingetretenen Beschäftigten bildet das Transferkurzarbeitergeld. Der Bezug des Transferkurzarbeitergeldes ist auf maximal zwölf Monate begrenzt und hat keinen Einfluss auf die Bezugsdauer des Arbeitslosengeldes I. D. h., die betroffenen Mitarbeiter haben nach Beendigung ihres Rechtsverhältnisses mit der Transfergesellschaft Anspruch auf Arbeitslosengeld I für die volle Bezugsdauer. Das Transferkurzarbeitergeld wird im Rahmen des Aufbaus einer Transfergesellschaft bei der zuständigen Agentur für Arbeit von der Transfergesellschaft beantragt. **146**

In der Regel wird das Transferkurzarbeitergeld von dem entlassenen Unternehmen »aufgestockt«, sodass die Mitarbeiter der Transfergesellschaft bis zu 100 % ihrer vormaligen Bezüge erhalten können. Regelmäßig werden jedoch zwischen 80–90 % der früheren Bezüge zur Auszahlung gebracht. Die Finanzierung der Transfergesellschaft erfolgt – von dem Transferkurzarbeitergeld abgesehen – auch im Übrigen durch das Unternehmen. **147**

Die Transfergesellschaft hat die Aufgabe, die von Arbeitslosigkeit bedrohten Beschäftigten in Arbeitsverhältnisse zu vermitteln. Zur Vermittlung stehen Transfergesellschaften unterschiedliche Instrumente zur Verfügung. Weiterbildungsmaßnahmen, die vom entlassenen Unternehmen finanziert werden, helfen den Mitarbeitern in der Transfergesellschaft sich beruflich neu zu orientieren oder so zu qualifizieren, dass diese in neue Beschäftigungsverhältnisse vermittelt werden können. Ferner arbeiten die Transfergesellschaften in enger Abstimmung mit der Agentur für Arbeit und nutzen auch deren etablierte Instrumente. **148**

h. Dotierung des Sozialplans

Für den durch Spruch der Einungsstelle zustande gekommenen (nicht den frei vereinbarten) Sozialplan gilt, dass der Sozialplan nach § 112 **149**

Abs. 5 BetrVG **für das Unternehmen wirtschaftlich vertretbar** sein muss. Allerdings ist dort nicht ausdrücklich definiert, unter welchen Voraussetzungen diese Bedingung erfüllt ist.

150 Das *BAG* hält die Vertretbarkeit auch einschneidender Belastungen des Unternehmens durch den Sozialplan bis an den Rand der Bestandsgefährdung (aber nicht über diese hinaus) im Grundsatz für möglich.[141] Die **zumutbare Belastung für das Unternehmen ist umso größer, je härter die Betriebsänderung die Arbeitnehmer trifft**. Der Verlust des Arbeitsplatzes ist regelmäßig als der für den Arbeitnehmer am schwersten wiegende Nachteil anzusehen. Eine relative Belastung bis zu der in § 112 Abs. 5 Satz 2 Nr. 3 BetrVG benannten Grenze, also bis an die Grenze der Bestandsgefährdung, wird deshalb am ehesten bei einer Betriebsänderung vertretbar sein, die zur Entlassung eines großen Teils der Belegschaft führt, auch wenn es ein wirtschaftlich wenig leistungsfähiges Unternehmen betrifft. So hat das *BAG* Aufwendungen für einen Sozialplan jedenfalls in Höhe des Einspareffekts eines Jahres für vertretbar gehalten.[142] Eine absolute Höchstgrenze ist damit indessen nicht festgelegt. Vielmehr kann die Einigungsstelle bei Betriebsänderungen, die auf langfristige Wirkungen angelegt sind, auch einen auf einen längeren Zeitraum – nach der Rechtsprechung des *BAG*[143] eine durch die Betriebsänderung zu erwartende Kostenersparnis von zwei Jahren – bezogenen Aufzehreffekt in Kauf nehmen, ohne dass aus diesem Grunde ihr Ermessensspielraum überschritten wäre.

151 Wesentliche **Kriterien** für die Belastbarkeit eines Unternehmens und die **Bemessung des Sozialplanvolumens** sind das in der Bilanz ausgewiesene Eigenkapital, das Anlagevermögen wie Sachanlagen, Grundstücke, grundstücksgleiche Rechte und Bauten einschließlich Betriebsbauten, die Möglichkeit für kurzfristige Liquiditätsbeschaffung gegebenenfalls Teile des in Sachanlagen angelegten Vermögens kurzfristig zu veräußern. Hierbei wird man auch in Ansatz bringen müssen, dass die finanzielle Belastung durch den Sozialplan für das Unternehmen eine Betriebsausgabe darstellt und deshalb steuerlich abzugsfähig ist. Ein weiteres Indiz für die Höhe des Sozialplanvolumens ist die vom Unternehmer vorgenommene Selbsteinschätzung der wirtschaftlichen Vertretbarkeit eines Sozialplans. Diese findet ihren Ausdruck in einer etwaigen Rückstellung.

152 Ist der Arbeitgeber finanziell nicht in der Lage, die Forderungen aus einem bestehenden Sozialplan zu erfüllen, stellt sich die Frage, ob auf das Vermögen einer gegebenenfalls vorhandenen beherrschenden Gesellschaft durchgegriffen werden kann. Ein solcher so genannter **Haftungsdurchgriff** besteht, wenn die beherrschende Gesellschaft das

141 BAG 6.5.2003, NZA 2004, 108 mit Anm. Bachner/Sollanek in AIB 2005, 127–129.

142 BAG 27.10.1987, BAGE 56, 270.

143 BAG 6.5.2003, NZA 2004, 108.

Vermögen des Arbeitgebers und ihr eigenes nicht auseinanderhält (so genannte **Sphärenvermischung**) oder wenn sie der Gesellschaft nur ein so geringes Kapital zugeführt hat, dass diese offensichtlich die ihr zugedachten Aufgaben nicht erfüllen kann (so genannte **Unterkapitalisierung**).[144] Die Beweislast hierfür trägt der Arbeitnehmer. Ausdrücklich gesetzlich ist der Haftungsdurchgriff auf die im Sinne des Konzernrechts herrschende Gesellschaft bei der so genannten Eingliederung nach § 322 AktG. Besteht ein Beherrschungs- und Gewinnabführungsvertrag, ist das herrschende Unternehmen nach § 302 AktG lediglich zur Verlustübernahme verpflichtet.

Nach der neueren Rechtsprechung des *BGH*[145] ist ein Haftungsdurchgriff auf die beherrschende Gesellschaft auch möglich bei einem so genannten **existenzvernichtenden Eingriff**. Um einen solchen handelt es sich dann, wenn der Gesellschaft (vor allem der GmbH) ohne angemessene Gegenleistung Vermögenswerte entzogen werden, die sie zur Erfüllung ihrer Verbindlichkeiten benötigt. Dabei kann es sich auch um »Geschäftschancen« oder Ressourcen handeln, wenn diese z. B. auf eine andere Gesellschaft verlagert werden. Möglich ist dies auch, wenn die – auch faktisch – beherrschte GmbH ohne nennenswerte eigene Entwicklungschancen lediglich als »verlängerte Werkbank« und als »Auffangbecken für Verluste« der herrschenden Gesellschaft fungiert und ihr so die wesentlichen finanziellen Mittel entzogen werden. 153

Vom Haftungsdurchgriff ist der **Berechnungsdurchgriff** zu unterscheiden. Dieser betrifft die Frage, ob für die Feststellung des Sozialplanvolumens auch auf das Vermögen der beherrschenden Gesellschaft abgestellt werden kann. Allgemein wir angenommen, dass dann, wenn die Voraussetzungen eines Haftungsdurchgriff vorliegen, auch von einem Berechnungsdurchgriff ausgegangen werden muss.[146] 154

Eine Spezialregelung findet sich in § 134 UmwG. Der Gesetzgeber hat für den Fall der **Spaltung in eine Betriebs- und eine Anlagegesellschaft** die Letztere verpflichtet, fünf Jahre lang für alle nach den §§ 111–113 BetrVG geschaffenen Verbindlichkeiten einzustehen (vgl. Teil A Rn. 180). 155

i. Zuständiger Betriebsrat

Die Zuständigkeit für die Verhandlungen und den Abschluss des Sozialplans richtet sich nach der betriebsverfassungsrechtlichen Kompetenzverteilung zwischen Betriebsrat, Gesamtbetriebsrat und Konzernbetriebsrat (vgl. Teil B Rn. 26 ff.). Darüber hinaus gilt für die nachfolgend dargestellten Fallkonstellationen Folgendes: 156

---

144 DKKW-Däubler, § 112 Rn. 118.

145 BGH 13. 12. 2004, II ZR 256/02, DB 2005, 328; hierzu DKKW-Däubler, § 112 Rn. 118 a.

146 DKKW-Däubler, § 112 Rn. 119; zustimmend WHSS-Schweibert, Rn. C 277; GK-Oetker, Rn. 322; Gaul, NZA 2003, 695 ff.

157 Wird der Sozialplan anlässlich einer Betriebsstilllegung aufgestellt und sieht er die **Übernahme der Arbeitnehmer** des stillgelegten Betriebes in einen anderen Betrieb desselben Unternehmens vor, ist nach durchgeführter Betriebsstilllegung für eine spätere Änderung des Sozialplans der Betriebsrat des neuen Beschäftigungsbetriebes der aus dem Sozialplan berechtigten Arbeitnehmer zuständig.[147]

158 Wird in einem Betrieb ein **Betriebsrat erst gewählt**, nachdem sich der Arbeitgeber zur Stilllegung des Betriebes entschlossen und mit der Stilllegung begonnen hat, kann der Betriebsrat nach der Rechtsprechung des *BAG* auch dann nicht die Vereinbarung eines Sozialplans verlangen, wenn dem Arbeitgeber im Zeitpunkt seines Entschlusses bekannt war, dass im Betrieb ein Betriebsrat gewählt werden soll.[148] Dieser Rechtsprechung ist nicht zuzustimmen. Denn für die Realisierung des Mitbestimmungsrechts kommt es allein darauf an, ob zum Zeitpunkt der Ausführung der beabsichtigten Betriebsänderung ein Betriebsrat gewählt ist. Wenn die Wahl abgehalten wurde, ist nicht ersichtlich, weshalb dem Betriebsrat die Wahrnehmung seiner Mitbestimmungsrechte verweigert werden soll.

4. Nachteilsausgleichsanspruch gem. § 113 BetrVG

159 § 113 BetrVG räumt den Arbeitnehmern **Nachteilsausgleichsansprüche** ein. Die Bestimmung verfolgt den Zweck, den Unternehmer, der ohne zwingenden Grund von einem Interessenausgleich abweicht oder einen solchen erst gar nicht versucht, zu sanktionieren und dem von der Betriebsänderung betroffenen Arbeitnehmer einen finanziellen Ausgleich zu verschaffen. **Sanktion und Ausgleich** sind Kehrseiten ein und derselben Medaille. Die Bestimmung setzt ein wie auch immer geartetes **Verschulden** des Unternehmers nicht voraus.[149]

160 § 113 BetrVG unterscheidet **zwei Alternativen für die Entstehung des Nachteilsausgleichsanspruchs**. Ein Anspruch entsteht zunächst dann, wenn der Unternehmer ohne zwingenden Grund von einem Interessenausgleich über die geplante Betriebsänderung abweicht, § 113 Abs. 1 BetrVG (vgl. Teil B Rn. 111). Der Arbeitnehmer hat nach § 113 Abs. 3 BetrVG gleichfalls Anspruch auf Nachteilsausgleich, wenn der Unternehmer eine geplante Betriebsänderung ausführt, ohne über sie einen Interessenausgleich mit dem Betriebsrat versucht zu haben (vgl. Teil B Rn. 118). In beiden Alternativen haben nur diejenigen Arbeitnehmer Anspruch auf Nachteilsausgleich, die infolge der

---

147 Vgl. BAG 24.3.1981, DB 1981, 2178.

148 Vgl. BAG 28.10.1992, NZA 1993, 420; BAG 20.4.1982; EzA § 112 BetrVG 1972 Nr. 25.

149 Vgl. BAG 4.12.1979, AP BetrVG § 111 Nr. 6; DKKW-Kittner, § 113 Rn. 2 m.w.N.

Abweichung vom Interessenausgleich oder infolge der unter Missachtung der Beteiligungsrechte umgesetzten Maßnahme entlassen werden oder andere wirtschaftliche Nachteile erleiden.

Die **nachträgliche** – also nach der Einleitung der Betriebsänderung erfolgte – **Vereinbarung eines Sozialplans** beseitigt den Anspruch auf Nachteilsausgleich nicht.[150] Das gilt auch für die nachträgliche Erklärung des Betriebsrats, er wolle keine rechtlichen Schritte wegen des unterbliebenen Versuchs eines Interessenausgleichs unternehmen.[151] § 113 BetrVG begründet Individualansprüche der Arbeitnehmer, über die der Betriebsrat nicht verfügen kann. **161**

Bzgl. der Einzelheiten des Nachteilsausgleichsanpruchs wird auf die einschlägige Kommentarliteratur verwiesen.[152] **162**

150 Vgl. BAG 13.6.1989, EzA § 113 BetrVG 1972, Nr. 19; BAG 14.9.1976, DB 1977, 309.

151 Vgl. BAG 14.9.1976, DB 1977, 309.

152 Vgl. DKKW-Däubler, § 113 Rn. 1 ff.; Bachner/Köstler/Matthießen/Trittin, § 4 Rn. 425.

C. Rechtsprechungsübersicht

I. Überblick über wesentliche Entscheidungen zum Betriebsübergang

Gliederung Seite

1. Anwendungsbereich von § 613 a BGB

BAG 24. 3. 1998 – 9 AZR 218/97, DB 1998, 1669–1670 BRWonline*
Betriebsübergang und Kündigung eines Heimarbeitsverhältnisses

§ 613 a BGB ist auf Heimarbeitsverhältnisse weder unmittelbar noch entsprechend anzuwenden.

BAG 13. 2. 2003 – 8 AZR 59/02
Scheinarbeitsvertrag und § 613 a BGB

Von § 613 a BGB erfaßt werden die Arbeitsverhältnisse aller Arbeitnehmer, unabhängig davon, ob es sich um Arbeiter, Angestellte oder Auszubildende handelt, auch leitende Angestellte fallen darunter. Da-

* Die mit »BRWonline« markierten Leitsätze finden sich im Volltext in unserem Fachportal »Betriebsratswissen online« unter www.betriebsratswissenonline.com bzw. unter www.bund-verlag.de/Onlineprodukte.

gegen gilt § 613a BGB nicht für Personen, die in keinem Arbeitsverhältnis, sondern in einem freien Dienstverhältnis stehen. Das gleiche gilt für »Scheinarbeitsverhältnisse«.

BAG 13.2.2003 – 8AZR 654/01, AP Nr. 24 zu § 611 BGB Organvertreter
Betriebsübergang

Der Anstellungsvertrag eines GmbH-Geschäftsführers geht nicht nach § 613a BGB auf einen Betriebserwerber über. § 613a BGB erfasst nur Arbeitsverhältnisse.

BAG 13.7.2006 – 8 AZR 382/05, NZA 2006, 1406–1411, BRWonline
Betriebsübergang im Ausbildungsverhältnis – Widerspruchserklärung – Verwirkung – Rechtsfolgen des Widerspruchs nach vollzogenem Betriebsübergang

Ein Betriebsübergang gem. § 613a Abs. 1 BGB bewirkt nicht nur den Übergang der Arbeitsverhältnisse, sondern auch den Übergang der Ausbildungsverhältnisse auf den Betriebserwerber. (Orientierungssatz)

BAG 31.1.2008 – 8 AZR 27/07, BRWonline
Erfassung von Arbeitsteilzeitverhältnissen

Das Altersteilzeitarbeitsverhältnis eines sich in der Freistellungsphase befindlichen Arbeitnehmers geht bei einem Betriebsübergang auf den neuen Betriebsinhaber über.

2. Begriffsbestimmung zum Betriebsübergang

EuGH 14.4.1994 – Rs. C-392/92 (Christel Schmidt), AIB 1994, 506, BRWonline
Wahrung von Ansprüchen der Arbeitnehmer beim Übergang von Unternehmen

Artikel 1 Absatz 1 der Richtlinie 77/187 zur Angleichung der Rechtsvorschriften der Mitgliedstaaten über die Wahrung von Ansprüchen der Arbeitnehmer beim Übergang von Unternehmen, Betrieben oder Betriebsteilen ist so auszulegen, dass ein Fall, in dem ein Unternehmer durch Vertrag einem anderen Unternehmer die Verantwortung für die Erledigung der früher von ihm selbst wahrgenommenen Reinigungsaufgaben überträgt, auch dann dem Anwendungsbereich der Richtlinie unterliegt, wenn diese Aufgaben vor der Übertragung von einer einzigen Arbeitnehmerin erledigt wurden.

Weder die Tatsache, dass eine derartige Übertragung nur einen Tätigkeitsbereich betrifft, der für das übertragende Unternehmen von untergeordneter Bedeutung ist und nicht in einem notwendigen Zusammenhang mit dem Unternehmenszweck steht, noch die Tatsache, dass mit der Übertragung keine Vermögensgegenstände übergegangen sind, noch die Zahl der betroffenen Arbeitnehmer können zum Ausschluss dieses Vorgangs vom Anwendungsbereich der Richtlinie führen, da das entscheidende Kriterium für die Antwort auf die Frage, ob es sich um einen Übergang im Sinne der Richtlinie handelt, die Wahrung der Identität der wirtschaftlichen Einheit ist, die sich u. a. daraus ergibt, dass dieselbe oder eine gleichartige Geschäftstätigkeit vom neuen Inhaber tatsächlich weitergeführt oder wiederaufgenommen wird.

EuGH 11.3.1997 – Rs. C-13/95 (Ayse Süzen), NZA 1997, 433–434, BRWonline

Wahrung der Ansprüche der Arbeitnehmer beim Übergang von Unternehmen

Die Richtlinie 77/187 zur Angleichung der Rechtsvorschriften der Mitgliedstaaten über die Wahrung von Ansprüchen der Arbeitnehmer beim Übergang von Unternehmen, Betrieben und Betriebsteilen gilt nach ihrem Artikel 1 Absatz 1 nicht für den Fall, dass ein Auftraggeber, der die Reinigung von Räumlichkeiten einem Unternehmer übertragen hat, den Vertrag mit diesem kündigt und zur Durchführung ähnlicher Arbeiten einen neuen Vertrag mit einem anderen Unternehmer schließt, sofern dieser Vorgang weder mit einer Übertragung relevanter materieller oder immaterieller Betriebsmittel von dem einen auf den anderen Unternehmer noch mit der Übernahme eines nach Zahl und Sachkunde wesentlichen Teils des von dem einen Unternehmer zur Durchführung des Vertrages eingesetzten Personals durch den anderen Unternehmer verbunden ist.

Mit dem Begriff des Übergangs im Sinne der Richtlinie wird nämlich ein Fall erfasst, in dem eine wirtschaftliche Einheit – d.h. eine organisierte Gesamtheit von Personen und Sachen zur Ausübung einer wirtschaftlichen Tätigkeit mit eigener Zielsetzung – ihre Identität über den betreffenden Vorgang hinaus wahrt. Unter diesen Voraussetzungen stellt der bloße Verlust eines Auftrags an einen Mitbewerber keinen solchen Übergang dar. Darüber hinaus ist es denkbar, dass eine wirtschaftliche Einheit in bestimmten Branchen, in denen es im Wesentlichen auf die menschliche Arbeitskraft ankommt, ohne relevante Betriebsmittel tätig sein und eine Gesamtheit von Arbeitnehmern darstellen kann, die durch eine gemeinsame Tätigkeit dauerhaft verbunden sind, wobei bei einem solchen Fall auf die Annahme eines Übergangs im Sinne der Richtlinie jedoch erforderlich ist, dass diese Gesamtheit durch die Übernahme eines wesentlichen Teils ihres Personals durch den neuen Auftragnehmer fortbesteht.

EuGH 15.12.2005 – C-232/04 und C-233/04 (Güney-Görres), NZA 2006, 29–31

Betriebsübergang – Eigenwirtschaftlichkeit – Wahrung von Ansprüchen der Arbeitnehmer – Anwendungsbereich

Artikel 1 der Richtlinie 2001/23 zur Angleichung der Rechtsvorschriften der Mitgliedsstaaten über die Wahrung von Ansprüchen der Arbeitnehmer beim Übergang von Unternehmen, Betrieben oder

Unternehmens- oder Betriebsteilen ist dahin auszulegen, dass bei der Prüfung des Vorliegens eines Unternehmens- oder Betriebsübergangs nach dieser Vorschrift im Fall einer Auftragsneuvergabe im Rahmen der Gesamtbetrachtung die Feststellung einer Überlassung der Betriebsmittel zur eigenwirtschaftlichen Nutzung keine notwendige Voraussetzung für die Feststellung eines Übergangs dieser Mittel vom ursprünglichen Auftragnehmer auf den neuen Auftragnehmer ist. Der Übergang von Betriebsmitteln stellt allerdings nur einen Teilaspekt der Gesamtbetrachtung dar, die der nationale Richter bei der Prüfung des Vorliegens eines Unternehmens- oder Betriebsübergangs im Sinne dieser Bestimmung vorzunehmen hat.

BAG 16.2.2006 – 8 AZR 211/05, NZA 2006, 592–597, BRWonline
Betriebsübergang eines Handwerksbetriebs – Gemeinschaftsbetrieb

1. Haben zwei Unternehmen in unterschiedlichen Tätigkeitsbereichen (hier: privates und gewerbliches Handwerk) einen eigenen Geschäftsführer, liegt mangels eines einheitlichen betriebsbezogenen Leitungsapparates kein gemeinsamer Betrieb vor, auch wenn die Geschäftsführer Familienmitglieder sind.

2. § 613a BGB führt nicht zur Schaffung eines rechtlichen Zusammenhangs zwischen Unternehmen, die vereinzelt Betriebsmittel erwerben oder nutzen, sondern nur zum Übergang eines Arbeitsverhältnisses auf einen einzigen Betriebsübernehmer. Ein Arbeitsverhältnis des Arbeitnehmers zu einer Arbeitgebergruppe ist daraus nicht herzuleiten.

3. Für einen Teilbetriebsübergang nach § 613a Abs 1 BGB ist es erforderlich, dass die übernommenen Betriebsmittel bereits bei dem früheren Betriebsinhaber die Qualität eines Betriebsteils hatten und der Erwerber gerade die prägenden materiellen Betriebsmittel des Teilbetriebes übernimmt. Dazu reicht es nicht aus nur jeweils einzelne Räume des ehemaligen Firmengebäudes, das Lager und drei bzw vier von vormals 21 Fahrzeugen zu nutzen. Auch ist die Firmenadresse für einen Betrieb ohne Laufkundschaft nicht prägend für die Identität.

4. Ist die Hauptbelegschaft des Ausgangsbetriebes (hier eine technische Zeichnerin, ein Bauleiter und zwei kaufmännische Angestellte) von beiden Betrieben nicht übernommen worden, stellt dies eine starke Veränderung der organisatorischen Abläufe dar, die die Wahrung der Identität für einen Betriebsübergang ausschließt. (Orientierungssatz)

BAG 16.2.2006 – 8 AZR 204/05, AP Nr. 300 zu § 613a BGB, BRWonline
Betriebsübergang eines Handwerksbetriebs – Teilbetrieb – wirtschaftliche Identität

Voraussetzung für einen Teilbetriebsübergang nach § 613a Abs. 1 BGB ist, dass die übernommenen Betriebsmittel bereits bei dem früheren Betriebsinhaber die Qualität eines Betriebsteils hatten und der Erwerber gerade die wesentlichen Betriebsmittel des Teilbetriebes übernimmt. Dazu reicht es nicht aus nur einzelne Räume des ehemaligen

Firmengebäudes und drei von vormals 21 Fahrzeugen zu nutzen. Auch ist die Firmenadresse für einen Betrieb ohne Laufkundschaft nicht prägend für die Identität. (Orientierungssatz)

BAG 2.3.2006 – 8 AZR 124/05, NZA 2006, 848–854, BRWonline
Widerspruchsrecht bei gesetzlich angeordnetem Übergang eines Arbeitsverhältnisses

1. Ordnet ein Gesetz zwingend die Überleitung von Arbeitsverhältnissen vom Land auf eine Stiftung öffentlichen Rechts an, so verstößt dieser Eingriff in die Freiheit der Arbeitsplatzwahl des Arbeitnehmers jedenfalls dann nicht gegen Art. 12 Abs. 1 GG, wenn die Nichteinräumung eines Widerspruchsrechts der Erhaltung der Funktionsfähigkeit einer Einrichtung der Daseinsvorsorge dient, sich die Arbeitsbedingungen nicht wesentlich ändern und dem Arbeitnehmer mit dem neuen Arbeitgeber ein vergleichbar potenter Schuldner gegenübersteht. (Leitsatz)

2. § 613a BGB ist für Betriebsübergänge, die im Wege der Gesamtrechtsnachfolge kraft Gesetzes vollzogen werden, unanwendbar. (Orientierungssatz)

BAG 2.3.2006 – 8 AZR 147/05, NZA 2006, 1105–1108, BRWonline
Neuvergabe der Bereederung eines Forschungsschiffs – Betriebsübergang

1. Die Herausnahme von Seeschiffen aus dem Geltungsbereich der Betriebsübergangsrichtlinie EGRL 23/2001 bindet nicht die nationalen Gerichte, sodass § 613a BGB anwendbar bleibt.

2. Einzelne Forschungsschiffe mit ihren für Forschungszwecke erforderlichen wissenschaftlichen Einrichtungen und Organisationen stellen eine wirtschaftliche Einheit dar. Bei einer Bereederung eines Forschungsschiffs liegt ein Teilbetrieb der Reederei im Sinne von § 613a BGB vor. Eigentumsverhältnisse spielen dabei keine Rolle.

3. Ein rechtsgeschäftlicher Betriebsübergang liegt auch vor, wenn ein Betrieb nach Vergabe eines öffentlichen Auftrags übertragen wurde.

BAG 6.4.2006 – 8 AZR 222/04, NJW 2006, 2138–2141, BRWonline
Betriebsübergang – Auftragsnachfolge – eigenwirtschaftliche Nutzung der Betriebsmittel

1. Bei der Prüfung, ob ein Betriebsübergang gegeben ist, ist das Merkmal der eigenwirtschaftlichen Nutzung der sächlichen Betriebsmittel nicht mehr heranzuziehen (im Anschluss an EuGH 15. Dezember 2005 – Rs. C-232/04 und C-233/04 – ZIP 2006, 95). (Leitsatz)

2. Auch sächliche Betriebsmittel spielen für die Ausführung einer Dienstleistung und damit für die Identität der wirtschaftliche Einheit eine erhebliche Rolle, wenn es sich um standortgebundene umfangreiche Anlagen und Maschinen handelt, die vom potentiellen Betriebs-

übernehmer weiterbenutzt werden. Die Eigentumsverhältnisse sind dabei unerheblich. (Orientierungssatz)

BAG 6.4.2006 – 8 AZR 249/04, DB 2006, 2127–2128, BRWonline
Betriebsübergang – Bistrobewirtschaftung bei der Bahn

Ein Betriebsübergang im Sinne des § 613 a BGB setzt die im Wesentlichen unveränderte Fortführung einer wirtschaftlichen Einheit unter Wahrung ihrer Identität voraus. Ein Betrieb oder Betriebsteil geht daher nur dann über, wenn er beim Erwerber als Betrieb oder organisatorisch selbständiger Betriebsteil fortgeführt wird. Dies ist nicht der Fall, wenn ein Bewirtschaftungsbetrieb vollständig in die eigene Organisationsstruktur eines anderen Unternehmens eingegliedert wird.

BAG 4.5.2006 – 8 AZR 299/05, NZA 2006, 1096–1101, BRWonline
Betriebsübergang bei einem Frauenhaus – Änderung der Tätigkeit – Voraussetzungen eines Wiedereinstellungsanspruchs

1. Wesentliche Änderungen in der Organisation, der Struktur und im Konzept können im Rahmen des § 613 a Abs. 1 BGB der Identitätswahrung entgegenstehen.

2. Haben Merkmale eines Anforderungsprofils einen nachvollziehbaren Bezug zur Organisation und zum Inhalt der auszuführenden Arbeiten, kann ein Betriebsübernehmer ein geändertes Anforderungsprofil gegenüber einem Wiedereinstellungsanspruch einwenden. (Leitsatz)

BAG 13.6.2006 – 8 AZR 271/05, AP Nr. 305 zu § 613 a BGB, BRWonline
Betriebsübergang – Neuvergabe des Auftrags zur Personenkontrolle am Flughafen

1. Nutzt ein Auftragnehmer von der Bundesrepublik Deutschland zur Verfügung gestellte technische Geräte und Anlagen, um die Personenkontrolle am Flughafen durchzuführen, macht deren Einsatz den eigentlichen Kern des zur Wertschöpfung erforderlichen Funktionszusammenhangs aus, sodass darin die wirtschaftliche Einheit zu sehen ist.

2. Führt in einem solchen Fall nach einer Neuvergabe des Auftrags der spätere Auftragnehmer die Kontrolltätigkeit unverändert und ohne zeitliche Unterbrechung fort, ist von einem Betriebsübergang auszugehen. Auf die eigenwirtschaftliche Nutzung der sächlichen Betriebsmittel und auf Übernahme von Personal kommt es nicht an. (Orientierungssatz)

BAG 13.7.2006 – 8 AZR 331/05, NZA 2006, 1357–1359, BRWonline
Betriebsübergang – Möbeleinzelhandel

Ein Betriebsübergang im Sinne des § 613 a BGB liegt vor, wenn ein neuer Rechtsträger die wirtschaftliche Einheit unter Wahrung ihrer Identität fortführt. Dies gilt auch für den Erwerb nur eines Betriebsteils. Die Änderung des Betriebszwecks durch den Erwerber spricht gegen eine Identität der wirtschaftlichen Einheit. Mit einem geänderten Einkaufs- und Verkaufskonzept, den Möbelverkauf zu Discountpreisen bei einem anderen Kundenkreis und mit geringerem Personalbedarf durchzuführen, wird ein anderer Betriebszweck verfolgt. (Orientierungssatz)

BAG 24.8.2006 – 8AZR 556/05, DB 2006, 2818–2820, BRWonline
Betriebsteilübergang – Kaufmännische Verwaltung

1. Der Betriebsteilübergang steht für dessen Arbeitnehmer dem Betriebsübergang gleich. Bei dem Erwerb eines Betriebsteils ist auch erforderlich, dass die wirtschaftliche Einheit ihre Identität bewahrt.

2. Für die Zuordnung eines Arbeitnehmers ist darauf abzustellen, ob er in dem übergegangenen Betriebsteil tatsächlich eingegliedert war. Es ist insbesondere nicht ausreichend, dass er Tätigkeiten für den übertragenen Teil verrichtet hat, ohne in dessen Struktur eingebunden gewesen zu sein.

3. Betriebsteile, wie beispielsweise die »kaufmännische Verwaltung« gehen nur dann auf den Betriebserwerber über, wenn ihre sächlichen oder immateriellen Betriebsmittel übertragen worden sind oder der nach Zahl und Sachkunde wesentliche Teil des dort beschäftigten Personals übertragen worden ist. (Orientierungssatz)

BAG 15.2.2007 – 8 AZR 431/06, BRWonline
Neuvergabe von Schlachtarbeiten in Schlachthof als Betriebsübergang

Nutzt ein Auftragnehmer zur Durchführung der Ausbein-, Zerlege- und Schlachtarbeiten die ihm vom Inhaber des Schlachthofs zur Verfügung gestellten technischen Einrichtungen, macht deren Einsatz den eigentlichen Kern des zur Wertschöpfung erforderlichen Funktionszusammenhangs aus. Darin ist die wirtschaftliche Einheit zu sehen. Führt der neue Auftragnehmer die Schlachtarbeiten ohne zeitliche Unterbrechung unverändert wie der bisherige Auftragnehmer fort, ist von einem Betriebsübergang auszugehen.

BAG 16.5.2007 – 8 AZR 693/06, NZA 2007, 1296–1301, BRWonline
Betriebsübergang – Bodenpersonal einer Fluglinie auf einem Großflughafen – Nachteilsausgleich wegen Betriebsänderung – Konsultationspflichten nach europäischem Recht

1. Beim Handling auf einem Großflughafen handelt es sich nicht um eine Dienstleistung, bei der es im Wesentlichen auf die menschliche Arbeitskraft ankommt. Materielle Betriebsmittel spielen dabei keine nur untergeordnete Rolle, sondern sind für die Aufgabendurchführung unabdingbar. Daher kann ein Betriebsübergang nicht allein deshalb verneint werden, weil der Betriebserwerber kein Personal übernommen hat, denn nur in betriebsmittelarmen Betrieben ist die Wahrung der Identität der wirtschaftlichen Einheit möglich, wenn der neue Betriebs-

inhaber nicht nur die betreffende Tätigkeit weiterführt, sondern auch einen nach Zahl und Sachkunde wesentlichen Teil des Personals übernimmt, das sein Vorgänger gezielt bei dieser Tätigkeit eingesetzt hat.

2. Beginnt ein Unternehmen mit der Durchführung einer Betriebsänderung nach § 111 BetrVG, ohne zuvor mit dem Betriebsrat einen Interessenausgleich abgeschlossen oder ausreichend versucht zu haben, haben die von der Betriebsänderung betroffenen Arbeitnehmer einen Anspruch auf Ausgleich der ihnen entstehenden wirtschaftlichen Nachteile nach § 113 Abs 3 BetrVG. Mit diesem Nachteilsausgleich sind Ansprüche aus einem später vereinbarten Sozialplan nach §§ 112, 112a BetrVG zu verrechnen. Das gilt jedenfalls dann, wenn das Unternehmen vor Beginn der Betriebsänderung den Konsultationspflichten der Massenentlassungsrichtlinie EGRL 59/98 genügt hat.

BAG 26.7.2007 – 8 AZR 769/06, BRWonline
Kein Betriebsübergang bei Neugründung des Betriebs mit einzelnen Arbeitsmitteln des Veräußerers

1. Veräußert der Insolvenzverwalter alle im Eigentum des Insolvenzschuldners, eines Dachdeckerbetriebs, stehenden Arbeitsgeräte und Fahrzeuge an einen Dritten und erwerben zwei neu gegründete Unternehmen des Dachdeckerhandwerks jeweils von diesen Gerätschaften und Fahrzeuge, um sie für ihre Betriebe zu nutzen, so liegt allein darin noch kein Betriebs- oder Betriebsteilübergang. Dies gilt auch dann, wenn jeder der neuen Dachdeckerbetriebe einige der früheren Arbeitnehmer des Insolvenzschuldners neu einstellt. Für einen Betriebs- oder Betriebsteilübergang genügt es nicht, dass der Erwerber mit einzelnen, bislang nicht teilbetrieblich organisierten Betriebsmitteln einen Betrieb oder Betriebsteil gründet.

2. Durch den Erwerb der ursprünglich dem Insolvenzschuldner gehörenden Arbeitsmittel haben die neu gegründeten Dachdeckerbetriebe auch keinen gemeinsamen Betrieb gegründet. Es fehlt an einem einheitlichen Leitungsapparat. Der Umstand, dass die Geschäftsführer der beiden neu gegründeten Unternehmen des Dachdeckerhandwerks verschwägert sind, spricht allein nicht für eine einheitliche Leitung der beiden Betriebe.

3. Auch nach der Stilllegung eines Betriebs durch den Insolvenzverwalter ist der Betriebsrat nach § 102 BetrVG zu beteiligen, wenn der Insolvenzverwalter einem Arbeitnehmer kündigen will, den er über den Zeitpunkt der Betriebsstilllegung hinaus für Abwicklungsarbeiten weiterbeschäftigt hat. Insoweit besteht ein Restmandat des Betriebsrats.

4. Hat der Arbeitgeber eine erforderliche Massenentlassungsanzeige unter Verstoß gegen § 17 Abs. 1 KSchG erst nach Ausspruch der Kündigungen der Agentur für Arbeit angezeigt, so führt dies nach dem Grundsatz des Vertrauensschutzes dann nicht zur Unwirksamkeit der Kündigungen, wenn diese vor dem Urteil des Europäischen Ge-

richtshofs vom 27.1.2005 in der Rechtssache »Junk« (C-188/03) ausgesprochen worden sind. Einer Vorlage dieser Rechtsfrage an den Europäischen Gerichtshof bedarf es nicht.

BAG 14.8.2007 – 8 AZR 1043/06, DB 2007, 2654–2655, BRWonline Betriebsübergang – Auftragsnachfolge – Identität der wirtschaftlichen Einheit – veränderte Organisation

1. Führt ein Unternehmen, das bei einer Auftragsneuvergabe berücksichtigt wurde, die Erfüllung der Aufgabe eines Servicevertrages fort, so stellt dies für sich genommen keinen Betriebsübergang dar.

2. Der Übergang einer wirtschaftlichen Einheit setzt neben einer etwaigen Auftragsnachfolge die Feststellung zusätzlicher Umstände voraus, die in der Gesamtwürdigung die Annahme des Fortbestandes der wirtschaftlichen Einheit rechtfertigen. Eine Tätigkeit ist noch keine wirtschaftliche Einheit.

3. An einem Übergang einer wirtschaftlichen Einheit unter Wahrung ihrer Identität fehlt es, wenn die Aufgabe künftig im Rahmen einer wesentlich anderen, deutlich größeren Organisationsstruktur durchgeführt wird, deren Aufgabenumfang zudem um ein Vielfaches größer ist.

4. Eine unternehmensübergreifende Sozialauswahl ist nicht vorzunehmen, wenn der Gemeinschaftsbetrieb im Zeitpunkt der Kündigung nicht mehr besteht. Gleiches gilt, wenn im Zeitpunkt der Kündigung einer der Betriebe, die zusammen einen Gemeinschaftsbetrieb gebildet haben, zwar noch nicht stillgelegt ist, auf Grund einer unternehmerischen Entscheidung, die bereits greifbare Formen angenommen hat, aber feststeht, dass er bei Ablauf der Kündigungsfrist des Arbeitnehmers stillgelegt sein wird.

BAG 14.8.2007 – 8 AZR 803/06, DB 2007, 2718–2720, BRWonline Betriebsübergang – Übernahme der Kundenbeziehungen – Frischelager

1. Maßgeblich für einen Betriebsübergang ist stets der Wechsel der Rechtspersönlichkeit des Betriebsinhabers. Ein Wechsel der Gesellschafter berührt die Identität der Gesellschaft als Rechtssubjekt nicht, sodass allein der Gesellschafterwechsel zu keinem Betriebsübergang führt. Dies gilt selbst dann, wenn alle Gesellschafter ausscheiden und ihre Gesellschaftsanteile auf einen oder mehrere Erwerber übertragen.

2. Die Übernahme der Buchhaltung und der Personalverwaltungsaufgaben eines Tochterunternehmens durch die Konzernmutter ist kein Betriebsübergang, wenn damit keine Übernahme von Betriebsmitteln oder Personal verbunden ist.

3. Allein die Bestellung von zwei Prokuristen der Konzernmutter zu Handlungsbevollmächtigten einer KG begründet keinen Betriebsübergang, wenn diese nicht über die Personalbefugnis hinaus die gesamte Organisations- und Leitungsmacht namens und im Auftrag der Kon-

zernmutter in einer Weise übernommen haben, die einer Übernahme des Betriebes durch die Konzernmutter gleichkommt.

4. Die Übertragung von Sicherungseigentum stellt keinen Betriebsübergang dar, da dadurch dem bisherigen Eigentümer nicht die Nutzungsmöglichkeit entzogen wird.

5. Die Übernahme der Kundenbeziehungen durch die Konzernmutter führt nicht zu einem Betriebsübergang, wenn diese nunmehr ihrerseits das Tochterunternehmen mit der Durchführung der bisher bereits erbrachten Tätigkeiten beauftragt. (Orientierungssatz)

BAG 14.8.2007 – 8 AZR 1043/06, NZA 2007, 1431–1436, BRWonline
Betriebsübergang – Auftragsnachfolge – Identität der wirtschaftlichen Einheit – veränderte Organisation

1. Führt ein Unternehmen, das bei einer Auftragsneuvergabe berücksichtigt wurde, die Erfüllung der Aufgabe eines Servicevertrages fort, so stellt dies für sich genommen keinen Betriebsübergang dar.

2. Der Übergang einer wirtschaftlichen Einheit setzt neben einer etwaigen Auftragsnachfolge die Feststellung zusätzlicher Umstände voraus, die in der Gesamtwürdigung die Annahme des Fortbestandes der wirtschaftlichen Einheit rechtfertigen. Eine Tätigkeit ist noch keine wirtschaftliche Einheit.

3. An einem Übergang einer wirtschaftlichen Einheit unter Wahrung ihrer Identität fehlt es, wenn die Aufgabe künftig im Rahmen einer wesentlich anderen, deutlich größeren Organisationsstruktur durchgeführt wird, deren Aufgabenumfang zudem um ein Vielfaches größer ist.

4. Eine unternehmensübergreifende Sozialauswahl ist nicht vorzunehmen, wenn der Gemeinschaftsbetrieb im Zeitpunkt der Kündigung nicht mehr besteht. Gleiches gilt, wenn im Zeitpunkt der Kündigung einer der Betriebe, die zusammen einen Gemeinschaftsbetrieb gebildet haben, zwar noch nicht stillgelegt ist, aufgrund einer unternehmerischen Entscheidung, die bereits greifbare Formen angenommen hat, aber feststeht, dass er bei Ablauf der Kündigungsfrist des Arbeitnehmers stillgelegt sein wird.

BAG 30.10.2008 – 8 AZR 397/07, BRWonline
Betriebs(teil)übergang bei einer Rechtsanwaltskanzlei als GbR

1. Wird eine Anwaltskanzlei von mehreren Rechtsanwälten als Gesellschaft des bürgerlichen Rechts betrieben, so ist regelmäßig diese Gesellschaft und nicht jeder einzelne Gesellschafter Arbeitgeber der in der Kanzlei beschäftigten Arbeitnehmer.

2. Beschließen die Gesellschafter die Schließung der Anwaltskanzlei, so liegt kein Betriebs- oder Betriebsteilübergang vor, wenn sich nach erfolgter Einstellung der Kanzleitätigkeit ein Teil der bisherigen Gesellschafter zu einer neuen Anwaltssozietät in anderen Geschäftsräumen

zusammenschließt und die übrigen Gesellschafter in eine andere Anwaltskanzlei eintreten oder sich als Rechtsanwälte selbständig machen und jeder Gesellschafter seinen bisherigen Mandantenstamm weiterbetreut, ohne dass er das bisherige Büropersonal oder einen wesentlichen Teil desselben übernimmt.

BAG 22.1.2009, 8 AZR 158/07, BRWonline
Folgen einer Eingliederung in Organisationsstruktur des Erwerbers

1. Für einen Betriebsübergang muss die »organisierte Zusammenfassung von Ressourcen zur Verfolgung einer wirtschaftlichen Haupt- oder Nebentätigkeit« ihre Identität bewahren (Art. 1 Nr. 1 Buchst. b RL 2001/23/EG).

2. Dabei ist nicht so sehr auf die konkrete Organisation der verschiedenen Produktionsfaktoren durch den Unternehmer abzustellen als vielmehr auf den Zusammenhang der Wechselbeziehung und gegenseitigen Ergänzung, der die Produktionsfaktoren verknüpft.

3. Wird die übertragene Einheit in die Struktur des Erwerbers eingegliedert, so fällt dieser Zusammenhang der funktionellen Verknüpfung der Wechselbeziehung und gegenseitigen Ergänzung zwischen den für einen Betriebsübergang maßgeblichen Faktoren nicht zwangsläufig weg.

4. Die Beibehaltung der »organisatorischen Selbständigkeit« der übertragenen Einheit ist nicht erforderlich, wohl aber die Beibehaltung des Funktions- und Zweckzusammenhangs zwischen den verschiedenen übertragenen Faktoren, der es dem Erwerber erlaubt, diese Faktoren zur Verfolgung einer bestimmten wirtschaftlichen Tätigkeit zu nutzen, auch wenn sie in eine andere Organisationsstruktur eingegliedert worden sind.

5. Eine bloße Auftragsnachfolge erfüllt für sich genommen diese Voraussetzung nicht. Dies gilt auch dann, wenn ein Dienstleistungsauftrag der einzige Auftrag eines Betriebs ist.

6. Sind in der Organisationsstruktur des Betriebserwerbers keine in ihrem Funktions- und Zweckzusammenhang beibehaltenen Faktoren des Betriebsveräußerers mehr aufrecht erhalten, spricht dies gegen einen Betriebsübergang.

7. Bei der Prüfung, ob eine wirtschaftliche Einheit unter Wahrung ihrer Identität übergegangen ist, sind sämtliche den betreffenden Vorgang kennzeichnenden Umstände zu berücksichtigen.

EuGH 12.2.2009 – C-466/07
EuGH erweitert Begriff des Betriebsübergangs

Geht ein Betrieb oder Betriebsteil durch ein Rechtsgeschäft auf einen anderen Inhaber über, so tritt dieser nach § 613a Abs. 1 Satz 1 BGB in die Rechte und Pflichten aus den im Zeitpunkt des Übergangs bestehenden Arbeitsverhältnissen ein. Im Einzelfall kann insbesondere beim Übergang von Betriebsteilen schwer zu entscheiden sein, ob darin bereits ein Betriebsübergang im Sinne des Gesetzes zu sehen ist. Das Bundesarbeitsgericht geht davon aus, dass ein Betriebsteilübergang nur dann vorliegt, wenn der übertragene Betriebsteil beim Erwerber seine organisatorische Identität bewahrt. Der Europäische Gerichtshof hat demgegenüber den Begriff in einer aktuellen Entscheidung nicht unerheblich erweitert. Ein Betriebsübergang kann auch dann vorliegen, wenn der übertragene Betriebsteil seine organisatorische Selbstständigkeit nicht bewahrt, sondern in die Strukturen des Erwerbers integriert wird. Im entschiedenen Fall ging es um den Übergang von mehreren Produktlinien, Patenten und Kunden eines Elektrotechnik-Unternehmens auf einen US-Konzern, ohne dass auch die bisherigen Mitarbeiter übernommen wurden. Voraussetzung für einen derart weit gefassten Betriebsübergang ist allerdings stets, dass der Erwerber die wesentlichen Betriebsgrundlagen mit ihrer funktionellen Verknüpfung übernimmt.

EuGH 12.12.2009 – C 466/07
Übergang eines Betriebsteils, der die organisatorische Selbständigkeit nicht wahrt (Rechtssache Klarenberg)

Art. 1 Abs. 1 Buchst. a und b der Richtlinie 2001/23 zur Angleichung der Rechtsvorschriften der Mitgliedstaaten über die Wahrung von Ansprüchen der Arbeitnehmer beim Übergang von Unternehmen, Betrieben oder Unternehmens- oder Betriebsteilen ist dahin auszulegen, dass diese Vorschrift auch dann angewandt werden kann, wenn der übertragene Unternehmens- oder Betriebsteil seine organisatorische Selbständigkeit nicht bewahrt, sofern die funktionelle Verknüpfung zwischen den übertragenen Produktionsfaktoren beibehalten wird und sie es dem Erwerber erlaubt, diese Faktoren zu nutzen, um derselben oder einer gleichartigen wirtschaftlichen Tätigkeit nachzugehen; es ist Sache des vorlegenden Gerichts, das Vorliegen dieser Voraussetzungen zu prüfen. Einer allein auf das Kriterium der organisatorischen Selbständigkeit abstellenden Auffassung von der Identität der wirtschaftlichen Einheit kann insbesondere angesichts des mit der Richtlinie 2001/23 verfolgten Zwecks nicht gefolgt werden, die darauf abzielt, im Fall eines Übergangs einen wirksamen Schutz der Rechte der Arbeitnehmer sicherzustellen. Sie würde nämlich dazu führen, dass die Anwendbarkeit dieser Richtlinie auf diesen Unternehmens- oder Betriebsteil allein deshalb ausgeschlossen wäre, weil sich der Erwerber entschließt, den erworbenen Unternehmens- oder Betriebsteil aufzulösen und in seine eigene Struktur einzugliedern, wodurch den betreffenden Arbeitnehmern der von dieser Richtlinie gewährte Schutz vorenthalten würde.

3. Zeitpunkt des Betriebsübergangs

EuGH 26.5.2005 – Rs. C-478/03, AP Nr. 1 zu Richtlinie 77/187/EWG
Begriff des Zeitpunkts des Übergangs

Der Übergang der Arbeitsverträge und Arbeitsverhältnisse gemäß Artikel 3 Absatz 1 der Richtlinie 77/187 zur Angleichung der Rechtsvorschriften der Mitgliedstaaten über die Wahrung von Ansprüchen der Arbeitnehmer beim Übergang von Unternehmen, Betrieben oder Betriebsteilen erfolgt notwendigerweise zu demselben Zeitpunkt, zu dem das Unternehmen übergeht. Der Zeitpunkt dieses Übergangs entspricht dem Zeitpunkt, zu dem die Inhaberschaft, mit der die Verantwortung für den Betrieb der übertragenen Einheit verbunden ist, vom Veräußerer auf den Erwerber übergeht. Dies ist ein genau bestimmter Zeitpunkt, der nicht nach Gutdünken des Veräußerers oder Erwerbers auf einen anderen Zeitpunkt verlegt werden kann.

Infolgedessen sind nach Artikel 3 Absatz 1 die Verträge und Arbeitsverhältnisse, die zum Zeitpunkt des Übergangs im Sinne dieser Bestimmung zwischen dem Veräußerer und den im übertragenen Unternehmen beschäftigten Arbeitnehmern bestehen, als zu diesem Zeitpunkt vom Veräußerer auf den Erwerber übergegangen anzusehen, unabhängig davon, welche Einzelheiten diese hierzu vereinbart haben.

BAG 27.10.2005 – 8 AZR 568/04, NZA 2006, 668–673
Wirksamkeit einer Kündigung – Zeitpunkt eines Betriebsübergangs – Sozialauswahl

1. Macht die Arbeitnehmerin geltend, ihr durch den Insolvenzverwalter ordentlich gekündigtes Arbeitsverhältnis sei durch einen Betriebsübergang (hier auch mangels Widerspruchs) auf den Erwerber vor Eröffnung des Insolvenzverfahrens übergegangen, ist die Kündigungsschutzklage gegen den Insolvenzverwalter unschlüssig, da wegen der punktuellen Streitgegenstandstheorie im Kündigungszeitpunkt kein Arbeitsverhältnis zur Insolvenzschuldnerin mehr bestand.

2. Bei Handels- und Dienstleistungsbetrieben ist bei der Prüfung eines Betriebsübergangs bei dem Tatbestandsmerkmal der identitätsprägenden wirtschaftlichen Einheit vorwiegend auf immaterielle Betriebsmittel abzustellen.

3. Eine Sozialauswahl kommt grundsätzlich dann nicht mehr in Betracht, wenn allen Arbeitnehmern wegen einer Betriebsstilllegung gekündigt wird. (Orientierungssatz)

4. Übergang der Arbeitsverhältnisse

BAG 18.9.2001 – 3 AZR 689/00
Versorgungsverschaffung nach Betriebsübergang

1. Verläßt ein Betriebsteil mit seiner Veräußerung (§ 613a BGB) den Geltungsbereich eines Zusatzversorgungssystems, erlischt damit ein zuvor begründetes Recht auf Zusatzversorgung nicht. Der Betriebserwerber muß vielmehr dem weiterbeschäftigten Arbeitnehmer aus dem arbeitsrechtlichen Grundverhältnis im Versorgungsfall die Leistungen verschaffen, die er erhalten hätte, wenn er bei dem ursprünglichen Arbeitgeber verblieben und entsprechend den ursprünglich vereinbarten Bedingungen versichert worden wäre (Bestätigung von BAG 5. Oktober 1993 – 3 AZR 586/92 – AP BetrAVG § 1 Zusatzversorgungskassen Nr. 42 = EzA BetrAVG § 1 Zusatzversorgung Nr. 6).

2. Dieser Versorgungsverschaffungsanspruch wird erst mit Eintritt des Versorgungsfalles fällig. Er kann deshalb vorher weder verfallen noch verjähren oder verwirken.

BAG 12.2.2003 – 10 AZR 299/02, BRWonline
Betriebsveräußerung und Ansprüche aus Aktienoptionsplan der Konzernmutter

Hat ein Konzernunternehmen in einem Aktienoptionsplan eigenständig Verpflichtungen gegenüber Arbeitnehmern übernommen, die im Betrieb eines anderen zum Konzern gehörenden Unternehmens beschäftigt sind, so gehen diese Verpflichtungen im Falle der Veräußerung des Betriebs nicht auf den Betriebserwerber über, da sie nicht Gegenstand des Arbeitsverhältnisses mit dem Betriebsveräußerers waren.

BAG 17.6.2003 – 2 AZR 134/02
Zuordnung eines Verkaufsleiters bei Übernahme von Verbrauchermärkten

Wenn nicht der gesamte Betrieb, sondern nur ein Betriebsteil übernommen wird, muß der Arbeitnehmer dem übertragenen Betriebsteil angehören, damit sein Arbeitsverhältnis gemäß § 613a BGB auf den Erwerber übergeht. Es genügt hierfür nicht, daß der Arbeitnehmer, ohne dem übertragenen Betriebsteil anzugehören, als Beschäftigter einer nicht übertragenen Abteilung Tätigkeiten für den übertragenen Betriebsteil verrichtete. Stabsstellen wie Verkaufsleiter gehen bei der Übernahme von Betrieben nicht zwangsläufig mit über.

BAG 20.4.2004 – 3 AZR 297/03
Betriebsübernahme und Unverfallbarkeit

Betriebszugehörigkeitszeiten sind bei Betriebsübernahmen im Sinne des § 613a BGB oder bei Gesamtrechtsnachfolge auch bezüglich der Unverfallbarkeit von Betriebsrenten zusammenzurechnen.

BAG 19.4.2005 – 3 AZR 469/04
Jahreswagen – Personaleinkauf – Branchenwechsel nach Betriebsübergang

Die Einräumung eines sog. Personalrabatts steht regelmäßig unter dem vertraglichen Vorbehalt, dass der Arbeitgeber die preisgeminderten Waren selbst herstellt. Ein Anspruch des Arbeitnehmers auf verbilligten Bezug dieser Waren geht daher nicht ohne weiteres nach § 613a Abs 1 Satz 1 BGB bei einem (Teil-)Betriebsübergang über.

BAG 19.5.2005 – 3 AZR 649/03, DB 2005, 2362–2364
Rentenanwartschaften bei Betriebsübergang in der Insolvenz

1. Ein Arbeitsverhältnis geht auch dann auf einen Betriebserwerber über, wenn es wirksam auf das Ende des Tages vor dem Betriebsübergang befristet ist und der Erwerber es nahtlos durch Abschluss eines neuen Arbeitsverhältnisses fortsetzt.

2. In Rentenanwartschaften, die ein Arbeitnehmer für Zeiten nach der Eröffnung eines insolvenzrechtlichen Verfahrens erwirbt, tritt im Fall eines späteren Betriebsübergangs der Betriebserwerber ein. Die Masse haftet für derartige Ansprüche nur insoweit, als die besonderen Voraussetzungen einer Mithaftung des Betriebsveräußerers vorliegen.

BAG 14.7.2005 – 8 AZR 392/04, NZA 2005, 1411–1415
Entsendevertrag – Befristung der Auslandstätigkeit – Betriebsübergang

1. Wird in einer Entsendevereinbarung das »Ruhen« des bisherigen Dienstvertrages dergestalt vereinbart, dass die Entsendevereinbarung »an die Stelle des Dienstvertrages tritt«, ist vom Vorliegen eines zweiten Vertrages der Parteien auszugehen. Der Zweck der Erhaltung der inländischen Sozialversicherung ist dabei für die arbeitsrechtliche Beurteilung grundsätzlich nicht erheblich.

2. Als sachlicher Befristungsgrund vor der Geltung des TzBfG ist der Fortbestand eines Arbeitsverhältnisses zum bisherigen Arbeitgeber und die gesicherte Rückkehrmöglichkeit des Arbeitnehmers (hier trotz späteren Teilbetriebsübergangs) anerkannt. (Orientierungssatz).

BAG 26.9.2007 – 10 AZR 657/06, BRWonline
Berechnung einer Jubiläumsgabe, wenn der ehemalige Betriebsinhaber eine solche Leistung nicht zugesagt hatte

Aus § 613a BGB ergibt sich nicht, dass durch den Betriebsübergang neue Ansprüche der übernommenen Arbeitnehmer begründet werden. War einem Arbeitnehmer von dem ehemaligen Betriebsinhaber keine Jubiläumszusage zugesagt, ist der Betriebserwerber deshalb nicht nach § 613a BGB verpflichtet, die vor dem Betriebsübergang zurückgelegte Beschäftigungszeit auf die für die Jubiläumsgabe erforderliche Dienstzeit anzurechnen.

BAG 16.10.2007 – 9 AZR 248/07, BRWonline
Früheres Zwischenzeugnis bindend

Geht ein Betrieb oder Betriebsteil durch ein Rechtsgeschäft auf einen anderen Inhaber über, so tritt dieser in die Rechte und Pflichten aus den im Zeitpunkt des Übergangs bestehenden Arbeitsverhältnissen ein. Dies gilt auch hinsichtlich der Beurteilung der Arbeitsleistung eines übernommenen Arbeitnehmers. Der neue Arbeitgeber ist daher an den Inhalt des vom Betriebsveräußerer erteilten Zwischenzeugnisses gebunden, es sei denn, es sind nachträglich Umstände aufgetreten, die eine abweichende Beurteilung des Arbeitnehmers rechtfertigen.

BAG 07.11.2007 – 5 AZR 1007/06, AiB Newsletter 2007, Nr. 12, 5, BRWonline
Vertragsänderung nach Betriebsübergang – Anfechtungsfrist

1. § 613a BGB hindert Arbeitnehmer und Betriebsübernehmer nicht, nach einem Betriebsübergang einzelvertraglich die mit dem Betriebsveräußerer vereinbarte Vergütung abzusenken.

2. Ist eine Anfechtung wegen arglistiger Täuschung (§ 123 Abs. 1 1. Alt. BGB) erklärt worden, können andere Anfechtungsgründe nicht nachgeschoben werden.

BAG 11.12.2008 – 2 AZR 295/07
Betriebserwerber muss Schwerbehinderteneigenschaft berücksichtigen

Der nach dem Gesetz bestehende Sonderkündigungsschutz schwerbehinderter Menschen greift nur dann ein, wenn sich der behinderte Arbeitnehmer innerhalb von drei Wochen nach Erhalt der Kündigung auf seine Schwerbehinderteneigenschaft beruft. Dies ist entbehrlich, wenn der Arbeitgeber – was wohl der Normalfall sein dürfte – von der Behinderung bereits Kenntnis hat. Ist die Belegschaft im Wege des Betriebsübergangs auf einen neuen Arbeitgeber übergegangen, tut dieser gut daran, sich beim Erwerb des Betriebs über bestehende Schwerbehinderungen zu erkundigen. Das Bundesarbeitsgericht hat nämlich entschieden, dass sich der Betriebserwerber die Kenntnis von der Schwerbehinderung des gekündigten Arbeitnehmers zurechnen lassen muss. Eine in Unkenntnis des Sonderkündigungsschutzes ohne vorherige Zustimmung des Integrationsamtes ausgesprochene Kündigung eines schwerbehinderten Mitarbeiters ist daher auch dann unwirksam, wenn sich dieser nicht (rechtzeitig) auf seine Rechte beruft.

BAG 12.3.2009 – 2 AZR 894/07, BRWonline
Arbeitnehmer an einmal ausgesprochene Kündigung gebunden

Ein erheblicher Rückstand des Arbeitgebers mit Gehaltszahlungen kann eine fristlose Kündigung des Arbeitnehmers rechtfertigen. Dieser ist jedoch auch dann an die Kündigung gebunden, wenn sich nachträglich die wirtschaftliche Situation des Unternehmens verbessert oder der Betrieb auf einen solventen Eigentümer übergeht. Das Bundesarbeitsgericht wies dementsprechend die Klage eines Managers auf Wiedereinstellung ab. Dieser hatte monatelang kein Geld bekommen; als das Unternehmen schließlich Insolvenz anmelden musste, kündigte er fristlos. Nachdem der Betrieb dann von einem anderen Unternehmer weitergeführt wurde, machte er die Unwirksamkeit seiner Kündigung geltend. Die Bundesrichter hielten den Manager jedoch an seiner Erklärung fest. Da das Arbeitsverhältnis bereits vor dem Betriebsübergang beendet worden war, bestand keine Verpflichtung des Betriebsübernehmers, das Beschäftigungsverhältnis fortzuführen.

BAG 19.3.2009 – 8 AZR 722/07, BRWonline
Unzulässiger Gehaltsverzicht vor Betriebsübergang

Ein Arbeitgeber (Betreiber einer Kindertagesstätte) blieb seinen Mitarbeitern über Jahre hinweg das Urlaubs- und Weihnachtsgeld schuldig. Letztlich stellte er die Arbeitnehmer vor die Wahl, insoweit auf ihre Zahlungsansprüche zu verzichten und somit einen Betriebsübergang auf einen neuen Arbeitgeber zu ermöglichen oder das Unternehmen müsse Insolvenz anmelden. Aus Furcht vor dem Arbeitsplatzverlust unterschrieb eine Erzieherin den Verzicht auf das ausstehende Urlaubs- und Weihnachtsgeld. Nachdem die Einrichtung auf einen neuen Träger übergegangen war, verlangte sie von diesem die entsprechenden Nachzahlungen. Das Bundesarbeitsgericht erklärte den zwischen der Erzieherin und dem früheren Arbeitgeber geschlossenen Erlassvertrag wegen Verstoßes gegen ein gesetzliches Verbot (§ 134 BGB) für nichtig. Bei einem Betriebsübergang schreibt § 613 a Abs. 1 Satz 1 BGB zwingend vor, dass der Betriebserwerber in die Rechte und Pflichten aus den im Zeitpunkt des Übergangs bestehenden Arbeitsverhältnissen eintritt. Eine – wie hier geschehene – Umgehung dieser Vorschrift ist unzulässig. Die Arbeitnehmerin konnte daher den Betriebsübernehmer auf Nachzahlung der ausstehenden Vergütung in Anspruch nehmen.

5. Weitergeltung von Tarifnormen

BAG 13.9.1994 – 3 AZR 148/94, DB 1995, 1133–1134
Rückwirkender Tarifvertrag nach Betriebsübergang

1. Die Rechtsnormen eines Tarifvertrages (§ 4 Abs. 1 Satz 1 TVG) gelten nur dann unmittelbar und zwingend in einem Arbeitsverhältnis, wenn beide Parteien des Arbeitsvertrages im Zeitpunkt des Abschlusses des Tarifvertrages tarifgebunden (§ 3 Abs. 1 TVG) sind. Die Tarifvertragsparteien können nicht dadurch, dass sie die von ihnen geschaffenen Rechtsnormen rückwirkend in Kraft setzen, ihre Regelungsbefugnis auf nicht tarifgebundene Arbeitgeber ausdehnen.

2. § 613 a Abs. 1 Satz 2 BGB sorgt, ausgehend von den Verhältnissen im Zeitpunkt des Betriebsübergangs, für eine Besitzstandswahrung auf

arbeitsvertraglicher Ebene. Die tarifvertraglichen Regelungen werden mit dem Inhalt, den sie im Zeitpunkt des Betriebsübergangs haben, Bestandteil des Arbeitsvertrages. Spätere tarifvertragliche Änderungen werden auch dann nicht mehr erfasst, wenn sie rückwirkend gelten sollen (im Anschluss an BAG Urteil vom 13. 11. 1985 – 4 AZR 309/84 = BAGE 50, 158 = AP Nr. 46 zu § 613 a BGB, BAG Urteil vom 1. 4. 1987 – 4 AZR 77/86 = BAGE 55, 154 = AP Nr. 64 zu § 613 a BGB und BAG Urteil vom 10. November 1993 – 4 AZR 375/92 – DB 1994, 2638 = NZA 1994, 948 ff.).

BAG v. 30. 8. 2000 – 4 AZR 581/99, AP Nr. 12 zu § 1 TVG, BRWonline
Bezugnahme auf Tarifvertrag und Branchenwechsel

1. Eine Bezugnahmeklausel im Arbeitsvertrag, mit der die Anwendbarkeit oder »Geltung« eines bestimmten, dort benannten Tarifvertrages oder Tarifwerks vereinbart worden ist, kann über ihren Wortlaut hinaus nur dann als Bezugnahme auf den jeweils für den Betrieb fachlich/betrieblich geltenden Tarifvertrag (so genannte große dynamische Verweisungsklausel) ausgelegt werden, wenn sich dies aus besonderen Umständen ergibt; der bloße Umstand, dass es sich um eine Gleichstellungsabrede handelt, genügt hierfür nicht.

2. Zur Ablösung nach § 613 a Abs. 1 Satz 2 BGB schuldrechtlich weitergeltender tariflicher Normen durch einen anderen Tarifvertrag nach § 613 a Abs. 1 Satz 3 BGB ist die Tarifgebundenheit sowohl des neuen Inhabers als auch des Arbeitnehmers erforderlich.

BAG 21. 2. 2001 – 4 AZR 18/00, BAGE 97, 107–127, BRWonline
Betriebsübergang, Tarifwechsel

Der Senat hält daran fest, dass § 613 a Abs. 1 Satz 3 BGB die kongruente Tarifgebundenheit sowohl des neuen Betriebsinhabers als auch des Arbeitnehmers voraussetzt (Senat 30. August 2000 – 4 AZR 581/ 99). Nach § 613 a Abs. 1 Satz 2 BGB richtet sich das Arbeitsverhältnis der Parteien, wenn dessen Bedingungen durch Tarifvertrag »geregelt« sind, zumindest für ein Jahr nach dem Betriebsteilübergang auf die neue Arbeitgeberin nach den Tarifbestimmungen, die im Zeitpunkt des Betriebsübergangs bestanden haben. Diese Wirkung tritt nach § 613 a Abs. 1 Satz 3 BGB nur dann nicht ein, wenn das Arbeitsverhältnis bei der neuen Arbeitgeberin durch »ihre« Tarifverträge geregelt wird. Dafür genügt nicht, daß nur der neue Arbeitgeber an diese anderen Tarifverträge gebunden ist, wenn es um tarifvertragliche Inhalts-, Abschluß- und Beendigungsnormen geht. Vielmehr greift § 613 a Abs. 1 Satz 3 BGB nur ein, wenn auch der Arbeitnehmer tarifgebunden ist. Dazu muß er der Gewerkschaft angehören, die diese anderen Tarifverträge abgeschlossen hat. Es reicht nicht aus, wenn beide Gewerkschaften dem DGB angehören.

BAG 20.6.2001 – 4 AZR 295/00, AiB 2002, 441–442, BRWonline
Dynamische tarifliche Verweisung bei Betriebsübergang

1. Nach § 613a Abs. 1 Satz 2 BGB werden die dort umschriebenen Tarifnormen in dem Rechtsstand zum Inhalt des Arbeitsverhältnisses, der im Zeitpunkt des Betriebsübergangs besteht.

2. Die dynamische Blankettverweisung hat beim Übergang der verweisenden Tarifnorm in das Arbeitsverhältnis gem. § 613a Abs. 1 Satz 2 BGB zur Folge, dass auch die Regelung der in Bezug genommenen Tarifnorm nur in dem Rechtsstand in das Arbeitsverhältnis übergeht, der im Zeitpunkt des Betriebsübergangs bestand.

BAG 29.8. 2001 – 4 AZR 332/00, AP Nr. 17 zu § 1 TVG Bezugnahme auf Tarifvertrag, BRWonline
Dynamische Verweisung in Firmentarifvertrag auf Flächentarifverträge nach Betriebsübergang

1. Die wegen beiderseitiger Tarifgebundenheit unmittelbar und zwingend geltenden Bedingungen eines Firmentarifvertrages werden nach einem Betriebsübergang zum Inhalt des Arbeitsverhältnisses, dies aber nur mit dem Tarifstand zurzeit des Betriebsübergangs. Spätere Änderungen der im Firmentarifvertrag in Bezug genommenen Verbandstarifverträge sind unbeachtlich (Bestätigung Senat 20. Juni 2001 – 4 AZR 295/00).

2. Daran ändert nichts, dass der Firmentarifvertrag einschließlich der darin in Bezug genommenen Verbandstarifverträge auch kraft arbeitsvertraglicher Vereinbarung anzuwenden ist. Eine solche Vereinbarung ist eine Gleichstellungsabrede und begründet deswegen keine Rechtsposition, die über die bei Tarifgebundenheit hinausgeht.

BAG 16.10.2002 – 4 AZR 467/01
Betriebsübergang wegen Bezugnahmeklausel und betriebliche Übung

1. Ist im Arbeitsvertrag mit dem tarifgebundenen Arbeitgeber vereinbart, für das Arbeitsverhältnis »gelten die Bedingungen des jeweils gültigen Tarifvertrages«, so stellt dies in der Regel eine »Tarifwechselklausel« dar.

2. Mit dieser Tarifwechselklausel wird zunächst auf die Tarifverträge Bezug genommen, an die der Arbeitgeber bei Abschluß des Arbeitsvertrages gebunden ist.

3. Eine solche Tarifwechselklausel bewirkt auch, daß an Stelle der Bedingungen dieser Tarifverträge die Normen anderer Tarifverträge anzuwenden sind, an die der Arbeitgeber im Falle des Wechsels seiner Tarifgebundenheit gebunden ist.

4. Die Vereinbarung gemäß Leitsatz 1 stellt zugleich eine Gleichstellungsabrede dar. Endet die Tarifgebundenheit des Arbeitgebers

ersatzlos, so gelten die Bedingungen des in Bezug genommenen Tarifvertrages mit dem Stand (statisch) weiter, den sie bei Wegfall der Tarifgebundenheit haben.

BAG v. 22.1.2003 – 10AZR227/02, AP Nr. 242 zu § 613 a BGB
Ablösung einer Zuwendungsregelung durch neuen Tarifvertrag nach Betriebsübergang

Die im Arbeitsverhältnis mit dem Betriebsveräußerer gem. § 3 Abs. 1, § 4 Abs. 1 Satz 1 TVG unmittelbar und zwingend geltenden Regelungen des TV Zuwendung Arb-O wurden hier gem. § 613 a Abs. 1 Satz 2 BGB Inhalt des Arbeitsverhältnisses und wurden auch nicht gem. § 613 a Abs. 1 Satz 3 BGB durch den KMG-MTV Nr. 1 vom 17.12.1997 abgelöst. Dies wäre nur der Fall, wenn diesem Tarifvertrag zu entnehmen wäre, dass er die vertraglich fortgeltenden Tarifregelungen insgesamt ablösen sollte. Keine(r) der Paragraphen oder Protokollnotizen des MTV Nr. 1 befasst sich mit einer jährlich zu zahlenden Zuwendung.

BAG 23.3.2005 – 4 AZR 203/04
Haustarifvertrag verdrängt allgemeinverbindlichen Branchentarifvertrag

Ein kraft vertraglicher Vereinbarung in einem Arbeitsverhältnis geltender Firmentarifvertrag verdrängt nach den Regeln der Tarifkonkurrenz als speziellere Regelung einen für das Arbeitsverhältnis kraft Allgemeinverbindlichkeit geltenden – zudem vertraglich in Bezug genommenen – von derselben Gewerkschaft abgeschlossenen Verbandstarifvertrag, auch soweit Ersterer einzelne ungünstigere Regelungen enthält; das Günstigkeitsprinzip ist bei dieser Fallgestaltung nicht anwendbar.

BAG 11.5.2005 – 4 AZR 315/04, BRWonline
Tarifablösung durch ver.di-Gründung

Mit der Errichtung der Gewerkschaft ver.di sind die vormaligen Gewerkschaften IG Medien und ÖTV untergegangen. Tarifvertragspartei der von der Gewerkschaft ÖTV abgeschlossenen Tarifverträge ist nun die Gewerkschaft ver. di. Die Ablösung der bisher nach § 613 a Abs. 1 Satz 2 BGB weitergeltenden Tarifverträge nach dieser Vorschrift findet auch bei einer nach dem Betriebsübergang erstmals begründeten beiderseitigen Tarifgebundenheit an die »neuen« Tarifverträge statt (siehe Tarifkongruenz). Die Satzung der Gewerkschaft ver. di trifft für diesen Fall keine abweichende Regelung (Pressemitteilung).

BAG 11.5.2005 – 4 AZR 315/04, AP Nr. 30 zu § 4 TVG Tarifkonkurrenz, BRWonline
Betriebsübergang – ver. di – Gründung – Tarifwechsel

1. Zur Verdrängung eines nach § 613 a Abs. 1 Satz 2 BGB Inhalt des Arbeitsverhältnisses gewordenen Tarifvertrages führt nach § 613 a

Abs. 1 Satz 3 BGB auch eine erst nach dem Betriebsübergang begründete kongruente Tarifgebundenheit an einen anderen Tarifvertrag.

2. Die nach einem Betriebsteilübergang erfolgte Verschmelzung u. a. der IG Medien und der ÖTV zur Gewerkschaft ver. di führt im Fall der Tarifgebundenheit des neuen Arbeitgebers an von der vormaligen Gewerkschaft ÖTV geschlossene Tarifverträge bei einem Arbeitnehmer, der zum Zeitpunkt des Betriebsteilübergangs der vormaligen IG Medien angehörte und nunmehr Mitglied von ver. di ist, zur kongruenten Tarifgebundenheit an diese Tarifverträge.

3. § 95 der Satzung der Gewerkschaft ver. di steht der Verdrängung von gem. § 613 a Abs. 1 Satz 2 BGB weitergeltenden Tarifverträgen nach § 613 a Abs. 1 Satz 3 BGB nicht entgegen.

4. Das Günstigkeitsprinzip findet im Verhältnis zwischen dem nach § 613 a Abs. 1 Satz 2 BGB fortgeltenden und dem beim Erwerber normativ geltenden neuen Tarifrecht keine Anwendung.

BAG 22.5.2007 – 3 AZR 357/06, NZA 2007, 1285–1287, BRWonline
Auskunft über Rentenanwartschaft bei Betriebsübergang

1. Soweit § 17 Abs. 2 des am 1.1.1995 in Kraft getretenen Tarifvertrages über die betriebliche Zusatzversorgung für die Arbeitnehmer der DB AG (ZVersTV) von »vorzeitig ausgeschiedenen Arbeitnehmern« spricht, meint er »vorher ausgeschiedene« Arbeitnehmer im Sinne von § 2 BetrAVG.

2. Der Arbeitnehmer hat nach dem Betriebsübergang keinen Anspruch auf Auskunft über eine Betriebsrentenanwartschaft nach § 613 a Abs. 5 BGB, denn Ansprüche aus betrieblicher Altersversorgung sind keine Folge des Übergangs, da sie bis zum Zeitpunkt des Übergangs ohne Rücksicht auf diesen entstehen und unabhängig vom Handeln des Veräußerers oder des Erwerbers bestehen.

3. Kann der Arbeitnehmer nach einem Betriebsübergang aufgrund des § 4 a BetrVG gegen den Betriebserwerber einen Anspruch auf Auskunft über erworbene Anwartschaften geltend machen, besteht daneben kein Anspruch auf Auskunft nach § 242 BGB.

4. Hinweise des Senats: »teilweise Parallelsachen 22. Mai 2007 – 3 AZR 357/06 – (vorliegend), – 3 AZR 834/05 –«

BAG 13.11.2007 – 3 AZR 181/06
Tarifvertragliche Ansprüche gehen Betriebsvereinbarung vor

Geht ein Betrieb oder Betriebsteil durch ein Rechtsgeschäft auf einen anderen Inhaber über, so tritt dieser in die Rechte und Pflichten aus den im Zeitpunkt des Übergangs bestehenden Arbeitsverhältnissen ein (§ 613 a Absatz 1, Satz 1 BGB). Dies gilt auch für Regelungen der betrieblichen Altersversorgung. Danach behalten Arbeitnehmer auch bei einem Betriebsübergang ihre Rechte aus einem Tarifvertrag über die betriebliche Altersversorgung. Dies gilt selbst dann, wenn im neuen Unternehmen eine Betriebsvereinbarung über die betriebliche Altersversorgung besteht. Eine Betriebsvereinbarung kann tarifvertraglich entstandene Ansprüche nicht ablösen, da Betriebsvereinbarungen, bei denen der Arbeitgeber allein über die Dotierung entscheidet, im Gegensatz zu Tarifverträgen nur zum Teil mitbestimmt sind.

BAG 22.4.2009 – 4 AZR 100/08, BRWonline
Transformation tariflicher Normen aufgrund Betriebsübergang erfasst gesamten Bestand an Tarifnormen

1. Zu den bei einem Betriebsübergang nach § 613a Abs. 1 Satz 2 BGB in das Arbeitsverhältnis zwischen dem Betriebserwerber und dem Arbeitnehmer transformierten Normen gehört der gesamte Bestand der Tarifnormen, die die Rechte und Pflichten zwischen dem tarifgebundenen Betriebsveräußerer und dem tarifgebundenen Arbeitnehmer geregelt haben. Dies gilt auch für eine dort bereits festgelegte dynamische Veränderung, die erst nach dem Betriebsübergang eintreten soll.

2. Die Wirkungsweise der nach § 613a Abs. 1 Satz 2 BGB in das Arbeitsverhältnis zwischen Betriebserwerber und Arbeitnehmer transformierten Normen entspricht regelmäßig derjenigen, die bei einem Austritt des Veräußerers aus dem tarifschließenden Arbeitgeberverband hinsichtlich des zur Zeit des Austritts geltenden Verbandstarifvertrags nach § 3 Abs. 3 TVG eintreten würde. Dabei entspricht das Ende der Sperrfrist nach § 613a Abs. 1 Satz 2 und 4 BGB dem Ende des nachbindenden Tarifvertrags.

6. Weitergeltung von Betriebsvereinbarungen und Gesamtbetriebsvereinbarungen

BAG v. 27.7.1994 – 7 ABR 37/93, NZA 1995, 222–225, BRWonline
Betriebsübergang; Übertragung einer Depotverwaltung

1. Von der Eigenart des jeweiligen Betriebes hängt es ab, welche Betriebsmittel für seine Fortführung wesentlich sind. Die rein begriffliche Einordnung als Dienstleistungs-, Produktions- oder Mischbetrieb ist nicht entscheidend. Eine schematisch einheitliche Behandlung aller Dienstleistungsbetriebe ist nicht möglich (Fortführung der bisherigen Rechtsprechung; vgl. u.a. BAG Urteil vom 9. Februar 1994 – 2 AZR 781/93 – DB 1994, 1144ff. = EzA § 613a BGB Nr. 115 = NZA 1994, 612 = ZIP 1994, 901ff., m.w.N.).

2. Wird nach einer Ausschreibung die Führung eines Militärdepots, in dem zahlreiche, verschiedenartigste Ersatzteile eingelagert, gebrauchsfähig gehalten und auf Anforderung der Streitkräfte ausgeliefert werden, einem anderen Unternehmer übertragen und überlassen ihm die Streitkräfte nahezu alle erforderlichen sächlichen und immateriellen Betriebsmittel (insbesondere Grundstück, mehrere Lagerhallen, Lager-

einrichtung, Fördertechnik, EDV-Anlage, Computersoftware), so liegt ein Betriebsübergang im Sinne des § 613a BGB vor.

3. Aus § 613a Abs. 1 Satz 2 BGB lässt sich nicht ableiten, dass Betriebsvereinbarungen nach einem Betriebsübergang nicht normativ fortwirken. Der Betriebserwerber tritt vielmehr in die betriebsverfassungsrechtliche Stellung des früheren Betriebsinhabers ein und ist an die im Betrieb geltenden Betriebsvereinbarungen jedenfalls solange gebunden, bis sie ihr Ende finden, etwa dadurch, dass der Betrieb seine Identität verliert und deshalb aufhört zu bestehen (im Anschluss an BAG Beschluss vom 5. Februar 1991 – 1 ABR 32/90 – BAGE 67, 168, 188f. = AP Nr. 89 zu § 613a BGB, zu B IV 2c cc der Gründe).

BAG 24.7.2001 – 3 AZR 660/00, BRWonline
Besitzstandswahrung bezüglich betrieblicher Altersversorgung bei Betriebsübergang

1. Auch bei der Verdrängung einer im veräußerten Betrieb geltenden Betriebsvereinbarung über Leistungen der Betrieblichen Altersversorgung durch eine beim Erwerber geltende Betriebsvereinbarung nach § 613a Abs 1 Satz 3 BGB ist der bis zum Betriebsübergang erdiente Versorgungsbesitzstand aufrechtzuerhalten.

2. Dies bedeutet nicht, daß der bis zum Betriebsübergang erdiente Besitzstand vom Betriebsübernehmer stets zusätzlich zu der bei ihm erdienten Altersversorgung geschuldet wäre. Die gebotene Besitzstandswahrung führt grundsätzlich nur insoweit zu einem erhöhten Versorgungsanspruch, wie die Ansprüche aus der Neuregelung im Versorgungsfall hinter dem zurückbleiben, was bis zum Betriebsübergang erdient war.

BAG 1.8.2001 – 4 AZR 82/00, BB 2002, 203–206, BRWonline
Betriebsvereinbarung als ablösende Regelung

Eine vor dem Betriebsübergang für einen anderen Betrieb geschlossene Betriebsvereinbarung ist nur dann eine andere Regelung im Sinne des § 613a Abs. 1 Satz 3 BGB, wenn sie der Sache nach denselben Gegenstand regelt und betriebsverfassungsrechtlich im übernommenen Betrieb gilt.

BAG 14.8.2001 – 1 AZR 619/00, AP Nr. 85 zu § 77 BetrVG 1972, BRWonline
Jahressonderzahlung – Kürzung durch Einigungsstellenspruch – Betriebsübergang

Wird eine Betriebsvereinbarung im Zuge eines Betriebsübergangs nach § 613a Abs. 1 Satz 2 BGB zum – individualrechtlichen – Inhalt des Arbeitsverhältnisses, ist sie vor der Ablösung durch eine – spätere – Betriebsvereinbarung nicht in weiterem Umfang geschützt, als wenn sie kollektivrechtlich weitergelten würde. Im Verhältnis zu der neuen Betriebsvereinbarung gilt damit nicht das Günstigkeits-, sondern das Ablösungsprinzip.

BAG 18.9.2002 – 1 ABR 54/01, AiB 2004, 41–43, BRWonline
Fortgeltung von Gesamtbetriebsvereinbarungen nach Betriebsübergang

1. Im Fall eines Betriebsübergangs behalten Gesamtbetriebsvereinbarungen, die in den Betrieben des abgebenden Unternehmens gelten, in den übertragenen Teilen des Unternehmens ihren Status als Rechtsnormen auch dann, wenn nur einer oder mehrere Betriebe übergehen. Dies gilt jedenfalls dann, wenn das andere Unternehmen bis dahin keinen Betrieb führte und die übertragenen Betriebe ihre Identität bewahrt haben.

2. Wird nur ein Betrieb übernommen, bleiben die Gesamtbetriebsvereinbarungen als Einzelbetriebsvereinbarungen bestehen. Werden alle oder mehrere Betriebe übernommen, bleiben dort die Gesamtbetriebsvereinbarungen als solche bestehen.

3. Wird ein übernommener Betriebsteil vom Erwerber als selbständiger Betrieb geführt, gelten in ihm die im ursprünglichen Betrieb bestehenden Einzel- und Gesamtbetriebsvereinbarungen normativ weiter.

BAG 18.11.2003 – 1 AZR 604/02, AP Nr. 15 zu § 77 BetrVG 1972 Nachwirkung, BRWonline
Nachwirkung einer Betriebsvereinbarung über Sonderzahlungen

1. Wird eine Betriebsvereinbarung im Zuge eines Betriebsübergangs Inhalt des Arbeitsverhältnisses, ist sie vor einer Ablösung durch eine spätere Betriebsvereinbarung im Erwerberbetrieb nicht in weiterem Umfang bewahrt, als wenn sie kollektivrechtlich weitergegolten hätte.

2. Es ist einem Arbeitgeber grundsätzlich nicht verwehrt, im selben Betrieb mehrere voneinander unabhängige Vergütungssysteme zur Anwendung zu bringen. Die dem zugrunde liegende Bildung verschiedener Beschäftigtengruppen muss aber auf sachlichen Gründen beruhen, um nicht dem Zweck des Mitbestimmungsrechts nach § 87 Abs. 1 Nr. 10 BetrVG zuwiderzulaufen. Die weitere Entwicklung der unterschiedlichen Vergütungssysteme ist dann im Verhältnis zueinander nicht Gegenstand der Überprüfung nach den Maßstäben innerbetrieblicher Entgeltgerechtigkeit.

BAG 20.4.2005 – 4 AZR 292/04
Dynamische Tarifanwendung kraft Vertrages zu Gunsten Dritter bei Betriebsübergang

Wenn ein Kreiskrankenhaus im Wege eines Betriebsübergangs auf einen nicht tarifgebundenen Arbeitgeber übergeht, kann in einer Vereinbarung nach Verhandlungen zwischen Übernehmer, dem Landkreis und dem zuständigen Personalrat eine Regelung hinsichtlich der nach dem Betriebsübergang anwendbaren Tarifverträge getroffen werden. Aus einem solchen Vertrag zugunsten Dritter können die betroffenen Arbeitnehmer unmittelbar Rechte herleiten.

BAG 28.6.2005 – 1 AZR 213/04, AP Nr. 25 zu § 77 BetrVG 1972 Betriebsvereinbarung, BRWonline
Ablösende Betriebsvereinbarung – Gesamtzusage

1. Ein Provisionsanspruch ergibt sich vorliegend nicht aus einer vertraglichen Einheitsregelung. Allein aus der tatsächlichen Gewährung von Leistungen kann nicht auf den für eine Gesamtzusage erforderlichen Verpflichtungswillen des Arbeitgebers geschlossen werden, wenn die Leistungen erkennbar erbracht werden, um Verpflichtungen aus einer Betriebsvereinbarung zu erfüllen. Die Durchführung einer vermeintlich wirksamen Betriebsvereinbarung dürfen die Arbeitnehmer nicht dahin verstehen, der Arbeitgeber wolle sich unabhängig von der Wirksamkeit und Fortgeltung rechtsgeschäftlich zur Erbringung der in der Betriebsvereinbarung vorgesehenen Leistungen verpflichten. Für einen entsprechenden Verpflichtungswillen des Arbeitgebers müssen vielmehr besondere Umstände vorliegen (vgl. BAG vom 23.8.1989 – 5 AZR 391/88 = AP Nr. 42 zu § 77 BetrVG 1972).

2. Eine neue Betriebsvereinbarung über denselben Regelungsgegenstand löst die Regelungen der älteren Betriebsvereinbarung auch dann ab, wenn diese für den Arbeitnehmer günstiger waren. Nichts anderes ergibt sich, falls anlässlich der Verschmelzung und der Zusammenlegung von Betrieben gem. § 613a Abs. 1 Satz 2 BGB eine Transformation der Ansprüche aus einer früheren Betriebsvereinbarung in das Individualarbeitsverhältnis stattgefunden hat. Rechte aus einer Betriebsvereinbarung, die im Zuge eines Betriebsübergangs gem. § 613a Abs. 1 Satz 2 BGB Inhalt des Arbeitsverhältnisses werden, sind vor einer Ablösung durch eine spätere Betriebsvereinbarung im Erwerberbetrieb nicht in weiterem Umfang geschützt, als wenn sie kollektivrechtlich weitergegolten hätten. Sie sind nach § 613a Abs. 1 Satz 3 BGB einer Neuregelung durch eine ablösende Betriebsvereinbarung zugänglich.

BAG 8.12.2009 – 1 ABR 66/08, BRWonline
Fortgeltung einer betrieblichen Vergütungsordnung nach Betriebsübergang auch nach Wegfall des Geltungsgrunds

Geht ein Betrieb oder Betriebsteil unter Wahrung seiner bisherigen Identität durch Rechtsgeschäft auf einen Betriebserwerber über, tritt dieser betriebsverfassungsrechtlich an die Stelle des früheren Betriebsinhabers. Der neue Betriebsinhaber ist bis zu einer dem Mitbestimmungsrecht nach § 87 Abs. 1 BetrVG genügenden Änderung zur Fortführung der im Betrieb bestehenden Vergütungsordnung verpflichtet.

7. Gleichbehandlung und Betriebsübergang

BAG 31.8.2005 – AZR 517/04, AP Nr. 288 zu § 613a BGB Gleichbehandlung – Betriebsübergang

Gehen nach einem Betriebsübergang Arbeitsverhältnisse vom Veräußerer auf den Erwerber über und gewährt der Erwerber den übernommenen Arbeitnehmern die mit dem früheren Arbeitgeber vereinbarten oder sich dort aus einer Betriebsvereinbarung ergebenden Arbeitsbedingungen weiter, können die übernommenen Arbeitnehmer aus dem Gleichbehandlungsgrundsatz keine Anpassung an die beim Erwerber bestehenden besseren Arbeitsbedingungen verlangen.

BAG 14.2.2007 – 10 AZR 181/06, NZA 2007, 558–561 Sonderzahlung – Gleichbehandlung

1. Auslegung einer in deutsch- und englischsprachigen Foliensätzen festgelegten Zahlung eines Sonderbonus an Mitarbeiter, deren Voraussetzungen und Ausnahmen.

2. Der Arbeitgeber, der in seinem Betrieb nach von ihm gesetzten allgemeinen Regeln freiwillige Leistungen gewährt, ist an den arbeitsrechtlichen Gleichbehandlungsgrundsatz gebunden. Bildet er Gruppen von begünstigten und benachteiligten Arbeitnehmern, muss auch die Gruppenbildung sachlichen Kriterien entsprechen.

3. Differenzierungskriterium ist hier der Fortbestand des Arbeitsverhältnisses. Ein Arbeitgeber kann bei Gewährung einer freiwilligen Leistung Arbeitnehmer, die im Lauf des Bezugsjahres ausgeschieden sind, auch dann von der Leistung ausnehmen, wenn er den im Lauf des Bezugsjahres neu eingetretenen Arbeitnehmern die Leistung anteilig gewährt.

4. Der Umstand, dass der leitende Angestellte es nicht zu vertreten hat, dass er in das ausgegliederte Unternehmen übergewechselt ist und somit nicht mehr in der Lage ist Betriebstreue zu erbringen, zwingt den Arbeitgeber nicht dazu die Leistung zu gewähren.

5. Keine Aufstellung widersprüchlicher Voraussetzungen für die Bonuszahlung.

BAG 14.3.2007 – 5 AZR 420/06, NZA 2007, 862–865, BRWonline Gleichbehandlung nach Betriebsübergang

Der allgemeine Gleichbehandlungsgrundsatz findet auf freiwillige Lohnerhöhungen nach einer selbst im Rahmen einer Betriebsvereinbarung gegebenen Regelung des Arbeitgebers auch dann Anwendung, wenn der Arbeitgeber zwischen seiner Stammbelegschaft und den aufgrund eines Betriebsübergangs übernommenen Arbeitnehmern differenziert, indem er nur der Stammbelegschaft eine freiwillige Lohnerhöhung zukommen lässt. Der Gleichbehandlungsgrundsatz verpflichtet den Arbeitgeber, seine Arbeitnehmer oder vergleichbare

Gruppen von Arbeitnehmern bei Anwendung einer Vergütungsregelung gleich zu behandeln. Damit verbietet er nicht nur die willkürliche Schlechterstellung einzelner Arbeitnehmer innerhalb der Gruppe, sondern auch eine sachfremde Gruppenbildung. Steht eine Gruppenbildung fest, hat der Arbeitgeber die Gründe für die Differenzierung so nachvollziehbar darzulegen, dass die Beurteilung möglich ist, ob die Gruppenbildung sachlichen Kriterien entspricht. Ein sachlicher Grund für die Differenzierung kann in der Anpassung unterschiedlicher Arbeitsbedingungen der Stammbelegschaft und der durch § 613 a Abs. 1 Satz 2 BGB im Rahmen des Betriebsübergangs begünstigten Arbeitnehmer liegen.

BAG 19. 1. 2010 – 3 ABR 19/08, BRWonline

1. Betriebsvereinbarungen sind am betriebsverfassungsrechtlichen Gleichbehandlungsgrundsatz zu messen, wenn sie Arbeitnehmer, deren Arbeitsverhältnis durch einen Betriebs- oder Betriebsteilübergang auf den Arbeitgeber übergeht, von einer Versorgungsordnung ausnehmen, neu eintretende Arbeitnehmer jedoch nicht.

2. Diese Herausnahme ist gerechtfertigt. Durch einen Betriebs- oder Betriebsteilübergang entsteht eine Übergangssituation. Es ist nicht von vornherein absehbar, welche Arbeits-, insbesondere Versorgungsbedingungen, in derartigen Arbeitsverhältnissen gelten und welche Unterschiede zu denen der anderen Arbeitnehmer bestehen. Die Herausnahme erleichtert eine sachgerechte und angemessene Regelung dieser Übergangssituation.

8. Widerspruchsrecht gegen den Betriebsübergang

BAG 5. 2. 1997 – 10 AZR 553/96, DB 1997, 1623–1624, BRWonline
Sozialplanabfindung bei Betriebsübergang

1. Nimmt ein Sozialplan von seinem Geltungsbereich solche Mitarbeiter aus, die einen angebotenen zumutbaren Arbeitsplatz ablehnen, so gilt dies auch für den Fall, dass Arbeitnehmer dem Übergang ihres Arbeitsverhältnisses im Wege eines Betriebsüberganges nach § 613 a BGB widersprechen.

2. Die Weiterarbeit beim Betriebserwerber nach einem Betriebsübergang im Sinne von § 613 a BGB ist dem Arbeitnehmer in der Regel zumutbar.

BAG 15. 12. 1998 – 1 AZR 332/98, NZA 1999, 667, BRWonline
Auslegung eines Sozialplans – Sozialplanabfindung bei Widerspruch gegen Betriebsübergang

1. Sieht ein Sozialplan Abfindungen bei betriebsbedingten Kündigungen vor, so haben mangels entgegenstehender Anhaltspunkte auch solche Arbeitnehmer einen Anspruch, die deshalb entlassen werden,

weil sie dem Übergang ihres Arbeitsverhältnisses auf den Erwerber eines Betriebsteils widersprochen haben.

2. Das gilt auch dann, wenn der Sozialplan für diejenigen Arbeitnehmer, die dem Übergang ihrer Arbeitsverhältnisse nicht widersprechen, besondere Leistungen vorsieht.

BAG 18. 3. 1999 – 8 AZR 190/98, AP Nr. 41 zu § 1 KSchG 1969 Soziale Auswahl
Betriebsteilübergang – Betriebsbedingte Kündigung nach Widerspruch des Arbeitnehmers

1. Der Arbeitnehmer kann sich auf eine mangelhafte Sozialauswahl nach § 1 Abs. 3 KSchG auch dann berufen, wenn der Verlust seines Arbeitsplatzes darauf beruht, dass er dem Übergang des Arbeitsverhältnisses auf einen Teilbetriebserwerber widersprochen hat.

2. Bei der Prüfung der sozialen Gesichtspunkte sind die Gründe für den Widerspruch zu berücksichtigen. Je geringer die Unterschiede in der sozialen Schutzbedürftigkeit im Übrigen sind, desto gewichtiger müssen die Gründe des widersprechenden Arbeitnehmers sein. Nur wenn dieser einen baldigen Arbeitsplatzverlust oder eine baldige wesentliche Verschlechterung seiner Arbeitsbedingungen bei dem Erwerber zu befürchten hat, kann er einen Arbeitskollegen, der nicht ganz erheblich weniger schutzbedürftig ist, verdrängen.

BAG 24. 2. 2000 – 8 AZR 167/99, DB 2000, 1420–1422, BRWonline
Widerspruch bei Betriebsteilübergang – Soziale Auswahl – Anhörung des Betriebsrats

1. Hält der Arbeitgeber eine Sozialauswahl vor Ausspruch einer betriebsbedingten Kündigung wegen des Widerspruchs des Arbeitnehmers gegen den Übergang des Arbeitsverhältnisses für überflüssig, so hat er die sozialen Gesichtspunkte vergleichbarer Arbeitnehmer auch nicht vorsorglich dem Betriebsrat mitzuteilen (im Anschluss an die ständige Rechtsprechung des BAG zur »subjektiven Determinierung« der Betriebsratsanhörung, vgl. nur Urteil vom 26. Oktober 1995 – 2 AZR 1026/94 – BAGE 81, 199, 203f.).

2. Das Unterbleiben einer Sozialauswahl indiziert in diesem Fall nicht die ungenügende Berücksichtigung sozialer Gesichtspunkte, wenn der gesamte Bereich »Informationssysteme und technische Dienste« ausgegliedert wurde und dem Arbeitnehmer anerkennenswerte Gründe für den Widerspruch nicht zur Seite standen.

BAG 15. 8. 2002 – 2 AZR 195/01, AP Nr. 241 zu § 613 a BGB
Betriebsbedingte Kündigung nach Widerspruch gegen den Übergang des Arbeitsverhältnisses auf Teilbetriebserwerber

Im Fall eines bevorstehenden Teilbetriebsübergangs muss der Arbeitgeber einem davon betroffenen Arbeitnehmer die Weiterbeschäftigung auf einem freien Arbeitsplatz anbieten, sobald er damit rechnen muss, der Arbeitnehmer werde dem Übergang seines Arbeitsverhältnisses widersprechen.

BAG 30.10.2003 – 8 AZR 491/02
Betriebsübergang – Widerruf eines Widerspruchs

Hat ein Arbeitnehmer dem Übergang seines Arbeitsverhältnisses auf einen Betriebserwerber nach § 613a Abs. 1 Satz 1 BGB wirksam widersprochen, so kann er diesen Widerspruch als einseitige empfangsbedürftige Willenserklärung nicht einseitig nach Zugang beim Erklärungsadressaten widerrufen.

BAG 22.4.2004 – 2 AZR 243/03
Sachliche Gründe für Widerspruch – Berücksichtigung bei Sozialauswahl

Nach der ständigen Rechtsprechung des BAG kann sich ein Arbeitnehmer, der dem Übergang seines Arbeitsverhältnisses auf einen Betriebserwerber nach § 613a BGB widerspricht, bei einer nachfolgenden vom Betriebsveräußerer erklärten Kündigung auch auf eine mangelhafte Sozialauswahl nach § 1 Abs. 3 Satz 1 KSchG berufen. Bei der Prüfung der sozialen Auswahlgesichtspunkte können dann aber die Gründe für den Widerspruch berücksichtigt werden. Jedenfalls wenn alle Arbeitnehmer dem Übergang widersprechen, stellt die Übernahme der »betriebsmittelarmen« Schulreinigung nicht ohne weiteres einen Fall des § 613a BGB dar.

BAG 30.9.2004 – 8 AZR 462/03, AP Nr. 275 zu § 613a BGB
Betriebsübergang – Kollektiver Widerspruch – Betriebsbedingte Kündigung

Für die Ausübung eines Widerspruchs nach § 613a Abs. 6 BGB ist ein sachlicher Grund nicht erforderlich. Dies gilt auch im Fall der Ausübung des Widerspruchs durch eine Mehrheit von Arbeitnehmern.

Ein kollektiver Widerspruch kann aber gem. § 242 BGB rechtsmissbräuchlich und daher unwirksam sein, wenn er dazu eingesetzt wird, andere Zwecke als die Sicherung der arbeitsvertraglichen Rechte und die Beibehaltung des bisherigen Arbeitgebers herbeizuführen.

BAG 28.10.2004 – 8 AZR 391/03
Gemeinsamer Widerspruch gegen Betriebsübergang durch alle Arbeitnehmer

Für die Ausübung eines Widerspruchs nach § 613a Abs 6 BGB ist ein sachlicher Grund nicht erforderlich. Dies gilt auch im Falle der Ausübung des Widerspruchs durch eine Mehrheit von Arbeitnehmern. Ein kollektiver Widerspruch kann aber gemäß § 242 BGB rechtsmissbräuchlich und daher unwirksam sein, wenn er dazu eingesetzt wird, andere Zwecke als die Sicherung der arbeitsvertraglichen Rechte und die Beibehaltung des bisherigen Arbeitgebers herbeizuführen. Die gemeinsame Ausübung an sich reicht hierfür nicht, auch wenn die Ausübung unter den Mitarbeitern abgesprochen ist.

BAG 24.5.2005 – 8 AZR 398/04, NZA 2005, 1302–1307
Kündigung – Unterrichtungspflicht über Betriebsübergang

Wird der Arbeitnehmer über einen Betriebsübergang nicht ordnungsgemäß nach § 613a Abs. 5 BGB unterrichtet, läuft die einmonatige Widerspruchsfrist gem. § 613a Abs. 6 Satz 1 BGB nicht. Die Verletzung der Unterrichtungspflicht nach § 613a Abs. 5 BGB führt aber auch unter Berücksichtigung des Grundsatzes von Treu und Glauben (§ 242 BGB) nicht zur Unwirksamkeit der Kündigung.

BAG 13.7.2006 – 8 AZR 305/05, DB 2006, 2406–2409, BRWonline
Fristgemäßer Widerspruch nach § 613a Abs. 6 BGB – Unterrichtung nach § 613a Abs. 5 BGB

1. Die Frist zur Erklärung eines Widerspruchs gegen den Übergang eines Arbeitsverhältnisses gem. § 613a Abs. 6 BGB wird weder bei einer unterbliebenen noch bei einer nicht ordnungsgemäßen Unterrichtung ausgelöst.

2. Eine Unterrichtung nach § 613a Abs. 5 BGB erfordert eine verständliche, arbeitsplatzbezogene und zutreffende Information. Sie muss u.a. Angaben über die Identität des Erwerbers, den Gegenstand und den rechtlichen Grund des Betriebsübergangs sowie eine korrekte Darstellung der rechtlichen Folgen des Betriebsübergangs für den Arbeitnehmer enthalten.

3. Wird das Widerspruchsrecht nach dem Betriebsübergang ausgeübt, wirkt es auf den Zeitpunkt des Betriebsübergangs zurück.

BAG 13.7.2006 – 8 AZR 303/05, NZA 2006, 1273–1276, BRWonline
Unterrichtung nach § 613a Abs. 5 BGB

1. Die Frist zur Erklärung eines Widerspruchs gegen den Übergang eines Arbeitsverhältnisses gem. § 613a Abs. 6 BGB wird nur durch eine ordnungsgemäße Unterrichtung ausgelöst. Eine unterbliebene oder fehlerhafte Unterrichtung führt nicht zum Fristbeginn.

2. Eine fehlerhafte Unterrichtung über Rechtsfragen ist im Rahmen des § 613a Abs. 5 BGB dann aber nicht unwirksam, wenn der Unterrichtungspflichtige die Rechtslage gewissenhaft geprüft und einen vertretbaren Rechtsstandpunkt eingenommen hat.

3. Die Unterrichtungspflicht nach § 613a Abs. 5 BGB umfasst auch etwaige Ansprüche aus einem Sozialplan.

BAG 13.7.2006 – 8 AZR 382/05, DB 2006, 2750–2752, BRWonline
Betriebsübergang im Ausbildungsverhältnis – Widerspruchserklärung – Verwirkung – Rechtsfolgen des Widerspruchs nach vollzogenem Betriebsübergang

1. Ein Betriebsübergang gem. § 613a Abs. 1 BGB bewirkt nicht nur den Übergang der Arbeitsverhältnisse, sondern auch den Übergang der Ausbildungsverhältnisse auf den Betriebserwerber.

2. Eine Widerspruchserklärung im Sinne des § 613a Abs. 6 BGB ist gem. den §§ 133, 157 BGB auszulegen. Bei der Ermittlung des Erklärungsinhalts finden die Grundsätze zur Auslegung formbedürftiger Willenserklärungen Anwendung, auch die so genannte Andeutungsformel oder -theorie. Danach dürfen bei der Auslegung außerhalb der Urkunde liegende Umstände auch dann berücksichtigt werden, wenn der rechtsgeschäftliche Wille der Parteien in der Urkunde einen unvollkommenen oder andeutungsweisen Ausdruck gefunden hat.

3. Auch nach Inkrafttreten des § 613a Abs. 6 BGB, der nunmehr eine Widerspruchsfrist vorsieht, kann das Widerspruchsrecht unter Berücksichtigung der Grundsätze von Treu und Glauben wegen Verwirkung ausgeschlossen sein.

4. Der Widerspruch kann auch noch nach dem Betriebsübergang erklärt werden. Der Widerspruch wirkt auf den Zeitpunkt des Betriebsübergangs zurück.

BAG v. 14.12.2006 – 8 AZR 763/05, AP Nr. 318 zu § 613a BGB, BRWonline
Betriebsübergang – Widerspruch nach § 613a Abs. 6 BGB – Unterrichtung nach § 613a Abs. 5 BGB – Widerspruchsfrist

1. Nur eine ordnungsgemäße Unterrichtung nach § 613a Abs. 5 BGB setzt die Widerspruchsfrist nach § 613a Abs. 6 BGB in Gang. Weder durch eine unterbliebene noch durch eine nicht ordnungsgemäße Unterrichtung wird diese Frist ausgelöst.

2. Der Arbeitgeber hat den Arbeitnehmer im Rahmen des § 613a Abs. 5 BGB so zu informieren, dass jener sich über die Person des Übernehmers und über die in § 613a Abs. 5 BGB genannten Umstände ein Bild machen kann. Er soll durch die Unterrichtung eine ausreichende Wissensgrundlage für die Ausübung oder Nichtausübung seines Widerspruchsrechts erhalten.

3. Der Inhalt der Unterrichtung richtet sich nach dem Kenntnisstand des Veräußerers und Erwerbers zum Zeitpunkt der Unterrichtung. Die erteilten Informationen müssen zutreffend sein. Ob die Unterrichtung ordnungsgemäß ist, kann vom Gericht überprüft werden.

4. Der Veräußerer und der Erwerber sind für die Erfüllung der Unterrichtungspflicht darlegungs- und beweispflichtig. Entspricht eine Unterrichtung zunächst formal den Anforderungen des § 613a Abs. 5

BGB und ist sie nicht offensichtlich fehlerhaft, ist es Sache des Arbeitnehmers, einen Mangel näher darzulegen. Hierzu ist er im Rahmen einer abgestuften Darlegungslast nach § 138 Abs. 3 ZPO verpflichtet. Die Unterrichtungsverpflichteten müssen sodann Einwände des Arbeitnehmers mit entsprechenden Darlegungen und Beweisantritten entkräften.

5. Die Unterrichtung kann auch erst nach dem Betriebsübergang erfolgen. Die Widerspruchsfrist beginnt für den Arbeitnehmer in diesem Fall erst dann zu laufen. Der Widerspruch wirkt auf den Zeitpunkt des Betriebsübergangs zurück.

BAG 31.5.2007 – 2 AZR 276/06, BRWonline
Sozialauswahl bei Kündigung nach Widerspruch

Geht ein Betrieb oder Betriebsteil durch ein Rechtsgeschäft auf einen anderen Inhaber über, so tritt dieser in die Rechte und Pflichten aus den im Zeitpunkt des Übergangs bestehenden Arbeitsverhältnissen ein. Der Arbeitnehmer kann dem Übergang seines Arbeitsverhältnisses im Rahmen eines Betriebsübergangs jedoch widersprechen. Dann bleibt dem Betriebsveräußerer in der Regel nur noch die Möglichkeit der betriebsbedingten Kündigung.

Der Bundesgerichtshof weist in diesem Zusammenhang darauf hin, dass der kündigende Arbeitgeber auch in einem solchen Fall eine ordnungsgemäße Sozialauswahl durchzuführen hat. Handelt es sich um einen unselbstständigen Filialbetrieb (hier Verbrauchermarkt), müssen bei der Sozialauswahl auch alle Arbeitnehmer des Gesamtbetriebs einbezogen werden.

BAG 21.2.2008 – 8 AZR 157/07, BRWonline
Kein Widerspruchsrecht bei Erlöschen des übernommenen Unternehmens

Das Bundesarbeitsgericht hatte sich mit der umstrittenen Frage zu befassen, ob ein Arbeitnehmer dem Übergang seines Arbeitsverhältnisses im Rahmen eines Betriebsübergangs auch dann widersprechen kann, wenn das übernommene Unternehmen (der bisherige Arbeitgeber) wegen seiner gesellschaftsrechtlichen Gestaltung erlischt. Die Bundesrichter kamen zu dem Ergebnis, dass in derartigen Fällen kein Widerspruchsrecht der Arbeitnehmer nach § 613a Abs. 6 BGB bestehen kann.

Der von einem Arbeitnehmer trotzdem erklärte Widerspruch kann auch nicht als Kündigung oder anderweitige Beendigungserklärung ausgelegt werden. Demnach wird das Arbeitsverhältnis automatisch mit dem neuen Geschäftsinhaber fortgesetzt.

LAG Düsseldorf 29.4.2008 – 6 Sa 1809/07, BRWonline Rechtliche Probleme bei Betriebsübergang von Siemens auf BenQ

Geht ein Betrieb oder Betriebsteil durch ein Rechtsgeschäft auf einen anderen Inhaber über, so tritt dieser in die Rechte und Pflichten aus den im Zeitpunkt des Übergangs bestehenden Arbeitsverhältnissen ein (§ 613a Absatz 1 Satz 1 BGB). Der Arbeitnehmer kann dem Übergang seines Arbeitsverhältnisses im Rahmen eines Betriebsübergangs jedoch innerhalb eines Monats nach Zugang der Mitteilung widersprechen. In der Mitteilung muss u.a. der Betriebserwerber identifizierbar benannt und der Gegenstand des Betriebsübergangs angegeben werden. Fehlt es an diesen Angaben, beginnt die Widerspruchsfrist nicht zu laufen.

Dass nicht nur kleineren Unternehmen hinsichtlich des Inhalts einer Arbeitnehmerinformation über den Betriebsübergang handwerkliche Fehler unterlaufen können, zeigt der Übergang der Handysparte von Siemens auf BenQ. Die Juristen des Großkonzerns gaben in dem Rundschreiben bei der Anschrift des Übernehmers weiterhin die Adresse der Siemens-Personalabteilung an. Zudem wurde als Übernehmer fälschlicherweise der Mutterkonzern BenQ aus Taiwan aufgeführt, obwohl für das Handygeschäft tatsächlich eine extra zu diesem Zweck neu gegründete BenQ GmbH & Co. oHG mit einem Haftungskapital von lediglich 50000 Euro gegründet worden war. Da somit die Widerspruchsfrist nicht zu laufen begann, konnten die betroffenen Siemensmitarbeiter dem Betriebsübergang auch noch später widersprechen und müssen weiterhin bei Siemens beschäftigt werden.

BAG 21.8.2008 – 8 AZR 407/07, BRWonline Ordnungsgemäße Unterrichtung bei Betriebsübergang

Der Betriebsveräußerer oder der Erwerber muss gemäß § 613a Abs. 5 BGB im Falle eines Betriebsübergangs auch über die genaue Identität des Betriebserwerbers informieren. Eine nicht den gesetzlichen Vorgaben genügende Unterrichtung setzt für den vom Betriebsübergang betroffenen Arbeitnehmer die einmonatige Frist zur Ausübung seines Widerspruchsrechts gegen den Übergang seines Arbeitsverhältnisses auf den Betriebserwerber (§ 613a Abs. 6 Satz 1 BGB) nicht in Gang.

Die vom Veräußerer verwendete Bezeichnung des Erwerbers mit »neue GmbH« genügt diesem Erfordernis nicht. In seiner Entscheidung lässt das Bundesarbeitsgericht allerdings offen, welche genauen Informationen der Arbeitnehmer erhalten muss. Um auf »Nummer sicher« zu gehen, sollten in dem Benachrichtigungsschreiben, Gesellschafter, Haftkapital, Sitz, Name und Geschäftszweck sowie die Geschäftsführer angegeben werden.

BAG 18.12.2008 – 8 AZR 660/07, BRWonline
Kein Widerspruchsrecht bei Wechsel von öffentlichem auf privaten Arbeitgeber

Ein Arbeitnehmer kann dem Übergang seines Arbeitsverhältnisses auf einen Betriebserwerber nach § 613a Abs. 1 Satz 1 BGB widersprechen. Diese Vorschrift ist jedoch nicht anwendbar, wenn aufgrund einer landesrechtlichen Regelung ein Rechtsträger des öffentlichen Dienstes (hier eine Universitätsklinik) im Wege der Privatisierung bestehende Arbeitsverhältnisse auf einen privaten Träger überleitet. In diesem Fall muss den betroffenen Mitarbeitern grundsätzlich kein Recht zum Widerspruch gegen den hiermit verbundenen Arbeitgeberwechsel eingeräumt werden.

BAG 19.2.2009 – 8 AZR 176/08, BRWonline
Widerspruch trotz Neuverhandlung zulässig

Ein Arbeitnehmer kann dem Übergang seines Arbeitsverhältnisses auf einen Betriebserwerber nach § 613a Abs. 1 Satz 1 BGB widersprechen. Der Widerspruch braucht nicht begründet zu werden. Die Ausübung des Widerspruchsrechts verstößt auch dann nicht gegen den Grundsatz von Treu und Glauben, wenn der Arbeitnehmer gleichzeitig mit dem Betriebserwerber über den Abschluss eines Arbeitsvertrags zu günstigeren Bedingungen verhandelt. Nach Auffassung des Bundesarbeitsgerichts steht es dem Arbeitnehmer frei, nach dem Widerspruch mit dem Betriebsveräußerer oder dem Betriebserwerber über ein Arbeitsverhältnis auf neuer Grundlage zu verhandeln.

BAG 23.7.2009 – 8 AZR 538/08, BRWonline
Betriebsübergang – fehlerhafte Unterrichtung – Widerspruchsrecht

Bei der Unterrichtung nach § 613a Abs. 5 BGB muss über die Identität des Betriebserwerbers so informiert werden, dass die unterrichteten Arbeitnehmer in die Lage versetzt sind, über ihren möglichen neuen Arbeitgeber Erkundigungen einzuholen.

BAG 23.7.2009 – 8 AZR 357/08, BRWonline
Betriebsübergang: kein Widerspruchsrecht nach Abschluss eines Aufhebungsvertrags

Hat ein Arbeitnehmer im Rahmen eines Betriebsübergangs mit dem Übernehmer die Aufhebung des Arbeitsverhältnisses gegen Zahlung einer Abfindung vereinbart, kann er dem bisherigen Arbeitgeber gegenüber dem Übergang seines Arbeitsverhältnisses später nicht mehr mit der Begründung widersprechen, die zweiwöchige Widerspruchsfrist des § 613a Abs. 6 S. 1 BGB sei wegen der nicht ordnungsgemäßen Unterrichtung über den beabsichtigten Betriebsübergang nicht in Gang gesetzt worden. Mit Abschluss des Aufhebungsvertrags hat der Arbeitnehmer endgültig über sein Arbeitsverhältnis disponiert.

9. Kündigung bei Betriebsübergang

BAG 29.11.1988 – 3 AZR 250/87, NZA 1989, 425, BRWonline
Übertragung eines Betriebsteils – Kündigungsverbot

1. Die Rechtsfolgen des § 613a Abs. 1 Satz 1 BGB – hier Eintritt des Betriebserwerbers in die Versorgungsanwartschaft eines Arbeitnehmers – werden nicht dadurch ausgeschlossen, dass der Betriebserwerber den Betrieb nur fortführen will, um die vorhandenen Rohstoffe und Halbfertigprodukte zu verwerten (im Anschluss an BAG vom 20.11.1984 3 AZR 584/83 = BAGE 47, 206 = AP Nr. 38 zu § 613a BGB).

BAG 29.11.1988 – 3AZR 250/87, NZA 1989, 425, BRWonline
Übertragung eines Betriebsteils

1. Die Rechtsfolgen des § 613a Abs. 1 Satz 1 BGB – hier Eintritt des Betriebserwerbers in die Versorgungsanwartschaft eines Arbeitnehmers – werden nicht dadurch ausgeschlossen, dass der Betriebserwerber den Betrieb nur fortführen will, um die vorhandenen Rohstoffe und Halbfertigprodukte zu verwerten (im Anschluss an BAG vom 20.11.1984 3 AZR 584/83 = BAGE 47, 206 = AP Nr. 38 zu § 613a BGB).

BAG 15.2.1995 – 7 AZR 680/94, NZA 1995, 987–990
Bestandsschutz bei Betriebsübergang – Befristeter Arbeitsvertrag bei einer Arbeitsbeschaffungsmaßnahme

1. Die Zuweisung eines Arbeitnehmers im Rahmen einer Arbeitsbeschaffungsmaßnahme enthält gegenüber dem Arbeitgeber auch die bindende Feststellung, dass der zugewiesene Arbeitnehmer die persönlichen Förderungsvoraussetzungen nach § 93 Abs. 1 AFG erfüllt.

2. Die Befristung eines Arbeitsverhältnisses ist sachlich nicht gerechtfertigt, wenn sie darauf abzielt, den durch § 613a BGB bezweckten Bestandsschutz bei rechtsgeschäftlichen Betriebsübergängen zu vereiteln.

BAG 18.7.1996 – 8 AZR 127/94, AP Nr. 147 zu § 613a BGB
Betriebsbedingte Kündigung – Betriebsübergang

1. Eine Kündigung wegen des Betriebsübergangs (613a Abs. 4 Satz 1 BGB) liegt nicht vor, wenn sie der Rationalisierung (Verkleinerung) des Betriebes zur Verbesserung der Verkaufschancen dient. Ein Rationalisierungsgrund liegt vor, wenn der Betrieb ohne die Rationalisierung stillgelegt werden müsste.

2. Die Rationalisierung ist auch während einer Betriebspause möglich. Der Betriebsinhaber muss nicht beabsichtigen, den Betrieb selbst fortzuführen.

EuGH 12.3.1998 – Rs. C-319/94, NZA 1998, 529
– Befugnis des Veräußerers und des Erwerbers zur Kündigung von Arbeitnehmern aus wirtschaftlichen, technischen oder organisatorischen Gründen – Kurz vor dem Übergang gekündigte und vom Erwerber nicht übernommene Arbeitnehmer

1. Artikel 1 Absatz 1 der Richtlinie 77/187 zur Angleichung der Rechtsvorschriften der Mitgliedstaaten über die Wahrung von Ansprüchen der Arbeitnehmer beim Übergang von Unternehmen, Betrieben oder Betriebsteilen ist so auszulegen, dass die Richtlinie beim Übergang eines Unternehmens, das sich im Zustand der gerichtlichen Liquidation befindet, anwendbar ist, wenn die Tätigkeit des Unternehmens während dieses Verfahrens weitergeführt wird.

2. Artikel 4 Absatz 1 der Richtlinie 77/187, der den Schutz der Rechte der Arbeitnehmer gegen eine Kündigung, die allein mit dem Übergang begründet wird, sowohl gegenüber dem Veräußerer als auch gegenüber dem Erwerber gewährleisten soll, ist so auszulegen, dass das Recht zur Kündigung aus wirtschaftlichen, technischen oder organisatorischen Gründen sowohl dem Veräußerer als auch dem Erwerber zusteht. Die vom Veräußerer kurz vor dem Übergang des Unternehmens rechtswidrig gekündigten und vom Erwerber nicht übernommenen Arbeitnehmer können sich gegenüber dem Erwerber auf die Rechtswidrigkeit der Kündigung berufen, da davon auszugehen ist, dass ihr Arbeitsvertrag gegenüber dem Erwerber noch besteht. Zum einen sind nämlich die vor dem Übergang des Unternehmens unter Verstoß gegen Artikel 4 Absatz 1 der Richtlinie vom Veräußerer gekündigten Arbeitnehmer zum Zeitpunkt des Übergangs als immer noch bei dem Unternehmen beschäftigt anzusehen, und zum anderen sind die Bestimmungen der Richtlinie, insbesondere über den Schutz der Arbeitnehmer gegen eine Kündigung aufgrund des Übergangs, als zwingend in dem Sinne anzusehen, dass von ihnen nicht zum Nachteil der Arbeitnehmer abgewichen werden darf.

BAG 3.9.1998 – 8 AZR 306/97– NZA 1999, 147–149
Kündigung wegen Stilllegung des Fuhrparks

1. Zur betriebsbedingten Kündigung (hier Betriebsstilllegung) bei Vorliegen dringender betrieblicher Erfordernisse.

2. Keine Unwirksamkeit der Kündigung gem. § 613a Abs. 4 BGB – die Kündigung erfolgte nicht wegen eines Betriebsübergangs.

Zum Betriebsübergang – hier der Frage der Wahrung der Identität der wirtschaftlichen Einheit.

BAG 2.12.1998 – 7 AZR 579/97, DB 1999, 1560–1561
Befristeter Arbeitsvertrag bei Betriebsübergang – Umgehung Kündigungsschutz

1. Auch die Befristung eines Arbeitsvertrages, bei der wegen der ge-

ringen Zahl der im Betrieb beschäftigten Arbeitnehmer eine Umgehung des allgemeinen Kündigungsschutzes nicht in Betracht kommt, bedarf eines sachlichen Grundes, wenn sie zur Umgehung des Kündigungsschutzes nach § 613a Abs. 4 Satz 1 BGB objektiv geeignet ist.

2. Die Veräußerung eines vom Bundesvermögensamt verwalteten Kasernengebäudes an einen privaten Investor kann einen Betriebsübergang im Sinne des § 613a BGB darstellen.

BAG 10.12.1998 – 8 AZR 324/97, NZA 1999, 422–425, BRWonline
Aufhebungsvertrag beim Betriebsübergang

1. Die Parteien eines Arbeitsverhältnisses können dieses durch Aufhebungsvertrag auch rückwirkend auflösen, wenn es bereits außer Vollzug gesetzt worden war.

2. Die Arbeitsvertragsparteien können ihr Rechtsverhältnis im Zusammenhang mit einem Betriebsübergang auch ohne Vorliegen eines sachlichen Grundes wirksam durch Aufhebungsvertrag auflösen, wenn die Vereinbarung auf das endgültige Ausscheiden des Arbeitnehmers aus dem Betrieb gerichtet ist. Hingegen ist ein Aufhebungsvertrag wegen objektiver Gesetzesumgehung nichtig, wenn er lediglich die Beseitigung der Kontinuität des Arbeitsverhältnisses bei gleichzeitigem Erhalt des Arbeitsplatzes bezweckt (Bestätigung von BAG Urteil vom 28. April 1987 – 3 AZR 75/86 – BAGE 55, 228 = AP Nr. 5 zu § 1 BetrAVG Betriebsveräußerung). Diesem Zweck dient der Abschluss eines Aufhebungsvertrages, wenn zugleich ein neues Arbeitsverhältnis zum Betriebsübernehmer vereinbart oder zumindest verbindlich in Aussicht gestellt wird.

3. Wer im Zusammenhang mit einem Betriebsübergang aus dem Arbeitsverhältnis aufgrund eines Aufhebungsvertrages ausgeschieden ist, hat keinen Fortsetzungsanspruch gegen den Betriebsübernehmer, solange die Wirksamkeit des Aufhebungsvertrages nicht wegen Anfechtung, Wegfalls der Geschäftsgrundlage oder aus einem anderen Grunde beseitigt worden ist.

BAG 20.3.2003 – 8 AZR 97/02, NZA 2003, 1027
Kündigung des Betriebsveräußerers nach einem Erwerberkonzept

1. Die Kündigung des Betriebsveräußerers aufgrund eines Erwerberkonzepts verstößt dann nicht gegen § 613a Abs. 4 BGB, wenn ein verbindliches Konzept oder ein Sanierungsplan des Erwerbers vorliegt, dessen Durchführung im Zeitpunkt des Zugangs der Kündigungserklärung bereits greifbare Formen angenommen hat.

2. Der Zulassung einer solchen Kündigung steht der Schutzgedanke des § 613a Abs. 4 BGB nicht entgegen, denn diese Regelung bezweckt keine »künstliche Verlängerung« des Arbeitsverhältnisses bei einer

vorhersehbar fehlenden Beschäftigungsmöglichkeit des Arbeitnehmers bei dem Erwerber.

3. Für die Wirksamkeit einer betriebsbedingten Kündigung des Veräußerers nach dem Sanierungskonzept des Erwerbers kommt es – jedenfalls in der Insolvenz – nicht darauf an, ob das Konzept auch bei dem Veräußerer hätte durchgeführt werden können.

BAG 18.9.2003 – 2 AZR 330/02, NZA 2004, 319
Kündigungsfrist und Betriebsübergang

Hinweise des Senats: »Fortführung der Rechtsprechung des Senats (Urteil vom 27. Juni 2002 – 2 AZR 270/01 – AP KSchG 1969 § 1 Wartezeit Nr. 15 = EzA KSchG § 1 Nr. 55)«

1. Bei einem Betriebsinhaberwechsel sind die beim Betriebsveräußerer erbrachten Beschäftigungszeiten bei der Berechnung der Wartezeit nach § 1 Abs 1 KSchG für eine vom Betriebsübernehmer ausgesprochene Kündigung zu berücksichtigen.

2. Dies gilt auch dann, wenn zum Zeitpunkt des Betriebsübergangs das Arbeitsverhältnis kurzfristig unterbrochen war, die Arbeitsverhältnisse aber in einem engen sachlichen Zusammenhang stehen.

BAG 13.5.2004 – 8 AZR 198/03, AP Nr. 264 zu § 613a BGB
Wiedereinstellungsanspruch nach Betriebsübergang

Findet nach Ablauf der Frist einer insolvenzbedingten Kündigung ein Betriebsübergang statt, besteht kein Anspruch auf Wiedereinstellung bzw. Fortsetzung des Arbeitsverhältnisses.

BAG 24.5.2005 – 8 AZR 246/04, NZA 2005, 1178–1182
Betriebsübergang – Auflösung des Arbeitsverhältnisses

Ein Arbeitgeber, der eine Kündigung vor einem Betriebsübergang ausgesprochen hat, ist trotz des Verlustes der Arbeitgeberstellung durch einen Betriebsübergang befugt, einen Auflösungsantrag zu stellen. Dies gilt zumindest dann, wenn der Auflösungszeitpunkt zeitlich vor dem Betriebsübergang liegt.

BAG 18.8.2005 – 8 AZR 523/04, NZA 2006, 145–149
Aufhebungsvertrag bei einem geplanten Betriebsübergang – Umgehung – Feststellungsinteresse

1. Die Arbeitsvertragsparteien können das Arbeitsverhältnis im Zusammenhang mit einem Betriebsübergang wirksam durch Aufhebungsvertrag auflösen, wenn die Vereinbarung auf das endgültige Ausscheiden des Arbeitnehmers aus dem Betrieb gerichtet ist. Dies gilt auch dann, wenn eine Beschäftigungs- und Qualifizierungsgesellschaft zwischengeschaltet ist.

2. Ein Aufhebungsvertrag ist jedoch wegen gesetzwidriger Umgehung der Rechtsfolgen des § 613a BGB unwirksam, wenn zugleich ein

neues Arbeitsverhältnis zum Betriebsübernehmer vereinbart oder zumindest verbindlich in Aussicht gestellt wird.

3. Wird ein Arbeitnehmer von einer Auffanggesellschaft nach Abschluss eines Aufhebungsvertrags zu verschlechterten Arbeitsbedingungen eingestellt, liegt hierin noch keine Umgehung des § 613a BGB, wenn die Änderung der Arbeitsbedingungen sachlich gerechtfertigt ist.

BAG 27.10.2005 – 8 AZR 568/04, AP Nr. 292 zu § 613a BGB
Wirksamkeit einer Kündigung – Zeitpunkt eines Betriebsübergangs – Sozialauswahl

1. Macht die Arbeitnehmerin geltend, ihr durch den Insolvenzverwalter ordentlich gekündigtes Arbeitsverhältnis sei durch einen Betriebsübergang (hier auch mangels Widerspruchs) auf den Erwerber vor Eröffnung des Insolvenzverfahrens übergegangen, ist die Kündigungsschutzklage gegen den Insolvenzverwalter unschlüssig, da wegen der punktuellen Streitgegenstandstheorie im Kündigungszeitpunkt kein Arbeitsverhältnis zur Insolvenzschuldnerin mehr bestand.

2. Bei Handels- und Dienstleistungsbetrieben ist bei der Prüfung eines Betriebsüberganges bei dem Tatbestandsmerkmal der identitätsprägenden wirtschaftlichen Einheit vorwiegend auf immaterielle Betriebsmittel abzustellen.

3. Eine Sozialauswahl kommt grundsätzlich dann nicht mehr in Betracht, wenn allen Arbeitnehmern wegen einer Betriebsstilllegung gekündigt wird.

BAG 23.11.2006 – 8 AZR 349/06, NZA 2007, 866–870, BRWonline
Betriebsübergang – Beschäftigungsgesellschaft – Aufhebungsvertrag – Wiedereinstellungsanspruch

1. Die Arbeitsvertragsparteien können das Arbeitsverhältnis im Zusammenhang mit einem Betriebsübergang wirksam durch Aufhebungsvertrag auflösen, wenn die Vereinbarung auf das endgültige Ausscheiden des Arbeitnehmers aus dem Betrieb gerichtet ist und nicht nur der Unterbrechung der Kontinuität des Arbeitsverhältnisses dient.

2. Dies gilt auch dann, wenn zugleich ein Übertritt des Arbeitnehmers in eine Beschäftigungs- und Qualifizierungsgesellschaft vereinbart wird. Eine Umgehung des § 613a BGB kann allenfalls dann vorliegen, wenn die Übernahme in eine Beschäftigungsgesellschaft nur zum Schein vorgeschoben oder offensichtlich bezweckt wird, die Sozialauswahl zu umgehen.

3. Unwirksam ist ein Aufhebungsvertrag aber, wenn der Arbeitgeber den Arbeitnehmer darüber täuscht, dass ein Betriebsübergang geplant ist, in dem er ihm wahrheitswidrig vorspiegelt, der Betrieb solle stillgelegt werden.

4. Ein Arbeitnehmer, der im Zusammenhang mit einem Betriebsübergang aus dem Arbeitsverhältnis aufgrund eines Aufhebungsvertrages

ausgeschieden ist, hat keinen Einstellungs-(Fortsetzungs-)Anspruch gegen den Betriebsübernehmer, solange die Wirksamkeit des Aufhebungsvertrages nicht wegen Anfechtung, Wegfalls der Geschäftsgrundlage oder aus einem anderen Grunde beseitigt worden ist.

BAG 15.2.2007 – 8 AZR 397/06, AP Nr. 38 zu § 23 KSchG 1969, BRWonline
Kündigungsschutz nach einem Betriebsübergang

1. Der im Arbeitsverhältnis mit dem Betriebsveräußerer aufgrund der Zahl der beschäftigten Arbeitnehmer erwachsene Kündigungsschutz geht nicht nach § 613a Abs. 1 Satz 1 BGB mit dem Arbeitsverhältnis auf den Betriebserwerber über, wenn in dessen Betrieb die Voraussetzungen des § 23 Abs. 1 KSchG nicht vorliegen. (Leitsatz)

2. Das Erreichen des Schwellenwertes des § 23 Abs. 1 KSchG und der dadurch entstehende Kündigungsschutz sind kein Recht im Sinne des § 613a Abs. 1 Satz 1 KSchG.

3. Aus Art. 3 Abs. 1 EWGRL 187/77 besteht keine Verpflichtung des Betriebserwerbers den bei dem Veräußerer bestehenden Kündigungsschutz trotz Absinkens des Schwellenwertes zu gewähren.

4. § 323 Abs. 1 UmwG 1995 ist nicht analog auf einen Betriebsteilübergang im Wege der Einzelrechtsnachfolge anzuwenden. (Orientierungssatz)

BAG 29.3.2007 – 8 AZR 538/06, NZA 2008, 48–52, BRWonline
Betriebsteilübergang – Widerspruch des Arbeitnehmers – Wirksamkeit einer außerordentlichen betriebsbedingten Kündigung gegenüber einem ordentlich unkündbaren Arbeitnehmer

1. Auch wenn der Arbeitnehmer dem Übergang seines Arbeitsverhältnisses auf einen Betriebserwerber widersprochen hat, muss der Arbeitgeber vor einer außerordentlichen Kündigung alle zumutbaren, eine Weiterbeschäftigung ermöglichenden Mittel ausgeschöpft haben.

2. Dies gilt auch im Fall der außerordentlichen Kündigung eines ordentlich unkündbaren Arbeitnehmers, der mangels Beschäftigungsmöglichkeit seit Jahren für eine andere Konzerngesellschaft tätig ist. Der Arbeitgeber hat dabei darzulegen, dass diese Beschäftigungsmöglichkeit, die unabhängig von dem eigenen Betrieb bestand, weggefallen ist.

3. Insbesondere gilt dies bei einem arbeitsvertraglich besonders ausgestalteten Sonderkündigungsschutz, der vor Ausspruch einer Kündigung wegen Wegfall der Beschäftigungsmöglichkeit vorsieht, dass die Versetzung in den einstweiligen Ruhestand entsprechend beamtenrechtlicher Vorschriften in Betracht gezogen wird. Bei einem so ausgestalteten Sonderkündigungsschutz ist der Arbeitgeber verpflichtet, auch eine Unterbringung des Arbeitnehmers im Wege der Personalgestellung bei einem anderen Arbeitgeber, gegebenenfalls mit einer Differenzzahlung durch ihn, in die Überlegungen einzubeziehen.

BAG 31.5.2007 – 2 AZR 276/06, NZA 2008, 33–39, BRWonline
Betriebsbedingte Kündigung – Sozialauswahl – Widerspruch nach § 613a BGB

1. Auch die Arbeitnehmer, die einem Übergang ihres Arbeitsverhältnisses auf einen Betriebserwerber nach § 613a Abs. 6 BGB widersprochen haben, können sich bei einer nachfolgenden, vom Betriebsveräußerer erklärten Kündigung auf eine mangelhafte Sozialauswahl nach § 1 Abs. 3 Satz 1 KSchG berufen.

2. Die Gründe für den Widerspruch des Arbeitnehmers gegen den Übergang seines Arbeitsverhältnisses auf einen Betriebserwerber sind seit 1. Januar 2004 bei der Abwägung der sozialen Auswahlkriterien nicht mehr zu berücksichtigen, da die Auswahlkriterien (Betriebszugehörigkeit, Alter, Unterhaltspflichten, Schwerbehinderung) vom Gesetzgeber nunmehr abschließend benannt worden sind. (Leitsatz)

3. Hinweise des Senats: Rechtsprechungsänderung infolge Neufassung des § 1 Abs. 3 KSchG siehe auch BAG vom 31. Mai 2007 – 2 AZR 218/06 -

4. Erforderlichkeit einer »marktübergreifenden« Sozialauswahl.

5. Nach der bisherigen Rechtsprechung des Bundesarbeitsgerichts sollten bei der Prüfung der sozialen Auswahlgesichtspunkte die Gründe für den Widerspruch berücksichtigt werden, vergleiche Urteile vom 7. April 1993 – 2 AZR 449/91 (B), vom 21. März 1996 – 2 AZR 559/95, vom 18. März 1999 – 8 AZR 190/98, vom 24. Februar 2000 – 8 AZR 167/99, vom 22. April 2004 – 2 AZR 244/03. (Orientierungssatz)

BAG 16.10.2007 – 9 AZR 248/07, juris, BRWonline
Abweichung des Endzeugnisses vom Zwischenzeugnis – Zeugnisanspruch bei Betriebsübergang – Verwirkung des Zeugnisanspruchs

1. Hat der Arbeitgeber zuvor ein Zwischenzeugnis erteilt, ist er regelmäßig an den Inhalt des Zwischenzeugnisses gebunden, wenn er ein Endzeugnis erteilt. Dies gilt auch, wenn der Betriebsveräußerer das Zwischenzeugnis vor einem Betriebsübergang erteilt hat und der Arbeitnehmer das Endzeugnis vom Betriebserwerber verlangt. (Leitsatz)

2. Auskunftsanspruch des Betriebserwerbers gegenüber dem Betriebsveräußerer im Zusammenhang mit dem Zeugnisanspruch. Dem steht nicht entgegen, dass § 613a BGB keinen spezialgesetzlichen Auskunftsanspruch des Erwerbers gegen den Veräußerer vorsieht. Außerhalb der gesetzlich oder vertraglich geregelten Auskunftsansprüche besteht ein Auskunftsrecht dann, wenn die Rechtsbeziehungen der Parteien es mit sich bringen, dass der Berechtigte in entschuldbarer Weise über Bestehen und Umfang eines Rechts im Ungewissen ist und der Verpflichtete die zur Beseitigung der Ungewissheit erforderlichen tatsächlichen Angaben unschwer machen kann.

3. Die Verwirkung des Zeugnisanspruchs setzt voraus, dass der Arbeitnehmer sein Recht über längere Zeit hinweg nicht ausgeübt hat (Zeitmoment) und bei dem Arbeitgeber dadurch die Überzeugung hervorgerufen hat, er werde sein Recht nicht mehr durchsetzen (Umstandsmoment). Sind diese Voraussetzungen erfüllt, ist dem Arbeitgeber die Erfüllung des Zeugnisanspruchs nach Treu und Glauben nicht zumutbar. Die Frage, ob ein Anspruch verwirkt ist, hängt im Wesentlichen von den Umständen des Einzelfalls ab. (Orientierungssatz)

BAG 7.11.2007 – 5 AZR 1007/06, BRWonline
Gehaltsreduzierung nach Betriebsübergang

Die Übertragung eines Betriebs oder Betriebsteils rechtfertigt eine Kündigung weder durch den bisherigen Arbeitgeber noch durch den neuen Inhaber (§ 613a Absatz 4 BGB).

Dem steht nicht entgegen, dass der neue Arbeitgeber in engem zeitlichem Zusammenhang zu dem Betriebsübergang mit einem Arbeitnehmer einzelvertraglich eine Absenkung des bisherigen Gehalts vereinbart hat. Die Abrede bedarf auch keines sachlichen Grundes. Der Arbeitnehmer, der die Vereinbarung aus freien Stücken unterschrieben hat, kann sich daher später nicht auf die Schutzvorschrift des § 613a Absatz 4 BGB berufen.

10. Betriebsverfassungsrechtliches Mandat und Betriebsübergang

BAG 11.10.1995 – 7 ABR 17/95, NZA 1996, 495, BRWonline
Zum Rechtsschutzinteresse für die Feststellung eines betriebsverfassungsrechtlichen Mandats nach Ablauf der Amtszeit

Ein Betriebsübergang nach § 613a BGB beeinflusst nicht die betriebsverfassungsrechtliche Rechtsstellung des für diesen Betrieb gewählten Betriebsrats. Einem darauf gerichteten Feststellungsbegehren des Betriebsrats fehlt mit Ablauf seiner Amtszeit das Feststellungsinteresse.

BAG 5.6.2002 – 7 ABR 17/01, BRWonline
Fortbestand des GBR – Gesamtbetriebsrates bei Veräußerung sämtlicher Betriebe an ein neues Unternehmen

Überträgt ein Unternehmen seine sämtlichen Betriebe auf zwei andere, rechtlich selbständige Unternehmen, endet das Amt des in dem übertragenden Unternehmen gebildeten Gesamtbetriebsrats.

BAG 21.1.2003 – 1 ABR 9/02, NZA 2003, 1097, BRWonline
Übergangsmandat und Betriebsvereinbarung

1. Zulässigkeit von Rechtsbeschwerden. Beteiligtenwechsel allein aufgrund materiellen Rechts, ohne dass es dazu der Vornahme von Prozesshandlungen bedurfte (hier: der ursprüngliche Antragsteller und Rechtsbeschwerdeführer ist am Verfahren nicht mehr beteiligt, da er

unter Verlust seiner Identität in einem anderen Wahlbetrieb aufgegangen ist. Da dort ein Betriebsrat existierte, ist das Amt des Betriebsrats des aufgenommenen Betriebs – wegen § 21 a Abs. 2 BetrVG i. V. m. § 21 a Abs. 1 Satz 1 letzter Halbsatz BetrVG ohne Übergangsmandat – erloschen).

2. Die Sperrwirkung des § 77 Abs. 3 BetrVG hinsichtlich Betriebsvereinbarungen hängt einerseits nicht davon ab, dass der Arbeitgeber tarifgebunden ist. Sie wird andererseits auch durch Firmentarifverträge erzeugt. Die Regelungssperre des § 77 Abs. 3 BetrVG wirkt auch dann, wenn entsprechende Tarifbestimmungen erst später in Kraft treten. Sie erfasst dabei nur Betriebsvereinbarungen im Sinne des § 77 Abs. 4 BetrVG.

Die Sperrwirkung eines Tarifvertrages steht individualrechtlichen Absprachen und bloßen Regelungsabreden der Betriebsparteien, die gerade nicht normativ auf den Inhalt der Arbeitsverhältnisse wirken, nicht entgegen (hier: Auslegung; Regelungssperre hinsichtlich einer Ausgleichsregelung die Teil einer Vereinbarung »über eine Verkürzung oder Verlängerung der betriebsüblichen Arbeitszeit in Not- und Eilfällen – § 87 Abs. 1 Nr. 3 BetrVG« ist).

3. Die Teilunwirksamkeit einer Betriebsvereinbarung hat die Unwirksamkeit aller Regelungen zur Folge, wenn der verbleibende Teil ohne die unwirksamen Bestimmungen keine sinnvolle und in sich geschlossene Regelung enthält.

Aber auch wenn die sonstigen Regelungen einer Betriebsvereinbarung eine in sich geschlossene und praktisch anwendbare, sinnvolle Regelung darstellen, kann – wie im Streitfall – die Betriebsvereinbarung gleichwohl insgesamt unwirksam sein (hier: es kann nicht angenommen werden, dass der Betriebsrat der Arbeitgeberin in derselben Weise entgegengekommen wäre und ihr freiwillig dieselben Befugnisse wie in §§ 1 bis 3 Betriebsvereinbarung eingeräumt hätte, wäre ihm die Unwirksamkeit und Nichtanwendbarkeit von § 4 Betriebsvereinbarung bekannt gewesen).

BAG 18. 9. 2003 – 2 AZR 330/02
Sozialplanklausel und Betriebsübernahme

Die Bestimmung in einem Sozialplan, die Ansprüche auf Abfindungen wegen Verlusts des Arbeitsplatzes davon abhängig macht, daß der Arbeitnehmer wegen eines möglicherweise vorliegenden Betriebsteilübergangs den vermuteten Betriebsteilerwerber erfolglos auf Feststellung des Übergangs seines Arbeitsverhältnisses verklagt hat, ist regelmäßig unwirksam.

11. Verhältnis von Betriebsübergang und Betriebsänderung

BAG 4.12.1979 – 1 AZR 843/76, AP Nr. 6 zu § 111 BetrVG 1972

1. Der Übergang eines Betriebes durch Rechtsgeschäft auf einen anderen Inhaber ist für sich allein keine Betriebsänderung im Sinne von BetrVG § 111. Für den rechtsgeschäftlichen Betriebsübergang gilt die Sonderregelung des BGB § 613a.

2. Erschöpft sich der rechtsgeschäftliche Betriebsübergang jedoch nicht in dem bloßen Betriebsinhaberwechsel, sondern ist er mit Maßnahmen verbunden, die als solche einen der Tatbestände des BetrVG § 111 erfüllen, so sind die Beteiligungsrechte des Betriebsrats nach den BetrVG §§ 111, 112 zu wahren.

BAG 16.6.1987 – 1 ABR 41/85, AP Nr. 19 zu § 111 BetrVG 1972
Betriebsänderung und Betriebsübergang

1. Die Betriebsaufspaltung kann eine Betriebsänderung im Sinne von § 111 Satz 2 Nr. 4 BetrVG sein (grundlegende Änderung der Betriebsorganisation und des Betriebszwecks).

2. Der Übergang eines Betriebsteils auf einen neuen Betriebsinhaber (§ 613a Abs. 1 Satz 1 BGB) kann verbunden sein mit weiteren Maßnahmen des Arbeitgebers, die Organisation und Zweck des ursprünglichen Betriebes grundlegend ändern und deshalb eine Betriebsänderung im Sinne von § 111 Satz 2 Nr. 4 BetrVG darstellen. Die Anwendbarkeit des § 111 BetrVG wird insoweit nicht durch § 613a BGB ausgeschlossen (im Anschluss an BAG Urteil vom 21. Oktober 1980 – 1 AZR 145/79 = AP Nr. 8 zu § 111 BetrVG 1972).

3. Von einer Betriebsänderung in Form einer Betriebsaufspaltung sind alle Arbeitnehmer des ursprünglich einheitlichen Betriebs betroffen.

4. Die Betriebsänderung im Sinne von § 111 Satz 2 BetrVG löst einen Anspruch des Betriebsrats auf Verhandlungen über einen Sozialplan aus. Ob und welche wirtschaftlichen Nachteile für die betroffenen Arbeitnehmer entstanden sind und ausgeglichen oder gemildert werden sollen, haben Arbeitgeber und Betriebsrat und notfalls die Einigungsstelle zu prüfen (Bestätigung von BAG 17.8.1982, 1 ABR 40/80 = BAGE 40, 36 = AP Nr. 11 zu § 111 BetrVG 1972)

BAG 25.1.2000 – 1 ABR 1/99, AP Nr. 137 zu § 112 BetrVG 1972, BRWonline
Anfechtung eines Einigungsstellenspruchs über einen Sozialplan

1. Ist ein Betriebsübergang (§ 613a BGB) mit Maßnahmen verbunden, die als solche einen der Tatbestände des § 111 Satz 2 Nr. 1–5 BetrVG (Betriebsänderung) erfüllen, so stehen dem Betriebsrat die Beteiligungsrechte nach §§ 111, 112 BetrVG zu.

2. In einem solchen Fall ist ein von der Einigungsstelle durch Mehr-

heitsbeschluss aufgestellter Sozialplan nicht schon deshalb wegen Kompetenzüberschreitung unwirksam, weil in der Begründung des Spruchs ausschließlich Nachteile der Arbeitnehmer aufgeführt sind, die auf dem Betriebsübergang beruhen. Ein Rechtsverstoß liegt vielmehr nur vor, wenn bei Aufstellung des Sozialplans keine Nachteile zu erwarten waren, welche die vorgesehenen Ausgleichs- oder Milderungsmaßnahmen (z. B. Abfindungen) rechtfertigen konnten.

12. Betriebsübergang und Umwandlung nach dem UmwG

BAG 24.6.1998 – 4 AZR 208/97, NZA 1998, 1346–1348, BRWonline
Firmentarifvertrag bei Unternehmensverschmelzung

1. Ein Firmentarifvertrag zählt zu den Verbindlichkeiten im Sinne des § 20 Abs. 1 Nr. 1 UmwG.

2. Geht ein Firmentarifvertrag gem. § 20 Abs. 1 Satz 1 UmwG durch Verschmelzung auf einen neuen Unternehmensträger über, so ist insoweit für eine Anwendung der § 324 UmwG, § 613a Abs. 1 Satz 2 BGB kein Raum.

3. § 613a Abs. 1 Satz 2 BGB, der nach § 324 UmwG unberührt bleibt, stellt im Fall der Umwandlung eine Auffangregelung für den Fall dar, dass ein Tarifvertrag nicht kollektivrechtlich für den neuen Unternehmensträger gilt. Dies betrifft in der Regel Verbands- oder Flächentarifverträge.

EuGH 12.11.1998 – Rs. C-399/96, WM 1999, 346–349
Sozialpolitik – Rechtsangleichung – Übergang von Unternehmen – Wahrung der Ansprüche der Arbeitnehmer – Richtlinie 77/187/EWG – Geltungsbereich

1. Artikel 1 Absatz 1 der Richtlinie 77/187 zur Angleichung der Rechtsvorschriften der Mitgliedstaaten über die Wahrung von Betrieben oder Betriebsteilen ist dahin auszulegen, dass diese Richtlinie auf den Fall anwendbar ist, dass eine Gesellschaft in freiwilliger Liquidation ihre Aktiva ganz oder teilweise auf eine andere Gesellschaft überträgt, die sodann dem Arbeitnehmer Weisungen erteilt, deren Ausführung die Gesellschaft in Liquidation anordnet.

2. Artikel 3 Absatz 1 der Richtlinie 77/187 zur Angleichung der Rechtsvorschriften der Mitgliedstaaten über die Wahrung von Ansprüchen der Arbeitnehmer beim Übergang von Unternehmen, Betrieben oder Betriebsteilen verwehrt es einem zum Zeitpunkt des Unternehmensübergangs beim Veräußerer beschäftigten Arbeitnehmer nicht, sich dem Übergang seines Arbeitsvertrages oder Arbeitsverhältnisses auf den Erwerber zu widersetzen, sofern diese Entscheidung von ihm frei getroffen wird. Es ist Sache des vorlegenden Gerichts, zu klären, ob der vom Erwerber angebotene Arbeitsvertrag eine wesentliche Ände-

rung der Arbeitsbedingungen zum Nachteil des Arbeitnehmers zur Folge hat. Für diesen Fall müssen die Mitgliedstaaten nach Artikel 4 Abs. 2 der Richtlinie vorsehen, dass die Beendigung durch den Arbeitgeber erfolgt ist.

BAG 25.5.2000 – 8 AZR 416/99, NZA 2000, 1115, BRWonline
Betriebsübergang und Umwandlung – Kreiskrankenhaus

1. Die Umwandlung ist nicht der gegenüber dem Betriebsübergang speziellere Tatbestand. Die Voraussetzungen des § 613a BGB sind auch im Zusammenhang mit einer Umwandlung selbständig zu prüfen. Soll ein Unternehmen, das von einer Gebietskörperschaft betrieben wird, zur Aufnahme durch eine Kapitalgesellschaft oder zur Neugründung einer Kapitalgesellschaft ausgegliedert werden (§ 168 UmwG), kommt ein Betriebsübergang auf den übernehmenden Rechtsträger schon vor Eintritt der Wirkung der Ausgliederung in Betracht.

2. Das Widerspruchsrecht des Arbeitnehmers gegen den Übergang seines Arbeitsverhältnisses besteht auch bei einem Betriebsübergang im Zusammenhang mit einer Umwandlung.

3. Widerspricht ein Mitglied der Personalvertretung des übergehenden Betriebes dem Übergang seines Arbeitsverhältnisses, so scheidet es mit dem Betriebsübergang aus der Personalvertretung aus. Diese ist bei einer Kündigung des betreffenden Arbeitsverhältnisses nicht mehr zu beteiligen, auch wenn der Arbeitnehmer in dem übergegangenen Betrieb aufgrund einer Arbeitnehmerüberlassung weiterbeschäftigt wird.

BAG 6.8.2002 – 1 AZR 247/01, AP Nr. 154 zu § 112 BetrVG 1972, BRWonline
Auslegung eines Sozialplans – rückwirkende Gehaltserhöhung nach Ausscheiden aus dem Arbeitsverhältnis

1. In einem einvernehmlich zustande gekommenen Sozialplan können die Betriebsparteien vorsehen, dass dieser bei einer Eigenkündigung eines Arbeitnehmers dann gilt, wenn der Arbeitgeber der Kündigung nicht binnen einer bestimmten Frist widerspricht und die Fortsetzung des Arbeitsverhältnisses anbietet.

2. Eine vertragliche Bezugnahme auf den jeweils geltenden Gehaltstarifvertrag kann im Fall einer rückwirkenden Tariferhöhung zu Nachzahlungsansprüchen des Arbeitnehmers auch dann führen, wenn das Arbeitsverhältnis bei Tarifabschluss bereits beendet war.

BAG 10.11.2004 – 7 AZR 101/04
Befristung und Verschmelzung

1. Bei einer Verschmelzung von Rechtsträgern unter Auflösung ohne Abwicklung im Wege der Aufnahme nach § 2 Nr. 1 UmwG erlischt der übertragende Rechtsträger mit Eintragung der Verschmelzung, § 20 Abs. 1 Nr. 2 Satz 1 UmwG.

2. Der erloschene übertragende Rechtsträger ist nicht derselbe Arbeitgeber iSd. § 14 Abs. 2 Satz 2 TzBfG wie der übernehmende Rechtsträger.

3. War das Arbeitsverhältnis des Arbeitnehmers mit dem übertragenden Rechtsträger bereits vor einem im Zuge der Verschmelzung vollzogenen Betriebsübergang nach § 324 UmwG in der bis zum 31. März 2002 geltenden Fassung, § 613a Abs 1 BGB beendet, sind Betriebsveräußerer und Betriebserwerber nicht derselbe Arbeitgeber iSd. § 14 Abs 2 Satz 2 TzBfG.

BAG 22.2.2005 – 3 AZR 499/03
Altersversorgung bei Privatisierung von Eigenbetrieb durch Spaltung

Der Übergang einer Versorgungsverbindlichkeit durch Spaltungsplan im Rahmen einer Umwandlung ist nicht von einer Zustimmung des Versorgungsberechtigten und/oder des Pensions-Sicherungs-Vereins abhängig. Er wird auch nicht durch einen ausdrücklichen Widerspruch des Berechtigten verhindert. Das gilt auch im Falle der Privatisierung kommunaler Einrichtungen.

BAG 24.8.2006 – 8 AZR 574/05, AP Nr. 314 zu § 613a BGB, BRWonline
Prozessvergleich zwischen Arbeitnehmer und Betriebsveräußerer nach dem Betriebsübergang

1. Ein zwischen dem Betriebsveräußerer und dem Arbeitnehmer geschlossener Prozessvergleich über die Beendigung des Arbeitsverhältnisses wirkt für und gegen den Betriebserwerber, wenn der Vergleichsabschluss nach dem Betriebsübergang erfolgte und dem Arbeitnehmer dieser auch bekannt war.

2. Der Arbeitgeber, der das Arbeitsverhältnis vor einem Betriebsübergang gekündigt hat, bleibt für die gerichtliche Klärung der sozialen Rechtfertigung der Kündigung auch nach dem Betriebsübergang prozessführungsbefugt. Das Arbeitsverhältnis geht so auf den Erwerber über, wie es im Zeitpunkt des Betriebsübergangs bestanden hat. Dies gilt zumindest dann, wenn der Betriebsübergang nach Klageerhebung erfolgte.

13. Betriebsübergang und sozialversicherungsrechtliche Folgen

BSG 8.7.2009 – B 11 AL 17/08
Keine Sperrfrist bei Auflösungsvereinbarung nach Betriebsübergang

Geht ein Betrieb oder Betriebsteil durch ein Rechtsgeschäft auf einen anderen Inhaber über, so tritt dieser in die Rechte und Pflichten aus den im Zeitpunkt des Übergangs bestehenden Arbeitsverhältnissen ein (§ 613a Absatz 1, Satz 1 BGB). Betroffene Arbeitnehmer können dem

Übergang ihres Arbeitsverhältnisses im Rahmen eines Betriebsübergangs jedoch widersprechen. Dann bleibt dem Betriebsveräußerer in der Regel nur noch die Möglichkeit der betriebsbedingten Kündigung.

Kommt es im Anschluss an einen Widerspruch zum Abschluss einer Auflösungsvereinbarung, führt dies nicht zum Eintritt einer Sperrzeit (§ 144 Abs. 1 Satz 2 Nr. 1 SGB III), wenn ansonsten eine rechtmäßige (nicht verhaltensbedingte) Kündigung droht.

Die Übertragung eines Betriebs oder Betriebsteils rechtfertigt eine Kündigung weder durch den bisherigen Arbeitgeber noch durch den neuen Inhaber (§ 613a Absatz 4 BGB).

Dem steht nicht entgegen, dass der neue Arbeitgeber in engem zeitlichem Zusammenhang zu dem Betriebsübergang mit einem Arbeitnehmer einzelvertraglich eine Absenkung des bisherigen Gehalts vereinbart hat. Die Abrede bedarf auch keines sachlichen Grundes. Der Arbeitnehmer, der die Vereinbarung aus freien Stücken unterschrieben hat, kann sich daher später nicht auf die Schutzvorschrift des § 613a Absatz 4 BGB berufen.

14. Betriebsübergang in der Insolvenz

BAG 18.11.2003 – 9 AZR 95/03
Betriebsübergang und Urlaub – Insolvenz

1. Geht ein Betrieb in der Insolvenz über, hat der Betriebserwerber für die Erfüllung bestehender Urlaubsansprüche einzutreten.

2. Das gilt auch für übertragene Urlaubsansprüche und für Ansprüche auf Ersatz für verfallenen Urlaub.

BAG 20.9.2006 – 6 AZR 215/06, BRWonline

1. Nach § 25 Abs. 1 HGB haftet der Erwerber eines Handelsgeschäfts für die im Betrieb dieses Geschäfts begründeten Verbindlichkeiten des früheren Inhabers, wenn er das Geschäft unter der bisherigen Firma fortführt.

2. Ein Insolvenzgläubiger kann sich jedoch nicht auf § 25 Abs. 1 HGB berufen, wenn der Insolvenzverwalter das Handelsgeschäft veräußert hat. Die Anwendung von § 25 Abs. 1 auch in diesem Falle stünde im Widerspruch zu den bestimmenden Grundsätzen des Insolvenzverfahrens und der dem Insolvenzverwalter darin zugewiesenen Funktion.

BAG 25.10.2007 – 8 AZR 917/06, BRWonline

1. Ein Betriebsübergang liegt vor, wenn ein Insolvenzverwalter die Betriebstätigkeit der Insolvenzschuldnerin einstellt, deren bisherige Betriebsmittel einem Dritten überlässt und dieser mit den übernommenen Betriebsmitteln die wirtschaftliche Tätigkeit der Insolvenzschuldnerin fortführt.

2. Für die Annahme eines Betriebsübergangs ist es nicht erforderlich, dass der Dritte die Betriebsmittel aufgrund eines wirksamen Kaufvertrags erwirbt; es genügt der tatsächliche Übergang und die Nutzung der Betriebsmittel.

3. Schließt ein Insolvenzverwalter mit einem Arbeitnehmer im zeitlichen Zusammenhang mit dem Betriebsübergang einen Aufhebungsvertrag, so ist dieser als unzulässige Umgehung des Kündigungsverbots wegen Betriebsübergangs (§ 613 a Abs. 4 BGB) unwirksam, wenn dieser nicht dem endgültigen Ausscheiden des Arbeitnehmers dient, sondern dazu, dass der neue Betriebsinhaber mit dem bisherigen Arbeitnehmer der Insolvenzschuldnerin einen neuen Arbeitsvertrag schließen kann.

4. Wird eine »auf Vorrat« gegründete unternehmenslose GmbH mit einem Unternehmen ausgestattet, so liegt eine wirtschaftliche Neugründung der GmbH vor. Diese ist gegenüber dem Registergericht offen zu legen. Außerdem muss die gemäß § 8 Abs. 2 GmbHG erforderliche Versicherung abgegeben werden.

II. Überblick über wesentliche Entscheidungen zur Mitbestimmung des Betriebsrats bei Interessenausgleich und Sozialplan

Gliederung Seite

II. Überblick über wesentliche Entscheidungen zur Mitbestimmung

1. Betriebsänderung

a. Mindestens 20 Arbeitnehmer im Unternehmen

BAG 9.5.1995 – 1 ABR 51/94, AP Nr. 33 zu § 111 BetrVG 1972 = AuA 1996, 100 = RdA 1995, 380 = NZA 1996, 166 = BR-Info 1995, 175, BRWonline

Geht der Stilllegung eines Betriebes ein Personalabbau voraus, der sich über einen längeren Zeitraum erstreckt, so richtet sich die Zahl der regelmäßig beschäftigten Arbeitnehmer im Sinne des § 111 BetrVG danach, wie sich der Personalabbau im Zeitablauf darstellt.

a) Erweist er sich im Zeitpunkt des Stilllegungsbeschlusses rückblickend als Vorstufe der Betriebsstilllegung, die damit in der Form eines gleitenden Übergangs eingeleitet wurde, so bleibt er außer Betracht; maßgebend ist die ursprüngliche Beschäftigtenzahl.

b) Sollte die Personalverminderung dagegen eine Fortführung des Betriebes ermöglichen und hat sie für eine nicht unerhebliche Zeit zu einer Stabilisierung der Belegschaftsstärke auf niedrigerem Niveau geführt, so ergibt sich die Zahl der in der Regel Beschäftigten aus der Belegschaftsstärke dieser Zwischenstufe.

BAG 10.12.1996 – 1 ABR 43/96, AuR 1997, 212 = DB 1997, 1084 = NZA 1997, 733, BRWonline

1. Die Ermittlung der regelmäßigen Belegschaftsstärke, von der die Sozialplanpflichtigkeit einer Betriebsänderung nach § 111 BetrVG abhängt, erfordert im Allgemeinen eine wertende Gesamtwürdigung, die auch eine Prognose der weiteren Entwicklung des Betriebes einschließt. Ist die Betriebsänderung hingegen mit einem Personalabbau verbunden, so kann sich die erforderliche Würdigung nur auf die vorangehende Entwicklung beziehen.

2. Als die zurzeit eines Stilllegungsbeschlusses maßgebliche Zahl der in der Regel Beschäftigten kann auch eine erst zwei Monate vorher erreichte Belegschaftsstärke anzusehen sein, wenn diese das Ergebnis längerfristiger personalwirtschaftlicher Entscheidungen des Arbeitgebers ist.

BAG 11.11.1997 – 1 ABR 6/97, AuR 1998, 250 = AiB 1998, 462 = NZA 1998, 723, BRWonline

1. Bilden mehrere Unternehmen einen gemeinsamen Betrieb, ist für die Frage, ob regelmäßig mehr als 20 Arbeitnehmer beschäftigt werden und eine geplante Betriebsänderung daher nach §§ 111 ff. BetrVG mitbestimmungspflichtig ist, auf die Gesamtzahl aller im gemeinsamen Betrieb beschäftigten Arbeitnehmer abzustellen.

b. Betriebsänderung und Betriebsspaltung

BAG 10.12.1996 – 1 ABR 32/96, AuR 1997, 377 = NZA 1997, 898 = AiB 1998, 170 = DB 1997, 1416, BRWonline

1. Gliedert der Arbeitgeber einen Betriebsteil aus, um ihn auf ein anderes Unternehmen zu übertragen, so liegt in der organisatorischen Spaltung des Betriebes eine mitbestimmungspflichtige Betriebsänderung im Sinne von § 111 Satz 2 Nr. 3 BetrVG.

2. Wegen der wirtschaftlichen Nachteile »infolge der geplanten Betriebsänderung« kann der Betriebsrat gem. § 112 BetrVG einen Sozialplan verlangen. Jedoch gehören nicht zu den berücksichtigungsfähigen Nachteilsfolgen eine etwaige Verringerung der Haftungsmasse bei dem Betriebserwerber sowie dessen befristete Befreiung von der Sozialplanpflicht nach § 112a Abs. 2 BetrVG.

BAG 18.3.2008 – 1 ABR 77/06, ArbuR 2008, 321 = NZA 2008, 957–960, BRWonline

Die teilweise Stilllegung eines Betriebs ist keine Spaltung iSv. § 111 Satz 3 Nr. 3 BetrVG.

Eine Änderung der Betriebsorganisation iSv. § 111 S. 3 Nr. 4 BetrVG liegt vor, wenn der Betriebsaufbau, insbesondere hinsichtlich Zuständigkeiten und Verantwortung, umgewandelt wird. Grundlegend ist die Änderung, wenn sie sich auf den Betriebsablauf in erheblicher Weise auswirkt. Maßgeblich dafür ist der Grad der Veränderung (Bestätigung BAG v. 18.11.2003 – 1 AZR 637/02 = BAGE 108, 311). Es kommt entscheidend darauf an, ob die Änderung einschneidende Auswirkungen auf den Betriebsablauf, die Arbeitsweise oder die Arbeitsbedingungen der Arbeitnehmer hat. Die Änderung muss in ihrer Gesamtschau von erheblicher Bedeutung für den gesamten Betriebsablauf sein (hier verneint im Falle der Stilllegung einer technischen Anzeigenproduktion).

Landesarbeitsgericht Hamm 19.9.2007 – 2 Sa 1844/06, AuA 2008, 434–435, BRWonline

Der Insolvenzverwalter muss die tatbestandlichen Voraussetzungen für das Eingreifen der Vermutungswirkung gemäß § 125 Abs. 1 S. 1 Nr. 1 InsO, nämlich das Vorliegen einer Betriebsänderung i.S.v. § 111 S. 3 BetrVG, darlegen und beweisen. Die Vermutungswirkung tritt nicht ein, wenn ein Interessenausgleich mit Namensliste wegen vollständiger Stilllegung des Betriebes geschlossen worden ist, die betrieblichen Aktivitäten aber tatsächlich zumindest teilweise von einer »Auffanggesellschaft« fortgesetzt worden sind.

c. Betriebsänderung durch Personalabbau

BAG 28.3.2006 – 1 ABR 5/05, ArbuR 2006, 334, BRWonline

1. Ein Personalabbau kann eine Betriebsänderung im Sinne von § 111 Satz 3 Nr. 1 BetrVG darstellen. Maßgebend sind die Zahlen des § 17 Abs. 1 KSchG; in größeren Betrieben müssen allerdings mindestens 5% der Belegschaft betroffen sein. Bei einem stufenweisen Personalabbau ist entscheidend, ob er auf einer einheitlichen unternehmerischen Planung beruht.

2. § 112a Abs. 1 BetrVG schränkt die Sozialplanpflicht in Fällen des Personalabbaus ein. Die Vorschrift ist auch anwendbar, wenn zu dem Personalabbau weitere Maßnahmen des Arbeitgebers hinzukommen. Unanwendbar ist sie erst, wenn die sonstigen Maßnahmen allein oder zusammen mit dem Personalabbau eine Betriebsänderung im Sinne von § 111 BetrVG darstellen. Dann ist nach § 112 Abs. 4 BetrVG ein Sozialplan erzwingbar. (Nrn. 1 und 2 Leitsätze)

3. Maßgeblicher Anknüpfungspunkt für die Mitbestimmungsrechte des Betriebsrats nach §§ 111 ff. BetrVG ist die Planungsentscheidung des Arbeitgebers.

4. Liegt nach der ursprünglichen Planung keine Betriebsänderung im Sinne von § 111 BetrVG vor, entstehen zunächst keine Mitbestimmungsrechte des Betriebsrats auf Unterrichtung, Beratung und den Abschluss eines Sozialplans.

5. Ändert der Arbeitgeber seine Planung, bevor er die zunächst geplanten Maßnahmen durchgeführt hat, ist mitbestimmungsrechtlich die neue Planung maßgeblich.

6. Hat der Arbeitgeber zum Zeitpunkt der neuen Planung die zunächst geplanten Maßnahmen bereits durchgeführt, werden diese und die nunmehr geplanten Maßnahmen mitbestimmungsrechtlich grundsätzlich nicht zusammengerechnet.

7. Ein stufenweiser Personalabbau stellt dann eine Betriebsänderung im Sinne von § 111 Satz 3 Nr. 1 BetrVG dar, wenn er auf einer einheitlichen unternehmerischen Planung beruht und die Zahlenwerte des § 17 Abs. 1 KSchG erreicht sind; dabei müssen in größeren Betrieben mindestens 5% der Belegschaft betroffen sein.

8. Ein naher zeitlicher Zusammenhang von mehreren »Kündigungswellen« kann Indiz für eine einheitliche Planung sein. (Nrn. 3 bis 8 Orientierungssätze der BAG-Richter/innen)

LAG Baden-Württemberg 21.9.2009 – 4 Sa 41/08, jurisPR-ArbR 31/2010 Anm. 5

Die Schwellenwerte nach § 111 S. 3 Nr. 1 BetrVG iVm. § 17 Abs. 1 KSchG sind grundsätzlich ausgehend von der Gesamtbelegschaft des Betriebs zu berechnen. Bei der Einschränkung von Betriebsteilen ist daher keine »doppelte« Wesentlichkeitsprüfung in dem Sinne vorzunehmen, dass jeweils anhand der Schwellenwerte zunächst geprüft wird, ob ein wesentlicher Betriebsteil vorliegt, und sodann die Prüfung erfolgt, ob innerhalb des wesentlichen Betriebsteils ein wesentlicher Personalabbau stattfindet.

LAG Hamm 9.11.2009 – 10 TaBV 89/09, juris, BRWonline

1. Als Betriebsänderung im Sinne des § 111 Satz 1 BetrVG gilt unter anderem eine Einschränkung des Betriebes oder von wesentlichen Betriebsteilen, § 111 Satz 3 Nr. 1 BetrVG. Dabei kann eine Betriebseinschränkung im Sinne des § 111 Satz 3 Nr. 1 BetrVG auch in einem bloßen Personalabbau bestehen. Eine Betriebsänderung im Sinne des § 111 BetrVG liegt aber grundsätzlich nur dann vor, wenn eine größere Anzahl von Arbeitnehmern betroffen ist. Richtschnur dafür, wann erhebliche Teile der Belegschaft betroffen sind, sind dabei die Zahlen und Prozentangaben in § 17 KSchG.

2. Eine geplante Betriebsänderung liegt erst dann vor, wenn der Arbeitgeber aufgrund abgeschlossener Prüfungen und Vorüberlegungen grundsätzlich zu einer Betriebsänderung entschlossen ist. Erst von diesem Zeitpunkt an hat er den Betriebsrat zu unterrichten und die so geplante Betriebsänderung mit ihm zu beraten. Die Planung des Unternehmers muss sich in gewissem Umfang verdichtet und konkretisiert haben. Bloße Konzepte und Vorüberlegungen sind allein noch keine Planung im Sinne des § 111 Satz 1 BetrVG und lösen noch keine Beteiligungsrechte des Betriebsrats aus. Ausreichend ist es auch nicht, wenn ein Personalabbau auf eine bestimmte, wirtschaftliche Entwicklung bzw. Entscheidung bei einem Kunden des Arbeitgebers zurückzuführen ist, solange der Arbeitgeber aufgrund dessen keine Maßnahmen durchzuführen beabsichtigt, die ihrerseits den Umfang einer Betriebsänderung annehmen.

LAG Hamm 31.3.2010 – 3 Sa 1439/09, juris

Bei der Berechnung des Schwellenwerts für eine Betriebsänderung iSd. § 111 BetrVG (hier als Voraussetzung für einen Nachteilsausgleich nach § 113 Abs 3 BetrVG) ist ein Leiharbeitnehmer, der beim Arbeitgeber nur vorübergehend beschäftigt wird, nicht zu berücksichtigen.

(Revision beim BAG eingelegt unter dem Aktenzeichen 1 AZR 337/10)

LAG Hamm 10.9.2010 – 10 TaBV 111/09, juris, BRWonline

1. Eine Betriebseinschränkung im Sinne des § 111 S 3 Nr. 1 BetrVG auch in einem bloßen Personalabbau bestehen. Eine Betriebsänderung im Sinne des § 111 BetrVG liegt aber grundsätzlich nur dann vor, wenn eine größere Anzahl von Arbeitnehmern betroffen ist. Richtschnur dafür, wann erhebliche Teile der Belegschaft betroffen sind, sind dabei die Zahlen und Prozentangaben in § 17 KSchG. (Rn. 68)

2. Ein Personalabbau im Umfang von 10 Mitarbeitern stellt eine relevante Zahl von Arbeitnehmern im Sinne einer Betriebseinschränkung nach § 111 S 3 Nr. 1 BetrVG dar. (Rn. 70)

3. Betriebsverfassungsrechtliche Pflichten des Arbeitgebers nach den §§ 111, 112 BetrVG werden erst durch konkrete Planungen über eine Betriebsänderung ausgelöst. Insbesondere Verhandlungen über einen Interessenausgleich setzen eine hinreichend bestimmte, in Einzelheiten bereits absehbare Maßnahme voraus, deren Durchführung der Arbeitgeber konkret anstrebt. Bloße Konzepte und Vorüberlegungen sind allein noch keine Planung im Sinne des § 111 S. 1 BetrVG und lösen noch keine Beteiligungsrechte des Betriebsrates aus. (Rn. 73)

4. Bei der Überprüfung, ob eine erhebliche Personaleinschränkung im Sinne des § 111 S. 1 BetrVG vorliegt, sind nur solche Arbeitnehmer zu berücksichtigen, die aus betriebsbedingten Gründen aus dem Betrieb ausscheiden. Diejenigen Arbeitnehmer, die aus personen- oder verhaltensbedingten Gründen entlassen werden oder deren Arbeitsverhältnis infolge Fristablaufs endet, bleiben nach außer Betracht. (Rn. 80)

BAG 9.11.2010 – 1 AZR 708/09, NZA 2011, 466–468 = EzA-SD 2011, Nr 8, 13, BRWonline

In Kleinbetrieben mit bis zu 20 Arbeitnehmern müssen für eine Betriebsänderung iSd. § 111 BetrVG durch alleinigen Personalabbau mindestens sechs Arbeitnehmer betroffen sein.

d. Betriebsübergang und Betriebsänderung

BAG 25.1.2000 – 1 ABR 1/99, DB 2000, 2329 = NZA 2000, 1069, BRWonline

1. Ist ein Betriebsübergang (§ 613a BGB) mit Maßnahmen verbunden, die als solche einen der Tatbestände des § 111 Satz 2 Nr. 1 bis 5 BetrVG (Betriebsänderung) erfüllen, so stehen dem Betriebsrat die Beteiligungsrechte nach §§ 111, 112 BetrVG zu.

2. In einem solchen Fall ist ein von der Einigungsstelle durch Mehrheitsbeschluss aufgestellter Sozialplan nicht schon deshalb wegen Kompetenzüberschreitung unwirksam, weil in der Begründung des Spruchs ausschließlich Nachteile der Arbeitnehmer aufgeführt sind, die auf dem Betriebsübergang beruhen. Ein Rechtsverstoß liegt vielmehr nur vor, wenn bei Aufstellung des Sozialplans keine Nachteile zu erwarten waren, welche die vorgesehenen Ausgleichs- oder Milderungsmaßnahmen (z.B. Abfindungen) rechtfertigen konnten.

e. Unterlassungsanspruch bei Betriebsänderung

LAG Niedersachsen 4.5.2007 – 17 TaBVGa 57/07, AiB 2008, 348–349, BRWonline

Der Betriebsrat hat einen im einstweiligen Verfügungsverfahren durchsetzbaren Anspruch auf Unterlassung einer Betriebsänderung bis zum Abschluss der Verhandlungen über einen Interessenausgleich.

LAG Hamm 30.7.2007 – 10 TaBVGa 17/07, ArbuR 2008, 117, BRWonline

1. Es besteht ein im Wege der einstweiligen Verfügung durchsetzbarer Anspruch auf Unterlassung einer Betriebsänderung bis zum Abschluss der Verhandlungen über einen Interessenausgleich. Nur so kann nämlich sichergestellt werden, dass der Betriebsrat die ihm durch §§ 111, 112 BetrVG zugewiesenen Aufgaben wahrnehmen kann.

2. Der grundsätzlich gegebene Unterlassungsanspruch steht dem für die Filiale gewählten Betriebsrat nicht zu.

3. Für die erforderliche Regelung der interessenausgleichspflichtigen Angelegenheit ist die Zuständigkeit des Gesamtbetriebsrats nach § 50 Abs 1 BetrVG gegeben.

LAG Berlin-Brandenburg 25.6.2008 – 15 TaBVGa 1145/08, AE 2011, 69, BRWonline

Dem Betriebsrat steht ein im einstweiligen Verfügungsverfahren durchsetzbarer Anspruch auf Unterlassung einer Betriebsänderung bis zum Abschluss der Verhandlungen über einen Interessenausgleich zu.

LAG München 22.12.2008 – 6 TaBVGa 6/08, AiB 2009, 235–236, BRWonline

1. Der Betriebsrat kann die Unterlassung einer Betriebsänderung verlangen, wenn und solange das Interessenausgleichsverfahren nicht ausgeschöpft ist.

2. (Auch) das in der EGRL 14/2002 geforderte Nebeneinander verfahrenssichernder Maßnahmen und Sanktionen bei Verstößen gebietet bei richtlinienkonformer Auslegung, dem Betriebsrat einen Unterlassungsanspruch neben dem individuellen Nachteilsausgleich zu gewähren.

LAG Nürnberg 9.3.2009 – 6 TaBVGa 2/09, BB 2009, 1917, BRWonline

Ein Anspruch des Betriebsrats auf Unterlassung von Kündigungen besteht auch nicht zur Sicherung des Verhandlungs- und Beratungsanspruchs vor geplanten Betriebsänderungen. Es ist Sache des Gesetzgebers, einen derart weitreichend in die unternehmerische Freiheit eingreifenden Anspruch einzuführen. Auch Art. 8 der Richtlinie 2002/14/EG verlangt einen solchen Anspruch nicht.

LAG Baden-Württemberg 21.10.2009 – 20 TaBVGa 1/09, juris, BRWonline

1. Der durch vom Arbeitgeber beabsichtigte Kündigungen ausgelöste Beratungsanspruch des Betriebsrats gemäß § 111 S 1 BetrVG ist nicht durch eine einstweilige Verfügung auf Unterlassung der geplanten Betriebsänderung bis zum Abschluss der Verhandlungen über einen In-

teressenausgleich gemäß § 112 BetrVG einschließlich der Verhandlungen in der Einigungsstelle sicherbar.

2. Das Gesetz enthält in § 113 BetrVG eine eigene und abgeschlossene Sanktionsregelung, (Rn. 6) die auch für den Bereich der Verletzungen der Informations- und Beteiligungsrechte bei einer Betriebsänderung gilt.

3. Auch Art 8 der EGRL 14/2002 erfordert keine anderweitige – europarechtskonforme – Auslegung.

Hessisches LAG 19.01.2010 – 4 TaBVGa 3/10, NZA-RR 2010, 187–189, BRWonline

1. Ein Betriebsrat kann vom Arbeitgeber verlangen, die Durchführung einer geplanten Betriebsänderung zu unterlassen, solange das Unterrichtungs- und Beteiligungsverfahren gemäß §§ 111, 112 BetrVG nicht vollständig abgeschlossen ist (Bestätigung der ständigen Rechtsprechung der erkennenden Kammer).

2. Der Unterlassungsanspruch erfasst die Durchführung von Maßnahmen, die Teil der mitbestimmungspflichtigen Betriebsänderung sind oder die bezüglich des Ob und des Wie der Betriebsänderung vollendete Tatsachen schaffen, die aufgrund der Verhandlungen über den Interessenausgleich nicht mehr revidiert werden können. Nicht erfasst werden reine Vorbereitungsmaßnahmen wie die Schulung und Einweisung der Mitarbeiter eines anderen Unternehmens, auf das der nach der Planung des Arbeitgebers auszugliedernde Betriebsteil übertragen werden soll.

LAG Schleswig-Holstein 15.12.2010 – 3 TaBVGa 12/10, DB 2011, 714–715, BRWonline

1. Der Betriebsrat kann die Unterlassung betriebsändernder Teil-/Maßnahmen verlangen, wenn und solange das Interessenausgleichsverfahren gemäß § 111, 112 BetrVG nicht ausgeschöpft ist.

2. Das gebietet unter anderem die richtlinienkonforme Auslegung der §§ 111 ff. BetrVG unter Beachtung von Art. 4 und 8 der Richtlinie 2002/14/EG (juris EGRL 14/2002), die ein Nebeneinander verfahrenssichernder Maßnahmen und Sanktionen bei Verstößen gegen Anhörungs- und Unterrichtungsrechte verlangen.

2. Interessenausgleich

a. Unterrichtung in deutscher Sprache

LAG Frankfurt 19.8.1993 – 12 TaBV 9/93 (rkr.), AuR 1994, 107 (Ls.) = DB 1994, 384 (Ls.), BRWonline

1. Die Unterrichtung des Betriebsrats durch den Arbeitgeber nach § 80 Abs. 2 BetrVG hat grundsätzlich in deutscher Sprache zu erfolgen.

2. Eine Unterrichtung in einer fremden Sprache setzt grundsätzlich das Einverständnis aller Betriebsratsmitglieder voraus.

3. Demgemäß sind nach § 80 Abs. 2 BetrVG vorzulegende Unterlagen in deutscher Übersetzung vorzulegen, soweit dies erforderlich und verhältnismäßig ist.

b. Abgrenzung von Interessenausgleich und Sozialplan

BAG 17.9.1991 – 1 ABR 23/91, AuR 1992, 223 = AP Nr. 59 zu § 112 BetrVG 1972 = NZA 1992, 227, BRWonline

1. Die Betriebspartner können anlässlich einer Betriebsänderung im Interessenausgleich Maßnahmen – Kündigungsverbote, Versetzungs- und Umschulungspflichten und Ähnliches – vereinbaren, durch die wirtschaftliche Nachteile für die von der Betriebsänderung betroffenen Arbeitnehmer nach Möglichkeit verhindert werden.

2. Solche Maßnahmen können jedoch nicht Inhalt eines Spruchs der Einigungsstelle über den Sozialplan nach § 112 Abs. 4 BetrVG sein. Ein Spruch der Einigungsstelle, der solche Maßnahmen zum Inhalt hat, ist unwirksam.

BAG 19.1.1999 – 1 AZR 342/98, AuR 1999, 318 = AiB 2000, 166 = DB 2000, 231= NZA 1999, 949, BRWonline

Während ein Sozialplan auch für Maßnahmen aufgestellt werden kann, die noch nicht geplant, aber in groben Umrissen abschätzbar sind, gelten für den Interessenausgleich strengere Anforderungen. Hier ist Voraussetzung, dass über konkret geplante Maßnahmen mit dem Betriebsrat verhandelt und schon eine Einigung über das Ob und Wie angestrebt werden kann.

LAG München 16.7.1997 – 9 TaBV 54/97, AuR 1998, 89 = LAGE § 112 BetrVG 1972 Interessenausgleich Nr. 1, BRW online

Ein Interessenausgleich hat nicht die Wirkung einer Betriebsvereinbarung, er entfaltet somit keine normative Wirkung auf die einzelnen Arbeitsverhältnisse. Ein Interessenausgleich hat jedoch als rechtsgeschäftliche Vereinbarung Bindungswirkung zwischen den Betriebspartnern. Der Betriebsrat hat gegen den Arbeitgeber zumindest einen Anspruch auf Einhaltung derjenigen Regelungen im Interessenausgleich, deren Verletzung im Rahmen des § 113 BetrVG keinen Nachteilsausgleichsanspruch von Arbeitnehmern auslöst.

LAG Hamm 6.9.2010 – 10 TaBV 51/10, juris, BRWonline

1. Interessenausgleichsverhandlungen können auch in einer Einigungsstelle nicht mehr nachgeholt werden, wenn der Arbeitgeber die Betriebsänderung bereits endgültig beschlossen und durchgeführt hat.

2. Es kann nicht ausgeschlossen werden, dass die Eröffnung und Inbetriebnahme einer Internetfiliale eine Betriebsänderung im Sinne des § 111 S 3 Nr. 4 BetrVG darstellt.

c. Schriftform und Interessenausgleich mit Namensliste

BAG 6.7.2006 – 2 AZR 520/05, ArbuR 2006, 454, BRWonline

1. Nach § 112 Abs. 1 Satz 1 BetrVG ist ein Interessenausgleich über eine geplante Betriebsänderung schriftlich niederzulegen und vom Unternehmer und vom Betriebsrat zu unterschreiben. Auf das gesetzliche Schriftformerfordernis sind die §§ 125, 126 BGB anwendbar.

2. Das Schriftformerfordernis ist nach der Rechtsprechung des Senats nicht allein deshalb verletzt, weil die Namensliste nicht im Interessenausgleich selbst, sondern in einer Anlage enthalten ist. § 1 Abs. 5 Satz 1 KSchG spricht zwar davon, die namentliche Bezeichnung müsse »in einem Interessenausgleich« erfolgen. Das Erfordernis ist aber erfüllt, wenn Interessenausgleich und Namensliste eine Urkunde bilden.

3. Ausreichend ist es jedenfalls, wenn die Haupturkunde unterschrieben, in ihr auf die nicht unterschriebene Anlage ausdrücklich Bezug genommen ist und Haupturkunde und nachfolgende Anlage mittels Heftmaschine körperlich derart zu einer einheitlichen Urkunde verbunden sind, dass eine Lösung nur durch Gewaltanwendung (Lösen der Heftklammer) möglich gewesen wäre.

4. Das Erfordernis der Einheit der Urkunde ist jedoch nicht bereits dann erfüllt, wenn eine bloß gedankliche Verbindung (Bezugnahme) zur Haupturkunde besteht. Vielmehr muss die Verbindung auch äußerlich durch tatsächliche Beifügung der in Bezug genommenen Urkunde zur Haupturkunde in Erscheinung treten. Deshalb müssen im Augenblick der Unterzeichnung die Schriftstücke als einheitliche Urkunde äußerlich erkennbar werden.

5. Die erst nach Unterzeichnung erfolgte Zusammenheftung genügt daher dem Schriftformerfordernis nicht. (Orientierungssätze der BAG-Richter/innen)

LAG Berlin-Brandenburg 13.4.2007 – 13 Sa 2208/06, LAGE § 1 KSchG Interessenausgleich Nr. 12, BRWonline
Orientierungssatz

§ 1 Abs. 5 S 1 KSchG ist auch anwendbar, wenn in einigen Fällen von einer Namensliste abgewichen und nicht alle darin bezeichneten Arbeitnehmer entlassen wurden, weil andere Arbeitnehmer freiwillig aus dem Betrieb austraten, so dass ursprünglich für die Kündigung vorgesehenen Arbeitnehmern nicht gekündigt wurde. Die Sachlage hat sich also nicht wesentlich nach dem Zustandekommen des Interessenausgleichs im Sinne des § 1 Abs. 5 S 3 KSchG geändert, wenn sich trotz der freiwilligen Austritte einiger Arbeitnehmer nach Abschluss des Interessenausgleichs die Zahl der Kündigungen nicht verringert hat, die Anzahl der abgebauten Arbeitsplätze nach wie vor unverändert bleibt. Ebensowenig handelt es sich dann um einen Wegfall der Geschäftsgrundlage.

(Revision eingelegt unter dem Aktenzeichen 2 AZR 418/07)

LAG Köln 7.5.2007 – 14 Sa 1403/06, ArbuR 2007, 324, BRWonline

1. Die nach § 1 Abs 5 KSchG erforderliche Schriftform für eine als Anlage zu einem Interessenausgleich angefertigte Namensliste ist nur gewahrt, wenn die Namensliste bei Unterzeichnung des Interessenausgleichs mit diesem fest verbunden ist (im Anschluss an BAG, Urteil vom 6.7.2006 – 2 AZR 520/05 – NZA 2007, 266ff.). (Rn. 22)

2. Auf einen freien anderweitigen Arbeitsplatz kann sich ein Arbeitnehmer nicht berufen, wenn es sich dabei für ihn um eine Beförderungsstelle handelt. (Rn. 41)

LAG Düsseldorf 28.5.2008 – 7 Sa 318/08, juris, BRWonline

1. Bei einer betriebsbedingten Kündigung im Zusammenhang mit einem Interessenausgleich mit Namensliste (§ 1 Abs. 5 S 1 KSchG) ist eine Betriebsänderung auch dann ausreichend bestimmt, wenn bei einer einheitlichen Planung eine Veränderung der Betriebsstruktur über einen längeren Zeitraum erfolgen kann. Die Erstreckung über einen längeren Zeitraum erfordert keine besondere Gestaltung der Namensliste in der Weise, dass getrennte Namenslisten für jede einzelne Teilmaßnahme zu erstellen sind oder sich aus der Gesamtnamensliste unmittelbar ergeben muss, in welcher Reihenfolge die Entlassungen vorgenommen werden.

2. Eine Namensliste muss die zweifelsfreie Identifizierung der betroffenen Arbeitnehmer ermöglichen. Die Sozialdaten der einzelnen Arbeitnehmer müssen nicht selbst in der Namensliste angegeben werden, wenn sich aus einem Vergleich mit einer dem Gericht vorliegenden Aufstellung ergibt, dass die Reihenfolge der auf der Namensliste verzeichneten Arbeitnehmer entsprechend der zunehmenden sozialen Schutzbedürftigkeit der Arbeitnehmer aufgestellt worden ist.

BAG 26.3.2009 – 2 AZR 296/07, NZA 2009, 1151–1156, BRWonline

Leitsatz

In eine Namensliste eines Interessenausgleichs nach § 1 Abs. 5 KSchG dürfen ausschließlich Arbeitnehmer aufgenommen werden, die aus der eigenen Sicht der Betriebsparteien aufgrund der dem Interessenausgleich zugrunde liegenden Betriebsänderung zu kündigen sind.

Orientierungssatz

1. Zur Geeignetheit einer »Teil-Namensliste«.

2. Aufnahme von Arbeitnehmern in die Namensliste, um Sperrzeiten und etwaige sozialversicherungsrechtliche Nachteile zu vermeiden.

BAG 05.11.2009 – 2 AZR 676/08, NZA 2010, 457–460, BRWonline

1. Ein möglicher Verstoß gegen das Verbot der Altersdiskriminierung kann allenfalls zur groben Fehlerhaftigkeit der Sozialauswahl führen. Er

hat nicht die »Unwirksamkeit« der Namensliste und des Interessenausgleichs insgesamt und damit den Wegfall der gesetzlichen Vermutung der Betriebsbedingtheit der Kündigung zur Folge.

2. Das Lebensalter darf trotz des Verbots der Altersdiskriminierung als Auswahlkriterium bei der Sozialauswahl berücksichtigt werden.

3. Die Bestimmungen des § 10 S 1 und 2 AGG sind gemeinschaftsrechtskonform.

Sächsisches LAG 9.2.2010 – 1 Sa 586/09, juris, BRWonline

1. Nach § 1 Abs. 5 S 4 KSchG bzw. § 125 Abs. 2 InsO ersetzt ein Interessenausgleich mit Namensliste bereits dann die Stellungnahme des Betriebsrats im Rahmen der Massenentlassungsanzeige, wenn der Interessenausgleich zwischen dem Arbeitgeber und dem Gesamtbetriebsrat abgeschlossen wurde.

2. Hat der Arbeitgeber den Betriebsratsvorsitzenden des örtlichen Betriebsrats und dessen Stellvertreter ordnungsgemäß zur Anhörung von betriebsbedingten Kündigungen geladen und erscheinen nur der Stellvertreter und ein weiteres Betriebsratsmitglied, darf der Arbeitgeber darauf vertrauen, dass der Betriebsratsvorsitzende iSv. § 26 Abs. 2 S 2 BetrVG verhindert ist.

3. Übergibt der Arbeitgeber dem Arbeitnehmer eine schriftliche Kündigung und übersendet ihm eine gleichlautende Erklärung nochmals per Post, handelt es sich um eine einheitliche Kündigung, die mit dem ersten Erhalt zugegangen ist (Abgrenzung zu BAG, Urteil vom 23.6.2009 – 2 AZR 474/07).

(Revision eingelegt unter dem Aktenzeichen 6 AZR 248/10)

LAG Sachsen-Anhalt 9.3.2010 – 2 Sa 369/09, AA 2011, 36, BRWonline

1. Die personalrechtlichen Befugnisse des Filialleiters sind auch dann ausreichend, wenn der Ausspruch von Kündigungen und die Betriebsratsanhörung im Zuge der Durchführung einer Standortschließung von der Unternehmenszentrale gesteuert werden.

2. Liegt ein unternehmensbezogenes Konzept zugrunde, ist der Interessenausgleich mit dem Gesamtbetriebsrat zu vereinbaren.

3. Auch wenn ein Arbeitnehmer in die Namensliste aufgenommen worden ist, ist der Arbeitgeber verpflichtet, dem Arbeitnehmer auf dessen Verlangen die Gründe mitzuteilen, die zu der getroffenen Sozialauswahl geführt haben.

4. Die Befugnis des Insolvenzverwalters zur Kündigung nach § 113 S 1 InsO besteht auch dann, wenn in einem Sanierungstarifvertrag der Ausschluss von ordentlichen Kündigungen vereinbart worden war (hier in Form eines vorübergehenden Verbots der Schließung von Filialen durch einen am 8.4.2008 geschlossenen Anschlusstarifvertrag zum Tarifvertrag zur Sanierung und zur Beschäftigungssicherung vom 19.3.2006).

5. Da es sich bei einer Kündigung nach § 15 Abs. 4 KSchG nicht um eine außerordentliche Kündigung handelt, ist eine Zustimmung des Betriebsrats nach § 103 BetrVG nicht erforderlich.

6. Der Arbeitgeber bleibt im Falle einer Insolvenz für das Kündigungsschutzverfahren passivlegitimiert, wenn das Insolvenzverfahren nach § 270 InsO in Eigenverwaltung betrieben wird.

LAG Köln 11.5.2010 – 12 Sa 131/10, ArbuR 2010, 526

1. Die Sozialauswahl hat streng betriebsbezogen zu erfolgen.

2. Eine Berufung auf die Wirkungen § 1 Abs. 5 KSchG setzt die Darlegung einer Betriebsänderung im Sinne von § 111 BetrVG voraus.

3. Einzelfallentscheidung zu einem Auflösungsantrag des Arbeitgebers.

BAG 12.5.2010 – 2 AZR 551/08, ArbR 2010, 556, BRWonline

Im Falle eines Interessenausgleichs mit Namensliste ohne anfängliche feste körperliche Verbindung von Interessenausgleich und Namensliste ist die Schriftform nicht gewahrt, wenn zwar der Interessenausgleich auf eine Namensliste verweist, jedoch in der Namensliste eine Rückverweisung auf den Interessenausgleich fehlt.

LAG Berlin-Brandenburg 16.7.2010 – 13 Sa 758/10, ArbR 2011, 128, BRWonline

Wird ein Interessenausgleich durch den zuständigen Gesamtbetriebsrat abgeschlossen, kann eine diesen Interessenausgleich ergänzende Namensliste nicht durch den örtlichen Betriebsrat abgeschlossen werden.

d. Zuständiger Betriebsrat

BAG 8.6.1999 – 1 AZR 831/98, AuR 1999, 277, 404 = AiB 2000, 295 = NZA 1999, 1168, BRWonline (Zuständigkeit des Gesamtbetriebsrats bei unternehmensweiter Reorganisation)

Plant ein mit der Vermittlung von Versicherungsverträgen und Bankprodukten befasstes Unternehmen mit insgesamt mehr als 20 Arbeitnehmern, alle bisher in eigenständigen Kleinbetrieben organisierten Außendienstmitarbeiter zu entlassen und die von ihnen wahrgenommenen Aufgaben auf freie Handelsvertreter zu übertragen, liegt hierin eine mitbestimmungspflichtige Betriebsänderung, die in die Zuständigkeit des Gesamtbetriebsrats fällt.

BAG 3.5.2006 – 1 ABR 15/05, RdA 2007, 114, BRWonline

1. Aus der Zuständigkeit des Gesamtbetriebsrats für einen Interessenausgleich folgt nicht notwendig seine Zuständigkeit auch für den Abschluss eines Sozialplans. Vielmehr ist hierfür Voraussetzung, dass die Regelung des Ausgleichs oder der Abmilderung der durch die Be-

triebsänderung entstehenden Nachteile zwingend unternehmenseinheitlich oder betriebsübergreifend erfolgen muss. (Leitsatz)

2. Die Wahrnehmung der Mitbestimmungsrechte bei Betriebsänderungen (§§ 111 ff. BetrVG) obliegt nach § 50 Abs. 1 Satz 1 BetrVG dem Gesamtbetriebsrat, wenn es sich um Maßnahmen handelt, die das gesamte Unternehmen oder mehrere Betriebe betreffen und notwendigerweise nur einheitlich oder betriebsübergreifend geregelt werden können.

3. Beim Interessenausgleich und Sozialplan handelt es sich nicht um dieselbe Angelegenheit im Sinne von § 50 Abs. 1 Satz 1 BetrVG. Interessenausgleich und Sozialplan sind Rechtsinstitute, die sich nach Inhalt und Ausgestaltung wesentlich unterscheiden.

4. Aus der Zuständigkeit des Gesamtbetriebsrats für den Abschluss eines Interessenausgleichs folgt nicht ohne weiteres seine Zuständigkeit auch für den Abschluss eines Sozialplans. Vielmehr ist gesondert zu prüfen, ob der Ausgleich oder die Abmilderung der durch die Betriebsänderung entstehenden Nachteile zwingend unternehmenseinheitlich oder betriebsübergreifend geregelt werden muss.

5. Der Umstand, dass die Mittel für den Sozialplan von ein und demselben Arbeitgeber zur Verfügung gestellt werden müssen, genügt allein nicht, um die Zuständigkeit des Gesamtbetriebsrats für den Abschluss des Sozialplans zu begründen. Etwas anderes gilt, wenn ein mit dem Arbeitgeber im Rahmen eines Interessenausgleichs vereinbartes, das gesamte Unternehmen betreffendes Sanierungskonzept nur auf der Grundlage eines bestimmten, auf das gesamte Unternehmen bezogenen Sozialplanvolumens realisiert werden kann. (Nrn. 2 bis 5 Orientierungssätze der BAG-Richter/innen)

3. Sozialplan

a. Sozialplanabfindung und sonstige Sozialplanansprüche

BAG 27.3.1996 – 10 AZR 668/95, AiB 1997, 113 = DB 1997, 234 = BB 1996, 2303 = NZA 1996, 986, BRWonline

Sozialplanansprüche unterliegen tariflichen Ausschlussfristen (st. Rspr. vgl. BAG-Urteil v. 30.11.1994 – 10 AZR 79/94, DB 1995, S. 781 = AP Nr. 88 zu § 112 BetrVG 1972). (Auszug)

BAG 30.10.2001 – 1 AZR 65/01, AiB 2003, 561 = DB 2002, 903 = NZA 2002, 449

Die Sozialplanabfindung ist weder Lohn bzw. Gehalt noch ein anderer Dienstbezug im Sinne des § 196 Abs. 1 Nr. 8 BGB oder eine andere anstelle oder als Teil des Lohns vereinbarte Leistung im Sinne des § 196 Abs. 1 Nr. 9 BGB. Sie soll nicht Leistungen entgelten, die der Arbeitnehmer erbracht hat. Sie bezweckt vielmehr den – zukunftsgerichteten

– Ausgleich oder die Milderung der Nachteile, die dem Arbeitnehmer durch eine Betriebsänderung entstehen. (Auszug)

BAG 30.10.2001 – 1 AZR 65/01, AiB 2003, 561 = DB 2002, 903 = NZA 2002, 449

Der Anspruch auf eine Sozialplanabfindung unterliegt nicht der zweijährigen Verjährungsfrist des § 196 Abs. 1 BGB, sondern der regelmäßigen Verjährungsfrist von 30 Jahren nach § 195 BGB.

BAG 27.1.2004 – 1 AZR 148/03, AiB 2005, 565 = NZA 2004, 667, BRWonline

Bei einem individualvertraglichen Verzicht auf Ansprüche aus einem Sozialplan findet das Günstigkeitsprinzip Anwendung. Der Verzicht ist zulässig, wenn zweifelsfrei feststellbar ist, dass die Abweichung vom Sozialplan objektiv die für den Arbeitnehmer günstigere Regelung ist.

BAG 27.6.2006 – 1 AZR 322/05, NZA 2006, 1238–1239, BRWonline

1. Ein Abfindungsanspruch aus einem Sozialplan kann nur vererbt werden, wenn er zum Zeitpunkt des Todes des Arbeitnehmers bereits entstanden war. Haben die Betriebsparteien den Zeitpunkt der Entstehung des Abfindungsanspruchs nicht ausdrücklich geregelt, ist er durch Auslegung des Sozialplans zu ermitteln. Dabei ist im Fall einer Betriebsstilllegung insbesondere zu berücksichtigen, dass dem Arbeitnehmer regelmäßig keine wirtschaftlichen Nachteile entstehen, wenn er vor der betriebsbedingten Beendigung des Arbeitsverhältnisses stirbt. (Leitsatz)

2. Abfindungsansprüche aus Sozialplänen sind vermögensrechtliche Ansprüche, die gem. § 1922 Abs. 1 BGB auf die Erben übergehen.

3. Ein Abfindungsanspruch kann nicht vererbt werden, wenn er zum Zeitpunkt des Todes des Arbeitnehmers noch nicht entstanden war.

4. Es ist Sache der Betriebsparteien zu regeln, wann Ansprüche aus einem Sozialplan entstehen. Erforderlichenfalls ist der Sozialplan auszulegen.

5. Bei der Auslegung eines Sozialplans sind neben seinem Wortlaut und seiner Systematik insbesondere sein Sinn und Zweck von Bedeutung.

6. Sozialpläne dienen dazu, die den Arbeitnehmern durch eine Betriebsänderung entstehenden wirtschaftlichen Nachteile abzumildern oder auszugleichen. Solche Nachteile entstehen regelmäßig nicht, wenn ein betriebsbedingt gekündigter Arbeitnehmer vor Ablauf der Kündigungsfrist stirbt. (Nrn. 2 bis 6 Orientierungssätze der BAG-Richter/innen)

LAG München 14.11.2007 – 10 Sa 552/07, juris, BRWonline

1. Schließt eine Konzernmuttergesellschaft eine Betriebsvereinbarung mit ihrem Betriebsrat und gleichzeitig mit den Betriebsräten ihrer

Tochtergesellschaften, kann diese normative Wirkung allenfalls in den jeweiligen Betrieben der Tochtergesellschaften für und gegen diese entfalten.

2. Fehlt der Konzernmutter die Vertretungsmacht zum Abschluss der Betriebsvereinbarung für ihre Tochtergesellschaften, ergibt sich in diesem Fall eine Haftung der Konzernmutter weder aus § 179 BGB noch aus den Grundsätzen der Haftung wegen Verschulden bei Vertragsabschluss noch aus einer Umdeutung in eine einzelvertragliche Zusage.

3. Ein Anspruch aus einem Sozialplan setzt nicht nur voraus, dass der Arbeitnehmer unter den persönlichen Geltungsbereich fällt, sondern der wirtschaftliche Nachteil auch durch die geplante und vom Arbeitgeber durchgeführte Maßnahme herbeigeführt wird, die Grund für den Abschluss des Sozialplans war.

LAG Köln 1.4.2009 – 9 Sa 21/09, juris, BRWonline

Zur Wirksamkeit einer Regelung in einem Tarifsozialplan und einer Gesamtbetriebsvereinbarung, wonach Arbeitnehmer, die vor Abschluss der Verhandlungen zwischen Arbeitgeberin und Gewerkschaft sowie Gesamtbetriebsrat über einen Sozialplan das Arbeitsverhältnis bereits gekündigt hatten, keine Abfindung erhalten.

BAG 12.4.2011 – 1 AZR 764/09, Pressemitteilung BAG Nr. 28/11, BRWonline

Arbeitgeber und Betriebsrat dürfen bei der Bemessung der Abfindungshöhe in einem Sozialplan gemäß § 10 Satz 3 Nr. 6 AGG Altersstufen bilden, weil ältere Arbeitnehmer auf dem Arbeitsmarkt typischerweise größere Schwierigkeiten haben, eine Anschlussbeschäftigung zu finden als jüngere. Die konkrete Ausgestaltung der Altersstufen im Sozialplan unterliegt nach § 10 Satz 2 AGG einer Verhältnismäßigkeitsprüfung: Sie muss geeignet und erforderlich sein, das von § 10 Satz 3 Nr. 6 AGG verfolgte Ziel tatsächlich zu fördern und darf die Interessen der benachteiligten Altersgruppen nicht unangemessen vernachlässigen. Das ist mit dem Verbot der Altersdiskriminierung im Recht der Europäischen Union vereinbar.

b. Sozialplanvolumen

BAG 24.8.2004 – 1 ABR 23/03, AiB 2005, 623–626, BRWonline

1. Der Normzweck eines Sozialplans wird nach § 112 Abs. 1 Satz 2 BetrVG nicht nur durch einen Ausgleich, sondern schon durch die Milderung der den Arbeitnehmern aufgrund der Betriebsänderung entstehenden wirtschaftlichen Nachteile erreicht.

2. Hat der Betriebsrat den Spruch der Einigungsstelle zur Aufstellung eines Sozialplans mit der Begründung angefochten, dessen Gesamtvolumen sei zu gering, muss er darlegen, dass der Sozialplan seinen

gesetzlichen Zweck nicht erfüllt, weil er nicht einmal eine substantielle Milderung der Nachteile vorsieht.

3. Ein Ermessensfehler der Einigungsstelle liegt auch bei Unterschreitung der Grenze des § 112 Abs. 1 Satz 2 BetrVG nicht vor, wenn andernfalls das Sozialplanvolumen für das Unternehmen wirtschaftlich nicht vertretbar wäre. In diesem Zusammenhang kann es auf die Möglichkeit eines so genannten Berechnungsdurchgriffs auf Konzernobergesellschaften ankommen.

BAG 26.5.2009 – 1 ABR 12/08, ArbR 2009, 118, BRWonline

1. Sozialplanregelungen unterliegen als normative Vorschriften dem rechtsstaatlichen Bestimmtheitsgebot. Sollen sie wirtschaftliche Nachteile von Arbeitnehmern nach § 112 Abs. 1 S. 2 BetrVG ausgleichen oder mildern, muss es möglich sein, auf ihrer Grundlage die Höhe von Ausgleich oder Milderung durch Auslegung exakt zu bestimmen. Lassen die Regelungen – und sei es nach entsprechender Auslegung – keine klare Inhaltsbestimmung zu, lässt sich nicht genau entnehmen, welchen genauen Umfang des beschlossene Ausgleich oder die Milderung der Nachteile hat, haben sie ihr Ziel verfehlt und bleiben normativ wirkungslos. Ein Sozialplan iSv. § 112 Abs. 1 S. 2, 3, Abs. 4 S. 1 BetrVG ist dann nicht aufgestellt.

2. Hat die Einigungsstelle keine endgültige Einigung der Betriebsparteien, sei es über einen Ausgleich oder eine Milderung der wirtschaftlichen Nachteile, sei es über einen »Null-Sozialplan« herbeigeführt und offengelassen, ob und in welchem Umfang die Arbeitgeberin Sozialplanmittel zur Verfügung zu stellen hat, ist ihr Regelungsauftrag iSv. § 112 Abs. 1 S. 2, 3, Abs. 4 BetrVG nicht erfüllt. Die Einigungsstelle darf nicht dauerhaft von einer eigenen Entscheidung über die Höhe des Sozialplanvolumens absehen, ohne zumindest ein eindeutiges, möglichen Manipulationen nicht zugängliches Verfahren zu beschließen, mittels dessen die offenen Fragen geklärt werden können.

BAG 15.3.2011 – 1 ABR 97/09, Pressemitteilung BAG Nr. 18/11, BRWonline

Können sich Betriebsparteien nicht auf die Vereinbarung eines Sozialplans verständigen, entscheidet die Einigungsstelle. Bei ihrem Spruch hat sie gemäß § 112 Abs. 5 BetrVG die sozialen Belange der Arbeitnehmer zu berücksichtigen und auf die wirtschaftliche Vertretbarkeit der Sozialplandotierung zu achten. Hierfür ist auf die finanzielle Leistungsfähigkeit des Arbeitgebers (Unternehmens) abzustellen. Dies gilt grundsätzlich auch für Sozialpläne konzernangehöriger Unternehmen. Ist allerdings ein solches Unternehmen durch eine Spaltung iSd. Umwandlungsgesetzes entstanden und sind dabei die zur Führung seines Betriebs wesentlichen Vermögensteile bei dem übertragenden Unternehmen als Anlagegesellschaft verblieben und dem später sozialplanpflichtigen Unternehmen als Betriebsgesellschaft lediglich zur Nutzung überlassen worden, ist nach § 134 UmwG bei der Bestimmung des Sozialplanvolumens im Wege eines Bemessungsdurchgriffs auch die finanzielle Leistungsfähigkeit der Anlagegesellschaft zu berücksichtigen.

c. Sozialplan bei nachträglich gewähltem Betriebsrat

BAG 28.10.1992 – 10 ABR 75/91, AiB 1993, 464 = DB 1993, 385 = AP Nr. 63 zu § 112 BetrVG 1972, BRWonline

Wird in einem Betrieb ein Betriebsrat gewählt, nachdem sich der Arbeitgeber zur Stilllegung des Betriebes entschlossen und mit der Stilllegung begonnen hat, so kann der Betriebsrat auch dann nicht die Vereinbarung eines Sozialplans verlangen, wenn dem Arbeitgeber im Zeitpunkt seines Entschlusses bekannt war, dass im Betriebsrat gewählt werden soll (im Anschluss an BAG, Beschluss vom 20.4.1982 – 1 ABR 3/80 – BAG 38, S. 284 – AP Nr. 15 zu § 112 BetrVG 1972).

LAG Hamm 4.10.2010 – 10 TaBV 75/10, juris, BRWonline

Verhandlungen über einen Interessenausgleich und einen Sozialplan kann ein Betriebsrat nicht mehr verlangen, wenn er erst nach Abschluss der Planungen des Arbeitgebers und nach Beginn der Durchführung einer Betriebsstilllegung errichtet worden ist, auch wenn die Kündigungen der Belegschaft erst zu einem späteren Zeitpunkt ausgesprochen werden.

d. Befreiung von der Sozialplanpflicht, § 112a BetrVG

BAG 22.2.1995 – 10 ABR 23/94, AuR 1995, 270 = Der Betriebsrat 1995, 89ff., 102 = BB 1995, 1300 = BB 1995, 1591, BRWonline

Übertragen zwei Unternehmen einzelne Betriebe einem neu gegründeten Unternehmen, das die Betriebe mit einer auf dem Zusammenschluss beruhenden unternehmerischen Zielsetzung fortführen soll, so handelt es sich um eine Neugründung im Zusammenhang mit der rechtlichen Umstrukturierung von Unternehmen im Sinne von § 112a Abs. 2 Satz 2 BetrVG. Wird dieser Betrieb innerhalb von vier Jahren nach der Gründung des Unternehmens stillgelegt, so ist er nicht von der Sozialplanpflicht nach § 112a Abs. 2 Satz 1 BetrVG befreit.

BAG 27.6.2006 – 1 ABR 18/05, BRWonline

1. Für die Ausnahme von der Sozialplanpflicht nach § 112a Abs. 2 Satz 1 BetrVG kommt es auf das Alter des Unternehmens und nicht des Betriebes an. (Leitsatz)

2. Bei einem Streit über das Bestehen eines Mitbestimmungsrechts kann der Betriebsrat dessen Feststellung unabhängig von der Möglichkeit beantragen, die Einrichtung einer Einigungsstelle zu betreiben.

3. Maßgeblich für die Ausnahme von der Sozialplanpflicht nach § 112a Abs. 2 Satz 1 BetrVG ist das Alter des Unternehmens, nicht des Betriebes. Dies folgt aus Wortlaut und Sinn und Zweck der Regelung.

LAG Hamm 6.3.2009 – 10 TaBV 143/08, juris, BRWonline

1. Zwar stellt auch § 112a Abs 1 BetrVG auf die in der Regel beschäftigten Mitarbeiter ab. Maßgebend ist danach die Zahl, die für den Betrieb im Allgemeinen maßgebend ist. Dies erfordert im Falle der Betriebsstilllegung bzw. Betriebseinschränkung einen Rückblick auf die bisherige Belegschaftsstärke.

2. Ein sich über einen längeren Zeitraum hinziehender Personalabbau kann auf einer einheitlichen unternehmerischen Planung beruhen. Eine derartige einheitliche Planungsentscheidung kann auch eine stufenweise Durchführung von Entlassungen vorsehen. Ein enger zeitlicher Zusammenhang zwischen mehreren Entlassungswellen kann ein wesentliches Indiz für eine von Anfang an einheitliche Planung sein. eine spätere Entlassungswelle kann auch das Ergebnis einer neuen Planung sein, wenn nach der ersten Entlassungswelle neue, vom Arbeitgeber ursprünglich nicht vorgesehene und eingeplante Umstände eingetreten sind. Wird der Entschluss zu weiteren Entlassungen erst nach Durchführung der ersten Maßnahme gefasst, findet mitbestimmungsrechtlich keine Zusammenrechnung statt.

3. Bloße Konzepte und Vorüberlegungen sind allein noch keine Planung im Sinne des § 111 Satz 1 BetrVG und lösen noch keine Beteiligungsrechte des Betriebsrats aus.

e. Rahmensozialplan und vorsorglicher Sozialplan

BAG 13.7.1993 – 1 ABR 2/93, AuR 1993, 413

1. Ein mit dem Betriebsrat vereinbarter zeitlich unbefristeter Sozialplan, der für alle aus betrieblichen Gründen entlassenen Arbeitnehmer Abfindungszahlungen vorsieht, entbindet den Arbeitgeber nicht von seiner gesetzlichen Pflicht, bei zukünftig anstehenden Betriebsänderungen jeweils den Betriebsrat einzuschalten und den Versuch zu machen, mit ihm einen Interessenausgleich darüber zu vereinbaren, ob und gegebenenfalls in welchem Umfang und auf welche Art und Weise die geplante Betriebsänderung verwirklicht werden solle.

2. Durch die Vereinbarung eines Sozialplans, der alle künftigen, bei seiner Aufstellung noch gar nicht absehbaren Betriebsänderungen erfasst, kann der Betriebsrat nicht von vornherein sein Einverständnis mit allen diesen ihrer Art und ihrem Ausmaß nach noch völlig ungewissen Betriebsänderungen geben.

BAG 26.8.1997 – 1 ABR 12/97, AuR 1997, 402 = DB 1997, 1825 = DB 1998, 265 = NZA 1998, 216, BRWonline

1. Betriebsrat und Arbeitgeber können für noch nicht geplante, aber in groben Umrissen schon abschätzbare Betriebsänderungen einen Sozialplan in Form einer freiwilligen Betriebsvereinbarung aufstellen. Darin

liegt noch kein (unzulässiger) Verzicht auf künftige Mitbestimmungsrechte.

2. Soweit ein solcher vorsorglicher Sozialplan wirksame Regelungen enthält, ist das Mitbestimmungsrecht des Betriebsrats nach § 112 BetrVG verbraucht, falls eine entsprechende Betriebsänderung später tatsächlich vorgenommen wird.

f. Sozialplan und Betriebsübergang

BAG 5.2.1997 – 10 AZR 553/96, AiB 1998, 52 = NZA 1998, 158 = DB 1997, 1623, BRWonline

1. Nimmt ein Sozialplan von seinem Geltungsbereich solche Mitarbeiter aus, die einen angebotenen zumutbaren Arbeitsplatz ablehnen, so gilt dies auch für den Fall, dass Arbeitnehmer dem Übergang ihres Arbeitsverhältnisses im Wege eines Betriebsübergangs nach § 613a BGB widersprechen.

2. Die Weiterarbeit beim Betriebserwerber nach einem Betriebsübergang im Sinne von § 613a BGB ist dem Arbeitnehmer in der Regel zumutbar.

BAG 25.1.2000 – 1 ABR 1/99, DB 2000, 2329 = NZA 2000, 1069, BRWonline

1. Ist ein Betriebsübergang (§ 613a BGB) mit Maßnahmen verbunden, die als solche einen der Tatbestände des § 111 Satz 2 Nr. 1–5 BetrVG (Betriebsänderung) erfüllen, so stehen dem Betriebsrat die Beteiligungsrechte nach §§ 111, 112 BetrVG zu.

2. In einem solchen Fall ist ein von der Einigungsstelle durch Mehrheitsbeschluss aufgestellter Sozialplan nicht schon deshalb wegen Kompetenzüberschreitung unwirksam, weil in der Begründung des Spruchs ausschließlich Nachteile der Arbeitnehmer aufgeführt sind, die auf dem Betriebsübergang beruhen. Ein Rechtsverstoß liegt vielmehr nur vor, wenn bei Aufstellung des Sozialplans keine Nachteile zu erwarten waren, welche die vorgesehenen Ausgleichs- oder Milderungsmaßnahmen (z.B. Abfindungen) rechtfertigen konnten.

4. Nachteilsausgleich

BAG 24.1.1996 – 1 AZR 542/95, AiB 1996, 670 = NZA 1996, 1107, BRWonline

1. Der Versuch eines Interessenausgleichs im Sinne von § 113 Abs. 3 BetrVG erfordert die Verhandlung mit dem zuständigen Betriebsrat oder Gesamtbetriebsrat. Der Arbeitgeber trägt die Initiativlast.

2. Plant ein Arbeitgeber die Verlegung eines Betriebes und dessen Zusammenlegung mit einem anderen seiner Betriebe, so ist der Gesamtbetriebsrat für Verhandlungen über einen Interessenausgleich zuständig.

3. Bei Zweifeln über den zuständigen Verhandlungspartner muss der Arbeitgeber die in Betracht kommenden Arbeitnehmervertretungen zur Klärung der Zuständigkeitsfrage auffordern. Weist er hingegen ohne weiteres einen der möglichen Verhandlungspartner zurück, so trägt er das Risiko, dass sein Verhandlungsversuch als unzureichend gewertet wird, wenn dieser zuständig gewesen wäre.

BAG 20.11.2001 – 1 AZR 97/01, AiB 2003, 700 = DB 2002, 950 = NZA 2002, 992, BRWonline

Der gesetzliche Anspruch auf Nachteilsausgleich dient auch – wie eine Abfindung aus einem Sozialplan – dem Ausgleich wirtschaftlicher Nachteile, die Arbeitnehmer infolge ihrer Entlassung aufgrund einer Betriebsänderung erleiden. Diese teilweise Zweckidentität berechtigt den Arbeitgeber, eine gezahlte Sozialplanabfindung auf einen dem Arbeitnehmer geschuldeten Nachteilsausgleich anzurechnen.

BAG 23.9.2003 – 1 AZR 576/02, DB 2004, 658 = NZA 2004, 440, BRWonline

1. Der Anspruch auf Nachteilsausgleich nach § 113 Abs. 3 BetrVG entsteht, sobald der Unternehmer mit der geplanten Betriebsänderung beginnt, ohne dass er bis dahin einen Interessenausgleich mit dem Betriebsrat versucht hätte.

2. Der Arbeitnehmer kann auf einen bereits bestehenden Nachteilsausgleichsanspruch auch ohne Zustimmung des Betriebsrats wirksam verzichten.

BAG 26.10.2004 – 1 AZR 493/03, BRWonline

Wenn zwischen den Betriebsparteien kein wirksamer Interessenausgleich zustande kommt, muss der Arbeitgeber vor der tatsächlichen Durchführung der Betriebsänderung alle Möglichkeiten einer Einigung ausschöpfen und erforderlichenfalls die Einigungsstelle anrufen. Hiervon können ihn formlose Mitteilungen des Betriebsratsvorsitzenden nicht entbinden. Kommt der Arbeitgeber seiner Verpflichtung nicht nach, schuldet er den Arbeitnehmern, die infolge der Betriebsänderung entlassen werden, nach § 113 Abs. 3 i. V. m. Abs. 1 BetrVG einen Nachteilsausgleich.

BAG 22.11.2005 – 1 AZR 407/04, BRWonline

Ein Anspruch auf Nachteilsausgleich nach § 113 Abs. 1, Abs. 3 BetrVG entsteht, sobald der Unternehmer mit der Durchführung der Betriebsänderung begonnen hat, ohne bis dahin einen Interessenausgleich nach §§ 111, 112 Abs. 1, Abs. 2 BetrVG versucht zu haben. Mit der Durchführung einer Betriebsstilllegung hat der Unternehmer begonnen, sobald er unumkehrbare Maßnahmen zur Auflösung der Betriebsorganisation ergriffen hat. Dazu zählen weder die Einstellung der Produktion noch die widerrufliche Freistellung der Arbeitnehmer. (Orientierungssätze der BAG-Richter/innen)

BAG 30.5.2006 – 1 AZR 25/05, – 1 AZR 26/05, – 1 AZR 90/05, – 1 AZR 94/05, – 1 AZR 137/05 und – 1 AZR 138/05 (Auszug), BRWonline

1. Ein Arbeitgeber beginnt durch die widerrufliche Freistellung der Arbeitnehmer noch nicht mit der Durchführung einer beabsichtigten Betriebsstilllegung.

2. Ein Unternehmer beginnt mit der Durchführung einer Betriebsstilllegung, sobald er unumkehrbare Maßnahmen zur Auflösung der betrieblichen Organisation getroffen hat.

3. Die bloße Einstellung der Produktion oder der sonstigen betrieblichen Tätigkeit und die widerrufliche Freistellung der Arbeitnehmer sind regelmäßig keine unumkehrbaren Maßnahmen und stellen daher noch keinen Beginn der Betriebsstilllegung dar.

4. In der Kündigung von Ausbildungsverhältnissen liegt regelmäßig kein Beginn der Betriebsstilllegung, da auch ohne Auszubildende der Betriebszweck uneingeschränkt weiterverfolgt werden kann. Etwas anderes kann bei reinen Ausbildungsbetrieben gelten.

LAG Rheinland-Pfalz 6.11.2007 – 3 Sa 375/07, juris, BRWonline

1. Die Festsetzung der konkreten Höhe des Nachteilsausgleichs liegt im Ermessen des Gerichts. Dabei ist das Gericht nach § 113 Abs 3 BetrVG und § 113 Abs 1 BetrVG durch den Verweis auf § 10 KSchG an vorgegebene Höchstgrenzen gebunden. Daneben ist u.a. auf die Betriebszugehörigkeit und das Lebensalter des jeweiligen Arbeitnehmers, die tatsächlich durch die Betriebsänderung erlittenen Nachteile, die Arbeitsmarktlage und das Ausmaß des betriebsverfassungswidrigen Verhaltens des Arbeitgebers abzustellen.

2. Bei der Berufungsinstanz handelt es sich um eine zweite Tatsacheninstanz. Der Arbeitnehmerin ist es deswegen nicht verwehrt, die erstinstanzliche Gehaltsangabe klarzustellen bzw. zu berichtigen.

D. Wichtige gesetzliche Bestimmungen

I. § 613 a BGB Rechte und Pflichten bei Betriebsübergang

(1) [1]Geht ein Betrieb oder Betriebsteil durch Rechtsgeschäft auf einen anderen Inhaber über, so tritt dieser in die Rechte und Pflichten aus den im Zeitpunkt des Übergangs bestehenden Arbeitsverhältnissen ein. [2]Sind diese Rechte und Pflichten durch Rechtsnormen eines Tarifvertrags oder durch eine Betriebsvereinbarung geregelt, so werden sie Inhalt des Arbeitsverhältnisses zwischen dem neuen Inhaber und dem Arbeitnehmer und dürfen nicht vor Ablauf eines Jahres nach dem Zeitpunkt des Übergangs zum Nachteil des Arbeitnehmers geändert werden. [3]Satz 2 gilt nicht, wenn die Rechte und Pflichten bei dem neuen Inhaber durch Rechtsnormen eines anderen Tarifvertrags oder durch eine andere Betriebsvereinbarung geregelt werden. [4]Vor Ablauf der Frist nach Satz 2 können die Rechte und Pflichten geändert werden, wenn der Tarifvertrag oder die Betriebsvereinbarung nicht mehr gilt oder bei fehlender beiderseitiger Tarifgebundenheit im Geltungsbereich eines anderen Tarifvertrags dessen Anwendung zwischen dem neuen Inhaber und dem Arbeitnehmer vereinbart wird.

(2) [1]Der bisherige Arbeitgeber haftet neben dem neuen Inhaber für Verpflichtungen nach Absatz 1, soweit sie vor dem Zeitpunkt des Übergangs entstanden sind und vor Ablauf von einem Jahr nach diesem Zeitpunkt fällig werden, als Gesamtschuldner. [2]Werden solche Verpflichtungen nach dem Zeitpunkt des Übergangs fällig, so haftet der bisherige Arbeitgeber für sie jedoch nur in dem Umfang, der dem im Zeitpunkt des Übergangs abgelaufenen Teil ihres Bemessungszeitraums entspricht.

(3) Absatz 2 gilt nicht, wenn eine juristische Person oder eine Personenhandelsgesellschaft durch Umwandlung erlischt.

(4) [1]Die Kündigung des Arbeitsverhältnisses eines Arbeitnehmers durch den bisherigen Arbeitgeber oder durch den neuen Inhaber wegen des Übergangs eines Betriebs oder eines Betriebsteils ist unwirksam. [2]Das Recht zur Kündigung des Arbeitsverhältnisses aus anderen Gründen bleibt unberührt.

(5) Der bisherige Arbeitgeber oder der neue Inhaber hat die von einem Übergang betroffenen Arbeitnehmer vor dem Übergang in Textform zu unterrichten über:

1. den Zeitpunkt oder den geplanten Zeitpunkt des Übergangs,
2. den Grund für den Übergang,
3. die rechtlichen, wirtschaftlichen und sozialen Folgen des Übergangs für die Arbeitnehmer und
4. die hinsichtlich der Arbeitnehmer in Aussicht genommenen Maßnahmen.

(6) [1]Der Arbeitnehmer kann dem Übergang des Arbeitsverhältnisses innerhalb eines Monats nach Zugang der Unterrichtung nach Absatz 5 schriftlich widersprechen. [2]Der Widerspruch kann gegenüber dem bisherigen Arbeitgeber oder dem neuen Inhaber erklärt werden.

II. Betriebsverfassungsrechtliche Vorschriften

Gliederung

1. § 1 BetrVG Errichtung von Betriebsräten

(1) In Betrieben mit in der Regel mindestens fünf ständigen wahlberechtigten Arbeitnehmern, von denen drei wählbar sind, werden Betriebsräte gewählt. Dies gilt auch für gemeinsame Betriebe mehrerer Unternehmen.

(2) Ein gemeinsamer Betrieb mehrerer Unternehmen wird vermutet, wenn

1. zur Verfolgung arbeitstechnischer Zwecke die Betriebsmittel sowie die Arbeitnehmer von den Unternehmen gemeinsam eingesetzt werden oder
2. die Spaltung eines Unternehmens zur Folge hat, dass von einem Betrieb ein oder mehrere Betriebsteile einem an der Spaltung beteiligten anderen Unternehmen zugeordnet werden, ohne dass sich dabei die Organisation des betroffenen Betriebs wesentlich ändert.

2. § 21 a BetrVG Übergangsmandat

(1) Wird ein Betrieb gespalten, so bleibt dessen Betriebsrat im Amt und führt die Geschäfte für die ihm bislang zugeordneten Betriebsteile weiter, soweit sie die Voraussetzungen des § 1 Abs. 1 Satz 1 erfüllen und nicht in einen Betrieb eingegliedert werden, in dem ein Betriebsrat besteht (Übergangsmandat). Der Betriebsrat hat insbesondere unverzüglich Wahlvorstände zu bestellen. Das Übergangsmandat endet, sobald in den Betriebsteilen ein neuer Betriebsrat gewählt und das Wahlergebnis bekannt gegeben ist, spätestens jedoch sechs Monate nach Wirksamwerden der Spaltung. Durch Tarifvertrag oder Betriebsvereinbarung kann das Übergangsmandat um weitere sechs Monate verlängert werden.

(2) Werden Betriebe oder Betriebsteile zu einem Betrieb zusammengefasst, so nimmt der Betriebsrat des nach der Zahl der wahlberechtigten Arbeitnehmer größten Betriebs oder Betriebsteils das Übergangsmandat wahr. Absatz 1 gilt entsprechend.

(3) Die Absätze 1 und 2 gelten auch, wenn die Spaltung oder Zusammenlegung von Betrieben und Betriebsteilen im Zusammenhang mit einer Betriebsveräußerung oder einer Umwandlung nach dem Umwandlungsgesetz erfolgt.

3. § 21 b BetrVG Restmandat

Geht ein Betrieb durch Stilllegung, Spaltung oder Zusammenlegung unter, so bleibt dessen Betriebsrat so lange im Amt, wie dies zur Wahrnehmung der damit im Zusammenhang stehenden Mitwirkungs- und Mitbestimmungsrechte erforderlich ist.

4. § 47 BetrVG Voraussetzungen der Errichtung, Mitgliederzahl, Stimmengewicht

(1) Bestehen in einem Unternehmen mehrere Betriebsräte, so ist ein Gesamtbetriebsrat zu errichten.

(2) In den Gesamtbetriebsrat entsendet jeder Betriebsrat mit bis zu drei Mitgliedern eines seiner Mitglieder; jeder Betriebsrat mit mehr als drei Mitgliedern entsendet zwei seiner Mitglieder. Die Geschlechter sollen angemessen berücksichtigt werden.

(3) Der Betriebsrat hat für jedes Mitglied des Gesamtbetriebsrats mindestens ein Ersatzmitglied zu bestellen und die Reihenfolge des Nachrückens festzulegen.

(4) Durch Tarifvertrag oder Betriebsvereinbarung kann die Mitgliederzahl des Gesamtbetriebsrats abweichend von Absatz 2 Satz 1 geregelt werden.

(5) Gehören nach Absatz 2 Satz 1 dem Gesamtbetriebsrat mehr als vierzig Mitglieder an und besteht keine tarifliche Regelung nach Absatz 4, so ist zwischen Gesamtbetriebsrat und Arbeitgeber eine Betriebsvereinbarung über die Mitgliederzahl des Gesamtbetriebsrats abzuschließen, in der bestimmt wird, dass Betriebsräte mehrerer Betriebe eines Unternehmens, die regional oder durch gleichartige Interessen miteinander verbunden sind, gemeinsam Mitglieder in den Gesamtbetriebsrat entsenden.

(6) Kommt im Fall des Absatzes 5 eine Einigung nicht zustande, so entscheidet eine für das Gesamtunternehmen zu bildende Einigungsstelle. Der Spruch der Einigungsstelle ersetzt die Einigung zwischen Arbeitgeber und Gesamtbetriebsrat.

(7) Jedes Mitglied des Gesamtbetriebsrats hat so viele Stimmen, wie in dem Betrieb, in dem es gewählt wurde, wahlberechtigte Arbeitnehmer in der Wählerliste eingetragen sind. Entsendet der Betriebsrat mehrere Mitglieder, so stehen ihnen die Stimmen nach Satz 1 anteilig zu.

(8) Ist ein Mitglied des Gesamtbetriebsrats für mehrere Betriebe entsandt worden, so hat es so viele Stimmen, wie in den Betrieben, für die es entsandt ist, wahlberechtigte Arbeitnehmer in den Wählerlisten eingetragen sind; sind mehrere Mitglieder entsandt worden, gilt Absatz 7 Satz 2 entsprechend.

(9) Für Mitglieder des Gesamtbetriebsrats, die aus einem gemeinsamen Betrieb mehrerer Unternehmen entsandt worden sind, können durch Tarifvertrag oder Betriebsvereinbarung von den Absätzen 7 und 8 abweichende Regelungen getroffen werden.

5. § 54 BetrVG Errichtung des Konzernbetriebsrats

(1) Für einen Konzern (§ 18 Abs. 1 des Aktiengesetzes) kann durch Beschlüsse der einzelnen Gesamtbetriebsräte ein Konzernbetriebsrat errichtet werden. Die Errichtung erfordert die Zustimmung der Gesamtbetriebsräte der Konzernunternehmen, in denen insgesamt mehr als 50 vom Hundert der Arbeitnehmer der Konzernunternehmen beschäftigt sind.

(2) Besteht in einem Konzernunternehmen nur ein Betriebsrat, so nimmt dieser die Aufgaben eines Gesamtbetriebsrats nach den Vorschriften dieses Abschnitts wahr.

6. § 55 BetrVG Zusammensetzung des Konzernbetriebsrats, Stimmengewicht

(1) In den Konzernbetriebsrat entsendet jeder Gesamtbetriebsrat zwei seiner Mitglieder. Die Geschlechter sollen angemessen berücksichtigt werden.

(2) Der Gesamtbetriebsrat hat für jedes Mitglied des Konzernbetriebsrats mindestens ein Ersatzmitglied zu bestellen und die Reihenfolge des Nachrückens festzulegen.

(3) Jedem Mitglied des Konzernbetriebsrats stehen die Stimmen der Mitglieder des entsendenden Gesamtbetriebsrats je zur Hälfte zu.

(4) Durch Tarifvertrag oder Betriebsvereinbarung kann die Mitgliederzahl des Konzernbetriebsrats abweichend von Absatz 1 Satz 1 geregelt werden. § 47 Abs. 5 bis 9 gilt entsprechend.

7. § 77 BetrVG Durchführung gemeinsamer Beschlüsse, Betriebsvereinbarungen

(1) Vereinbarungen zwischen Betriebsrat und Arbeitgeber, auch soweit sie auf einem Spruch der Einigungsstelle beruhen, führt der Arbeitgeber durch, es sei denn, dass im Einzelfall etwas anderes vereinbart ist. Der Betriebsrat darf nicht durch einseitige Handlungen in die Leitung des Betriebs eingreifen.

(2) Betriebsvereinbarungen sind von Betriebsrat und Arbeitgeber gemeinsam zu beschließen und schriftlich niederzulegen. Sie sind von beiden Seiten zu unterzeichnen; dies gilt nicht, soweit Betriebsvereinbarungen auf einem Spruch der Einigungsstelle beruhen. Der Arbeitgeber hat die Betriebsvereinbarungen an geeigneter Stelle im Betrieb auszulegen.

(3) Arbeitsentgelte und sonstige Arbeitsbedingungen, die durch Tarifvertrag geregelt sind oder üblicherweise geregelt werden, können nicht Gegenstand einer Betriebsvereinbarung sein. Dies gilt nicht, wenn ein Tarifvertrag den Abschluss ergänzender Betriebsvereinbarungen ausdrücklich zulässt.

(4) Betriebsvereinbarungen gelten unmittelbar und zwingend. Werden Arbeitnehmern durch die Betriebsvereinbarung Rechte eingeräumt, so ist ein Verzicht auf sie nur mit Zustimmung des Betriebsrats zulässig. Die Verwirkung dieser Rechte ist ausgeschlossen. Ausschlussfristen für ihre Geltendmachung sind nur insoweit zulässig, als sie in einem Ta-

rifvertrag oder einer Betriebsvereinbarung vereinbart werden; dasselbe gilt für die Abkürzung der Verjährungsfristen.

(5) Betriebsvereinbarungen können, soweit nichts anderes vereinbart ist, mit einer Frist von drei Monaten gekündigt werden.

(6) Nach Ablauf einer Betriebsvereinbarung gelten ihre Regelungen in Angelegenheiten, in denen ein Spruch der Einigungsstelle die Einigung zwischen Arbeitgeber und Betriebsrat ersetzen kann, weiter, bis sie durch eine andere Abmachung ersetzt werden.

8. § 87 BetrVG Mitbestimmungsrechte

(1) Der Betriebsrat hat, soweit eine gesetzliche oder tarifliche Regelung nicht besteht, in folgenden Angelegenheiten mitzubestimmen:

1. Fragen der Ordnung des Betriebs und des Verhaltens der Arbeitnehmer im Betrieb;
2. Beginn und Ende der täglichen Arbeitszeit einschließlich der Pausen sowie Verteilung der Arbeitszeit auf die einzelnen Wochentage;
3. vorübergehende Verkürzung oder Verlängerung der betriebsüblichen Arbeitszeit;
4. Zeit, Ort und Art der Auszahlung der Arbeitsentgelte;
5. Aufstellung allgemeiner Urlaubsgrundsätze und des Urlaubsplans sowie die Festsetzung der zeitlichen Lage des Urlaubs für einzelne Arbeitnehmer, wenn zwischen dem Arbeitgeber und den beteiligten Arbeitnehmern kein Einverständnis erzielt wird;
6. Einführung und Anwendung von technischen Einrichtungen, die dazu bestimmt sind, das Verhalten oder die Leistung der Arbeitnehmer zu überwachen;
7. Regelungen über die Verhütung von Arbeitsunfällen und Berufskrankheiten sowie über den Gesundheitsschutz im Rahmen der gesetzlichen Vorschriften oder der Unfallverhütungsvorschriften;
8. Form, Ausgestaltung und Verwaltung von Sozialeinrichtungen, deren Wirkungsbereich auf den Betrieb, das Unternehmen oder den Konzern beschränkt ist;
9. Zuweisung und Kündigung von Wohnräumen, die den Arbeitnehmern mit Rücksicht auf das Bestehen eines Arbeitsverhältnisses vermietet werden, sowie die allgemeine Festlegung der Nutzungsbedingungen;
10. Fragen der betrieblichen Lohngestaltung, insbesondere die Aufstellung von Entlohnungsgrundsätzen und die Einführung und Anwendung von neuen Entlohnungsmethoden sowie deren Änderung;
11. Festsetzung der Akkord- und Prämiensätze und vergleichbarer leistungsbezogener Entgelte, einschließlich der Geldfaktoren;

12. Grundsätze über das betriebliche Vorschlagswesen;
13. Grundsätze über die Durchführung von Gruppenarbeit; Gruppenarbeit im Sinne dieser Vorschrift liegt vor, wenn im Rahmen des betrieblichen Arbeitsablaufs eine Gruppe von Arbeitnehmern eine ihr übertragene Gesamtaufgabe im Wesentlichen eigenverantwortlich erledigt.

(2) Kommt eine Einigung über eine Angelegenheit nach Absatz 1 nicht zustande, so entscheidet die Einigungsstelle. Der Spruch der Einigungsstelle ersetzt die Einigung zwischen Arbeitgeber und Betriebsrat.

9. § 103 BetrVG Außerordentliche Kündigung und Versetzung in besonderen Fällen

(1) Die außerordentliche Kündigung von Mitgliedern des Betriebsrats, der Jugend- und Auszubildendenvertretung, der Bordvertretung und des Seebetriebsrats, des Wahlvorstands sowie von Wahlbewerbern bedarf der Zustimmung des Betriebsrats.

(2) Verweigert der Betriebsrat seine Zustimmung, so kann das Arbeitsgericht sie auf Antrag des Arbeitgebers ersetzen, wenn die außerordentliche Kündigung unter Berücksichtigung aller Umstände gerechtfertigt ist. In dem Verfahren vor dem Arbeitsgericht ist der betroffene Arbeitnehmer Beteiligter.

(3) Die Versetzung der in Absatz 1 genannten Personen, die zu einem Verlust des Amtes oder der Wählbarkeit führen würde, bedarf der Zustimmung des Betriebsrats; dies gilt nicht, wenn der betroffene Arbeitnehmer mit der Versetzung einverstanden ist. Absatz 2 gilt entsprechend mit der Maßgabe, dass das Arbeitsgericht die Zustimmung zu der Versetzung ersetzen kann, wenn diese auch unter Berücksichtigung der betriebsverfassungsrechtlichen Stellung des betroffenen Arbeitnehmers aus dringenden betrieblichen Gründen notwendig ist.

10. § 106 BetrVG Wirtschaftsausschuss

(1) In allen Unternehmen mit in der Regel mehr als einhundert ständig beschäftigten Arbeitnehmern ist ein Wirtschaftsausschuss zu bilden. Der Wirtschaftsausschuss hat die Aufgabe, wirtschaftliche Angelegenheiten mit dem Unternehmer zu beraten und den Betriebsrat zu unterrichten.

(2) Der Unternehmer hat den Wirtschaftsausschuss rechtzeitig und umfassend über die wirtschaftlichen Angelegenheiten des Unternehmens unter Vorlage der erforderlichen Unterlagen zu unterrichten, soweit dadurch nicht die Betriebs- und Geschäftsgeheimnisse des Unternehmens gefährdet werden, sowie die sich daraus ergebenden Auswirkungen auf die Personalplanung darzustellen. Zu den erforderli-

chen Unterlagen gehört in den Fällen des Absatzes 3 Nr. 9a insbesondere die Angabe über den potentiellen Erwerber und dessen Absichten im Hinblick auf die künftige Geschäftstätigkeit des Unternehmens sowie die sich daraus ergebenden Auswirkungen auf die Arbeitnehmer; Gleiches gilt, wenn im Vorfeld der Übernahme des Unternehmens ein Bieterverfahren durchgeführt wird.

(3) Zu den wirtschaftlichen Angelegenheiten im Sinne dieser Vorschrift gehören insbesondere

1. die wirtschaftliche und finanzielle Lage des Unternehmens;
2. die Produktions- und Absatzlage;
3. das Produktions- und Investitionsprogramm;
4. Rationalisierungsvorhaben;
5. Fabrikations- und Arbeitsmethoden, insbesondere die Einführung neuer Arbeitsmethoden;

5a. Fragen des betrieblichen Umweltschutzes;

6. die Einschränkung oder Stilllegung von Betrieben oder von Betriebsteilen;
7. die Verlegung von Betrieben oder Betriebsteilen;
8. der Zusammenschluss oder die Spaltung von Unternehmen oder Betrieben;
9. die Änderung der Betriebsorganisation oder des Betriebszwecks sowie

9a. die Übernahme des Unternehmens, wenn hiermit der Erwerb der Kontrolle verbunden ist, sowie

10. sonstige Vorgänge und Vorhaben, welche die Interessen der Arbeitnehmer des Unternehmens wesentlich berühren können.

11. § 111 BetrVG Betriebsänderungen

In Unternehmen mit in der Regel mehr als zwanzig wahlberechtigten Arbeitnehmern hat der Unternehmer den Betriebsrat über geplante Betriebsänderungen, die wesentliche Nachteile für die Belegschaft oder erhebliche Teile der Belegschaft zur Folge haben können, rechtzeitig und umfassend zu unterrichten und die geplanten Betriebsänderungen mit dem Betriebsrat zu beraten. Der Betriebsrat kann in Unternehmen mit mehr als 300 Arbeitnehmern zu seiner Unterstützung einen Berater hinzuziehen; § 80 Abs. 4 gilt entsprechend; im Übrigen bleibt § 80 Abs. 3 unberührt. Als Betriebsänderungen im Sinne des Satzes 1 gelten

1. Einschränkung und Stilllegung des ganzen Betriebs oder von wesentlichen Betriebsteilen,

2. Verlegung des ganzen Betriebs oder von wesentlichen Betriebsteilen,
3. Zusammenschluss mit anderen Betrieben oder die Spaltung von Betrieben,
4. grundlegende Änderungen der Betriebsorganisation, des Betriebszwecks oder der Betriebsanlagen,
5. Einführung grundlegend neuer Arbeitsmethoden und Fertigungsverfahren.

12. § 112 BetrVG Interessenausgleich über die Betriebsänderung, Sozialplan

(1) Kommt zwischen Unternehmer und Betriebsrat ein Interessenausgleich über die geplante Betriebsänderung zustande, so ist dieser schriftlich niederzulegen und vom Unternehmer und Betriebsrat zu unterschreiben. Das Gleiche gilt für eine Einigung über den Ausgleich oder die Milderung der wirtschaftlichen Nachteile, die den Arbeitnehmern infolge der geplanten Betriebsänderung entstehen (Sozialplan). Der Sozialplan hat die Wirkung einer Betriebsvereinbarung. § 77 Abs. 3 ist auf den Sozialplan nicht anzuwenden.

(2) Kommt ein Interessenausgleich über die geplante Betriebsänderung oder eine Einigung über den Sozialplan nicht zustande, so können der Unternehmer oder der Betriebsrat den Vorstand der Bundesagentur für Arbeit um Vermittlung ersuchen, der Vorstand kann die Aufgabe auf andere Bedienstete der Bundesagentur für Arbeit übertragen. Erfolgt kein Vermittlungsersuchen oder bleibt der Vermittlungsversuch ergebnislos, so können der Unternehmer oder der Betriebsrat die Einigungsstelle anrufen. Auf Ersuchen des Vorsitzenden der Einigungsstelle nimmt ein Mitglied des Vorstands der Bundesagentur für Arbeit oder ein vom Vorstand der Bundesagentur für Arbeit benannter Bediensteter der Bundesagentur für Arbeit an der Verhandlung teil.

(3) Unternehmer und Betriebsrat sollen der Einigungsstelle Vorschläge zur Beilegung der Meinungsverschiedenheiten über den Interessenausgleich und den Sozialplan machen. Die Einigungsstelle hat eine Einigung der Parteien zu versuchen. Kommt eine Einigung zustande, so ist sie schriftlich niederzulegen und von den Parteien und vom Vorsitzenden zu unterschreiben.

(4) Kommt eine Einigung über den Sozialplan nicht zustande, so entscheidet die Einigungsstelle über die Aufstellung eines Sozialplans. Der Spruch der Einigungsstelle ersetzt die Einigung zwischen Arbeitgeber und Betriebsrat.

(5) Die Einigungsstelle hat bei ihrer Entscheidung nach Absatz 4 sowohl die sozialen Belange der betroffenen Arbeitnehmer zu berücksichtigen als auch auf die wirtschaftliche Vertretbarkeit ihrer Entschei-

dung für das Unternehmen zu achten. Dabei hat die Einigungsstelle sich im Rahmen billigen Ermessens insbesondere von folgenden Grundsätzen leiten zu lassen:

1. Sie soll beim Ausgleich oder bei der Milderung wirtschaftlicher Nachteile, insbesondere durch Einkommensminderung, Wegfall von Sonderleistungen oder Verlust von Anwartschaften auf betriebliche Altersversorgung, Umzugskosten oder erhöhte Fahrtkosten, Leistungen vorsehen, die in der Regel den Gegebenheiten des Einzelfalles Rechnung tragen.
2. Sie hat die Aussichten der betroffenen Arbeitnehmer auf dem Arbeitsmarkt zu berücksichtigen. Sie soll Arbeitnehmer von Leistungen ausschließen, die in einem zumutbaren Arbeitsverhältnis im selben Betrieb oder in einem anderen Betrieb des Unternehmens oder eines zum Konzern gehörenden Unternehmens weiterbeschäftigt werden können und die Weiterbeschäftigung ablehnen; die mögliche Weiterbeschäftigung an einem anderen Ort begründet für sich allein nicht die Unzumutbarkeit.

2a. Sie soll insbesondere die im Dritten Buch des Sozialgesetzbuches vorgesehenen Förderungsmöglichkeiten zur Vermeidung von Arbeitslosigkeit berücksichtigen.

3. Sie hat bei der Bemessung des Gesamtbetrages der Sozialplanleistungen darauf zu achten, dass der Fortbestand des Unternehmens oder die nach Durchführung der Betriebsänderung verbleibenden Arbeitsplätze nicht gefährdet werden.

13. § 112a BetrVG Erzwingbarer Sozialplan bei Personalabbau, Neugründungen

(1) Besteht eine geplante Betriebsänderung im Sinne des § 111 Satz 3 Nr. 1 allein in der Entlassung von Arbeitnehmern, so findet § 112 Abs. 4 und 5 nur Anwendung, wenn

1. in Betrieben mit in der Regel weniger als 60 Arbeitnehmern 20 vom Hundert der regelmäßig beschäftigten Arbeitnehmer, aber mindestens 6 Arbeitnehmer,
2. in Betrieben mit in der Regel mindestens 60 und weniger als 250 Arbeitnehmern 20 vom Hundert der regelmäßig beschäftigten Arbeitnehmer oder mindestens 37 Arbeitnehmer,
3. in Betrieben mit in der Regel mindestens 250 und weniger als 500 Arbeitnehmern 15 vom Hundert der regelmäßig beschäftigten Arbeitnehmer oder mindestens 60 Arbeitnehmer,
4. in Betrieben mit in der Regel mindestens 500 Arbeitnehmern 10 vom Hundert der regelmäßig beschäftigten Arbeitnehmer, aber mindestens 60 Arbeitnehmer

aus betriebsbedingten Gründen entlassen werden sollen. Als Entlassung gilt auch das vom Arbeitgeber aus Gründen der Betriebsänderung veranlasste Ausscheiden von Arbeitnehmern auf Grund von Aufhebungsverträgen.

(2) § 112 Abs. 4 und 5 findet keine Anwendung auf Betriebe eines Unternehmens in den ersten vier Jahren nach seiner Gründung. Dies gilt nicht für Neugründungen im Zusammenhang mit der rechtlichen Umstrukturierung von Unternehmen und Konzernen. Maßgebend für den Zeitpunkt der Gründung ist die Aufnahme einer Erwerbstätigkeit, die nach § 138 der Abgabenordnung dem Finanzamt mitzuteilen ist.

14. § 113 BetrVG Nachteilsausgleich

(1) Weicht der Unternehmer von einem Interessenausgleich über die geplante Betriebsänderung ohne zwingenden Grund ab, so können Arbeitnehmer, die infolge dieser Abweichung entlassen werden, beim Arbeitsgericht Klage erheben mit dem Antrag, den Arbeitgeber zur Zahlung von Abfindungen zu verurteilen; § 10 des Kündigungsschutzgesetzes gilt entsprechend.

(2) Erleiden Arbeitnehmer infolge einer Abweichung nach Absatz 1 andere wirtschaftliche Nachteile, so hat der Unternehmer diese Nachteile bis zu einem Zeitraum von zwölf Monaten auszugleichen.

(3) Die Absätze 1 und 2 gelten entsprechend, wenn der Unternehmer eine geplante Betriebsänderung nach § 111 durchführt, ohne über sie einen Interessenausgleich mit dem Betriebsrat versucht zu haben, und infolge der Maßnahme Arbeitnehmer entlassen werden oder andere wirtschaftliche Nachteile erleiden.

III. Vorschriften im Umwandlungsgesetz

Gliederung Seite

1. § 1 UmwG Arten der Umwandlung, gesetzliche Beschränkungen

(1) Rechtsträger mit Sitz im Inland können umgewandelt werden

1. durch Verschmelzung;
2. durch Spaltung (Aufspaltung, Abspaltung, Ausgliederung);
3. durch Vermögensübertragung;
4. durch Formwechsel.

(2) Eine Umwandlung im Sinne des Absatzes 1 ist außer in den in diesem Gesetz geregelten Fällen nur möglich, wenn sie durch ein anderes Bundesgesetz oder ein Landesgesetz ausdrücklich vorgesehen ist.

(3) Von den Vorschriften dieses Gesetzes kann nur abgewichen werden, wenn dies ausdrücklich zugelassen ist. Ergänzende Bestimmungen in Verträgen, Satzungen oder Willenserklärungen sind zulässig, es sei denn, dass dieses Gesetz eine abschließende Regelung enthält.

2. § 5 UmwG Inhalt des Verschmelzungsvertrags

(1) Der Vertrag oder sein Entwurf muss mindestens folgende Angaben enthalten:

1. den Namen oder die Firma und den Sitz der an der Verschmelzung beteiligten Rechtsträger;
2. die Vereinbarung über die Übertragung des Vermögens jedes übertragenden Rechtsträgers als Ganzes gegen Gewährung von Anteilen oder Mitgliedschaften an dem übernehmenden Rechtsträger;
3. das Umtauschverhältnis der Anteile und gegebenenfalls die Höhe der baren Zuzahlung oder Angaben über die Mitgliedschaft bei dem übernehmenden Rechtsträger;
4. die Einzelheiten für die Übertragung der Anteile des übernehmenden Rechtsträgers oder über den Erwerb der Mitgliedschaft bei dem übernehmenden Rechtsträger;
5. den Zeitpunkt, von dem an diese Anteile oder die Mitgliedschaften einen Anspruch auf einen Anteil am Bilanzgewinn gewähren, sowie alle Besonderheiten in Bezug auf diesen Anspruch;
6. den Zeitpunkt, von dem an die Handlungen der übertragenden Rechtsträger als für Rechnung des übernehmenden Rechtsträgers vorgenommen gelten (Verschmelzungsstichtag);
7. die Rechte, die der übernehmende Rechtsträger einzelnen Anteilsinhabern sowie den Inhabern besonderer Rechte wie Anteile ohne Stimmrecht, Vorzugsaktien, Mehrstimmrechtsaktien, Schuldverschreibungen und Genußrechte gewährt, oder die für diese Personen vorgesehenen Maßnahmen;

8. jeden besonderen Vorteil, der einem Mitglied eines Vertretungsorgans oder eines Aufsichtsorgans der an der Verschmelzung beteiligten Rechtsträger, einem geschäftsführenden Gesellschafter, einem Partner, einem Abschlussprüfer oder einem Verschmelzungsprüfer gewährt wird;
9. die Folgen der Verschmelzung für die Arbeitnehmer und ihre Vertretungen sowie die insoweit vorgesehenen Maßnahmen.

(2) Befinden sich alle Anteile eines übertragenden Rechtsträgers in der Hand des übernehmenden Rechtsträgers, so entfallen die Angaben über den Umtausch der Anteile (Absatz 1 Nr. 2 bis 5), soweit sie die Aufnahme dieses Rechtsträgers betreffen.

(3) Der Vertrag oder sein Entwurf ist spätestens einen Monat vor dem Tage der Versammlung der Anteilsinhaber jedes beteiligten Rechtsträgers, die gemäß § 13 Abs. 1 über die Zustimmung zum Verschmelzungsvertrag beschließen soll, dem zuständigen Betriebsrat dieses Rechtsträgers zuzuleiten.

3. § 126 UmwG Inhalt des Spaltungs- und Übernahmevertrags

(1) Der Spaltungs- und Übernahmevertrag oder sein Entwurf muss mindestens folgende Angaben enthalten:

1. den Namen oder die Firma und den Sitz der an der Spaltung beteiligten Rechtsträger;
2. die Vereinbarung über die Übertragung der Teile des Vermögens des übertragenden Rechtsträgers jeweils als Gesamtheit gegen Gewährung von Anteilen oder Mitgliedschaften an den übernehmenden Rechtsträgern;
3. bei Aufspaltung und Abspaltung das Umtauschverhältnis der Anteile und gegebenenfalls die Höhe der baren Zuzahlung oder Angaben über die Mitgliedschaft bei den übernehmenden Rechtsträgern;
4. bei Aufspaltung und Abspaltung die Einzelheiten für die Übertragung der Anteile der übernehmenden Rechtsträger oder über den Erwerb der Mitgliedschaft bei den übernehmenden Rechtsträgern;
5. den Zeitpunkt, von dem an diese Anteile oder die Mitgliedschaft einen Anspruch auf einen Anteil am Bilanzgewinn gewähren, sowie alle Besonderheiten in Bezug auf diesen Anspruch;
6. den Zeitpunkt, von dem an die Handlungen des übertragenden Rechtsträgers als für Rechnung jedes der übernehmenden Rechtsträger vorgenommen gelten (Spaltungsstichtag);
7. die Rechte, welche die übernehmenden Rechtsträger einzelnen Anteilsinhabern sowie den Inhabern besonderer Rechte wie Anteile ohne Stimmrecht, Vorzugsaktien, Mehrstimmrechtsaktien,

Schuldverschreibungen und Genußrechte gewähren, oder die für diese Personen vorgesehenen Maßnahmen;

8. jeden besonderen Vorteil, der einem Mitglied eines Vertretungsorgans oder eines Aufsichtsorgans der an der Spaltung beteiligten Rechtsträger, einem geschäftsführenden Gesellschafter, einem Partner, einem Abschlussprüfer oder einem Spaltungsprüfer gewährt wird;
9. die genaue Bezeichnung und Aufteilung der Gegenstände des Aktiv- und Passivvermögens, die an jeden der übernehmenden Rechtsträger übertragen werden, sowie der übergehenden Betriebe und Betriebsteile unter Zuordnung zu den übernehmenden Rechtsträgern;
10. bei Aufspaltung und Abspaltung die Aufteilung der Anteile oder Mitgliedschaften jedes der beteiligten Rechtsträger auf die Anteilsinhaber des übertragenden Rechtsträgers sowie den Maßstab für die Aufteilung;
11. die Folgen der Spaltung für die Arbeitnehmer und ihre Vertretungen sowie die insoweit vorgesehenen Maßnahmen.

(2) Soweit für die Übertragung von Gegenständen im Falle der Einzelrechtsnachfolge in den allgemeinen Vorschriften eine besondere Art der Bezeichnung bestimmt ist, sind diese Regelungen auch für die Bezeichnung der Gegenstände des Aktiv- und Passivvermögens (Absatz 1 Nr. 9) anzuwenden. § 28 der Grundbuchordnung ist zu beachten. Im Übrigen kann auf Urkunden wie Bilanzen und Inventare Bezug genommen werden, deren Inhalt eine Zuweisung des einzelnen Gegenstandes ermöglicht; die Urkunden sind dem Spaltungs- und Übernahmevertrag als Anlagen beizufügen.

(3) Der Vertrag oder sein Entwurf ist spätestens einen Monat vor dem Tag der Versammlung der Anteilsinhaber jedes beteiligten Rechtsträgers, die gemäß § 125 in Verbindung mit § 13 Abs. 1 über die Zustimmung zum Spaltungs- und Übernahmevertrag beschließen soll, dem zuständigen Betriebsrat dieses Rechtsträgers zuzuleiten.

4. § 134 UmwG Schutz der Gläubiger in besonderen Fällen

(1) Spaltet ein Rechtsträger sein Vermögen in der Weise, dass die zur Führung eines Betriebes notwendigen Vermögensteile im Wesentlichen auf einen übernehmenden oder mehrere übernehmende oder auf einen neuen oder mehrere neue Rechtsträger übertragen werden und die Tätigkeit dieses Rechtsträgers oder dieser Rechtsträger sich im Wesentlichen auf die Verwaltung dieser Vermögensteile beschränkt (Anlagegesellschaft), während dem übertragenden Rechtsträger diese Vermögensteile bei der Führung seines Betriebes zur Nutzung überlassen werden (Betriebsgesellschaft), und sind an den an der Spaltung

beteiligten Rechtsträgern im Wesentlichen dieselben Personen beteiligt, so haftet die Anlagegesellschaft auch für die Forderungen der Arbeitnehmer der Betriebsgesellschaft als Gesamtschuldner, die binnen fünf Jahren nach dem Wirksamwerden der Spaltung auf Grund der §§ 111 bis 113 des Betriebsverfassungsgesetzes begründet werden. Dies gilt auch dann, wenn die Vermögensteile bei dem übertragenden Rechtsträger verbleiben und dem übernehmenden oder neuen Rechtsträger oder den übernehmenden oder neuen Rechtsträgern zur Nutzung überlassen werden.

(2) Die gesamtschuldnerische Haftung nach Absatz 1 gilt auch für vor dem Wirksamwerden der Spaltung begründete Versorgungsverpflichtungen auf Grund des Betriebsrentengesetzes.

(3) Für die Ansprüche gegen die Anlagegesellschaft nach den Absätzen 1 und 2 gilt § 133 Abs. 3 Satz 1, Abs. 4 und 5 entsprechend mit der Maßgabe, dass die Frist fünf Jahre nach dem in § 133 Abs. 4 Satz 1 bezeichneten Tage beginnt.

5. § 322 UmwG Gemeinsamer Betrieb

Führen an einer Spaltung oder an einer Teilübertragung nach dem Dritten oder Vierten Buch beteiligte Rechtsträger nach dem Wirksamwerden der Spaltung oder der Teilübertragung einen Betrieb gemeinsam, gilt dieser als Betrieb im Sinne des Kündigungsschutzrechts.

6. § 323 UmwG Kündigungsrechtliche Stellung

(1) Die kündigungsrechtliche Stellung eines Arbeitnehmers, der vor dem Wirksamwerden einer Spaltung oder Teilübertragung nach dem Dritten oder Vierten Buch zu dem übertragenden Rechtsträger in einem Arbeitsverhältnis steht, verschlechtert sich auf Grund der Spaltung oder Teilübertragung für die Dauer von zwei Jahren ab dem Zeitpunkt ihres Wirksamwerdens nicht.

(2) Kommt bei einer Verschmelzung, Spaltung oder Vermögensübertragung ein Interessenausgleich zustande, in dem diejenigen Arbeitnehmer namentlich bezeichnet werden, die nach der Umwandlung einem bestimmten Betrieb oder Betriebsteil zugeordnet werden, so kann die Zuordnung der Arbeitnehmer durch das Arbeitsgericht nur auf grobe Fehlerhaftigkeit überprüft werden.

7. § 324 UmwG Rechte und Pflichten bei Betriebsübergang

§ 613 a Abs. 1, 4 bis 6 des Bürgerlichen Gesetzbuchs bleibt durch die Wirkungen der Eintragung einer Verschmelzung, Spaltung oder Vermögensübertragung unberührt.

8. § 325 UmwG Mitbestimmungsbeibehaltung

(1) Entfallen durch Abspaltung oder Ausgliederung im Sinne des § 123 Abs. 2 und 3 bei einem übertragenden Rechtsträger die gesetzlichen Voraussetzungen für die Beteiligung der Arbeitnehmer im Aufsichtsrat, so finden die vor der Spaltung geltenden Vorschriften noch für einen Zeitraum von fünf Jahren nach dem Wirksamwerden der Abspaltung oder Ausgliederung Anwendung. Dies gilt nicht, wenn die betreffenden Vorschriften eine Mindestzahl von Arbeitnehmern voraussetzen und die danach berechnete Zahl der Arbeitnehmer des übertragenden Rechtsträgers auf weniger als in der Regel ein Viertel dieser Mindestzahl sinkt.

(2) Hat die Spaltung oder Teilübertragung eines Rechtsträgers die Spaltung eines Betriebes zur Folge und entfallen für die aus der Spaltung hervorgegangenen Betriebe Rechte oder Beteiligungsrechte des Betriebsrats, so kann durch Betriebsvereinbarung oder Tarifvertrag die Fortgeltung dieser Rechte und Beteiligungsrechte vereinbart werden. Die §§ 9 und 27 des Betriebsverfassungsgesetzes bleiben unberührt.

IV. Kündigungsschutz von Betriebsratsmitgliedern im KSchG: § 15 KSchG Unzulässigkeit der Kündigung

(1) Die Kündigung eines Mitglieds eines Betriebsrats, einer Jugend- und Auszubildendenvertretung, einer Bordvertretung oder eines Seebetriebsrats ist unzulässig, es sei denn, dass Tatsachen vorliegen, die den Arbeitgeber zur Kündigung aus wichtigem Grund ohne Einhaltung einer Kündigungsfrist berechtigen, und dass die nach § 103 des Betriebsverfassungsgesetzes erforderliche Zustimmung vorliegt oder durch gerichtliche Entscheidung ersetzt ist. Nach Beendigung der Amtszeit ist die Kündigung eines Mitglieds eines Betriebsrats, einer Jugend- und Auszubildendenvertretung oder eines Seebetriebsrats innerhalb eines Jahres, die Kündigung eines Mitglieds einer Bordvertretung innerhalb von sechs Monaten, jeweils vom Zeitpunkt der Beendigung der Amtszeit an gerechnet, unzulässig, es sei denn, dass Tatsachen vorliegen, die den Arbeitgeber zur Kündigung aus wichtigem Grund ohne Einhaltung einer Kündigungsfrist berechtigen; dies gilt nicht, wenn die Beendigung der Mitgliedschaft auf einer gerichtlichen Entscheidung beruht.

(2) Die Kündigung eines Mitglieds einer Personalvertretung, einer Jugend- und Auszubildendenvertretung oder einer Jugendvertretung ist unzulässig, es sei denn, dass Tatsachen vorliegen, die den Arbeit-

geber zur Kündigung aus wichtigem Grund ohne Einhaltung einer Kündigungsfrist berechtigen, und dass die nach dem Personalvertretungsrecht erforderliche Zustimmung vorliegt oder durch gerichtliche Entscheidung ersetzt ist. Nach Beendigung der Amtszeit der in Satz 1 genannten Personen ist ihre Kündigung innerhalb eines Jahres, vom Zeitpunkt der Beendigung der Amtszeit an gerechnet, unzulässig, es sei denn, dass Tatsachen vorliegen, die den Arbeitgeber zur Kündigung aus wichtigem Grund ohne Einhaltung einer Kündigungsfrist berechtigen; dies gilt nicht, wenn die Beendigung der Mitgliedschaft auf einer gerichtlichen Entscheidung beruht.

(3) Die Kündigung eines Mitglieds eines Wahlvorstands ist vom Zeitpunkt seiner Bestellung an, die Kündigung eines Wahlbewerbers vom Zeitpunkt der Aufstellung des Wahlvorschlags an, jeweils bis zur Bekanntgabe des Wahlergebnisses unzulässig, es sei denn, dass Tatsachen vorliegen, die den Arbeitgeber zur Kündigung aus wichtigem Grund ohne Einhaltung einer Kündigungsfrist berechtigen, und dass die nach § 103 des Betriebsverfassungsgesetzes oder nach dem Personalvertretungsrecht erforderliche Zustimmung vorliegt oder durch eine gerichtliche Entscheidung ersetzt ist. Innerhalb von sechs Monaten nach Bekanntgabe des Wahlergebnisses ist die Kündigung unzulässig, es sei denn, dass Tatsachen vorliegen, die den Arbeitgeber zur Kündigung aus wichtigem Grund ohne Einhaltung einer Kündigungsfrist berechtigen; dies gilt nicht für Mitglieder des Wahlvorstands, wenn dieser durch gerichtliche Entscheidung durch einen anderen Wahlvorstand ersetzt worden ist.

(3a) Die Kündigung eines Arbeitnehmers, der zu einer Betriebs-, Wahl- oder Bordversammlung nach § 17 Abs. 3, § 17a Nr. 3 Satz 2, § 115 Abs. 2 Nr. 8 Satz 1 des Betriebsverfassungsgesetzes einlädt oder die Bestellung eines Wahlvorstands nach § 16 Abs. 2 Satz 1, § 17 Abs. 4, § 17a Nr. 4, § 63 Abs. 3, § 115 Abs. 2 Nr. 8 Satz 2 oder § 116 Abs. 2 Nr. 7 Satz 5 des Betriebsverfassungsgesetzes beantragt, ist vom Zeitpunkt der Einladung oder Antragstellung an bis zur Bekanntgabe des Wahlergebnisses unzulässig, es sei denn, dass Tatsachen vorliegen, die den Arbeitgeber zur Kündigung aus wichtigem Grund ohne Einhaltung einer Kündigungsfrist berechtigen; der Kündigungsschutz gilt für die ersten drei in der Einladung oder Antragstellung aufgeführten Arbeitnehmer. Wird ein Betriebsrat, eine Jugend- und Auszubildendenvertretung, eine Bordvertretung oder ein Seebetriebsrat nicht gewählt, besteht der Kündigungsschutz nach Satz 1 vom Zeitpunkt der Einladung oder Antragstellung an drei Monate.

(4) Wird der Betrieb stillgelegt, so ist die Kündigung der in den Absätzen 1 bis 3 genannten Personen frühestens zum Zeitpunkt der Stillegung zulässig, es sei denn, dass ihre Kündigung zu einem früheren Zeitpunkt durch zwingende betriebliche Erfordernisse bedingt ist.

(5) Wird eine der in den Absätzen 1 bis 3 genannten Personen in einer

Betriebsabteilung beschäftigt, die stillgelegt wird, so ist sie in eine andere Betriebsabteilung zu übernehmen. Ist dies aus betrieblichen Gründen nicht möglich, so findet auf ihre Kündigung die Vorschrift des Absatzes 4 über die Kündigung bei Stillegung des Betriebs sinngemäß Anwendung.

Stichwortverzeichnis

Die fett gedruckten Buchstaben verweisen auf den jeweiligen Teil des Kommentars, die mager gedruckten Zahlen auf die entsprechenden Randnummern.

N

P

R

S